Martin Sabrow / Peter Ulrich Weiß (Hrsg.)

Das 20. Jahrhundert vermessen

D1662565

Schriftenreihe   Band 10109

Martin Sabrow / Peter Ulrich Weiß (Hrsg.)

Das 20. Jahrhundert vermessen

Signaturen eines vergangenen Zeitalters

Bundeszentrale für
politische Bildung

Martin Sabrow, geboren 1954, ist Historiker und Politikwissenschaftler. Er ist Direktor des Zentrums für Zeithistorische Forschung in Potsdam und Professor für Neueste und Zeitgeschichte an der Humboldt-Universität zu Berlin.

Peter Ulrich Weiß, geboren 1970, ist Historiker. Als wissenschaftlicher Mitarbeiter arbeitet er an der Humboldt-Universität zu Berlin und dem Zentrum für Zeithistorische Forschung in Potsdam.

Diese Veröffentlichung stellt keine Meinungsäußerung der Bundeszentrale für politische Bildung dar. Für die inhaltlichen Aussagen tragen die Autorinnen und Autoren die Verantwortung.

Bonn 2017
Lizenzausgabe für die Bundeszentrale für politische Bildung
Adenauerallee 86, 53113 Bonn
© Wallstein Verlag, Göttingen 2017

Umschlaggestaltung: Naumilkat – Agentur für Kommunikation und Design, Düsseldorf
Umschlagmotiv: © akg-images / picture-alliance / dpa
Satz: im Verlag
Druck: Pustet, Regensburg
ISBN 978-3-7425-0109-7
www.bpb.de

Inhalt

Die Vermessung des Jahrhunderts

MARTIN SABROW / PETER ULRICH WEIß

Zeitgeschichte boomt – kein Zeitraum zog in den letzten 25 Jahren so viel Aufmerksamkeit auf sich wie das 20. Jahrhundert, das besonders seit 1989 einer permanenten Selbstbeobachtung unterlag. Davon zeugt die ungebremst hohe Zahl von Jahrhundert-Synthesen ebenso wie die anhaltende wissenschaftliche, mediale und erinnerungskulturelle Konjunktur zeitgeschichtlicher Themen. Diese weit vor der Jahrtausendwende einsetzende Faszination hat verschiedene Ursachen. Sie erklärt sich zunächst aus der Zeitdiagnose der das 20. Jahrhundert prägenden zivilisatorischen Brüche und Ausnahmezustände. Der Schrecken von Terror, Massenvernichtung und Weltkrieg übt in unserem Aufarbeitungs- und Medienzeitalter keine geringere Anziehungskraft aus als der Boom technischer Erfindungen und kultureller Umbrüche. Zugleich treten immer stärker Krisenphänomene der Gegenwart hervor, deren Anfänge und Ursachen auf das 20. Jahrhundert zurückgehen. Die Fokussierung auf die Zeitgeschichte erklärt sich aber auch mit dem Verlust säkularer gesellschaftspolitischer Utopien nach dem Ende des Kalten Kriegs, die das Denken an die Zukunft der Menschheit zuvor lenkten. In das entstandene Vakuum drang das Paradigma einer ewigen, sich selbst reproduzierenden Gegenwart des Westens, das weniger auf Bruch und Revolution als vielmehr auf Kontinuität und stete Reformfähigkeit abzielt. Der Ideenraum, der bislang Zukunftsentwürfen vorbehalten war, verlor an Bedeutung. An seine Stelle trat die Beschäftigung mit der Vergangenheit.

Auch im Privaten, auch auf der familiären Ebene will man mehr denn je darüber wissen, was zwei, drei Generationen zuvor geschah. Hier nimmt sich der (Rück)Blick auf das vergangene Säkulum als freundlich-intime oder auch aggressiv herausfordernde Befragung eines Familienalbums aus und unterscheidet sich damit vom Modus des Verschweigens, der Anklage und Rechtfertigung, wie er für die 1950er und 1960er Jahre typisch war. Dabei erscheint der lebensweltlich gefühlte Abstand zwischen vergangenem Jahrhundert und gegenwärtiger Zeit größer denn je. Das ehemals Existenzielle und Exzessive von Themen, Ereignissen und Engagements bleibt uns heute vielfach fremd. Medienüberlieferungen jener Zeit muten wie Historienfilme an und lassen das 20. Jahrhundert bisweilen als absonderliche oder gar fantastische Epoche aufscheinen.

Für die Beschreibung der schroffen Zäsuren und Konflikte ebenso wie des umfassenden gesellschaftlichen Wandels im 20. Jahrhunderts haben Historiker schon lange vor dessen Ende populäre Etikettierungen geprägt. Zuschreibungen wie »Zeitalter der Extreme«, »Jahrhundert der Ideologien« oder »Amerikanisches Jahrhundert« wurden schnell kanonisch und formten die Sichtweise zumindest begrifflich über Jahre hinaus. Inzwischen ermöglichen uns aber der erfahrungsgeschichtliche Abstand sowie neue geschichtswissenschaftliche Zugänge, erweiterte, auch ungewohnte Perspektiven auf einen Zeitraum zu richten, dessen universalhistorische Deutung alles andere als abgeschlossen ist.

Zäsur und Geschichte

Die Idee zu seinem Werk »Geschichte Europas von 1945 bis zur Gegenwart« überfiel Tony Judt, als er im Taxi die Radiomeldungen vom Aufstand gegen den rumänischen Diktator Nicolae Ceauşescu im Dezember 1989 hörte und mit einem Schlag wusste: eine Epoche war beendet. Auf der Fahrt zum Wiener Westbahnhof erlebte der unter dem Eindruck der samtenen Revolution von Prag nach Wien gereiste Historiker, dass der Umbruch in der Gegenwart die Vergangenheit umschrieb:

> »Der Kalte Krieg, der Ost-West-Konflikt, der Wettstreit zwischen ›Kommunismus‹ und ›Kapitalismus‹ [...] – all das erschien nun nicht mehr als Produkt ideologischer Notwendigkeit oder der eisernen Logik der politischen Verhältnisse, sondern als zufälliges Ergebnis der Geschichte – und die Geschichte fegte alles beiseite. [...] Nun erschienen die Jahre zwischen 1945 und 1989 nicht als Schwelle zu einer neuen Epoche, sondern als Zwischenzeit, als Anlaufphase eines noch unerledigten Konfliktes, der 1945 zwar zu Ende gegangen war, dessen Epilog aber weitere 50 Jahre dauerte. Welche Gestalt Europa auch annehmen würde, sein vertrautes Geschichtsbild hatte sich ein für allemal geändert. In diesem kalten mitteleuropäischen Dezember wurde mir klar, daß die europäische Nachkriegsgeschichte neu geschrieben werden mußte.«

Die Geschichte hatte alles beiseite gefegt, und die Historiker hatten keine Wahl, als ihr hinterher zu kehren.

Tony Judts Erlebnis beschreibt das Dilemma historischer Zeitgrenzen und der aus ihnen abgeleiteten Phaseneinteilung – sie sind für die Geschichtsschreibung so unentbehrlich wie problematisch. In der von einer linearen Zeitvorstellung geprägten Moderne entspringt die Suche nach Zäsuren dem Wunsch nach Ordnung des kontinuierlichen Zeitflusses. Aber alle Emphase des miterlebten Zeitenwechsels kann nicht darüber hinwegtäuschen, dass Zäsuren nichts als »Anschauungsformen des geschichtlichen Sinns« (Karlheinz Stierle) sein können. Seit dem späteren 19. Jahrhundert gilt mit Gustav Droysen, dass Epochenbegriffe und damit auch historische Zäsuren nur »Betrachtungsformen sind, die der denkende Geist dem empirische Vorhandenen gibt«, nicht Eigenschaften der Welt und der Geschichte selbst. Nicht im Geschehen selbst stecken sie, sondern in seiner zeitgenössischen oder nachträglichen Deutung, und sie können mit dem Wandel von Blickwinkeln und Interpretationsmodellen wandern, ohne deswegen freilich arbiträr zu sein: Ungeachtet ihres Konstruktionscharakters greift doch jede Epochenbildung auf eine außersprachliche Realität durch, nach deren plausibler Ordnung sich ihre Geltungskraft bestimmt. Einmal nur wurde dieser kulturgeschichtliche Zäsurenbegriff im 20. Jahrhundert noch durch eine konträre Anschauung herausgefordert, die die Einschnitte im geschichtlichen Geschehen als Teil der Historie und nicht der Historiographie zu fassen unternahm. In der parteimarxistischen Geschichtswissenschaft der sozialistischen Hemisphäre markierten Zäsuren Beginn und Ende gesetzmäßiger Etappen der historischen Entwicklung vom Niederen zum Höheren und erlangten in anhaltenden Auseinandersetzungen um die richtige Periodisierung der nationalen wie internationalen Geschichte überragenden Stellenwert.

Epochale Zäsuren gelten selten umfassend, sondern meist nur sektoral. Als scharfe Einschnitte verstanden, sind sie in der Regel ereignisgeschichtlich begrenzt; die Zäsuren der Wirtschafts- und Sozialgeschichte und ebenso der Kulturgeschichte folgen anderen Logiken und Rhythmen des Wandels. Folgerichtig bevorzugen Neuzeithistoriker statt des überscharfen Zäsurenbegriffs häufig weichere Wandlungstermini, die Kontinuität in der Diskontinuität zu erfassen erlauben – als Epochenschwelle, als Strukturbruch, als Umkehr. Dies ermöglicht auch, historische Signaturen in eine zeitliche Ordnung zu bringen bzw. voneinander abzugrenzen. Jedes kalendarische Jahrhundert weist eine Vielzahl von Signaturen auf, die zum Teil nebeneinander existieren, zum Teil sich überlappen und gegenseitig verstärken. Entscheidend für eine Signatur-Zuschreibung ist dabei nicht die Art des Geschehens. Es kann sich um ein Ereignis, einen Entwicklungspfad oder eine Struktur handeln, entscheidend ist die nachhaltige historische Prägekraft für Mensch und Gesellschaft. Signaturen können eine regionale, nationale oder auch globale Reichweite besitzen; ihre Dauer ist unbestimmt. Gleichwohl beziehen sie sich erklärtermaßen auf einen definierten Zeitraum, den sie spezifizieren. Aber Signaturen sind ebenso wie Epochen nicht einfach da, sondern müssen als solche erkannt, bestimmt und argumentiert, also konstruiert werden. Ihre jeweilige »Entdeckung« ist an Betrachterperspektiven und Forschungstrends gebunden. Signaturen und Epochen-begriffe haben Konjunkturphasen und können, je nach Wissensstand, Deutungshoheit und Resonanz, wieder an Bedeutung verlieren. Dem-entsprechend sind auch Zäsuren perspektivenabhängig, wie sich nicht nur zwischen den verschiedenen nationalen Meistererzählungen zeigt, sondern mehr noch zwischen Mit- und Nachwelt. Nicht selten werden zunächst dramatisch erscheinende Einschnitte durch den wachsenden Abstand wieder eingeebnet. So erging es in der bundesdeutschen Zeit-geschichte etwa den Notstandgesetzen, deren drohende Verabschiedung die Studentenbewegung mobilisierte und eine fast hysterische Furcht vor der drohenden Faschisierung der Gesellschaft auslöste, oder der Einführung des Euro – historisch aufgerufene Daten, die rasch nivelliert wurden. Dass umgekehrt die Geltungskraft von Zäsuren rückblickend nicht nur fallen, sondern auch steigen kann, zeigen die vielen Ereignisse, deren einschneidende Wirkung erst im Nachhinein deutlich werden: das Attentat auf den Thronfolger Franz-Ferdinand 1914, das zum Ausbruch der das Jahrhundert der Extreme prägenden Urkatastrophe des Ersten Weltkrieges führte; der Tod Benno Ohnesorgs auf einer Demonstration gegen den Schah von Persien 1967, der den Auftakt zu einer europäischen Protestbewegung markierte; der autofreie Sonntag im Herbst 1973, der das Ende der Fortschrittsmoderne fassbar werden ließ.

Historische Zäsuren entsprechen dem zeitlichen Gliederungswunsch von Historikern, aber sie schlagen nicht zwingend auf die Ebene des menschlichen Lebens durch: Historische Zäsuren sind mit biographi-schen nicht immer deckungsgleich. Gerade für die Daten der stärksten Einschnitte der deutschen Zeitgeschichte – 1918, 1945, 1989 – lässt sich ein erstaunliches Maß von biographischer Kontinuität in historischer Diskontinuität feststellen. Zeitgenossen der Novemberrevolution von 1918 in Berlin notierten verwundert, dass sie das Ende der Monarchie gänzlich alltäglich als Spaziergänger im Grunewald oder zeitungslesend im Café erlebt hätten. Auch der 8. Mai 1945 bedeutete nur für einen bestimmten Teil der Deutschen den tatsächlichen Übergang vom Krieg zum Frieden, denn Gefangennahme und Demobilisierung richteten sich nach dem vorrückenden Frontverlauf statt nach den Waffenstillständen von Reims und Berlin-Karlshorst. Die Sorge um das tägliche Überleben, der tägliche Kampf um Brennholz und Nahrung überdeckte vielfach das Bewusstsein einer Zeitenwende. Stattdessen bildete in der Erinnerung eher die Währungsreform von 1948 die markante Zäsur, die, wie es Axel Schildt formulierte, »die gute von der schlechten Zeit schied«.

Trotzdem kann die Geschichtswissenschaft eines wie immer gearteten Begriffs der Zeitgrenze gar nicht entraten. Dem Zäsurenbegriff lässt sich nicht ausweichen, nur weil er schlecht fassbar ist. Dass das Epochenbewusstsein in unserem Geschichtsverständnis ubiquitäre Bedeutung hat, verlangt die aufschließende ebenso wie die einengende Kraft von Zäsuren zu reflektieren. Bei dieser Gratwanderung kann eine Unterscheidung zwischen nachträglicher Deutungszäsur und zeitgenössischer Erfahrungs- oder Ordnungszäsur hilfreich sein. Deutungszäsuren ergeben sich aus der retrospektiven Festlegung von Zeitgrenzen durch die Nachlebenden. Sie können ereignisgeschichtlich begründet sein wie die Französische Revolution 1789 und die »Stunde Null« 1945, aber genauso auch strukturgeschichtliche Bedeutung tragen wie die mit »1968« verbundene »Umgründung« der Bundesrepublik oder der zuletzt immer stärker akzentuierte Umbruch im letzten Drittel des 20. Jahrhunderts hin zu einer Zeit »nach dem Boom«. All diese Gliederungen benennen Einschnitte in den Gang der Geschichte, für die sich in der deutenden Retrospektive gute oder weniger gute Gründe finden lassen, ohne dass aber in ihnen die Zäsur gleichsam selbst zeitgenössische Erfahrungsmacht erlangt hat.

Eben diese zeitgenössische Erfahrungsmacht können epochale Zäsuren fallweise aber auch selbst ausüben, wie sich vielleicht an keinem Beispiel besser belegen lässt als am Umbruch von 1989, weil er zusammen mit den islamistischen Terroranschlägen vom 11. September 2001 diejenige Zäsur markiert, die die heutige Zeithistorikergeneration als einzige mehrheitlich selbst in ihrer Ordnungskraft erfahren hat. Die epochale Bedeutung des Mauerfalls 1989 ist unmittelbar augenfällig, und die geschlagene historische Kerbe kam in ihm musterhaft zum Ausdruck. »Niemand vergißt, wie ihn die Nachricht erreicht hat«, schrieb rückblickend der Publizist Hermann Rudolph. »Wahnsinn« war überall das Wort der Stunde, um die Empfindung des historisch Unerhörten zum Ausdruck zu bringen. Auch im Abstand von zwanzig Jahren behauptet der 9. November 1989 sich als ein Moment, an dem die Weltgeschichte ihren Atem angehalten hat. In analytischer Distanz zeigt sich der Zäsurencharakter des Herbstes 1989 in der sich überschlagenden Wucht und Beschleunigung des historischen Ereignisstroms, der in Monate, Tage, manchmal Stunden zusammenballte, was vordem auf Jahrzehnte unverrückbar festgefügt schien. Nach vierzig Jahren staatlicher Teilung war Deutschland urplötzlich zu einem Nationalstaat in anerkannten Grenzen und der Zweite Weltkrieg endgültig Geschichte geworden.

Der Mauerfall von 1989 schuf eine grundstürzend neue Perspektive, den Endpunkt einer historischen Entwicklung, der zu Reorganisierung des eigenen Weltverständnisses herausfordert und seine eigene Historizität so aufsaugt, dass eine kontrafaktische Sicht gegenstandslos wird.

Der rasche und widerstandslose Zerfall der SED-Herrschaft im Herbst und Winter 1989 war ein Ereignis, das *ante factum* nicht vorstellbar war und *post factum* geschichtsnotwendig erscheint. Es sprengte den Denkrahmen der Politik, überstieg die Phantasie der Öffentlichkeit, und es strafte die prognostische Kompetenz der Gesellschaftswissenschaften und besonders der DDR-Forschung Lügen. Wie sehr auch die Zeithistoriker unter den Zeitgenossen des Umbruchs sich der historisch erzwungenen Verschiebung ihres Sinnhorizontes hatten beugen müssen, lehrt der Vergleich ihrer Auffassungen und Äußerungen vor und nach 1989. Die zeithistorische Zunft hat sich schnell dazu verstanden, dieses Versagen mit Kopfschütteln zu betrachten und die Frage, warum zeitgenössische Analysen das nahende Ende der DDR nicht kommen sahen, beispielsweise mit bedauerlicher moralischer Indifferenz oder fachlicher Blindheit zu erklären. Klüger wäre es, hier anzuerkennen, dass historische Zäsuren neue Denkhorizonte schaffen können, die wissenschaftlich nicht einholbar sind.

Signatur und Epoche

Vor dem Hintergrund seiner expressiven Selbstbeobachtung gilt manchem Betrachter das 20. Jahrhundert auch als ein »Zeitalter des totalen Geredes« (Peter Sloterdijk). Schon zu Lebzeiten kursierten zahlreiche Zuschreibungen, deren Reichweite und Halbwertzeit vielfach begrenzt waren und die inzwischen selbst historisch geworden sind, wie beispielsweise das »Atomzeitalter« oder die »Ära der Translatio Imperii« von Großbritannien zur USA. Dass sich die Gesichter und Facetten, mit denen das 20. Jahrhundert vor unsere Augen tritt, immer wieder verändern, hängt zum einen mit der rasant wachsenden Komplexität zusammen, die diesen Zeitabschnitt auszeichnet – und gegen die Fundamentalismen mit ideologischen Vereinfachungen anzugehen suchten. Zum anderen ist dies ein Effekt der außergewöhnlichen Ausdehnung unserer heutigen Wissensgesellschaft und der Zunahme wissenschaftlicher Perspektiven, die das Maß an Wahrnehmung und Reflexivität binnen weniger Jahrzehnte exponentiell ansteigen ließen.

Diese Beobachtung war auch impulsgebend für den vorliegenden Sammelband. Er geht zurück auf eine Ringvorlesung des Lehrstuhls für Neueste und Zeitgeschichte an der Humboldt-Universität zu Berlin, die im Wintersemester 2014/15 nach veränderten Lesarten des 20. Jahrhunderts mit seinen kalendarischen Eckdaten 1900 und 2000 fragte. Ihr Ziel war es, analytische Schneisen durch das deutsche und/oder europäische

20. Jahrhundert zu schlagen und sich dabei an den säkularen Signaturen auszurichten, die die Geschichte des vermeintlich »kurzen« von 1914/17 bis 1989/91 oder des »langen« von der beginnenden Hochmoderne bis zu den Terroranschlägen des 11. September 2001 reichenden Jahrhunderts prägten. Als gemeinsame Klammer dient ein integrierender Ansatz, der die einzelnen Jahrhunderttrends auf ihre systemübergreifenden Aus- und Wechselwirkungen befragt. Die einzelnen Zugriffe sind auf eine Zusammenschau von ost- und westeuropäischen Entwicklungen angelegt, die die wechselseitige Einflussnahme und Abgrenzung nicht nur nach, sondern auch vor 1945 thematisiert. Damit verbindet sich die Hoffnung, aus der rückblickenden Perspektive eines neuen Säkulums das Jahrhundert davor als eine von Kontinuitäten und Zäsuren durchzogene, aber doch unter gemeinsamen Blickwinkeln erfassbare Epoche zu begreifen. Den Ort des 20. Jahrhunderts im kulturellen Gedächtnis der Gegenwart zu bestimmen, war das Ziel der mit der Ringvorlesung angestrebten Vermessung, die sich immer auch der Vermessenheit dieses objektivierenden Anspruchs bewusst war.

Die aus diesem Unterfangen erwachsenen Beiträge erheben nicht den Anspruch, die Vielzahl der aktuellen Ansätze, Epochenbegriffe und Signatur-Zuschreibungen repräsentativ und ausgewogen abzubilden. Vielmehr versteht sich die Textsammlung als ein Themenvorschlag, der ergänzt und erweitert werden kann. So werden nicht nur verschiedene Argumentationsstile und Forschungsperspektiven zusammengebracht, sondern auch unterschiedliche Formen der Abhandlung, vom historischen Essay bis zum wissenschaftlichen Artikel. Eine solche, in gewisser Weise kaleidoskopische Zusammenstellung mit Lesebuchcharakter unterscheidet sich insofern von anderen Gesamtdarstellungen zum 20. Jahrhundert, als dass sie durch die Autorinnen und Autoren jedes Mal von neuem und ergebnisoffen historische Zusammenhänge generiert – und dabei untereinander Korrespondenzen herstellt. Der Band kann somit mehr sein als nur eine lose Kompilation von Aufsätzen. Das Themenspektrum der Beiträge, in das im Folgenden kurz eingeführt wird, ist weit gefasst und reicht von Ereignissen und Akteuren über Ordnungsvorstellungen und Strukturentwicklungen bis zu Begrifflichkeiten und Diskursen.

Die grenzenlose Massengewalt und ihre Dokumentation zählen zu den Hauptgründen, warum uns das 20. Jahrhundert als Schattenzeit in den Bann zieht. Dem Holocaust kommt dabei eine herausragende Rolle zu. Er ist nicht nur einfach eine Zäsur, sondern eine Jahrhundert-Signatur. Das macht *Sybille Steinbacher* kenntlich, wenn sie den politischen und erinnerungskulturellen Umgang mit ihm untersucht. Dabei entwickelte sich der Grad der historischen Auseinandersetzung, aber auch der Verurteilung und politischen Distanzierung von der Vernichtung der jüdischen Bevölkerung gerade seit dem letzten Drittel des vergangenen Jahrhunderts bis zur Jahrtausendwende hin mehr und mehr zum Maß und Ausdruck einer deklarierten Zugehörigkeit zur Wertegemeinschaft Westeuropas bzw. der Europäischen Union. Doch bis zum Erreichen eines europaweiten Wertekonsens' in dieser Frage brauchte es mehrere Jahrzehnte der wissenschaftlichen Aufarbeitung, aber auch des jüngeren Erinnerungs- und Geschichtsbooms, in denen der »Zivilisationsbruch« zum vielfachen Gegenstand von Medien, Gedenkstätten und zivilgesellschaftlichen Initiativen wurde. Insofern erscheint auch der für viele als selbstverständlich erscheinende Signaturcharakter des Holocaust als ein vergleichsweise neues Resultat einer langen Genese.

Mindestens ebenso bemerkenswert wie die exzessive Gewaltzeit ist der bis in die Gegenwart anhaltende, wenn auch nicht flächendeckende Frieden in Europa nach 1945. Rückblickend erweist sich der plötzliche Rückgang von Gewaltanwendungen im zwischenstaatlichen Bereich vor der Drohkulisse des Kalten Krieges und dem Dauerszenario eines atomaren Dritten Weltkriegs als erstaunliches Phänomen – und Ergebnis einer fundamentalen »Debellifizierung« insbesondere westeuropäischer Gesellschaften, wie *Gabriele Metzler* herausstellt. Krieg als faktische und imaginierte Handlungsoption auf europäischem Boden verlor im Laufe der Jahrzehnte sowohl unter den Eliten als auch in der Bevölkerung immer weiter an gesellschaftlicher Akzeptanz und Zustimmung. Verantwortlich war dafür neben zunehmender Selbstreflexivität und veränderten Männlichkeitsvorstellungen auch ein elementarer, zivilisierender Funktions- und Aufgabenwandel von Staat und Militär. Es ging von nun an weniger um die Beherrschung von (kolonialen) Territorien, als vielmehr um den Ausbau und die Sicherung eines beständig steigenden wohlfahrtsstaatlichen und Wohlstandsniveaus.

Auch die Entwicklung und Durchsetzung von Menschenrechten hatte daran ihren Anteil. Als wandelbares Konstrukt boten sie eine gleichermaßen deutungsoffene wie stark diskutierte Projektionsfläche für weltverbesserische Hoffnungen und Entwürfe. Dabei ging es zunächst weniger darum, wie *Jan Eckel* ausführt, Menschenrechtsverletzungen zu ahnden, als diese vielmehr überhaupt als solche öffentlich zu machen. Der Kampf für Menschenrechte als Programm wie auch als Politik offenbarte sich in erster Linie als ein Mit- und Nebeneinander vielschichtiger kommunikativer Prozesse, deren Ergebnisse aufgrund unterschiedlichster Akteure, Orte und Rahmenbedingungen nie einheitlich ausfielen. Insofern warnt der Autor vor einem ungebrochenen Narrativ, das den

Aufstieg der Menschenrechte seit den 1940er Jahren als Sieg einer aufklärerischen Moderne in der zweiten Hälfte des 20. Jahrhunderts auslegt. Gleichwohl seien nach 1945, so Eckel, die Chancen gestiegen, Verstöße nicht nur aufzudecken, sondern auch zu sanktionieren.

Die Menschenrechtsthematik entstand nicht aus dem Nichts, sondern war eingebettet sowohl in die grundlegende Entwicklung von Modernitäts- und Zukunftsentwürfen seit dem 18. Jahrhundert als auch in die Konkurrenzsituation von gesellschaftspolitischen Ordnungsvorstellungen. Schließlich war das 20. Jahrhundert ein Zeitraum, in dem die Anzahl von Ordnungsideen und die Schärfe gegenseitiger Abgrenzung rasant zunahmen. Insbesondere die aus dem 19. Jahrhundert stammenden, erfolgreichen liberalen Modernekonzepte mussten auf die autokratischen und totalitären Gegenströmungen des Faschismus, Bolschewismus und Nationalsozialismus reagieren. Am Beispiel Frankreichs und seinen seit der Aufklärung weltweit rezipierten Vorstellungen von Moderne und Modernität arbeitet dies *Lutz Raphael* essayistisch heraus. Ordnungsmuster offenbaren sich dabei ideengeschichtlich als Konglomerat abstrakter, universalisierungsfähiger Leitbegriffe, die aus der Verknüpfung von politischen Ideologien, intellektuellen Zeitdiagnosen und lebensweltlichen Orientierungen entstehen.

Für *Jörg Baberowski* entpuppt sich das europäische 20. Jahrhundert nicht nur als ein Zeitabschnitt schlichter Konkurrenz politischer Ordnungssysteme, sondern als eine Epoche der permanenten bolschewistischen Herausforderung und des sowjetischen Imperiums, denen sich Rest-Europa zu stellen hatte. Die Sowjetunion und ihre Politik waren für mehr als 70 Jahre Leitaxiom und Katalysator für konkurrierende ost- und westeuropäische Entwicklungen in Politik, Wirtschaft, Kultur und Ideologie, was auch den Zusammenbruch der kommunistischen Regime und die Renaissance von Demokratie und freier Marktwirtschaft einschließt. Die Oktoberrevolution von 1917 war zugleich der zeitgeschichtliche Startschuss für die totalitären Versuchungen totaler Unterwerfung. In seiner Folge verwandelte sich das russische bzw. sowjetische Territorium zunächst selbst in ein jahrzehntelanges Schlacht- und Experimentierfeld eines exzessiven Gewalt-, Ordnungs- und Ideologiestrebens. Erst lange nach Stalins Tod begannen sich die Verhältnisse zu stabilisieren, und die sowjetische Gesellschaft wurde zu der bekannten konservativen Konsensdiktatur, die als schweres mentales Erbe auch nach 1991 noch für Jahre fortlebte. Um das Ende des »sowjetischen Jahrhunderts« zu vermessen, ist daher nicht der Zeitpunkt der Auflösung der Sowjetunion maßgeblich, sondern das Verschwinden der alten sowjet-sozialistischen Mentalität in den Köpfen.

Geht es um gesellschaftliche Ordnungsprozesse, ist schnell auch die Rede von Rationalisierung. Sie gehört zu den Zentralmerkmalen der fortschreitenden Säkularisierung moderner Gesellschaften und damit der westlichen Moderne überhaupt. Doch erst im 20. Jahrhundert selbst wurde Rationalität zum leitenden, allumfassenden Fortschritts- und Bewegungsbegriff, der, wie *Ute Frevert* ausführt, auch vor Gefühlen und Leidenschaften und damit vor dem scheinbar Irrationalen nicht Halt machte. Diktatoren und populistische Politiker suchten ebenso wie Wirtschaftsmanager oder Medienmogule die Massen affektiv anzusprechen und politisch oder wirtschaftlich zu indoktrinieren. In ihrem Vorgehen agierten sie gleichwohl planvoll und rational kalkulierend. Als politisches, pädagogisches, wissenschaftliches, arbeitsweltliches oder auch kulturelles Programm bzw. Gesellschaftsprojekt wurde die»Rationalisierung der Gefühle« zu einem signifikanten Phänomen eines extremen Jahrhunderts, das bis in die unmittelbare Gegenwart unvermindert anhält.

Emotionen und der Umgang mit ihnen prägen auch die aktuelle Migrations- und Flüchtlingskrise auf dem europäischen Kontinent. Dessen Bewohner blicken auf eine lange Geschichte der Massenmigration zurück, in der die millionenfache gewaltsame Anstiftung und Durchsetzung von Bevölkerungsverschiebungen besonders schweres Leid erzeugte. *Jochen Oltmer* belegt dabei faktenreich, dass, als Kriegsschauplatz und Sitz von Kolonialmächten, es in den ersten beiden Dritteln des Jahrhunderts vor allem Europa und seine Staaten selbst waren, die als Hauptproblem für die weltweiten Flüchtlingsbewegungen zu gelten haben. Zu den wichtigsten Anlässen von Gewaltmigration zählen die beiden Weltkriege und die daraus hervorgehenden Grenz- und Bevölkerungsverschiebungen sowie die Errichtung von Diktaturen sowohl vor als auch nach 1945. Insofern ist die Geschichte der Gewaltmigration eng mit den politischen Großzäsuren des 20. Jahrhunderts verknüpft. Dies trifft auch auf die europäischen Grenzen, Grenzverschiebungen und Grenzregime zu. Diese entwickelten vor dem Hintergrund der Nationalstaatsbildung, des Ost-West-Konflikts sowie der Freiheits- und Gewaltgeschichte im 20. Jahrhundert eine historisch neuartige Relevanz. Ihre Geschichte ist, wie *Peter Ulrich Weiß* anhand der Grenzverläufe in Weltkriegszeiten, des Eisernen Vorhangs sowie den zuerst in Westeuropa beginnenden Vorgängen der allmählichen Ent-Grenzung zu zeigen vermag, im Kontext so genannter Schlüsseljahre wie 1917, 1945 oder 1989 äußerst dynamisch angelegt. Sie zeigt, dass gerade im 20. Jahrhundert»wandernde« Grenzen der historische Normalfall, statische Territorialgrenzen hingegen die Ausnahme darstellen. Als Gegenstand historischer Vermessung sind Grenzen und Grenzregime an der Peripherie meist das Ergebnis von politischen Zäsuren im Zentrum. Doch Charakter und Wahrnehmung ein und derselben Zäsur können standortbedingt variieren, wie das Beispiel der Übernahme des westlichen Grenzregimes durch die Beitrittsländer der EU-Osterweiterung zeigt: Während dies aus der nationalen Perspektive der betroffenen Länder durchaus ein Bruch zur Vorgängerpraxis markiert, bedeutet die Adaption aus westlicher EU-Sicht eine erfolgreiche Ausdehnung des bereits Bestehenden und damit Kontinuität.

Das 20. Jahrhundert trat nicht nur in seiner Gewalthaftigkeit hervor. Es war auch ein Zeitabschnitt stetig wachsender sozialer, wohlfahrtsstaatlich erzeugter Sicherheit. Dies problematisiert *Winfried Süß* am Beispiel Deutschlands. Als säkularer Prozess gestaltete sich der Abbau von Unsicherheit bzw. der Zuwachs an Lebenssicherheit vergleichsweise losgelöst von zentralen Zäsuren bzw. zeitversetzt. Zwar gilt der Sozialstaat nahezu qua natura als krisenanfällig bzw. tritt meist im Kontext von Krisendiskursen in Erscheinung. Dennoch erweist sich seine Geschichte bei näherer Betrachtung vor allem als eine Geschichte von Anpassungsfähigkeit und Kontinuität. Als letzten erheblichen Einschnitt wertet Süß die so genannten Hartz-Reformen, die bisherige sozialstaatliche Prinzipien des 20. Jahrhunderts in Fragte stellten und den Sozialstaat von einer sichernden zu einer die Arbeitnehmer aktivierenden und die Wohlfahrtsmärkte regulierenden Institution umdefinierten.

Heinz Gerhard Haupt begibt sich auf die Spuren der Geschichte des Konsums und seinen außergewöhnlichen Wachstumsphasen. Als bedeutenden Wendepunkt identifiziert Haupt dabei das Endes des Zweiten Weltkriegs bzw. die Jahrhundertmitte. Von nun an gehörten Hunger und eklatante Mangelerfahrungen zumindest in den west- und südeuropäischen Gesellschaften der Vergangenheit an. Die kommunistisch gelenkten Gesellschaften gingen zwar bald diese Entwicklung mit, jedoch erreichten sie, entgegen den staatlichen Propagandaversprechungen, weder quantitativ noch qualitativ das westliche Konsumgüterniveau. Die Differenz erreichte in den sozialistischen Mangelgesellschaften bald eine systemsprengende Dimension.

Historische Phänomene bringen Zäsuren hervor und umgekehrt. Dieses Wechselverhältnis prägte auch die Mediengeschichte. Massenmedien konnten Zäsuren verstärken oder gar produzieren. Umgekehrt beeinflussten Zäsuren aber auch die Entwicklung der Medienlandschaft. Die Jahre von 1890 bis 1990 bilden, wie *Frank Bösch* argumentiert, ein Zeitalter der klassischen Medienmoderne mit seinen Versprechungen und Prinzipien von gesellschaftlicher Anteilhabe und Politisierung, aber auch der Kontrolle und Lenkung. Im Zeitalter der totalitären Systeme und des

Kalten Kriegs gerieten Medien einmal mehr ins Fahrwasser politischer Propaganda. Die klassischen politischen Zäsuren wie 1914, 1933 oder 1989 veränderten zwar nicht mit einem Schlag die Medienentwicklung als solche. Doch zumindest der Zugriff und die »Fließgeschwindigkeit« medialer Ströme wurden andere. Nicht nur dem Inhalt, sondern auch der Innovation von Technik und Format kam zunehmend größere Bedeutung zu. Und in dieser Beziehung entpuppte sich das 20. Medienjahrhundert als ein amerikanisches.

Krisen gelten gemeinhin als dauerhafte Begleiterscheinungen der Historie – erst recht im 20.Jahrhundert. Doch die vordergründige Vorstellung, die Zeitgeschichte sei im Kern eine Akkumulation von Krisen, die es ereignisgeschichtlich zu sortieren und beschreiben gilt, erweist sich als analytisch unbrauchbar, wie *Rüdiger Graf* in seinem Beitrag nachweist. Zu vielfältig und situationsbezogen waren und sind die Vorstellungen und Begrifflichkeiten von »Krise« und deren Verwendung. Daher fragt Graf mit Blick auf die entscheidenden Wendephasen der 1920er und 1970er Jahre nach wechselnden Semantiken und Konjunkturen dieses inflationär gebrauchten Begriffs. Hierbei fördert er eine signifikante Verschiebung zutage: Während sich die Verwendung des Krisenbegriffs lange Zeit mit einer auf positive Veränderung optierenden Zukunftshaltung verband, wurde Krise seit den 1970er Jahre verstärkt im Modus des Risikos und möglicher Katastrophen gedacht. »Krise« verlor damit ihren vormals aktivierenden Impetus. Über diesen Bedeutungswandel hinaus wirkte sich der immer enger werdende Konnex zwischen wahrgenommener Krise und gedeuteter Zäsur auf die Geschichtsschreibung und deren Zeitachsen aus. Im Ergebnis ist es nicht das Ereignis, sondern der Begriff der Krise, der sich für das 20. Jahrhundert als Epoche machend erweist.

Auch *Bodo Mrozek* betont die diskursive Beschaffenheit des Jahrhunderts als Säkulum der Jugend, das nicht nur von Historikern, sondern bereits von Zeitgenossen als solches beschworen wurde. Was zunächst empirisch gefühlte Gewissheit ist, entpuppt sich bei näherem Hinsehen als ein narratives Konstrukt und affirmatives Resultat vergangener Jugenddiskurse. So gehörte gerade unter totalitären Bewegungen und diktatorischen Ordnungen die Heroisierung von Jugend und das Ausrufen dahingehender Epochen zum ideologischen Standardrepertoire der Propaganda. Jugend diente als Erneuerungs- und Fortschrittsmetapher. Doch im anderen gesellschaftspolitischen Rahmen konnten sich die Zuschreibungen schnell ins Gegenteil verkehren, und Jugend wurde zur Projektionsfläche für angeblichen Kultur- und Werteverfall mit universalem Gefährdungspotenzial. Abseits davon erlangten Jugendliche bzw. junge Erwachsene als (Kampf)Ressourcen für Armeen und Massenorganisationen wie auch als Wähler, Konsumenten und Produzenten zunehmend politische, wirtschaftliche und kulturelle Handlungs- und Verfügungsmacht. Diese Rollen wurden dann vor allem seit den 1970er Jahren durch eine Reihe von Gesetzen und Regelungen untersetzt und damit legitimiert.

Martin Sabrow schließlich erörtert die historische Dimension des 20. Jahrhunderts, dessen Charakter sich nicht nur aus seinem Umgang mit den Herausforderungen der Gegenwart und Zukunft ergibt, sondern auch aus seiner Stellung zur Vergangenheit. Als umgreifende Signatur des Zeitalters tritt aus dieser Perspektive nicht nur die fortlaufende Umschreibung der geltenden Geschichtsbilder und Erzählmuster hervor, sondern auch die Wandelbarkeit ihres narrativen Rahmens: Nicht nur die Zeitbilder änderten sich fortlaufend im 20. Jahrhundert, sondern ständiger Verschiebung unterlag auch die dahinterstehende Relation zwischen Zukunft und Vergangenheit selbst, in der die Zeitgenossen ihre Vorstellungen vom Gestern organisierten.

Das Jahrhundert der Gewalt und ihrer Einhegung

GABRIELE METZLER

Die Gewalt ist nicht eingehegt. Sie ist überall, allgegenwärtig, sie zeigt sich in ihrer brutalsten, grausamsten Gestalt im Nordirak und in Syrien, in Afghanistan und Somalia, im Sudan und im Nahen Osten. Gewalt nimmt viele Formen an, sie zerstört Leben, ihre Erfahrung traumatisiert Menschen für immer, sie verletzt und verstümmelt. Gewalterfahrungen können menschliche Gemeinschaften und soziale Ordnungen zerstören, mit Gewalt werden lebensnotwendige Ressourcen vernichtet. Wie lässt sich vor diesem Hintergrund, der uns doch tagtäglich vor Augen tritt, überhaupt davon sprechen, es läge ein Jahrhundert der Gewalt und ihrer Einhegung hinter uns?

Die Auseinandersetzung mit der einhundertsten Wiederkehr des Kriegsausbruchs von 1914 hat uns daran erinnert, dass auch Europa ein »Kontinent der Gewalt«[1] war. Freilich hat kaum ein Festredner auf den Hinweis verzichtet, dass es in Europa tatsächlich gelungen ist, die Gewalt, die kriegerische Gewalt zumal, nach der Erfahrung zweier verheerender Weltkriege einzudämmen; und den Klügeren unter den Rednern war zudem bewusst, dass dies keineswegs eine selbstverständliche oder universelle Erfahrung war, noch gar heute ist. Bundespräsident Joachim Gauck etwa führte anlässlich der Gedenkveranstaltung in Lüttich am 4. August 2014 aus: »Wir sind deshalb als Repräsentanten so vieler Länder heute nicht nur im Gedenken vereint, wir stehen hier auch als Zeugen des größten politischen, kulturellen und moralischen Erfolgs des alten Europa: Frieden und Versöhnung sind möglich. Aus einem Kontinent fortwährender Feindschaft und immer neuer Kriege ist ein Kontinent des Friedens geworden. Solche Zeugschaft [sic] sollte uns aber auch daran erinnern, dass wir gemeinsam eine Verantwortung haben für die Welt.« Und er hatte auch eine Erklärung für den »Erfolg des alten Europa« parat, wie er weiter ausführte: »Es waren bittere, es waren schreckliche Lektionen, die uns die beiden großen Kriege bereitet haben.«[2]

1   James Sheehan: Kontinent der Gewalt. Europas langer Weg zum Frieden, München 2008.
2   Rede von Bundespräsident Joachim Gauck bei der Gedenkveranstaltung »100 Jahre Erster Weltkrieg« in Lüttich, 4. August 2014, URL: http://www.bundespraesident. de/SharedDocs/Reden/DE/Joachim-Gauck/Reden/2014/08/140804-Gedenken-Luettich.html [Zugriff am 8.4.2016].

Diese »bitteren Lektionen« sollen im Folgenden der Ausgangspunkt sein, von dem aus ich der Frage nachgehe, weshalb es in Europa gelungen ist, zwischenstaatliche Gewalt aus dem Handlungsrepertoire der Politik über einen so langen Zeitraum zu verbannen. Der Schwerpunkt liegt dabei auf Westeuropa, weil hier der Zeitraum zwischenstaatlicher Beziehungen ohne Gewaltanwendung noch deutlich länger ist als im Osten, wo zwischen den Nachfolgestaaten der Sowjetunion oder im ehemaligen Jugoslawien die Phase relativer Gewaltlosigkeit nach 1990 zu Ende gegangen ist. Dass der Rückgang der Gewalt zwischen den Staaten viel mit dem Rückgang der Gewalt innerhalb der europäischen Gesellschaften zu tun hat, soll in diesem Beitrag ebenfalls verdeutlicht werden.

Erste Schritte zur Einhegung von Gewalt
und ihre Umkehr im Ersten Weltkrieg

Die Verheerungen des Ersten Weltkriegs, der, länger als erwartet, über vier lange Jahre die europäischen Gesellschaften mobilisierte und ihnen mannigfache Opfer abverlangte, gaben einen starken Impuls für eine Friedensordnung, die die Wiederkehr zwischenstaatlicher Gewalt möglichst verhindern sollte. In diese Bilanz des Ersten Weltkriegs, in seine Würdigung als – in den Worten des Bundespräsidenten – »historische Lektion« muss man indes einbeziehen, dass der Krieg selbst wesentliche vorangegangene Bemühungen um eine Einhegung des Krieges vorerst zunichtegemacht hatte. Dieter Langewiesche hat mit guten Gründen argumentiert, mit dem Kriegsausbruch 1914 habe in Europa »ein Jahrhundert des begrenzten Krieges«[3] geendet. In der Tat erweist sich das 19. Jahrhundert, ausgerechnet das Jahrhundert der Revolutionen und Nationalstaatsbildungen, im historischen Tiefenvergleich als eine Periode bemerkenswert eingehegter Kriege. Sie waren im wesentlichen Sache regulärer »Armeen, die bemüht waren, die Zivilbevölkerung zu schonen.«[4] Dies hatte vorderhand nur wenig mit humanitären Erwägungen seitens der staatlichen und militärischen Akteure zu tun, ihnen ging es nicht um eine Schonung der Zivilbevölkerung um ihrer selbst willen, sondern darum zu verhindern, dass die bewaffnete Auseinandersetzung außer Kontrolle geriet und in einen revolutionären Volkskrieg überging. Tatsächlich stand ihnen das Schreckgespenst des ›republikanischen Krie-

---

3 Dieter Langewiesche: Eskalierte die Kriegsgewalt im Laufe der Geschichte?, in: Moderne Zeiten? Krieg, Revolution und Gewalt im 20. Jahrhundert, hg. von Jörg Baberowski, Göttingen 2006, S. 12-36, hier S. 26.
4 Ebd., S. 27.

ges‹ vor Augen, wie er sich während der Französischen Revolution unter dem Vorzeichen der *levée en masse* gezeigt hatte. Wichtigstes Mittel, um die Ausweitung eines Krieges zu verhindern, war daher eine möglichst klare Trennung von Kombattanten und Nicht-Kombattanten. Diese ganz wesentliche Unterscheidung, auf deren historische Signifikanz Langewiesche zurecht hinweist, galt allerdings in der Hauptsache für Kerneuropa. In den europäischen Randzonen verwischte diese Unterscheidung bereits merklich, wenn man etwa an die Balkankriege denkt;[5] dort blieb ethnisch motivierte Gewalt bis in die zweite Jahrhunderthälfte – und erneut nach Ende des Kalten Krieges – »die dunkle Seite der Nationalstaaten«.[6] Für die westeuropäischen Staaten verwischten sich die Grenzen des *ius in bello* vor allem in den kolonialen Auseinandersetzungen. So sehr sich die europäischen Mächte auf dem Kontinent selbst um Einhegung des Krieges bemühten, so sehr ließen sie es zu, dass ihre Interventionen in den kolonialen Räumen den Charakter brutaler Strafaktionen, Gewaltorgien, ja im Falle des deutschen Vorgehens in Südwestafrika die Form eines »Vernichtungskrieges« annahmen.[7]

Die nachhaltig wirkmächtige Unterscheidung zwischen Europa und den Kolonien, ja, zwischen »uns« und den »anderen«, ist bis hinein in die Schlüsseldokumente aufzuspüren. In der Haager Konvention ›betreffend die Gesetze und Gebräuche des Landkriegs‹ vom Juli 1899, die der ganz zentralen Unterscheidung von Kombattanten und Nichtkombattanten sowie der Behandlung von Kriegsgefangenen gewidmet war, gab die Präambel das Motiv der Vertragsparteien an: Sie seien gewillt, Konflikte künftig friedlich auszutragen; Kriege sollten die Ausnahme darstellen. Doch seien sie »von dem Wunsche beseelt, selbst in diesem äußersten Falle den Interessen der Menschlichkeit und den sich immer steigernden

---

5 Vgl. Wolfgang Höpken: Archaische Gewalt oder Vorboten des »totalen Krieges«? Die Balkankriege 1912/13 in der europäischen Kriegsgeschichte des 20. Jahrhunderts, in: Schnittstellen. Gesellschaft, Nation, Konflikt und Erinnerung in Südosteuropa, hg. von Ulf Brunnbauer u. a., München 2007, S. 245-260.

6 Philipp Ther: Die dunkle Seite der Nationalstaaten. »Ethnische Säuberungen« im modernen Europa, Göttingen 2011; Donald Bloxham u. a.: Europe in the World. Systems and Cultures of Violence, in: Political Violence in Twentieth-Century Europe, hg. von Donald Bloxham und Robert Gerwarth, Cambridge 2011, S. 11-39; sowie die Beiträge im vierten Teil (»Violence in the Borderlands«) in Omer Bartov und Eric D. Weitz (Hg.): Shatterzones of Empires. Coexistence and Violence in the German, Habsburg, Russian, and Ottoman Borderlands, Bloomington 2013.

7 Sheehan (Anm. 1), S. 76. Siehe auch die Beiträge in Thoralf Klein und Frank Schumacher (Hg.): Kolonialkriege. Militärische Gewalt im Zeichen des Imperialismus, Hamburg 2006.

Forderungen der Zivilisation zu dienen«.[8] Der Begriff der ›Zivilisation‹
ist hier von zentraler Bedeutung. Denn er schloss die ganz wesentliche
Trennung der ›zivilisierten‹ Völker von den ›unzivilisierten‹ konstitutiv
mit ein, und diese Trennung war ohne Zweifel rassistisch fundiert. Vor
allem in Afrika konnte es nach dieser Auffassung vielleicht einige zivilisierte weiße Siedler, nicht jedoch zivilisierte Völker geben, und es galt
weithin als historische Aufgabe der Europäer, die Zivilisation überhaupt
erst in diese Weltregion zu bringen. Jörg Fisch hat diese Argumentationsfigur pointiert als »Recht [der Afrikaner] auf Fremdbestimmung«
bezeichnet.[9] Für die Frage nach dem Ende von Gewalt ist dies ein ganz
wesentlicher Befund.

Er ist um einen Aspekt zu erweitern. Kriege, wie sie die Haager
Landkriegsordnung imaginierte, waren Auseinandersetzungen zwischen
souveränen Staaten, nicht zwischen Gesellschaften. Mit dem Ziel, zwischenstaatliche Gewalt einzuhegen, trug das Völkerrecht an der Schwelle
zum 20. Jahrhundert dem Umstand Rechnung, dass der Staatsbildungsprozess in (West-)Europa an ein vorläufiges Ende gelangt war. Souveräne
Staaten mit einem staatlichen Gewaltmonopol hatten sich als herausragende Instanzen etabliert, die innerstaatliche Gewalt einhegten. Steven
Pinker, der eine wegweisende Studie über das Ende der Gewalt vorgelegt
hat, erkennt in der Staatsbildung gar den wichtigsten Faktor im Prozess
der Einhegung von Gewalt.[10] Daraus ließ sich im Völkerrecht ein historisch legitimes und zugleich moralisches Argument gewinnen: Der Staat
garantierte in dieser Lesart ›Zivilisation‹ und ›humanitären Fortschritt‹,
ohne Staat waren beide nicht zu denken. Dass nur wenige Jahrzehnte
später die grausamsten Verbrechen in staatlicher Regie verübt werden
sollten, war für die Völkerrechtler des frühen 20. Jahrhunderts schlicht
nicht vorstellbar, denen »Menschlichkeit« und »öffentliches Gewissen«
als Leitideen galten.[11]

8 Abkommen betreffend die Gesetze und Gebräuche des Landkriegs [Haager
Landkriegsordnung], 18. Oktober 1907, RGBl. 1910, S. 107-151, Präambel, URL:
http://www.1000dokumente.de/index.html?c=dokument_de&dokument=0201_
haa&st=HAAGER&l=de [Zugriff am 8.4.2016].
9 Jörg Fisch: Das Selbstbestimmungsrecht der Völker. Die Domestizierung einer
Illusion, München 2010, S. 139. Vgl. auch Lutz Raphael: Imperiale Gewalt und
mobilisierte Nation. Europa 1914-1945, München 2011, S. 20-28.
10 Steven Pinker: The Better Angels of Our Nature. Why Violence Has Declined,
New York 2011, S. 538.
11 So die Martens'sche Klausel in der Präambel der Haager Landkriegsordnung: »In
den Fällen, die von den geschriebenen Regeln der [… Landkriegsordnung] nicht
erfasst sind, [bleiben]die Bevölkerung und die Kriegführenden unter dem Schutze
und der Herrschaft der Grundsätze des Völkerrechts, wie sie sich ergeben aus

Wie prekär die Regelungen des humanitären Völkerrechts vorerst waren, offenbarte sich nach dem Kriegsausbruch 1914 binnen weniger Wochen. Der »enthegte Krieg« kehrte zurück.[12] Selbst wenn man allein nach Westen blickt, bietet sich reiches Anschauungsmaterial. Wie vor allem Alan Kramer und John Horne verdeutlicht haben, waren, zumal im Stellungskrieg, zwar im Wesentlichen reguläre Truppen im Einsatz. Aber die Gefahr eines Volkskrieges war doch so gegenwärtig, dass allein Gerüchte über belgische Francs-tireurs den deutschen Truppen ausreichten, um flächendeckende Zerstörungen und willkürliche Massenerschießungen von Zivilisten zu motivieren und zu legitimieren. Von der Trennung von Kombattanten und Nichtkombattanten, der daraus resultierenden Schonung der Zivilbevölkerung und mithin der Einhegung von Gewalt wollten die deutschen Kommandeure und einfachen Soldaten in Lüttich im Sommer 1914 nichts wissen.[13] Auch andernorts brach sich die Gewalt gegen die Zivilbevölkerung Bahn, am Ende des Kriegs waren 40 Prozent seiner Opfer Zivilisten. Entgrenzt wurde dieser Krieg auch im Hinblick auf den Einsatz neuer, präzedenzlos zerstörerischer Waffen: von Giftgas, dessen Einsatz an der Westfront 20 000 Tote und eine halbe Million Verwundete hinterließ; im einsetzenden Luftkrieg; im U-Boot-Krieg kamen 28 000 zivile Seeleute allein durch deutsche U-Boot-Angriffe ums Leben.[14] Und schließlich gelang es auch nicht, unter den Bedingungen des Krieges die Maßgaben der Haager Landkriegsordnung hinsichtlich der Behandlung von Kriegsgefangenen umzusetzen. Allein in russischer, deutscher und österreich-ungarischer Gefangenschaft verloren über anderthalb Millionen Soldaten ihr Leben.[15]

Lektionen aus dem Ersten Weltkrieg?

Vor diesem Hintergrund sind die Bemühungen der Akteure auf den Friedenskonferenzen nach 1918 durchaus zu würdigen. Aber welche ›Lektionen‹ hatten sie aus dem Krieg gelernt? Die Demilitarisierung

den unter gesitteten Völkern feststehenden Gebräuchen, aus den Gesetzen der Menschlichkeit und aus den Forderungen des öffentlichen Gewissens.« Vgl. Martti Koskenniemi: The Gentle Civilizer of Nations. The Rise and Fall of International Law 1870-1960, Cambridge 2001, S. 87.

12 Langewiesche (Anm. 3), S. 29.

13 John N. Horne und Alan Kramer: German Atrocities, 1914. A History of Denial, New Haven 2001; Langewiesche (Anm. 3), S. 28.

14 Sönke Neitzel: Der historische Ort des Ersten Weltkrieges in der Gewaltgeschichte des 20. Jahrhunderts, in: APuZ (2014), H. 16-17, S. 17-23, hier S. 18.

15 Ebd., S. 20.

Deutschlands sollte das Land, dem die Hauptschuld am Kriegsausbruch gegeben wurde, für die Zukunft strukturell nichtangriffsfähig machen, und mit dem Leitprinzip des Selbstbestimmungsrechts der Völker wollte man nationale und ethnische Konflikte entschärfen. Das Hauptstück der neuen Friedensordnung sollte nach dem Willen seiner Protagonisten der Völkerbund werden, unter dessen Dach alle zwischenstaatlichen Konflikte friedlich ausgetragen würden.[16] Im Laufe der 1920er Jahre gelang es, das humanitäre Völkerrecht in wesentlichen Punkten weiterzuentwickeln. Hervorzuheben sind das Genfer Protokoll von 1925 »über das Verbot der Verwendung von erstickenden, giftigen oder ähnlichen Gasen sowie von bakteriologischen Mitteln im Kriege« sowie die zweite Genfer Konvention von 1929 über die Behandlung von Kriegsgefangenen.[17] Es ist bemerkenswert, dass auch hier die »zivilisierte Welt« erneut als Instanz aufgerufen wurde, die den Einsatz chemischer und biologischer Waffen verurteilte; und wiederum ist darauf hinzuweisen, dass in den kolonialen Auseinandersetzungen der Zwischenkriegszeit diese Grenzen der Kriegsführung bei weitem nicht so streng galten wie nach 1918 allgemein empfunden und im Genfer Protokoll vorgesehen. Nach wie vor waren militärische Einsätze der Europäer im kolonialen Zusammenhang außerordentlich gewaltvoll, sei es im Einsatz von Flugzeugen und Bombardements aus der Luft und im Einsatz von Giftgas, wie es die Briten 1919 in Afghanistan und 1920 im Irak praktizierten;[18] wie es das italienische Vorgehen 1928 und 1930 in Libyen kennzeichnete (später, 1935/36, auch in Äthiopien),[19] oder wie es den spanischen Einsatz 1921 und 1925 gegen Marokko charakterisierte.[20] Auch gegen tatsächliche oder vermeintliche Aufstandsversuche gingen die europäischen Kolonialherren brutal vor.[21]

---

16 Fisch (Anm. 9), S. 157 ff.

17 Genfer Protokoll über das Verbot der Verwendung von erstickenden, giftigen oder ähnlichen Gasen sowie von bakteriologischen Mitteln im Kriege vom 17. Juni 1925, RGBl. 1929 II, S. 174; Genfer Abkommen über die Behandlung der Kriegsgefangenen vom 27.7.1929, RGBl. 1934 II, S. 227.

18 Charles Townshend: Desert Hell. The British Invasion of Mesopotamia, Cambridge 2011.

19 Rainer Baudendiestel: Between Bombs and Good Intentions. The Red Cross and the Italo-Ethopian War, 1935-1936, New York 2006, S. 261-270 u. passim.

20 Ulrich Mücke: Agonie einer Kolonialmacht. Spaniens Krieg in Marokko (1921-1927), in: Klein und Schumacher (Anm. 7), S. 248-271; Sheehan (Anm. 1), S. 128.

21 Exemplarisch dafür das britische Vorgehen im indischen Amritsar: Nick Lloyd: The Amritsar Massacre. The Untold Story of One Fateful Day, London 2011, S. 3-121; zur medialen und parlamentarischen Bearbeitung des Falles vgl. Derek Sayer: British Reaction to the Amritsar Massacre 1919-1920, in: Past & Present 131 (1991), S. 130-164.

Wohl der weitestgehende Versuch zur Einhegung zwischenstaatlicher Gewalt in der Zwischenkriegszeit war der Briand-Kellogg-Pakt.[22] Er setzte in seiner Präambel einen wirkmächtigen neuen Akzent hinsichtlich zentraler Staatsaufgaben. Geschlossen wurde der Vertrag von den Parteien, »tief durchdrungen von ihrer erhabenen Pflicht, die Wohlfahrt der Menschheit zu fördern, in der Überzeugung, dass die Zeit gekommen ist, einen offenen Verzicht auf den Krieg als Werkzeug nationaler Politik auszusprechen, um die jetzt zwischen ihren Völkern bestehenden friedlichen und freundschaftlichen Beziehungen dauernd aufrechtzuerhalten, in der Überzeugung, dass jede Veränderung in ihren gegenseitigen Beziehungen nur durch friedliche Mittel angestrebt werden und nur das Ergebnis eines friedlichen und geordneten Verfahrens sein sollte«.[23]

Wohlfahrt als Staatsaufgabe nahm, zumal in den demokratischen Staaten, einen zentralen Rang ein.[24] Damit trug das Völkerrecht dem innergesellschaftlichen Wandel der Zeit Rechnung. Der gesteigerte Staatsinterventionismus, den die Mobilisierung der Volkswirtschaften für den Krieg überall mit sich gebracht hatte, begann sich nun zu übersetzen in wohlfahrtsstaatliche Politiken. Hieran knüpfte die US-amerikanische Politik an, die ein internationales Handels- und Finanzsystem favorisierte, das den internationalen Beziehungen Stabilität verleihen sollte; ein Gedanke, wie er so ähnlich bereits von Richard Cobden und den liberalen Freihändlern Großbritanniens im 19. Jahrhundert verfolgt worden war.

Die amerikanische Handschrift wurde auch beim Prinzip des Selbstbestimmungsrechts erkennbar. Indem er diesem Prinzip einen prominenten Rang einräumte in seinen Visionen einer gerechten und stabilen Nachkriegsordnung, suchte der US-amerikanische Präsident Woodrow Wilson nicht nur die Lenin'schen Utopien zu entkräften, sondern er inspirierte weit über Europa hinaus Unabhängigkeitsbewegungen. Der amerikanische Historiker Erez Manela spricht gar von einem ›Wilsonian moment‹.[25]

In der Praxis freilich brachte das Prinzip der Selbstbestimmung neue, unerwartete Dynamik in die internationale Politik. Nicht zuletzt die Nationalsozialisten wussten aus ihm zynisch Kapital zu schlagen.[26] Aufs

---

22 Ebd., S. 138 f.
23 Briand-Kellogg-Pakt zur Ächtung des Krieges, 27. August 1928, Präambel, RGBl. 1929 II, S. 97.
24 Raphael (Anm. 9), S. 86 ff.
25 Erez Manela: The Wilsonian Moment. Self-Determination and the International Origins of Anticolonial Nationalism, New York 2007.
26 Fisch (Anm. 9), S. 188-197.

Ganze gesehen lag die Sprengkraft des Selbstbestimmungsrechts wohl weniger in möglichen widerstrebenden, einander ausschließenden Beanspruchungen durch mehrere Gruppen, sondern vielmehr darin, wie Jörg Fisch argumentiert hat, dass es die Gesellschaften bzw. Völker wieder hinein brachte in das komplexe Gefüge von Krieg und Frieden, das im Laufe des 19. Jahrhunderts zu einer Angelegenheit souveräner Staaten geworden war.[27] In den Kolonialgebieten erwiesen sich die Hoffnungen auf Unabhängigkeit im Zeichen der Selbstbestimmung als trügerisch, und selbst der Völkerbund, unter dessen Mandat die ehemals deutschen und osmanischen Gebiete gestellt wurden, konnte dem Gedanken freier und gleicher Selbstbestimmung in der Praxis nicht viel abgewinnen.[28] Auch aus dieser Enttäuschung gewann der Prozess der Auflösung der europäischen Imperien weitere Dynamik.

Viel ist darüber geschrieben worden, weshalb die Versuche, kriegerische zwischenstaatliche Gewalt einzuhegen, nach 1918 gescheitert sind.[29] Die geläufigsten Erklärungen seien hier kursorisch benannt: Zum einen war der Völkerbund von Anfang an geschwächt, weil er über keinerlei Sanktionsmechanismen verfügte und außer der moralischen keine Handlungsmacht besaß; auch fiel erschwerend ins Gewicht, dass mit den USA der zentrale Akteur seiner Gründung dem Völkerbund nicht beitrat, was die internationale Organisation von Anfang an belastete. Auf die unerwartete Eigendynamik des Selbstbestimmungsrechts habe ich bereits hingewiesen. Auch die Vision eines liberalen Internationalismus scheiterte, weil nationale Eigeninteressen eben nicht aufgingen in einem Regime internationalen Austauschs; im Gegenteil zogen sich alle Staaten im Angesicht der Weltwirtschaftskrise wieder ganz auf ihre eigenen Interessen zurück. Das gewichtigste Argument dürfte freilich sein, dass die europäischen Gesellschaften in ihrem Inneren friedlos blieben, was auf ihre Positionierung nach außen unmittelbar ausstrahlte.

Lange Zeit galt in der historischen Forschung der Befund, die europäischen Gesellschaften seien durch die Erfahrung des entgrenzten Krieges nach 1918 brutalisiert gewesen. Namentlich das deutsche Beispiel bot für diese These eine Vielzahl von Belegen, aber auch in anderen Gesellschaften lassen sich Indizien finden, die diese These bestätigen würden. Inzwischen ist sie, durch Arbeiten von Benjamin Ziemann, Robert Gerwarth

---

27 Ebd., S. 181.
28 Susan Pedersen: The Guardians. The League of Nations and the Crisis of Empire, Oxford 2015; Raphael (Anm. 9), S. 74-77.
29 Vgl. Zara Steiner: The Lights That Failed. European International History 1919-1933, Oxford 2005.

und anderen, erheblich differenziert und relativiert worden.[30] Für den hier wichtigen Zusammenhang ist womöglich gar nicht entscheidend, inwieweit politische Auseinandersetzungen tatsächlich gewaltsam ausgetragen wurden und ob die Kriegserfahrung entsprechende Prädispositionen geschaffen hat; wichtiger erscheint, dass Gewalt als ein legitimes Mittel der Politik weithin angesehen wurde, und zwar im Inneren wie nach außen.

Gerade für die neuen demokratischen Systeme spielte dies eine gleichsam paradoxe Rolle. Die Anerkennung von Gewalt als Mittel der Politik war einerseits eine Folge der Legitimationsdefizite des neuen Systems, andererseits verschärfte die Option Gewalt genau dieses Defizit noch weiter.[31] Die Praktiken parlamentarischer Demokratien konnten vor diesem Hintergrund nicht einwurzeln; womit keineswegs gesagt sein soll, dass parlamentarische Demokratien die Option Gewalt grundsätzlich ausschlössen. Wenn man für die frühen 1920er Jahre nach Großbritannien oder Frankreich sieht, zeigt sich, dass auch diese wohl etablierten parlamentarischen Systeme nicht gefeit waren gegen Eruptionen von Gewalt.[32] Der Rekurs auf Gewalt versprach, so scheint es, überall einfachere und schnellere Lösungen, als es die komplexen politischen Verfahren leisteten. Pluralismus war nirgends vollständig ausgeprägt oder anerkannt, allzu häufig hatte das ›Recht des Stärkeren‹ die Legitimität auf seiner Seite. Und in den Versprechungen des Faschismus stand Gewalt schließlich an zentraler Stelle, ließ sich doch die Geburt der neuen

30 Dazu resümierend: Dirk Schumann: Europa, der Erste Weltkrieg und die Nachkriegszeit: eine Kontinuität der Gewalt?, in: Journal of Modern European History 1 (2003), S. 24-43. Vgl. auch die Beiträge in Robert Gerwarth und John Horne (Hg.): War in Peace. Paramilitary Violence in Europe after the Great War, Oxford 2012.

31 Dirk Schumann: Einheitssehnsucht und Gewaltakzeptanz. Politische Grundpositionen des deutschen Bürgertums nach 1918 (mit vergleichenden Überlegungen zu den britischen middle classes), in: Der Erste Weltkrieg und die europäische Nachkriegsordnung. Sozialer Wandel und Formveränderung der Politik, hg. von Hans Mommsen, Köln 2000, S. 83-105. Vgl. in diesem Band auch Bernd Weisbrod: Die Politik der Repräsentation. Das Erbe des Ersten Weltkrieges und der Formwandel der Politik in Europa, S. 13-41.

32 Dazu die Beiträge von Anne Dolan und John Horne in: Robert Gerwarth und John Horne (Anm. 30); Adrian Gregory: Peculiarities of the English? War, Violence and Politics: 1900-1939, in: Journal of Modern European History (2003), S. 44-59; Andreas Wirsching: Political Violence in France and Italy after 1918, in: ebd., S. 60-79; sowie die Beiträge zu Frankreich, Großbritannien, den Niederlanden, Deutschland und Italien in Chris Millington und Kevin Passmore (Hg.): Political Violence and Democracy in Western Europe, 1918-1940, Basingstoke 2015.

Ordnung und des neuen Menschen nur aus der Gewalt imaginieren.[33] Diese neuen Ordnungen wurden darüber hinaus als männlich geprägte Ordnungen vorgestellt. Dies führt zu einigen Überlegungen zum Zusammenhang von Gewalt und Männlichkeit in der Zwischenkriegszeit. Durch die Praxis der Kriegsgesellschaften, dann auch der neuen Demokratien, waren die Geschlechterverhältnisse zutiefst irritiert. In allen europäischen Gesellschaften hatte sich vor dem Krieg soziale und politische Teilhabe über Männlichkeit definiert und konstituiert: Teilhabe an sozialen Gruppen, die Macht für sich reklamierten, im Staat, in der Nation. In einer spezifischen militärischen Kultur, ja einem Kult des Militärischen hatte sich der Bürger als waffentragender Mann identifiziert. Dies war nun, nach der gesellschaftlichen Mobilisierung während des Kriegs und in einer neuen Etappe in der Verbreitung des Frauenwahlrechts, erheblich in Frage gestellt. Die »beschädigten Helden« des Krieges erschütterten das Vertrauen in stabile Männlichkeitsentwürfe, zerstörten die überkommenen Muster hegemonialer Männlichkeit aber nicht.[34] Denn um eine soziale Ordnung wiederherzustellen, in der vertraute Hierarchien wieder in ihr Recht gesetzt würden, transformierte und übersteigerte sich nun vielfach die Beziehung von Männlichkeit und Gewalt. Männlichkeit bestimmte sich, wie wir aus den einschlägigen Arbeiten etwa von Sven Reichardt wissen, über den Willen und die Bereitschaft zur Ausübung von Gewalt,[35] und mögen etwa Frankreich und Großbritannien zivilere Gesellschaften gewesen sein, so blieb doch auch dort das Soldatische, die Bereitschaft zum Krieg, bis weit in die zweite Nachkriegszeit ein etabliertes Muster.[36]

33 Mit interessanten Unterschieden zum bolschewistischen/stalinistischen »Neuen Menschen«: Peter Fritzsche und Jochen Hellbeck: The New Man in Stalinist Russia and Nazi Germany, in: Beyond Totalitarianism. Stalinism and Nazism Compared, hg. von Sheila Fitzpatrick und Michael Geyer, Cambridge 2009, S. 302-341.

34 Odile Roynette: La construction du masculin. De la fin du 19e siècle aux années 1930, in: Vingtième siècle 75 (2002), H. 3, S. 85-96, hier S. 93; vgl. auch Sabine Kienitz: Beschädigte Helden. Kriegsinvalidität und Körperbilder 1914-1923, Paderborn 2008; Sophie Delaporte: Les gueules cassées. Les blessés de la face de la Grande Guerre, Paris 1996; George Mosse: Gefallen für das Vaterland. Nationales Heldentum und namenloses Sterben, Stuttgart 1993, S. 202 f. Zum Konzept hegemonialer Männlichkeit: Raewyn Connell: Masculinities, Cambridge 2005, bes. S. 67-87.

35 Sven Reichardt: Faschistische Kampfbünde. Gewalt und Gemeinschaft im italienischen Squadrismus und in der deutschen SA, Köln u. a. 2002; Schumann (Anm. 30), S. 39-41.

36 Knapp zu den paramilitärischen Verbänden: Raphael (Anm. 9), S. 102-104; Gerwarth und Horne (Anm. 30).

Dies ließ sich ohne weiteres mit eminent politischen Anliegen verbinden. Am augenfälligsten zeigt sich eine solche Verbindung in den deutschen Debatten über die Kriegsniederlage, aus denen sich revisionistische und revanchistische Positionen speisten. Es ist kein Zufall, dass das Bild der geschändeten Germania so häufig abgerufen, so weit verbreitet war. Eine Frauenfigur symbolisierte die verletzte deutsche Ehre, und es oblag den deutschen Männern, diese Ehre wiederherzustellen. In diesem wirkmächtigen politischen Diskurs offenbart sich eine ganze Geschlechterordnung.[37] Die Nationalsozialisten schlugen daraus politisches Kapital, aber sie waren hierin nicht die einzigen. Die Geschichte des NS-Regimes lässt sich als starker Widerspruch zu der großen Erzählung von der Gewalt einhegenden Wirkung von Staatlichkeit lesen. Seine Form ermöglichte und ermunterte mannigfache Formen der Selbstermächtigung und schließlich der Entgrenzung von Gewalt.[38] Mit Gewalt sollten Entscheidungen zugunsten einer deutschen Hegemonie herbeigeführt werden, der Vernichtungskrieg war die logische Konsequenz. Nicht allein in Europa wurde der Krieg enthegt, auch in Asien galten vielerorts keine Regeln mehr oder nur noch das Recht des Stärkeren.

Friedlicher Konfliktaustrag nach 1945: Ein mühevoller Lernprozess

Aus dieser Erfahrung: des Scheiterns aller Bemühungen um Einhegung von Gewalt, der beispiellosen Ermordung von Menschen und Vernichtung von Ressourcen sowie der moralischen Verheerung, entsprang wohl die »bittere Lektion des Zweiten Weltkriegs«, von welcher der Bundespräsident sprach. Die Anerkennung der Menschenrechte erhielt dadurch einen weiteren Schub,[39] aber auch das moderne Völkerstrafrecht, das sich in den Internationalen Militärgerichtshöfen in Nürnberg und Tokio erstmals machtvoll manifestierte.[40] Die in Europa einsetzende Begrenzung der Gewalt allein aus dem Schock des Zweiten Weltkriegs zu erklären, erscheint allerdings zu kurzschlüssig.

37 Martina Kessel: Demokratie als ›Grenzverletzung‹. Geschlecht als symbolisches System in der Weimarer Republik, in: Geschlechter(un)ordnung und Politik in der Weimarer Republik, hg. von Gabriele Metzler und Dirk Schumann, Bonn 2016, S. 81-108, hier S. 88 f.

38 Dazu paradigmatisch: Michael Wildt: Volksgemeinschaft als Selbstermächtigung. Gewalt gegen Juden in der deutschen Provinz 1919 bis 1939, Hamburg 2007.

39 Siehe dazu den Beitrag von Jan Eckel in diesem Band.

40 Vgl. Gerhard Werle: Das Völkerstrafrecht im Jahrhundert der Weltkriege, in: Versöhnung, Strafe und Gerechtigkeit. Das schwere Erbe von Unrechtsstaaten, hg. von Michael Bongardt und Ralf K. Wüstenberg, Göttingen 2010, S. 129-148.

Denn stärker als die Erfahrung des Zweiten Weltkriegs in Europa dürfte in Rechnung zu stellen sein, dass sich die Natur des Kriegs selbst nun dramatisch und tiefgreifend wandelte. Die Atombombenabwürfe über Hiroshima und Nagasaki im August 1945 inaugurierten ein neues Zeitalter, und, mag es auch noch so paradox klingen, gerade die in ihnen zum Ausdruck kommende Potentialität einer vollständigen Entgrenzung des Krieges ermöglichte seine Einhegung in der Folgezeit. Vereinfacht ausgedrückt: Die Nuklearisierung der internationalen Politik und die hohe Wahrscheinlichkeit, dass Europa zum Schauplatz eines nuklearen Schlagabtauschs zwischen Ost und West würde, der dann leicht außer Kontrolle geraten und zur vollständigen globalen Vernichtung führen könnte, gab Anlass, dass sich alle Bemühungen darauf richteten, den nuklearen Krieg einzuhegen.[41] Dazu erschienen unterschiedliche Instrumentarien als geeignet: Waren es zunächst Versuche, ein internationales Kontrollregime unter dem Dach der neu gegründeten Vereinten Nationen zu etablieren, was am aufbrechenden Kalten Krieg scheiterte, so bildete sich in der Folgezeit allmählich quasi eine internationale Risikogemeinschaft heraus, deren Interesse der Eindämmung des gemeinsamen Risikos galt. Die Aussicht der vollständigen wechselseitigen Vernichtung disziplinierte die beteiligten politischen Akteure in Ost und West nachdrücklich und zwang sie geradezu zu einer pragmatischen Kooperation. In Westeuropa selbst sicherten Bündnissysteme auf unterschiedlichen Feldern der Politik, dass die Europäer lernten, ihre Konflikte friedlich auszutragen.

Die nukleare Option hielt den Krieg von Europa fern; aber nicht von der übrigen Welt. Im Gegenteil fanden immer wieder höchst blutige kriegerische Auseinandersetzungen zwischen Staaten unterhalb der nuklearen Schwelle statt, rund 150 größere militärische Konflikte wurden zwischen 1945 und 1989 ausgetragen, rund 20 Millionen Menschen kamen darin ums Leben.[42]

Für unseren Zusammenhang ist also festzuhalten, dass kriegerische Gewalt nach 1945 nur aus Europa verbannt wurde. Wer daraus auf die nach der »Lektion« des Zweiten Weltkriegs umgehend einsetzende Friedlichkeit der europäischen Gesellschaften schlösse, griffe erheblich zu kurz. Denn die Europäer verlagerten vorerst die Gewalt lediglich aus Europa heraus und blieben »Nettoexporteure von Gewalt«.[43] Auf die sich

41 Sheehan (Anm. 1), S. 201: »Die Gefahr des Atomkriegs zieht sich durch das Fundament der europäischen Nachkriegsordnung wie Eisenstäbe durch Stahlbeton.«
42 Bernd Greiner, Christian Th. Müller und Dierk Walther (Hg.): Heiße Kriege im Kalten Krieg, Hamburg 2006, S. 8 u. 16.
43 Donald Bloxham und Robert Gerwarth, Introduction, in: dies. (Anm. 6), S. 1-10, hier S. 6.

nach 1945 beschleunigende Auflösung ihrer Kolonialreiche reagierten sie mit brutaler Gewalt. Ganz gleich, wohin man sieht: von ganz wenigen Ausnahmen abgesehen, suchten die Europäer in allen Kolonien mit Gewalt ihre Macht zu behaupten, und sie bemühten sich dabei nicht einmal darum, die Gewalt einzuhegen. In Indonesien, wo ein blutiger Krieg zunächst als »Polizeiaktion« verbrämt wurde, töteten die niederländischen Kolonialsoldaten allein im Dezember 1948 auf Java rund 1 000 indonesische Dorfvorsteher und Verwaltungsbeamte ohne jegliches Gerichtsverfahren.[44] Frankreichs Kriege in Indochina und Algerien gelten zu Recht als »schmutzige Kriege«, in denen es wiederholt zu Massakern kam, allein in Algerien wird die Zahl der Toten insgesamt auf eine halbe Million geschätzt, die meisten davon Algerier.[45] Großbritannien zog sich aus Kenia nur nach Jahren brutalen Vorgehens gegen die Aufständischen zurück,[46] es ließen sich weitere Beispiele nennen.

Welche Rolle spielen diese Ereignisse für die Einhegung der Gewalt in Europa? James Sheehan argumentiert, der europäische Kolonialismus habe geendet, weil die Europäer zum einen »nicht mehr glaubten, dass sie den Erdball beherrschen könnten oder sollten.« Zum anderen konstatiert er »eine Verschiebung im moralischen Kalkül der Europäer und – wichtiger noch – in ihrem Gefühl, worauf es wirklich ankam.« Nationale Größe, die sich in der Beherrschung kolonialer Räume ausgedrückt hätte, sei nun kein Ziel staatlichen Handelns mehr gewesen, sondern die Erfüllung anderer Staatsaufgaben, namentlich die Herstellung und Sicherung von Wohlstand und Wohlfahrt.[47]

Für diese These spricht in der Tat einiges. Angesichts der Nuklearisierung der internationalen Politik leitete sich der Status als Großmacht immer weniger aus kolonialer Herrschaft ab, als aus der Verfügungsmacht über Atomwaffen. Großbritannien und Frankreich handelten in dieser

---

44 Gerhard Hirschfeld: Kriegsgreuel im niederländisch-indonesischen Dekolonisierungsprozess: Indonesien 1945-1949, in: Kriegsgreuel. Die Entgrenzung der Gewalt in kriegerischen Konflikten vom Mittelalter bis ins 20. Jahrhundert, hg. von Sönke Neitzel und Daniel Hohrath, Paderborn 2008, S. 353-369, hier S. 363.

45 Zum Aspekt der Gewalt vgl. v. a.: Raphaëlle Branche: La torture et l'armée pendant la guerre d'Algérie, 1954-1962, Paris 2001; einen Überblick gibt Daniel Mollenhauer: Die vielen Gesichter der pacification. Frankreichs Krieg in Algerien (1954-1962), in: Klein und Schumacher (Anm. 7), S. 329-366.

46 David Anderson: Histories of the Hanged. Britain's Dirty War in Kenya and the End of Empire, New York u. a. 2005; Caroline Elkins: Britain's Gulag. The Brutal End of Empire in Kenya, London u. a. 2005.

47 Sheehan (Anm. 1), S. 210 f.; Hartmut Kaelble: Kalter Krieg und Wohlfahrtsstaat. Europa 1945-1989, München 2011; Tony Judt: Geschichte Europas von 1945 bis zur Gegenwart, München 2006, bes. S. 290 ff.

Hinsicht folgerichtig, als sie sich als Nuklearmacht etablierten; für die übrigen europäischen Kolonialmächte Niederlande und Belgien, später auch Spanien und Portugal war dies aus naheliegenden Gründen keine Option. Ein zweites kommt hinzu und wiegt womöglich schwerer. Der Wandel der Staatsaufgaben, die Transformation vom *warfare state* zum *welfare state* spiegelte nicht allein eine säkulare Entwicklung wider, die aus den Erfahrungen der beiden Weltkriege wirkmächtige Impulse erhalten hatte. Vielmehr lässt sie sich deuten aus der Konstellation des Ost-West-Konflikts, in welcher die kapitalistischen westlichen Staaten zu ihrer eigenen Legitimation den Wohlfahrtssektor ausbauen mussten, um auch in der ideologischen Systemkonkurrenz bestehen zu können. In diesen Zusammenhang lässt sich auch die europäische Integration einbetten, die wirtschaftliche und mit ihr politische Kooperation gefördert und die Grenzen zwischen den europäischen Gesellschaften durchlässiger gemacht hat. Dass die ökonomische Integration Europas gelingen konnte, verdeutlicht die »dramatische Verschiebung in der zentralen Funktion des Staates« ein weiteres Mal.[48]

Mit dem Wandel der Staatsaufgaben ging der Funktionswandel des Militärs einher. Sheehan spricht von einer »Zivilisierung des Militärs« wie auch von einer »Entmilitarisierung der europäischen Gesellschaft«.[49] Tatsächlich nahm die Bedeutung des Militärs in der Öffentlichkeit ab; zumal in der Bundesrepublik, wo die Demilitarisierung der Gesellschaft wohl am weitesten ging. Aber es geht nicht allein um die Präsenz des Militärischen in der Öffentlichkeit, sondern auch um seinen Anteil an der Generierung gesellschaftlicher Normen. In dieser Hinsicht lässt sich geradezu von einer Zivilisierung gesellschaftlicher Normierungen nach 1945 sprechen, deren Effekte seit den 1960er Jahren offen zutage traten.

Dies strahlte auch und besonders auf die Konstruktionen und Leitbilder von Männlichkeit aus. Hatte in der Zwischenkriegszeit in vielen europäischen Gesellschaften deren soldatische Prägung im Vordergrund gestanden, so gewannen nun zivile Entwürfe von Männlichkeit breiteren Raum.[50] Dies mag mit der Entfaltung der Konsum- und Wohlstands-

48 Sheehan (Anm. 1), S. 217.
49 Ebd., S. 219 f.
50 Roynette (Anm. 34), S. 93; Marc Brisson: Autopsie du service militaire 1965-2011, Paris 2002; Patrick Bernhard: An der »Friedensfront«. Die APO, der Zivildienst und der gesellschaftliche Aufbruch der sechziger Jahre, in: Wo 1968 liegt. Reform und Revolte in der Geschichte der Bundesrepublik, hg. von Christina von Hodenberg und Detlef Siegfried, Göttingen 2006, S. 164-200, hier S. 192; Arthur Marwick: The Sixties. Cultural Revolution in Britain, France, Italy and the United States, c. 1958–c. 1978, London 1998.

gesellschaft zu tun haben, auch mit der aufkommenden Jugendkultur, die bewusst andere Leitvorstellungen gegen die Normenwelt der vorangegangenen Generation setzte; aber es dürfte auch daran liegen, dass für soldatisches Heldentum in Entwürfen von Männlichkeit nur wenig Raum blieb. Einen Helden im potentiell nuklearen Krieg zu imaginieren, fiel schwer; anders als die todesmutigen Stoßtruppführer und schneidigen Jagdflieger der beiden Weltkriege erscheint der nukleare Held widersprüchlich, ja unglaubwürdig, wenn nicht gar als Karikatur, wie der bombenreitende Major Kong aus *Dr. Strangelove*, der die Bemühungen gerade Hollywoods um Repräsentationen starker Männlichkeit konterkarierte.[51]

Um nicht missverstanden zu werden: Die hier verfolgte Frage gilt nicht dem völligen Verschwinden von Gewalt aus den europäischen Gesellschaften, sondern ihrer Einhegung. Dafür ist der Befund durchaus bedeutsam, dass Gewalt nach 1945 zunehmend nicht mehr als legitimes Mittel der Auseinandersetzung angesehen wurde, nicht im politischen Raum, aber, je weiter die Zeit voranschritt, auch nicht mehr im Privaten. Dass sich Gewalthaftigkeit auf »den Anderen« projizieren und sich davon das »Eigene«, das »Wir«, als »gewaltlos« imaginieren ließ, hat sicher geholfen. Außerordentlich spannend ist zu sehen, wie in den europäischen Gesellschaften selbst Diskussionen darüber einsetzten, wieweit sie denn selbst gewaltsam waren; wie Reflexionen über die eigene – bevorzugt vergangene, später auch aktuelle Gewalthaftigkeit – in das Selbstverständnis der europäischen Gesellschaften einsickerten.[52] Der Umgang mit kolonialer Gewalt gibt hierfür ein gutes Beispiel ab. Während vor 1945 koloniale Gewalt nur am Rande thematisiert wurde und es in der Regel aktuelle Anlässe besonders exzessiver Gewaltausbrüche brauchte, damit das Thema überhaupt öffentlich ausführlicher diskutiert wurde, änderte sich dies in der zweiten Nachkriegszeit. Dass der Wandel nicht unmittelbar erfolgte, wird erkennbar, wenn man auf die Rechtfertigungsmuster der 1950er Jahre blickt, in denen staatliche Akteure den Einsatz auch übermäßiger Gewalt in den Dekolonisationskonflikten entweder leugneten oder herunterspielten. Die offizielle niederländische Untersuchungskommission zu den Ereignissen in Indonesien kam 1948

---

51 Vgl. Kathleen Starck: I Am Better Than You Are. Mad Politics and Hypermasculinity in Cold War Films, in: Between Fear and Freedom. Cultural Representations of the Cold War, hg. von Kathleen Starck, Cambridge 2010, S. 53-66, hier S. 61.

52 Dies spiegelte sich auch in der Therapeutisierung von Gewalterfahrungen wider; vgl. dazu die kurz vor dem Abschluss stehende Dissertation von Anne Freese: Der Trauma-Diskurs in der Bundesrepublik. Vom Vietnam-Symptom zur Posttraumatischen Belastungsstörung, Berlin (HU) 2016, Kap. VI.

beispielsweise zu dem Schluss, dass die Gewalt gegen »Terroristen« vollauf gerechtfertigt gewesen sei. Als eine Expertenkommission zwanzig Jahre später das Thema nochmals aufrollte, fiel das Fazit ganz anders aus: Die »Excesstaten« der niederländischen Truppen seien durch nichts zu rechtfertigen gewesen.[53] Ähnliche Muster der Verdrängung, des langsamen Herantastens an das Thema und der selbstkritischen Auseinandersetzung lassen sich auch in den anderen europäischen Ex-Kolonialstaaten finden, zum Teil mit jahrzehntelangen Verzögerungen, das Geschehen überhaupt anzuerkennen. Gleichwohl zeitigte die Erfahrung kolonialer Gewalt mobilisierende Effekte in den europäischen Gesellschaften und regte zu einer kritischen Auseinandersetzung damit an. Dies hatte auch damit zu tun, dass die koloniale Gewalt gleichsam in die Metropolen zurückschlug bzw. auch dort spürbar wurde. Im Zuge der postkolonialen Einwanderung in Großbritannien und Frankreich kam es zu gewaltsamen »Unruhen«, die in Teilen mit massiver Gegen- bzw. Polizeigewalt beantwortet wurden. Der extrem brutale Polizeieinsatz gegen algerische Demonstranten in Paris im Oktober 1961, in dessen Umfeld über einhundert Algerier ums Leben kamen und mehrere Hundert – Angaben aus dem algerischen Milieu sprechen von über 2 000 – teils schwer verletzt wurden, wurde von der französischen Mehrheitsgesellschaft zwar zunächst weitgehend verdrängt,[54] drang aber in den öffentlichen Debatten seit den 1980er Jahren umso machtvoller an die Oberfläche. Hier verband er sich mit Auseinandersetzungen über antisemitische Gewalt, bald aber auch über die eigene, die Vichy-Vergangenheit und damit die Gewalthaftigkeit der Franzosen selbst.[55]

Diese Selbstreflexivität ist ein letztes, wie es scheint: ganz wesentliches Element im Prozess der Einhegung der Gewalt in Europa. In der Tat entspannen sich seit den 1960er Jahren mit wachsender Intensität Diskussionen über die Gewalterfahrungen der Vergangenheit, ganz gleich, ob es sich um die westdeutsche Auseinandersetzung mit der Gewalt der NS-Zeit handelte, mit Frankreichs zögerlicher, ab den 1980er, mit aller Macht seit den 2000er Jahren aber doch erkennbar werdender Beschäftigung mit Vichy oder dem Algerienkrieg, ob wir auf die Befassung mit

53 Hirschfeld (Anm. 44), S. 365 f.
54 Jim House und Neil Macmaster: Paris 1961. Algerians, State Terror, and Memory, Oxford 2006; zu den »race riots« in Großbritannien: Sebastian Klöß: »Now we have the Problem on our own doorstep«. Soziale Ordnung und Gewalt in den Notting Hill Riots von 1958, in: Gewalträume. Soziale Ordnungen im Ausnahmezustand, hg. von Jörg Baberowski und Gabriele Metzler, Frankfurt am Main/New York 2012, S. 205-240.
55 Vgl. die Beiträge in Richard J. Golsan (Hg.): The Papon Affair. Memory and Justice on Trial, New York/London 2000.

dem Krieg in Indonesien in der niederländischen Gesellschaft oder auf die britischen Debatten über die eigene gewaltvolle koloniale Vergangenheit blicken.[56] Vermutlich hat dieser Blick zurück mit dem gewachsenen Abstand zum Geschehenen zu tun und mit einem Generationswechsel, in dessen Zuge neue, kritische Fragen gestellt wurden. Diese Diskussionen sind deshalb so bemerkenswert, weil sie eine gewaltvolle Vergangenheit mit einer Gegenwart kontrastierten, in der sich das Ideal gewaltloser politischer Auseinandersetzungen weithin Geltung verschafft hatte.

Dass gerade politische Gewalt die Massen nicht mehr mobilisieren konnte, zeigte sich in den 1970er und 1980er Jahren, als terroristische Gruppierungen das staatliche Gewaltmonopol herausforderten und mit Gewalt die bestehende Ordnung zu verändern suchten. Auch sie bezogen sich legitimatorisch auf die kolonialen Konflikte, die sie aktualisierten und programmatisch aufluden. Aus der Lektüre Frantz Fanons, Mao tse Tungs oder Carlos Marighellas destillierten sie Selbstermächtigungen wie Handlungsanweisungen. Dass ihnen nirgendwo Erfolg beschert war, hat mehrere Ursachen; für den Zusammenhang hier die wichtigste ist der Umstand, dass Gewalt als Mittel der Politik selbst in den engsten Unterstützerkreisen der Terroristen irgendwann diskreditiert war. Im Abgleich mit und in der Aktualisierung von historischen Erfahrungen verloren Anliegen und Strategien der Terroristen ihre Plausibilität und Legitimation – lesen wir dies getrost als Indiz dafür, wie weit es den europäischen Gesellschaften bis dato gelungen war, Gewalt einzuhegen, und dafür, wie »bemerkenswert widerstandsfähig« sie waren.[57]

Die wirksame Bekämpfung der politischen Gewalt der 1970er und 1980er Jahre verweist auf einen tiefgreifenden Prozess der »Debellifizie-

56 In einer weiten Perspektive: Kalypso Nicolaïdes, Berny Sèbe und Gabrielle Maas (Hg.): Echoes of Empire. Memory, Identity, and Colonial Legacies, London/New York 2015; Für Belgien: Daniel Vangroenweghe: Du sang sur les lianes, Brüssel 1986; Jean-Luc Vellut (Hg.): La mémoire du Congo. Le temps colonial, Tervuren 2005; für die Niederlande: Gert Oostindie: Postcolonial Netherlands. Sixty-Five Years of Forgetting, Commemorating, Silencing, Amsterdam 2011; für Frankreich: Marc Ferro (Hg.): Le livre noir du colonialisme, Paris 2003; Pascal Blanchard, Nicolas Bancel und Sandrine Lemaire (Hg.): La fracture coloniale. La société française au prisme de l'héritage colonial, Paris 2005; für Großbritannien (mit einer Fülle von Literaturangaben): Stephen Howe: Colonising and Exterminating? Memories of Imperial Violence in Britain and France, in: Histoire@Politique 2 (2010), URL: http://www.cairn.info/revue-histoire-politique-2010-2-page-12.htm [Zugriff am 11.4.2016].

57 Sheehan (Anm. 1), S. 226. Zum Terrorismus und zur Terrorbekämpfung der 1970er Jahre vgl. Wolfgang Kraushaar (Hg.): Die RAF und der linke Terrorismus, 2 Bde., Hamburg 2006; Beatrice de Graaf: Evaluating Counterterrorism Performance. A Comparative Approach, Oxford/New York 2011.

rung«,[58] wie er sich in den europäischen Gesellschaften nach 1945 *peu à peu* vollzog. Dieser Begriff bezieht sich nicht allein auf die Ausklammerung des Krieges aus den europäischen Gesellschaften, sondern auch darauf, dass in den Auseinandersetzungen im Inneren Kriegsreferenzen und Kriegsanalogien ihre Wirkmächtigkeit verloren, die sie in der Zwischenkriegszeit noch so auffallend besessen hatten. Der Krieg als faktische Ordnung – und sei es als Bürgerkrieg – wie als imaginierte Ordnung verschwand nun zunehmend aus Westeuropa.

Rückkehr der Gewalt?

Mag sein, dass man in Westeuropa deshalb so überrascht, ja überfordert war, als der Krieg nach 1990 unversehens nach Europa zurückkehrte. Er wurde weithin als Anomalität, als ahistorisch begriffen, bisweilen aber auch genutzt, um die schematische Unterscheidung zwischen dem friedlichen »wir« und den gewaltsamen, gewaltbereiten »Anderen« zu aktualisieren. Die beinahe Zeitgleichheit der Eröffnung der ersten Wehrmachtsausstellung (März) und des Massakers von Srebrenica 1995 (Juli) ist zufällig und von niemandem so geplant gewesen. Aber bisweilen sind gerade Zufälle erhellend. Denn während sich die deutsche Gesellschaft mit ihrer gewaltvollen Vergangenheit – überaus kontrovers – befasste, war die Gewalt an einem anderen Ort in Europa in ihrer grausamsten Ausprägung präsent. Das Entsetzen über die Entgrenzung der Gewalt war auch deshalb so groß, weil solche Formen von Gewalt vermeintlich historisch geworden, zu Geschichte geronnen waren. Die Präsenz der Erinnerung und die Beurteilung, Verurteilung des aktuellen Gewaltgeschehens sind daher nicht voneinander zu trennen.[59] Durch die Internationalen Strafgerichtshöfe für Jugoslawien und Ruanda sowie schließlich die Verstetigung des Internationalen Strafgerichtshofs in Den Haag erhielt die Entwicklung des Völkerstrafrechts einen neuen, mächtigen Schub, den die maßgeblichen Akteure ausdrücklich auch aus der Erfahrung des Jahrhunderts der Gewalt ableiteten.[60]

58 Andrew J. Bacevich: Review of Sheehan, in: World Affairs 171 (2008), H. 1, S. 98-105, hier S. 105.

59 Zur Rolle der Wehrmachtsausstellung und der Goldhagen-Kontroverse für die Sensibilisierung gegenüber Kriegsgräueln: Oswald Überegger: »Verbrannte Erde« und »baumelnde Gehenkte«. Zur europäischen Dimension militärischer Normübertretungen im Ersten Weltkrieg, in: Neitzel und Hohrath (Anm. 44), S. 241-278, hier S. 243 f.

60 Römisches Statut des Internationalen Strafgerichtshofs in Den Haag, 17. Juli 1998, URL: http://www.auswaertiges-amt.de/cae/servlet/contentblob/340540/publication

Dass Gewalt eingehegt worden war – und eingehegt sein musste, war ins Selbstverständnis der westeuropäischen Gesellschaften eingedrungen, ein Selbstverständnis, das nach dem Ende des Kalten Krieges immer wieder herausgefordert und verunsichert worden ist. Die Europäer haben nicht gezögert, nach 9/11 den Gewaltakt zu verurteilen und ihre Anteilnahme zu bekunden; zögerlich waren sie, als sie aufgefordert waren, in den »Krieg gegen den Terror« einzutreten. Der Bundespräsident hat Recht, wenn er die Einhegung der Gewalt als historische Leistung der Europäer würdigt. Dieser Prozess ist nicht als lineare Erfolgsgeschichte zu beschreiben, dafür waren die Rückschläge zu entsetzlich und die Verzögerungen zu groß. Heute, in einer Welt, in der der Rückgriff auf Gewalt zur Durchsetzung eigener Ziele in den meisten Regionen der Welt als normal und legitim gilt, sollten sich die Europäer diese Errungenschaft nicht nehmen lassen.

Auswahlbibliographie

Baberowski, Jörg und Metzler, Gabriele (Hg.): Gewalträume. Soziale Ordnungen im Ausnahmezustand, Frankfurt am Main/New York 2012.

Bloxham, Donald und Gerwarth, Robert (Hg.): Political Violence in Twentieth-Century Europe, Cambridge 2011.

Klein, Thoralf und Schumacher, Frank (Hg.): Kolonialkriege. Militärische Gewalt im Zeichen des Imperialismus, Hamburg 2006.

Langewiesche, Dieter: Eskalierte die Kriegsgewalt im Laufe der Geschichte?, in: Moderne Zeiten? Krieg, Revolution und Gewalt im 20. Jahrhundert, hg. von Jörg Baberowski, Göttingen 2006, S. 12-36.

Neitzel, Sönke und Hohrath, Daniel (Hg.): Kriegsgreuel. Die Entgrenzung der Gewalt in kriegerischen Konflikten vom Mittelalter bis ins 20. Jahrhundert, Paderborn 2008.

Pinker, Steven: The Better Angels of Our Nature. Why Violence Has Declined, New York 2011.

Raphael, Lutz: Imperiale Gewalt und mobilisierte Nation. Europa 1914-1945, München 2011.

Sheehan, James: Kontinent der Gewalt. Europas langer Weg zum Frieden, München 2008.

Ther, Philipp: Die dunkle Seite der Nationalstaaten. »Ethnische Säuberungen« im modernen Europa, Göttingen 2011.

File/3556/RoemischesStatut.pdf, [Zugriff am 11.4.2016]. Dort heißt es (S. 3): »eingedenk dessen, dass in diesem Jahrhundert Millionen von Kindern, Frauen und Männern Opfer unvorstellbarer Gräueltaten geworden sind, die das Gewissen der Menschheit zutiefst erschüttern«.

Zeit der Zäune

Grenzregime als Epochenphänomen

PETER ULRICH WEIß

Europa ist der kleinste Kontinent der Erde mit einer der größten staatsterritorialen Fragmentierungen der Welt. In diesem Gebilde waren Debatten und Auseinandersetzungen um Grenzen, Grenzziehungen und Grenzverkehr keine historische Ausnahme.[1] Im 20. Jahrhundert erreichte diese Problematik jedoch eine neue Dimension: Grenzen entwickelten sich im Spannungsfeld von zwei Weltkriegen, der Systemkonkurrenz der politischen Großordnungen und im Besonderen des europäischen Einigungsprojekts zu einem Zentralgegenstand der europäischen Geschichte. Ihr Charakter und Verlauf, ungelöste Grenzkonflikte und Problemstellungen wie Sicherheit und Überwindung von Grenzen beschäftigten Eliten und Bevölkerungsgruppen so umfassend und nachhaltig wie nie zuvor, und zwar in politischer, völkerrechtlicher, wirtschaftlicher, ideologischer und kultureller Hinsicht. Massenmedialisierung, aber auch Verwissenschaftlichung trugen dazu bei, dass das Thema in Europa eine Dauerpräsenz erlangte. Grenzangelegenheiten schrieben sich in zahlreiche Epochensignaturen ein, wie sie der vorliegende Band diskutiert. Der folgende Beitrag fragt nach der historischen Prägekraft von politisch-administrativen Grenzen und Grenzregimen im Zeitalter des Ost-West-Konflikts. Mit der Konzentration auf den mittel- und osteuropäischen Raum werden die Relevanz bekannter Zäsuren erörtert und Phasen mit teilweise asymmetrisch-parallelem Verlauf entwickelt. So signierten politische Grenzen das europäische 20. Jahrhundert vor allem auf dreierlei Weise: als Quelle und Schauplatz der eskalierenden Gewaltgeschichte, als so genannter Eiserner Vorhang und damit einzigartige Systemgrenze im Kalten Krieg sowie als Gegenstand eines gefeierten Liberalisierungsprojekts innerhalb der europäischen (West-)Integration seit den 1950er Jahren. Deutschland, dessen Politik und Geschichte für fast 200 Jahre

---

1 Joachim Becker und Andrea Komlosy: Grenzen und Räume – Formen und Wandel. Grenztypen von der Stadtmauer bis zum »Eisernen Vorhang«, in: Grenzen weltweit. Zonen, Linien, Mauern im historischen Vergleich, hg. von Joachim Becker und Andrea Komlosy, Wien 2004, S. 21-54; Andrea Komlosy: Migration und Freizügigkeit. Habsburgermonarchie und Europäische Union im Vergleich, in: ebd., S. 101-124; Jürgen Osterhammel und Niels P. Petersson: Geschichte der Globalisierung. Dimensionen, Prozesse, Epochen. München 2003, S. 109.

40

vom Konstrukt der »deutschen Frage« geprägt wurde, war von diesen Entwicklungsmomenten in besonderer Weise berührt.[2]

Grenzen und Grenzregime als historische Maßeinheiten

Wenige Tage vor dem 25. Jahrestag des Mauerfalls im Jahr 2014 sorgten Mitglieder der Künstlergruppe Zentrum für Politische Schönheit für einen handfesten Skandal. Unter dem Motto »Erster Europäischer Mauerfall« publizierten sie Fotografien, die dunkelhäutige Flüchtlinge vor Sperranlagen der EU-Außengrenze in Bulgarien und Griechenland sowie in der spanischen Enklave Melilla zusammen mit weißen Kreuzen zeigten. Dafür hatten die Aktionskünstler zuvor unbemerkt mehrere Gedenkkreuze zu Ehren der Mauertoten im Berliner Regierungsviertel abmontiert und in Form von Reproduktionen an die EU-Außengrenze verbracht, wo die Fotografien aufgenommen wurden. Mit dieser Aktion klagten sie das von der Politik hingenommene Massensterben Zehntausender vor und an der EU-Außengrenze an und verwiesen ausgerechnet im Vorfeld der Feierlichkeiten zum Ende des Eisernen Vorhangs auf historische Opferparallelen. Dies löste bei vielen Menschen Empörung aus. In zahlreichen Kommentaren war von Diebstahl, Respektlosigkeit und »hirnrissigem Dreck« die Rede. Insbesondere Politiker und Institutionenvertreter protestierten mit markigen Worten.[3] Der Standpunkt der Aktionsgruppe fand damals nur wenig Unterstützer. Zugleich war die Bereitschaft gering, sich abseits tagespolitischer Statements auf eine Grundsatzdiskussion über Grenzen einzulassen. Inzwischen gibt es diese Debatte. Doch das Nachdenken und Reden darüber polarisiert – auch unter Historikerinnen und Historikern. Während die einen mit Hinweis auf den grundsätzlichen Konstruktions- und Exklusionscharakter Grenzziehungen und Grenzregimen skeptisch bis ablehnend gegenüberstehen und auf strikte Öffnung und Durchlässigkeit drängen, betonen andere die notwendige ordnungs- und auch friedensstiftende Funktion von definierten Grenzen sowohl im internationalen Staatensystem als auch im innenpolitischen Gefüge eines Staates und warnen ihrerseits vor Fehleinschätzungen, sollte »Grenzenlosigkeit« als kulturalistisches Gedankenmodell zur Norm werden.[4] Beiden Positionen ist gemeinsam,

---

2 Wolf D. Gruner: Die deutsche Frage in Europa 1800-1990, München u. a. 1993.

3 Siehe auch die Beschreibung der Aktion und eine Kommentarauswahl auf: Die Mauertoten sind an den EU-Außengrenzen, URL: http://www.politicalbeauty.de/mauerfall.html [Zugriff am 8.7.2016].

4 So z .B. Martina Winkler: Die Angst des Philosophen vor der Grenzenlosigkeit ….

dass sie argumentativ auf historische Erfahrungen und wissenschaftliche Neuorientierungen des 20. Jahrhunderts zurückgreifen. So begann ausgerechnet im historischen Grenzjahr 1989 eine umfangreiche, vielfach durch die anglo-amerikanischen *Border Studies* inspirierte Grenzforschung, die ihren Fokus vom Inter- zum Transnationalen verlegte und sich für Austauschprozesse in Grenzzonen, *mental maps* oder für Phantomgrenzen interessierte.[5]

Die Geschichte von Grenzen und Grenzregimen ist auf enge Weise mit zentralen Zäsuren des vergangenen Säkulums verbunden. Das wird besonders deutlich, wenn das »kurze 20. Jahrhundert« auf sein (ost-) europäisches Ende hin vermessen wird. Hier konzentriert sich die erinnerungskulturelle und geschichtspolitische Aufmerksamkeit inzwischen zunehmend auf zwei Ereignisse: den Durchbruch der ungarisch-österreichischen Grenzanlagen und den Berliner Mauerfall. Sie erscheinen vielfach als *die* ereignisgeschichtlichen Wendepunkte des Jahres 1989, die den Zusammenbruch der kommunistischen Regime unumkehrbar machten. Im öffentlichen Erinnern und Gedenken rangieren beide Ereignisse daher nicht zufällig an vorderer Stelle, und die Überreste des Eisernen Vorhangs entwickeln sich mehr und mehr zu massentouristischen Attraktionen. Die Überwindung des Kommunismus gerät in dieser Perspektive vor allem zu einer Überwindung seiner staatlichen (West-)Grenzen. Die Debatte über die Gewichtung der Flucht- und Ausreisebewegung als Angelpunkt für den Systemzusammenbruch hat hier, so scheint es, ihre Antwort gefunden.[6] Erkämpfte Reisefreiheit, ge-

---

Globalgeschichte, Herr Sloterdijk und die AFD, in: Zeitgeschichte-online, Mai 2016, URL: http://www.zeitgeschichte-online.de/thema/die-angst-des-philosophen-vor-der-grenzenlosigkeit [Zugriff am 4.8.2016]; dagegen: Peter Krüger: Der Wandel der Funktion von Grenze in Systemen Ostmitteleuropas im 20. Jahrhundert, in: Hans Lemberg (Hg.): Grenzen in Ostmitteleuropa im 19. und 20. Jahrhundert. Aktuelle Forschungsprobleme, hg. von Peter Krüger, Marburg 2000, S. 39-56.

5 Vgl. auch die knappen Forschungsüberblicke: Etienne François, Jörg Seifarth und Bernhard Struck: Einleitung. Grenzen und Grenzräume. Erfahrungen und Konstruktion, in: Die Grenze als Raum, Erfahrung und Konstruktion. Deutschland, Frankreich und Polen vom 17. bis zum 20. Jahrhundert, hg. von Etienne François, Jörg Seifarth und Bernhard Struck, Frankfurt am Main 2007, S. 7-29; Christine Roll: Grenzen und Grenzüberschreitungen in der Frühen Neuzeit – eine Einführung in die Forschung, in: Grenzen und Grenzüberschreitungen. Bilanz und Perspektiven der Frühneuzeitforschung, hg. von Christine Roll, Frank Pohle und Matthias Myrczek, Köln/Weimar/Wien 2010, S. 13-24, hier S. 13-19.

6 Albert O. Hirschman: Abwanderung, Widerspruch und das Schicksal der Deutschen Demokratischen Republik, in: Leviathan (1992), H. 3, S. 330-358; Stephen Pfaff: Exit-Voice Dynamics and the Collapse of East Germany: The Crisis of Leninism and the Revolution of 1989, Durham 2006.

öffnete Grenzen und abgerissene Grenzanlagen wurden zu Merkmalen, die die osteuropäischen Massenprotestbewegungen als geschichtsmächtige Freiheitsbewegungen qualifizieren. Doch wie perspektivabhängig die Haltung gegenüber Grenzen sein kann, zeigten die Forderungen der baltischen Unabhängigkeitsbewegungen, die auf staatliche Souveränität und – im wörtlichen Sinne – Abgrenzung zur UdSSR drängten. Schon bald schoss innerhalb des zerfallenden sowjetischen Staatengebildes eine Vielzahl von Territorialgrenzen empor. In der Rückschau weist die gesamteuropäische Entwicklung des ausgehenden 20. Jahrhunderts aber in eine andere Richtung. Mit der wachsenden Integrationskraft von EWG, EG bzw. EU und dem Ende des kommunistischen Ostblocks verlor das Nationale peu à peu an Bedeutung. Der physischen Verriegelung der Systemgrenze und den Bemühungen um völkerrechtliche Festlegung der Grenzverläufe im Kalten Krieg stand ein Prozess des allmählichen Abbaus von Grenzregimen und zunehmender Grenzdurchlässigkeit gegenüber, der zunächst vor allem durch einen kleinen Kreis von Mitgliedsstaaten der Europäischen Wirtschaftsgemeinschaft getragen wurde. Auf Revision oder Expansion drängende Grenzdiskurse wurden zurückgedrängt durch vielfache Überlegungen über den Abbau von Grenzlinien. Mit Fluss und Durchlässigkeit als leitende »Verkehrsprinzipien« im postrevolutionären Europa setzte sich die schrittweise Deterritorialisierung politisch-gesellschaftlicher Ordnungen fort – mit Ausnahmen und Rückschlägen gleichwohl, wie die Jugoslawien-Kriege in den 1990er Jahren bewiesen. Traditionelle Vorstellungen von politisch-administrativen Grenzen wurden mehr und mehr dekonstruiert oder schienen sich zu verflüchtigten – bei faktischem Fortbestehen nationaler Grenzen. Anstelle abgeschotteter Grenzzonen gerieten verbindende Grenzregionen sowie ethnische und kulturelle Grenzen in den Blick. Historisch können diese Entwicklungen durchaus als »Nachgeschichte eines extremen Jahrhunderts« umrissen werden,[7] wenngleich, wie im Nachfolgenden argumentiert wird, ihre Anfänge bereits inmitten des Kalten Kriegs liegen.

Im Gesichtskreis von politischem Raum und Weltaufteilung verortete Charles Maier das 20. Jahrhundert als »Zeitalter der Territorialität«, das um 1860/70 seinen Anfang genommen habe und rund 100 Jahre später im Zeichen der Globalisierung zu einem vorläufigen Ende gekommen sei. Territorialität bedeutete für Maier vor allem eine Strategie der Raumkontrolle, die ihrerseits die Kontrolle von Menschen und Dingen

---

7 Martin Sabrow: Es geht nicht um Moral, in: Die Zeit, 26.5.2016.

möglich macht.[8] Diese eher modernisierungstheoretisch inspirierte Periodisierung hat viel Aufmerksamkeit erfahren, aber auch Kritik, weil sie den Fokus konsequent auf die neueste und Zeitgeschichte legt und sich von Territorialisierungs-Konzepten absetzt, die in der frühen Neuzeit ansetzen. Für die vorliegende Thematik ist vor allem der Endpunkt des diagnostizierten Zeitalters von Belang. So spricht vieles dafür, dass mit dem letzten Jahrhundertdrittel zwar noch nicht das »Ende der Territorialität«, jedoch eine lange Übergangsphase einsetzt, in der die absolute und trennende Geltungskraft von (Territorial-)Grenzen zunehmend in Frage gestellt wird und sich die politische Raumkontrolle via Grenze liberalisiert. Dass Grenzkontrollen wegfielen und nationale Hoheitsrechte bereitwillig an supranationale Gremien abgegeben wurden, markiert dabei einen allmählichen Wechsel von souveräner zu postsouveräner Territorialität. Begleitet wird dieser Prozess seit den 1950er Jahren von einem stufenweisen Imagewandel, in dessen Folge Nationalgrenzen zunehmend zu Relikten überholter Staatlichkeits-Vorstellungen erklärt werden. Nicht nur politische Europa-Konzepte und Schreckbilder der tödlichen kommunistischen Grenzregime sorgten für den Perspektivwechsel, sondern auch der wachsende Tourismus und Individualverkehr sowie links-alternative Freiheitsvorstellungen im Gefolge der 1968er Bewegung. Letztere plädieren für Grenzüberschreitungen als Erfahrung und Prinzip. In Osteuropa waren es dann vor allem die oppositionelle Menschenrechtsbewegung und dissidentische Mitteleuropa-Diskurse seit Ende der 1970er Jahre, die im Fahrwasser der KSZE Grenzen infrage stellten. Diese Beobachtungen stärken jene Überlegungen, die die 1970er Jahre als globale Umbruchphase zu beschreiben suchen.[9]

Dass sich die Erkenntnis durchgesetzt hat, Grenzen seien per se soziale Konstrukte, die zwar typologisierbar, nicht jedoch natürlich oder gar naturgegeben sind, gehört zu den intellektuellen Errungenschaften des ausgehenden Jahrhunderts. Doch eben dieser Konstruktionscharakter und das Wissen darum, dass Grenzen an der Peripherie in Abhängigkeit von Entscheidungsprozessen im Zentrum resultieren, macht eine Periodisierung »aus den Grenzen heraus« nur bedingt zweckmäßig. *Vor* oder *nach*

---

8   Charles S. Maier: Consigning the Twentieth Century to History: Alternative Narratives for the Modern Era, in: American Historical Review 105 (2000), S. 807-831.
9   Harold James: Geschichte Europas im 20. Jahrhundert. Fall und Aufstieg 1914-2001, München 2004; Anselm Doering-Manteuffel und Lutz Raphael: Nach dem Boom. Perspektiven auf die Zeitgeschichte seit 1970, Göttingen 2008; Frank Bösch: Geteilt und Verbunden. Perspektiven auf die deutsche Geschichte seit den 1970er Jahren, in: Geteilte Geschichte. Ost- und Westdeutschland 1970-2000, hg. von Frank Bösch, Göttingen 2015, S. 7-37.

1989 impliziert zwar für jeden verständlich die Zeit vor bzw. nach dem Fall des Eisernen Vorhangs. Aber letztlich fungieren territoriale Grenzen im engeren Sinne nur selten und meist indirekt als zeitliche Marker im Kontinuum der Geschichte. Auf der makrogeschichtlichen Ebene spiegeln Grenzziehungen in der Regel eher Zäsuren, als dass sie sie setzen. Das kann sich ändern, wenn die Perspektive regional- oder mikrogeschichtlich wird. Dann entpuppen sich bestimmte Grenzereignisse durchaus als gesellschaftsgeschichtliche Wendepunkte. Grenzräume und Territorialgrenzen beginnen, ihre eigenen historischen Prägekräfte zu entfalten.[10] Unter dieser ortszentrierten Linse offenbart sich die Geschichte der europäischen Grenzen im 20. Jahrhundert vor allem als eines: ein Zeitabschnitt von Leid und Zerstörung. Wie kaum zuvor waren Grenzherstellungen nicht nur das Ergebnis von Kriegen, sondern selbst Vorgänge von kriegerischem Ausmaß. Dies ist umso bemerkenswerter, als mit den Haager Friedenskonferenzen und der »Pariser Ordnung« von 1919/21 ein intensiver Prozess der internationalen Verrechtlichung und Verregelung von Grenzangelegenheiten einsetzte.[11] Die Gewaltphase der ersten Hälfte des 20. Jahrhunderts hat in ihrer Verlängerung entlang der 40-jährigen Systemgrenze traditionelle funktionierende (wenn auch nicht konfliktfreie) Grenzregionen zerstört und, in der kriegerischen Ordnungskonkurrenz, durch Grenzverschiebungen und politisch-ethnische »Flurbereinigungen« millionenfach Identitäten beschädigt und Lebensexistenzen vernichtet.[12] Diese Erfahrung lebt als Zäsur gerade in den betroffenen Regionen und Gesellschaften Osteuropas vielfach bis in die Gegenwart fort.

Die Geschichte der Grenzregionen lässt aber auch erkennen, dass in der *longue durée* lineare, in sich geschlossene Grenzen (*alienated borderland*) wie die des Eisernen Vorhangs die historische Ausnahme sind, der Regelfall hingegen die Durchlässigkeit und das Verbindende von Grenzen.[13] In diesem Zusammenhang erweist sich die gezielte Förderung

---

10 Siehe exemplarisch Michael Gehler: Der Brenner: Vom Ort negativer Erfahrung zum historischen Gedächtnisort oder zur Entstehung und Überwindung einer Grenze in der Mitte Europas (1918-1998), in: Grenzen in Europa, hg. von Michael Gehler und Andreas Pudlat, Hildesheim 2009, S. 145-182.

11 Marcus M. Payk: Frieden durch Recht? Der Aufstieg des modernen Völkerrechts und der Friedensschluss nach dem Ersten Weltkrieg. Unveröffentliche Habilitationsschrift an der Humboldt-Universität zu Berlin 2016.

12 Hanns Haas und Peter Mähner: Verfeindete Brüder an der Grenze: Böhmen/ Mähren/Niederösterreich. Die Zerstörung der Lebenseinheit »Grenze« 1938 bis 1948. Ein Forschungsprojekt, Horn 1995.

13 Bernhard Struck: Grenzregionen, in: Europäische Geschichte Online (EGO), hg. vom Leibniz-Institut für Europäische Geschichte (IEG), Mainz 2012-12-0, URL: http://www.ieg-ego.eu/struckb-2012-de [Zugriff am 1.6.2016].

von länderübergreifenden Grenzregionen ohne Schlagbaum sowohl in Ost- als auch Westeuropa weniger als Modell des 20. oder 21. Jahrhunderts, sondern vielmehr als Rückkehr zur Zeit vor dem Ersten Weltkrieg und weiter davor. Die Gegenwartsgeschichte europäischer Grenzen entwickelt sich somit gleichermaßen in die Zukunft wie in die Vergangenheit hinein.

Grenzen im 30-jährigen Kriegszustand

Wer in der ersten Hälfte des 20. Jahrhunderts einen jeweils aktuellen Europa-Atlas sein Eigen nennen wollte, hatte viele Neuanschaffungen zu tätigen. Denn wie kaum zuvor veränderte die Zeit der Balkankriege, der Pariser Vorortverträge und die Grenzrevisionen zwischen dem Münchner Abkommen 1938 und den Pariser Friedensverträgen 1946/47 die politische Landkarte nahezu im Jahrestakt. Verglichen mit der Zeit davor wuchs die Zahl der Grenzkonflikte und Grenzverschiebungen um ein Vielfaches. Insbesondere während der Weltkriege 1914-18 und 1939-45 wurden im extremen Ausmaß bestehende Grenzen aufgehoben bzw. neue gezogen. Zuvor hatte der Wiener Vertrag für knapp ein Jahrhundert die Territorialangelegenheiten zwischen Russland, Österreich und Preußen/Deutschland geregelt – ohne allerdings die Nationalbewegungen in das Vertragswerk einzubeziehen. Dies änderte sich mit der Katastrophe des Ersten Weltkriegs, nach dessen Ende die Nationalitäten die Chance zur eigenen Staatsbildung bekamen. Die Pariser Friedensverträge machten das nationale Selbstbestimmungsrecht zur Grundlage der Neuordnung und schufen damit eine Vielzahl neuer Staaten, was natürlich eine Fülle neuer Staatsgrenzen bedeutete. Damit war eine veränderte politische Landkarte entstanden und Europa zum ersten Mal nationalstaatlich durchorganisiert.[14] Historisch war dies ein bis dahin einmaliger Vorgang. Die territorialen Kosten dafür trugen die drei Großmächte Russland, Österreich und Deutschland. Zahlreiche ihrer vormaligen Binnengrenzen waren zu Außengrenzen geworden, deren Geltungskraft bestehende Nationalitätenprobleme verschärfte, neue Territorialansprüche produzierte und gewaltsame Konflikte hervorrief.[15]

---

14 Krüger (Anm. 4), S. 53.
15 Mathias Bös und Kerstin Zimmer: Wenn Grenzen wandern. Zur Dynamik von Grenzverschiebungen im Osten Europas, in: Grenzsoziologie. Die politische Strukturierung des Raumes, hg. von Monika Eigmüller und Georg Vorbruba, Wiesbaden 2006, S. 157-184, hier S. 159 ff.

Zugleich öffnete sich mit der russischen Oktoberrevolution 1917 und der Entstehung des Ost-West-Konflikts ein weiteres Gewaltpanorama, innerhalb dessen Grenzverläufe radikal zur Disposition standen. In diesem Zusammenhang erlangte der zwischenzeitlich fast vergessene polnisch-sowjetische Krieg von 1919-1921 eine besondere Bedeutung. Er stoppte die gewaltsame Ausdehnung des bolschewistischen Regimes und legte im Vertrag von Riga die neue Nationalgrenze Polens fest, die sich weit östlich hinter der 1919 von den Alliierten vorgeschlagenen Demarkationslinie (Curzon-Linie) befand. Damit war zugleich die erste verbindliche Systemgrenze fixiert worden, die die kommunistische Welt von Resteuropa trennte. Von nun konzentrierte sich die Bolschewiki auf die Gründung der Sowjetunion und den Aufbau des »Sozialismus in einem Land«. Insofern stand diese Grenzziehung auch symbolisch für die kommende Verwandlung der russischen Revolution in den sowjetischen Staat.[16]

Für Deutschlands Eliten stellten sich nach den imperialen Ambitionen der Vorkriegszeit das Kriegsende und der Versailler Vertrag als größtmögliche Katastrophe dar. Insgesamt verlor das Deutsche Reich rund 13 Prozent seiner Fläche und etwa 10 Prozent seiner Einwohner sowie sämtliche Kolonien. Auf dem europäischen Kontinent ging es dabei vor allem um die Gebietsabtrennungen von Elsass-Lothringen, Nordschleswig, Eupen-Malmedy sowie im Osten um Posen, Danzig, Oberschlesien und Ost- sowie Westpreußen und die damit verbundenen Neufestlegungen der deutschen Grenzen.[17] Die Zurücknahme des »Versailler Diktats« und seiner Grenzfestlegungen machten sich nahezu alle Parteien und Regierungen zur Maxime. Von einem regelrechten »Weimarer Revisionssyndrom«[18] war deshalb die Rede, an dessen rechter Spitze sich bald Adolf Hitler profilierte. Seine permanente Agitation gegen die »Schande von Versailles« und die Beendigung der letzten Vertragszwänge in seinen ersten Amtsjahren verschafften ihm eine überragende Zustimmung in der Bevölkerung.[19] Die Anfänge des Zweiten Weltkriegs standen daher auch unter der Maßgabe, die im Versailler Vertrag fixierten Grenzen zu revidieren. Bereits 1938 erfolgte der »Anschluss« Österreichs an das Deutsche Reich,

16 Dan Diner: Das Jahrhundert verstehen. Eine universalhistorische Deutung, München 1999, S. 105.
17 Eberhard Kolb: Der Frieden von Versailles, München 2005; Alan Sharp: The Versailles Settlement. Peacemaking after the First World War, 1919-1923, Basingstoke 2008.
18 Michael Salewski: Das Weimarer Revisionssyndrom, in: Aus Politik und Zeitgeschichte (1980), H. 2, S. 14-25.
19 Ulrich Herbert: Geschichte Deutschlands im 20. Jahrhundert, München 2014, S. 189-195, 354 ff.

wenig später die Angliederung des Sudetenlandes. Während der Zweite
Weltkrieg und die aggressiven Revisionspolitik mit einer Niederlage für
Deutschland endete, konnte der Vertragspartner des Hitler-Stalin-Paktes
und spätere Kriegsgegner Sowjetunion seine geopolitische Position in
Europa langfristig ausbauen, wenn auch unter gewaltiger Opferlast: Die
sowjetischen Außengrenzen wurden auf die Linien vorgeschoben, die im
Pakt vom August 1939 ausgehandelt worden waren. Zudem vergrößerte
die sowjetische Führung ihre Einflusszone bis zur Elbe und zum Böh-
merwald, was die endgültige Teilung Europas in seiner Mitte besiegelte.[20]
    Während sich Verlauf und Status von Staatsgrenzen während des
gesamten Zweiten Weltkriegs im absoluten Ausnahmezustand befanden, begannen noch 1943 die alliierten Gespräche über die territoriale
Nachkriegsordnung, die sich allerdings in den Augen vieler Beobachter
und Betroffener, wie schon nach dem Ersten Weltkrieg, schnell als Scha-
cherei unter Großmächten ausnahm. Kaum waren Krieg und Potsdamer
Konferenz zu Ende, setzten die Besatzungsmächte und Regierungsbeauf-
tragten die neuen Grenzziehungen um und wiesen dazugehörige Mas-
senumsiedlungen an. Kernelement war die Verkleinerung und Teilung
Deutschlands sowie die millionenfache Vertreibung der Angehörigen
der deutschen Minderheit aus dem nunmehrigen Ausland. Diese und
weitere Massenaussiedlungen und -deportationen sorgten zusammen mit
den Grenzverschiebungen und den Völkermorden während des Zweiten
Weltkriegs dafür, dass insbesondere die mittel- und osteuropäischen
Staaten und deren Grenzregionen nach 1945 ethnisch homogener wurden als jemals zuvor.[21] Den vorerst finalen Punkt im Ringen um Ter-
ritorial- und damit Einflussgrenzen setzte die Pariser Friedenskonferenz von 1946. Noch einmal wurden in Form von Gebietsabtretungen
grundlegende Verlaufsänderungen an den ungarisch-slowakischen, ru-
mänisch-ungarischen, sowjetisch-rumänischen, bulgarisch-rumänischen,
sowjetisch-finnischen, italienisch-jugoslawischen und italienisch-franzö-
sischen Grenzen beschlossen.[22] Im Kontext der negativen Reaktionen in
den betroffenen Regionen und des ausgebrochenen Kalten Kriegs glaubten viele Beobachter zunächst nicht, dass der am 10. Februar 1947 von

20 Herfried Münkler: Zäsuren des 20. Jahrhunderts. Vom Ersten Weltkrieg bis in
    die Gegenwart: Europa im Brennglas der Geschichte, in: deutschland.de, URL:
    https://www.deutschland.de/de/topic/politik/deutschland-europa/zaesuren-des-
    20-jahrhunderts [Zugriff am 9.6.2016].
21 Tony Judt: Die Geschichte Europas von 1945 bis zur Gegenwart, München/Wien
    2006, S. 59 ff.
22 Zur Pariser Friedenskonferenz 1946 vgl. mit Schwerpunkt auf die Tschechoslowa-
    kei: Rüdiger Alte: Die Außenpolitik der Tschechoslowakei und die Entwicklung
    der internationalen Beziehungen 1946-1947, München 2003, S. 49-163.

den Konferenzteilnehmern unterzeichnete Vertrag Bestand hätte. Umso erstaunlicher mutet es an, dass die territoriale europäische Nachkriegsordnung für die nächsten 45 Jahre weitgehend unverändert blieb. Vor der Drohkulisse eines atomaren Dritten Weltkriegs sorgte die bipolare Blockbildung dafür, dass der Status quo weitgehend hielt. Eine über 30-jährige Phase unablässiger Verschiebung, Neubildung und Revision europäischer Grenzen fand nahezu schlagartig ihr Ende. Der weltpolitische Fokus verschob sich nun von den nationalen Staatsgrenzen zur internationalen Systemgrenze quer durch den Kontinent.

Der Eiserne Vorhang als Systemgrenze und Jahrhundertmetapher

Mit seinen 8500 Kilometern Länge gab es keine andere Grenze, die die politischen Großordnungen Europas und der Welt nach 1945 derart physisch und symbolisch teilte wie der so genannte Eiserne Vorhang. Er durchschnitt den europäischen Kontinent als Trennlinie zwischen den kapitalistisch-liberal-demokratisch orientierten Gesellschaften im Westen und den kommunistisch-planwirtschaftlich gelenkten Diktaturen im Osten und markierte die verfeindeten Lager im Kalten Krieg.[23] Als Systemgrenze im Raum zwischen den Supermächten USA und UdSSR halbierte er Europa in zwei ideologische und machtpolitische »Zeitzonen«: Während westlich vom Eisernen Vorhang die Uhr des amerikanischen Jahrhunderts tickte, herrschte östlich davon das sowjetische Zeitalter. Dabei war der metaphorisch gebrauchte Begriff »Eiserner Vorhang« keine Neuschöpfung nach dem Zweiten Weltkrieg. Er tauchte mit Blick auf die bolschewistische Diktatur bereits kurz nach der Oktoberrevolution auf. NS-Propagandaminister Joseph Goebbels nutzte ihn, um nach der Jalta-Konferenz vor einer Massenabschlachtung der Völker im sowjetischen Einflussbereich zu warnen. Doch erst die Fultoner Rede des britischen Premiers Winston Churchill im März 1946 machte ihn weltbekannt. Wie kaum eine zweite Grenzlinie der Welt wurde er nun zum Gegenstand von Medien, Propaganda und Symbolpolitik im Kalten Krieg: Im Westen galt der Eiserne Vorhang als eine brutale, originär kommunistische Diktaturgrenze, als eine Barriere, die sämtlichen Ambitionen auf eine sowjetischen Weltrevolution den Riegel vorschob. Die kommunistischen Machthaber hingegen propagierten ihn als Wall gegen den »imperialistischen Kapitalismus« und die »kriegs-

---

23 Bernd Stöver: Der Kalte Krieg 1947-1991. Geschichte eines radikalen Zeitalters, München 2007, hier insbesondere S. 11-144.

treiberischen Revanchisten«. Dabei spielte für sie die Erfahrungslast der
nationalsozialistischen Okkupation und Kriegsverbrechen eine kaum
zu unterschätzende Rolle in der Wahrnehmung und Argumentation.

Dass bundesdeutsche Politiker und Vertriebenenverbände lautstark und
über Jahrzehnte hinweg die Ostgrenzen nicht anerkennen wollten und
stattdessen die deutschen Grenzverläufe von 1937 zur einzig gültigen
Rechtsgrundlage erklärten, lieferte der ostdeutschen, polnischen oder
tschechoslowakischen Propagandamaschinerie fortwährend Stoff. Die
SED-Führung drehte den grenz-revisionistischen Kurs demonstrativ um
und titulierte – entsprechend ihrem Anspruch als »Friedensmacht« und
besserer deutscher Staat – die Grenze zu Polen und zur Tschechoslowakei
als unverbrüchliche »Friedensgrenze« bzw. »Freundschaftsgrenze«. Die
Berliner Mauer hingegen wurde zum »antifaschistischen Schutzwall«.[24]

Abseits politischer Aufladung bekamen der Eiserne Vorhang wie auch
die Landesgrenzen generell eine weitere Schutzfunktion zugeschrieben:
Sie wurden zu (gefühlten) Barrieren gegenüber den tatsächlichen oder
vermuteten Risikoräumen des Anderen erklärt. »Dekadente Erscheinungen« des Westens wie »Halbstarke«, Drogensucht, HIV-Infektionen oder
Neonazismus stoppten in der verkürzten Wahrnehmung bestimmter
Politikerkreise und Medien ebenso an den Territorialgrenzen wie Luft-
verschmutzung oder radioaktive Verstrahlung aus dem Osten, wie die
unterschiedlichen Reaktionen auf die Reaktorkatastrophe in Tschernobyl
1986 in den europäischen Gesellschaften zeigen.

Mit der Etablierung des Eisernen Vorhangs als Systemgrenze wurde
auf Seiten der kommunistischen Diktaturen in Osteuropa ein Grenz-
sicherungsregime installiert, dessen Ausmaß, Radikalität und Lebens-
gefährlichkeit für Friedenszeiten bis dato einmalig war. Die Sperranlagen
richteten sich in erster Linie nach innen und damit gegen die eigene
Bevölkerung. Das unterschied sie von Grenzsicherungen in der Vergangenheit. Zu einer hochgerüsteten Grenzabsperrung entwickelte sich der
Eiserne Vorhang bereits seit Ende der 1940er Jahre, zu einem Zeitpunkt,
zu dem die Sowjetisierung in den meisten der betroffenen Ländern auf
Hochtouren lief.[25] Die technische Abriegelung der Grenzen Ungarns
zu Österreich, der Tschechoslowakei zur Bundesrepublik und zu Österreich, Bulgariens zu Griechenland und zur Türkei sowie der DDR zur

24 Siehe auch: Silke Hahn: Vom zerrissenen Deutschland zur vereinigten Republik.
   Zur Sprachgeschichte des »deutschen Frage«, in: Kontroverse Begriffe: Geschichte
   des öffentlichen Sprachgebrauchs in der Bundesrepublik Deutschland, hg. von
   Georg Stötzel und Martin Wengeler, Berlin/New York 1995, S. 285-353, hier S. 300 ff.
25 Anne Applebaum: Der Eiserne Vorhang. Die Unterdrückung Osteuropas 1944-
   1956, München 2013.

Bundesrepublik wurde bis in die 1980er Jahre immer weiter verschärft und verfeinert. Detektoren, Stolperdrähte, Signalraketen, Infrarotsignalapparate, elektronische Signalsysteme, Suchhunde und Hubschrauber gehörten zur Standardausrüstung, um Fluchtversuche zu verhindern.[26] Rasant wandelten sich die Grenzen zwischen Ost und West zu Todeszonen. Wie viele Menschen insgesamt am Eisernen Vorhang umkamen, ist bislang noch ungeklärt. Aktuelle Schätzungen allein zur innerdeutschen Grenze sowie zu den tschechoslowakischen Westgrenzen belaufen sich auf jeweils mindestens 1000 Todesopfer.[27] In Nordeuropa dagegen war die geschlossene Grenze zwischen Norwegen und Finnland und der Sowjetunion zwar streng bewacht, doch gab es keine vergleichbaren Grenzanlagen.

Der Eiserne Vorhang hinterließ in allen angrenzenden Ländern tiefe Spuren. Auf östlicher Seite wurden viele Verkehrswege in Richtung Westen verbarrikadiert und kilometerbreite Sperrzonen errichtet. Unzählige Ortschaften und Siedlungen wurden dem Erdboden gleichgemacht und hunderttausende Bewohner in Massenaktionen umgesiedelt.[28] Viele nachbarschaftliche Beziehungen zwischen Staaten diesseits und jenseits des Vorhangs verschwanden im Laufe der Jahrzehnte. Auch die Sprachbarrieren wurden größer, da gerade in den westlichen Ländern kaum jemand mehr die Sprache des abgeriegelten Nachbarlandes erlernte. Besonders im wirtschaftlichen Bereich wurden viele Grenzregionen zu toten »Zonenrändern«. Kriegseinwirkungen, Demontagen, Reparationen und gezielte Zerstörung von Industrieanlagen unmittelbar vor und nach 1945 lösten in Verbindung mit den Massenaus- und -umsiedlungen eine extreme Deindustralisierungsphase aus, die die betroffenen Grenzgebiete auf Jahre und Jahrzehnte zurückwarfen. Vormals wirtschaftsstarke Regionen und Städte wurden zur unbedeutenden, strukturschwachen Peripherie. Dieses Schicksal war beidseitig und ereilte beispielsweise auch die Region Niederösterreich, die nach dem Zweiten Weltkrieg sowjetische Besatzungszone wurde, zugleich jedoch der politischen Westbindung

26 Dietmar Schultke: Keiner kommt durch – Die Geschichte der innerdeutschen Grenze und Berliner Mauer von 1945 bis 1990, Berlin 2008; Stefan Karner und Michal Stehlík (Hg.): Österreich, Tschechien, geteilt – getrennt – vereint, Beitragsband und Katalog der Niederösterreichischen Landesausstellung 2009, Graz/Wien 2009.

27 Ansgar Borbe: Die Anzahl der Opfer des SED-Regimes, Landeszentrale für politische Bildung Thüringen 2010, S. 32 ff.; Stefan Karner: Halt! Tragödien am Eisernen Vorhang. Die Verschlussakten, Salzburg 2013.

28 Für die DDR z. B. Albert Reinhold und Hans-Jürgen Salier: Grenzerfahrungen kompakt. Das Grenzregime zwischen Südthüringen und Bayern/Hessen von 1945 bis 1990, Leipzig 2009.

des Gesamtlandes unterlag.[29] Das Phänomen eines sich vorsichtig entwickelnden Grenztourismus auf westlicher Seite, der den Eisernen Vorhang als Sehenswürdigkeit zu vermarkten suchte, konnte den wirtschaftlichen Abstieg hierbei nur in geringem Maße auffangen.[30] Besonders eklatant wirkte sich die Grenzziehung für Deutschland aus, wo die innerdeutsche, 1400 Kilometer lange Systemgrenze quasi ein ganzes Land und eine Nation teilte. Sie begann am Dreiländereck Bayern, Sachsen, Böhmen und endete an der Lübecker Bucht. Die DDR bezeichnete die deutsch-deutsche Grenze offiziell bis 1956 als »Demarkationslinie«, dann als »Grenze« und ab 1964 als »Staatsgrenze«. In Westdeutschland blieb sie in den ersten Jahren offiziell die »Demarkationslinie« oder umgangssprachlich bis zur Wiedervereinigung die »Zonengrenze«. Nachdem die Bundesrepublik 1972 im Grundlagenvertrag die DDR staatsrechtlich (nicht jedoch völkerrechtlich) anerkannte, veränderte dies zwar faktisch den Status der Grenze. Für den Grad ihrer tödlichen Sicherung spielte es aber keine Rolle. 870 Kilometer Grenzzaun mit 440 Kilometer Selbstschussanlagen SM-70, 230 Kilometer Minenfeldern, 731 Kilometer Grenzsignalzaun, 602 Kilometer Kraftfahrzeug-Sperrgräben und 434 Beobachtungstürme (Stand: 1977) blieben weiterhin installiert.[31] Erst am 3. April 1989 wurden die Grenztruppen angewiesen, ihre Schusswaffe nicht mehr gegen Flüchtende einzusetzen.

Ihr endgültiges Emblem fanden Teilung und tödliche Abgrenzung mit dem Bau der Berliner Mauer im August 1961. Das versperrte Brandenburger Tor und die 43 Kilometer schwer bewachte Grenze zwischen Ost- und West-Berlin wurden bis 1989 zur weltweiten Ikone einer europaweiten Systemgrenze. Die politisch-mediale Aufmerksamkeit verschob sich vom Eisernen Vorhang im Allgemeinen zur geteilten Stadt im Besonderen. Mindestens 136 Todesopfer wurden hier zwischen 1961 und 1989 erfasst – erschossen von DDR-Grenzern, ertrunken in den Grenzanlagen der Gewässer rund um die Stadt oder umgekommen als Unfallopfer.[32] Der gewaltige internationale Image-Schaden, den das

29 Peter Mähner: Niederösterreich und seine Grenzen, in: Politik. Niederösterreich im 20. Jahrhundert, hg. von Stefan Eminger und Ernst Langthaler, Wien/Köln/Weimar 2008, S. 1-41.
30 Astrid M. Eckert: »Greetings from the Zonal Border«. Tourism to the Iron Curtain in West Germany, in: Zeithistorische Forschungen/Studies in Contemporary History (2011), H. 1, S. 9-36.
31 Jürgen Ritter und Peter Joachim Lapp: Die Grenze: ein deutsches Bauwerk, 7. Aufl., Berlin 2009, S. 71.
32 Hans-Hermann Hertle, Maria Nooke u. a.: Die Todesopfer an der Berliner Mauer 1961-1989. Ein biografisches Handbuch, Berlin 2009; Allgemein: Hans-Hermann Hertle: Die Berliner Mauer. Biografie eines Bauwerks, 2. Aufl., Berlin 2015.

SED-Regime durch den Mauerbau und die Grenztoten erlitt, war nachhaltig. Das Bild vom »Mauerstaat« überdauerte die gesamte Honecker-Ära, auch wenn offizielle SED-Kampagnen für eine »weltoffene« DDR dies immer wieder zu ändern suchten.

Dass der Mauerbau trotz der bereits bestehenden innerdeutschen Grenze tatsächlich Zäsurcharakter hatte, zeigt der Blick in die entgegengesetzte Richtung. Umgehend verschärfte sich die Sicherung der Ostgrenzen der DDR dramatisch, denn von nun an versuchten zehntausende DDR-Bürger über die Tschechoslowakei, aber auch über Polen, Ungarn, Bulgarien und Rumänien in den Westen zu gelangen. Zwischen 1961 und 1988 gelang dies mindestens 3500 Personen. Infolge dieser Dynamik stellte die DDR ihre militärische Sicherungsstrategie auf eine primär geheimdienstliche um. Das Ministerium für Staatssicherheit rüstete sich massiv für den Einsatz an den Ostgrenzen auf. Mit dem Ergebnis, dass dort – mit tatkräftiger Unterstützung der »befreundeten« Geheimdienste – zwischen 1961 und 1988 rund 25 000 DDR-Bürger als »Republikflüchtlinge« festgesetzt und anschließend verurteilt wurden.[33]

Wiederholt wurde von ehemaligen Funktionsträgern betont, dass die Gestaltung der kommunistischen Grenzregime in nationaler Hand lag.[34] Dies ändert aber nichts an der hegemonialen Position, die die Supermacht Sowjetunion innerhalb ihres osteuropäischen Einflussbereichs einnahm. Sie führte dazu, dass im ökonomischen oder militärischen Bedarfsfall die Nationalgrenzen zu Grenzen zweiter Klasse bzw. zu Binnengrenzen degradiert werden konnten.[35] Zwischenstaatliche Grenzverläufe waren zwar festgeschrieben und durch großangelegte Umsiedlungs- und Vertreibungsmaßnahmen statuiert worden. Doch wenn es galt, die »Konterrevolution« abzuwehren, war die deklarierte Unantastbarkeit sozialistischer Nationalgrenzen hinfällig, wie die Niederschlagung der Aufstände von 1956 in Ungarn und 1968 in der Tschechoslowakei zeigt. Doch nicht nur die sowjetische Führung agierte im Hinblick auf die Regime ihrer »Freundschaftsgrenzen« strikt macht- und sicherheitsorientiert. Auch die SED-Führung schottete die DDR in politischen Krisenzeiten regelmäßig

33 Monika Tantzscher: Die verlängerte Mauer. Die Zusammenarbeit der Sicherheitsdienste der Warschauer-Pakt-Staaten bei der Verhinderung von »Republikflucht«, Berlin 1998, S. 17.

34 Zum Beispiel für die DDR: Rolf Ziegenbein: Grenzschutz an der deutsch-deutschen Grenze – zwischen Militär und Polizei, in: Grenzschutz und Grenzregime an der deutsch-deutschen Grenze. Standpunkte zu einer andauernden Kontroverse, hg. v. Dresdener Studiengemeinschaft Sicherheitspolitik e. V., Dresden 2011, S. 48-90, hier S. 87 ff.

35 Dominik Trutkowski: Der geteilte Ostblock. Die Grenzen der SBZ/DDR zu Polen und der Tschechoslowakei, Köln/Weimar/Wien 2011, S. 17.

nach Osten hin ab, beispielsweise schloss sie ihre dortigen Grenzen nach dem Posener Aufstand 1956, während des Prager Frühlings 1968, nach Gründung der unabhängigen polnischen Gewerkschaftsbewegung Solidarność 1980 oder während der Fluchtwelle im Herbst 1989. Der Grad der Grenzdurchlässigkeit geriet so vielfach zum Spiegel für das kalkulierte Bedrohungspotenzial – eine Beobachtung, die für das »sozialistische Lager« als Ganzes galt. Schließlich knüpften die kommunistischen Regime ihre Überlebensfähigkeit an die ausnahmslose Kontrolle und Beherrschung der Grenzen. Der Ausbruch des jugoslawischen Staatschefs Tito aus der sowjetisch dominierten Bündnishierarchie führte in dieser Logik zur kompletten Abriegelung der Grenze zwischen Bulgarien und Jugoslawien. Wer als bulgarischer Staatsbürger sein Land illegal verlassen wollte, musste nach einem 1953 verabschiedeten Gesetz mit der Todesstrafe rechnen. Die Grenzsicherung zwischen Ungarn und Polen auf der einen Seite und der UdSSR auf der anderen oder zwischen Rumänien und Ungarn glich mit kilometerbreiten Sperrzonen, Grenzzaunanlagen und Schusswaffeneinsatz dem Eisernen Vorhang und hatte mit einer Grenze zwischen Verbündeten nichts zu tun. Die Haltung der KP-Führungen gegenüber der sowjetischen Dominanz in Grenzangelegenheiten war geteilt. Zum einen war die Rote Armee der Garant der Nachkriegsgrenzen. Zum anderen erstreckte sich der Einfluss des Kremls bis tief in innenpolitische Vorgänge. Wie sehr dies als Diktat empfunden wurde, zeigte sich Ende der 1980er Jahre. Nachdem sich Gorbatschow von der Breschnew-Doktrin gelöst und den »Bruderstaaten« volle Souveränität über Grenzangelegenheiten zugebilligt hatte, dauerte es nur kurze Zeit, bis sich der ungarische Bündnispartner vom bisherigen Grenzregime abwandte und den Eisernen Vorhang öffnete.

Wissenschaft und Kartografie im Dienst der Geopolitik

Die Wucht der territorialen Neuordnungen in der ersten Hälfte des 20. Jahrhunderts machte vor der Wissenschaft nicht Halt und erzeugte hier ein reges, widersprüchliches Echo. Insbesondere Vertreter der politischen Geographie wie Karl Haushofer oder Jacques Ancel entwickelten nach dem Ersten Weltkrieg ihre Auffassungen über Herkunft, Status und Wesen von Grenzen. Dabei konnten die Unterschiede – hier mit Blick auf die Rheingrenze – kaum größer sein. Während Ancel Grenzen vor allem in ihrer Funktion als sozialer Raum inmitten binationaler Grenzgesellschaften betrachtete, ordnete Haushofer seine deutschnationalen Überlegungen einer pangermanischen Mission unter und erklärte den

Rhein zur trennenden romanisch-nordischen Kulturgrenzlinie.[36] Doch unter dem Schock der 1919 delegitimierten alten Territorialkonzepte wurde in einer unheilvollen Verquickung von biologistischen und geographischen Versatzstücken die Auffassung mehr und mehr mehrheitsfähig, der Staat sei ähnlich einem Lebewesen von »natürlichen« oder sogar gesetzmäßigen Bewegungs- und Wachstumsantrieben geprägt, denen es zu folgen gilt. Politisch-ideologisch eingepasst, wurde ein »Kampf um Raum« ausgerufen, dem zugleich auf Seiten bevölkerungsstarker und kulturell hoch entwickelter Staaten ein Recht auf Landnahme zugrunde läge. Bestehende Grenzlinien wurden zu prinzipiell beweglichen Grenzen erklärt. »Lebensraum« und »Volk ohne Raum« gehörten im Kontext reklamierter Gebietsverluste bald zum selbstverständlichen Vokabular imperialistischer Diskurse.[37] Mit Blick auf den Osten und Osteuropa sorgten deutsche Eliten nun kontinuierlich für Unruhe. Mit Vehemenz etablierten sie den seit Ende des 19. Jahrhunderts aufschäumenden Mythos der Ostkolonisation als nationale Aufgabe. Die Vorstellung von einem latent offenen, verschiebbaren Grenzraum in Osteuropa, der vom Deutschtum zu durchdringen sei, fand unter Militärs, Politikern, Diplomaten und Historikern viele Anhänger. In Kombination mit den als unerträglich bewerteten Gebietsabtretungen an Polen nach 1918 entspann sich das Ideologem vom unablässigen Volkstumskampf im Osten, dessen expansionistische Ausrichtung nicht zuletzt durch eine vermeintliche jahrhundertlange Kulturüberlegenheit legitimiert wurde. Die für die Zwischenkriegszeit quasi selbstverständliche Infragestellung der östlichen Grenzverläufe erhielt so ihr historisch-mythologisches Fundament.[38]

Doch nicht nur mittels Worte, sondern auch anhand von geopolitischen Grafiken wurden das Territorium und die Grenzverläufe in der gewünschten Form versinnbildlicht. Das ist insofern bedeutsam, als die Kartografie die prägende Kulturtechnik räumlicher Repräsentation darstellt. Hierbei kam den visualisierten Umrisslinien solcher Codes wie »Westen«, »Osten«, »Balkan«, »Bolschewismus« eine entscheidende, weil

36 Jürgen Osterhammel: Raumbeziehungen. Internationale Geschichte, Geopolitik und historische Geographie, in: Internationale Geschichte. Themen – Ergebnisse – Aussichten, hg. von Wilfried Loth und Jürgen Osterhammel, München 2000, S. 287-307, hier S. 300 ff. Allgemein: Karl Schlögel: Im Raume lesen wir die Zeit. Über Zivilisationsgeschichte und Geopolitik, München 2003.

37 Ulrike Jureit: Das Ordnen von Räumen. Territorium und Lebensraum im 19. und 20. Jahrhundert, Hamburg 2012, S. 127 ff.

38 Wolfgang Wippermann: Der ›Deutsche Drang nach Osten‹. Ideologie und Wirklichkeit eines politischen Schlagwortes, Darmstadt 1981; Michael Burleigh: Germany Turns Eastwards. A Study of ›Ostforschung‹ in the Third Reich, London 2002.

vielfach Identität stiftende Bedeutung zu. Einmal eingepflanzte *mental maps* erwiesen sich, wie zahlreiche Studien belegen, als haltbar und resistent gegenüber Zäsuren und verschwanden nicht sofort mit dem Ende der Weltkriege oder des Kalten Krieges.[39] Zwar wechselten Gegner und Verbündete, doch klassische Freund-Feind-Schemata überdauerten. Dabei wurde kartografischem Material existentielle Beweiskraft eingeräumt. So überzeugten die polnischen Vertreter während der Versailler Vertragsverhandlungen über den endgültigen Verbleib Oberschlesiens erfolgreich die Entscheidungsgremien auch mit Hilfe von extra angefertigten Karten und kartografischen Zeichnungen, die ihre Sicht auf den historischen Grenzverlauf und die Bevölkerungsanteile illustrierte. Die deutsche Delegation wiederum sah die diplomatische Niederlage durch die eigenen Kartografen mitverschuldet.[40] Wie wenig die konkrete Nachkriegsrealität akzeptiert wurde, offenbarte sich dann auch in entsprechenden Nachschlagewerken. So wies die preußische Schulverwaltung die Verlage an, politische Realität und Versailler Vertrag zu ignorieren und Deutschland in Schulatlanten weiterhin in seinen Grenzen von vor 1914 abzubilden. Diese Praxis überdauerte auch den nächsten Weltkrieg. Nach den Richtlinien des Bundesministeriums für gesamtdeutsche Fragen und der Kultusministerkonferenz in den 1950er Jahren war die Bundesrepublik in normalen und Schulatlanten weiter in den Grenzen von 1937 darzustellen. Das Territorium der SBZ/DDR wurde, wie beispielsweise im Diercke-Atlas von 1951, kaum gesondert hervorgehoben. Erst zwanzig Jahre später konnte man sich durchringen, die Oder-Neiße-Grenze zwar nicht als Staatsgrenze, immerhin aber überhaupt erkennbar zu markieren.[41]

Aber nicht nur am Verleugnen, sondern auch am Verblassen von Grenzen hatten kartografische Dienste und Verlage ihren spezifischen Anteil. Gezielt bildeten geopolitische Atlanten immer wieder grenzenlose, meist rot gefärbte Gebietsflächen ab, die die Sowjetunion als

---

39 Stephen Casey und Jonathan Wright (Hg.): Mental Maps in the Early Cold War Era, 1945-68, London 2011.

40 Jureit (Anm. 37), S. 192 ff.

41 Patrick Lehn: Deutschlandbilder: Historische Schulatlanten zwischen 1871 und 1990. Ein Handbuch, Köln/Weimar/Wien 2008, S. 181 ff.; Christian Lotz: Gestrichelte Linien und schattierte Flächen. Darstellungen von Teilung und Einheit in ost- und westdeutschen Landkarten (1945-1972), in: Die geteilte Nation. Nationale Verluste und Identitäten im 20. Jahrhundert, hg. von Andreas Hilger und Oliver von Wrochem, München, S. 53-69; Christoph Gunkel: Umstrittene Grenzverläufe in Atlanten. Politik mit roten Pünktchen, in: Spiegel-Online, 1.4.2014, URL: http://www.spiegel.de/fotostrecke/politik-im-atlas-umstrittene-grenzen-in-schulatlanten-fotostrecke-112873-11.html [Zugriff am 10.7.2016].

einheitlichen Staat bzw. nach 1945 den kommunistischen Ostblock als homogenes Imperium zeigten. In dieser Perspektive verschwanden Binnen- oder Regionalgrenzen, die Konzentration lag auf der Außengrenze. Je nach Blickwinkel und propagandistischer Absicht markierte sie die Stärke des eigenen Lagers oder steckte die expansionistische Drohkulisse des anderen ab, erst recht, wenn mit Hilfe von Pfeilen und Symbolen strategische Polit-Landkarten im Plakatstil kreiert wurden. Mit Hilfe der Mercatorprojektion war es dabei möglich, die jeweils gewünschten Kräfteverhältnisse eindrucksvoll zu inszenieren. So galten im geopolitischen Zeitalter der Imperien Einheit, Größe und Geschlossenheit als manifester Ausdruck von Potenz. Vielfalt und Vielheit hingegen demonstrierten Schwäche. So wurden die USA in vielen sowjetischen Atlanten als heterogener, durch Grenzen und Regionen zerklüfteter Staat gezeichnet, dessen Außengrenzen quasi ein Land im latenten Zerfallszustand umschlossen. Inwiefern solche Tricks wirkten, ist offen. Nachhaltigen Eindruck allerdings hinterließ das Propagandabild vom sowjetischen Einheitsstaat. Gerade im Westen waren nach 1989 viele Menschen nahezu überrascht, als plötzlich eine Vielzahl von Ethnien und nationalen Grenzen aus der scheinbar uniformen Sowjetunion »auftauchten«.[42]

Erosion, Überwindung und Abbau von Grenzregimen nach 1950

Zeitgleich zum Ausbau des Eisernen Vorhangs gab es europaweit eine zweite, entgegengesetzte Entwicklungsrichtung. Sie entfernte sich vom Paradigma hermetisch geschlossener Grenzen und strenger Grenzregime. Überwindung, Durchlässigkeit und Verflechtung lauteten die Schlagwörter. Sie ging hervor aus dem Geist der doppelten Weltkriegskatastrophe, der globalen Wirtschaftsausdehnung und der Liberalisierungs- und Demokratiebewegungen. Der Kalte Krieg bildete den Rahmen, indem er nicht nur Mauern hochzog und die Abgrenzung verschärfte, sondern auch ein Klima des sicherheitspolitischen Zusammenhalts unter westlichen Staaten erzeugte, die sich aus der gegenseitigen Garantie ihrer Grenzen ergab.

Die inzwischen viel beschriebene westeuropäische Integration als Nachkriegsprojekt ist zunächst vor allem eine politische Geschichte von oben, getragen von Diskursen der Aufklärung, Zivilisierung und Vergan-

---

42 Ute Schneider: Kartographie als imperiale Raumgestaltung. Alexander (Sándor) Radós Karten und Atlanten, in: Zeithistorische Forschungen/Studies in Contemporary History (2006), H. 3, S. 77-94.

genheitsabkehr. Bereits seit Ende der 1940er Jahren wurde im Rahmen des European Recovery Program eine ganze Reihe von Filmen gedreht, die für ein geeintes (West-)Europa warben und ein »Feindbild Grenze« entwarfen. Zwischen Grenzziehungen und nationalstaatlicher Abschottung auf der einen Seite und Krieg und Zerstörung auf der anderen wurde ein direkter Zusammenhang hergestellt. Der Schlagbaum geriet zur Negativ-Metapher.[43] Die Argumente lieferte in der Formierungszeit der Blöcke die unmittelbare Gegenwart. Europäische Integration und Grenzüberwindung wurden als politisches Alternativprogramm zum kommunistischen System und dessen Eisernen Vorhang propagiert – Abgrenzung durch Grenzabbau war das Motto.

Die Frühphase des Kalten Kriegs war dann auch die Zeit, in der europapolitisch eine ganze Reihe von Beschlüssen gefasst und Bündnisse ins Leben gerufen wurden, die die westeuropäischen Integrationspläne vertraglich zu statuieren suchten: Organisation für europäische wirtschaftliche Zusammenarbeit (1948), Europäische Gemeinschaft für Kohle und Stahl (1951/52), Westeuropäische Union (1954/55), Europäische Wirtschaftsgemeinschaft sowie Europäische Atomgemeinschaft (beide 1957/58). Gemeinsam war ihnen vor allem eine ökonomische Ebene, nämlich die Schaffung eines gemeinsamen Marktes. Der Wegfall von Personengrenzkontrollen hingegen war noch kein Thema. Erst 1975 erarbeite der Europäische Rat in Reaktion auf das im Jahr zuvor verabschiedete Schlusskommuniqué des Pariser Gipfels der Europäischen Gemeinschaften dahingehende Vorschläge.[44] Diese Empfehlungen sind zeitlich einzuordnen in die europaweite Entspannungsphase Anfang/ Mitte der 1970er Jahre. Der deutsch-deutsche Grundlagenvertrag, der laufende KSZE-Prozess und das Ende der Diktaturen in Spanien und Portugal weckten bei vielen liberal-demokratisch eingestellten Politikern die Hoffnung, grenzüberschreitende Kommunikation und Zusammenarbeit führe zu mehr Sicherheit und Frieden. Die Helsinki-Schlussakte wurde als diplomatischer Meilenstein gefeiert, der zwar dem Kalten Krieg kein Ende setzte, jedoch die Unantastbarkeit der nach dem 2. Weltkrieg gezogenen Grenzen bestätigte. Auch war nun, nach Antragstellung, zumindest formal eine Emigration aus dem Osten aus familiären und humanitären Gründen möglich. Hinzu kam das ungebrochene Wachstum des grenzüberschreitenden Reiseverkehrs, der sich seit den 1960er

---

43 Albert Hemsing: The Marshall Plan's European Film Unit, 1948 … 1955: a memoir and filmography, in: Historical Journal of Film, Radio and Television 14 (1994), S. 269-297; Günter Bischof und Dieter Stiefel (Hg.): Images of the Marshall Plan in Europe. Films, Photographs, Exhibits, Posters, Innsbruck/Wien 2009.
44 Vgl. Raimund Krämer: Grenzen der Europäischen Union, Potsdam 1997, S. 29 ff.

Jahren in zahlreichen Ländern zu einem beachtlichen Wirtschaftsfaktor entwickelt hatte und von dem vor allem Grenzregionen profitierten. Die Formel, je durchlässiger, desto umsatzstärker die Region, entwickelte sich zum gewichtigen entwicklungspolitischen Argument. Dass es dennoch so lange bis zum ersten Schengener Abkommen dauerte, wird in der Regel mit den damaligen starken Sicherheitsbedenken und bürokratischen Widerständen begründet. Für Sicherheitsbehörden und misstrauische Politiker stellte sich der Grenzraum vor allem als ein kriminalistischer Gefahrenraum dar, der nach Grenzabbau völlig außer Kontrolle zu geraten drohe.[45] Doch 1985 war es dann soweit. Inmitten einer Phase militärischer Hochrüstung und diplomatischer Spannungen zwischen den Supermächten einigten sich die Benelux-Länder, Frankreich und die Bundesrepublik darauf, künftig auf Kontrollen des Personenverkehrs an ihren gemeinsamen Grenzen zu verzichten. Mit dieser Vereinbarung, die außerhalb der Europäischen Gemeinschaft als völkerrechtlicher Vertrag geschlossen wurde und als Schengener Abkommen in die Geschichte einging, war der Grundstein für eine eigene Wirtschafts- und Freizügigkeitszone in der Mitte Europas gelegt. Völlig neu war eine solche Aufhebung der Kontrollen in Europa allerdings nicht. Bereits seit den 1950er Jahren gab es eine Reihe von Passunionen, beispielsweise zwischen den skandinavischen Ländern, den Benelux-Staaten oder der britischen Common Travel Area.

Tat sich die nationale Politik zunächst noch schwer, sich vom Schlagbaum zu trennen, so war es vor allem die gezielte Thematisierung und Förderung von länderüberschreitenden Grenzregionen, die seit den 1960er Jahren einen Prozess schleichender Deterritorialisierung in Gang setzte. Dies wurde zum einen angestoßen durch eine Vielzahl von bilateralen Kooperationsverträgen und Partnerschaften, die häufig Teil von Staatsverträgen wurden. Zum anderen legte die EG eine Reihe von Förderprogrammen auf, die einzelne Grenzgebiete zu ganzen Grenzräumen vernetzte. Die Europaregion EUREGIO, die zwischen Rhein, Ems und Yssel 7500 Quadratkilometer mit 2 Millionen Einwohnern umfasst und einen parlamentähnlichen Rat unterhält, galt hierbei lange Zeit als Muster und Erfolgsmodell. Die 1971 gegründete Arbeitsgemeinschaft Europäischer Grenzregionen agiert dafür bis in die Gegenwart als Motor und Lobbyist. Ihr gelang 1981 die Verabschiedung der »Europäischen Charta der Grenz- und grenzüberschreitenden Regionen« durchzuset-

<hr>

45 Andreas Pudlat: Grenzen ohne Polizei – Polizei ohne Grenzen. Überlegungen zu den Ambivalenzen des Schengen-Prozesses, in: Gehler und Andreas (Anm. 10), S. 269-303, bes. S. 291 ff.

zen, die noch immer als konzeptuelles Grundsatzpapier für solcherlei Kooperationsvorhaben gilt. Im Ergebnis rückte die Beschäftigung mit Grenzräumen bzw. grenzüberschreitenden Regionen immer mehr ins politische Zentrum von EG und später EU.[46] Doch die Aufweichung undurchlässiger Grenzregime war nicht nur ein westeuropäisches Phänomen. Entgegen der Vorstellung stetig verriegelter Binnengrenzen und abgeschotteter Grenzregionen, setzte in einigen Ostblockstaaten seit Mitte der 1950er Jahre eine vorsichtige Liberalisierung dortiger Grenzregime ein. Sie wirkte sich vor allem in Ostmitteleuropa aus. Unter den Formeln Direkt- und Parteibeziehungen sowie Erfahrungsaustausch und sozialistische Kooperation entwickelten sich zwischen Städten, Betrieben, Bildungseinrichtungen sowie kommunalen Parteileitungen und Massenorganisationen grenzüberschreitende Verbindungen und Partnerschaften, die allmählich Netzwerkcharakter bekamen. In den 1960er Jahren wurden Grenzen zudem für Arbeitsmigranten durchlässig gemacht. Polnische Arbeiterinnen und Arbeiter pendelten zur Arbeit in Textilfabriken im nordböhmischen Königgrätz oder ins ostbrandenburgische Chemiefaserwerk in Guben. Diese Anstrengungen waren zunächst streng gesteuert und formal stark gerahmt. Dahinter verbargen sich ökonomische Motive, aber auch Bemühungen, die aus der Zeit vor 1945 herrührenden kulturellen und ethnischen Vorurteile, Hassgefühle und Traumata abzubauen. Das postulierte Ideologem »sozialistische Völkerfreundschaft« sollte in die Praxis überführt werden. So war es insbesondere seit den 1970er Jahren möglich, in Schulen polnischer, tschechoslowakischer und ostdeutscher Grenzgebiete wieder die Sprache des jeweiligen Nachbarn zu lernen. Doch den wichtigsten Impuls setzten zweifellos Reiseerleichterungen. 1967 schloss die DDR zunächst ein Abkommen mit der Tschechoslowakei über den visafreien Grenzverkehr, ab 1972 wurde der pass- und visafreie Grenzverkehr zwischen der DDR und Polen sowie der Tschechoslowakei eingeführt. Von nun an strömten jährlich Hunderttausende als Urlaubs-, aber auch Konsumtouristen in die Nachbarregionen.[47] Dass dabei der schnell ausufernde private Im- und Export von begehrten Produkten bald wieder zu neuen Grenzkontrollen

46 Krämer (Anm. 44), S. 33 ff.; Verena Müller: 25 Jahre EUREGIO-Rat. Rückblick auf die Arbeit eines politischen Gremiums im »kleinen Europa«, Gronau/Enschede 2003; Sebastian M. Büttner: Mobilisierte Regionen. Zur Bedeutung des subnationalen Raums in einem erweiterten Europa, in: Postsouveräne Territorialität. Die Europäische Union und ihr Raum, hg. von Ulrike Jureit und Nikola Tietze, Hamburg 2015, S. 210-230.

47 Vgl. die Beiträge von Helga Schütz, Zbigniew Kurcz, Dusan Janàk und Zedenek Jirásek, in: Grenzen im Ostblock und ihre Überwindung, hg. von Helga Schulz, Berlin 2001.

und Beschränkungen führte, war konstitutiv für die Grenzregime der kommunistischen Mangelgesellschaften. Im gleichen Zeitraum wurden die Grenzen auch gen Westen durchlässiger. Lag die Höhe des Ost-West-Reiseverkehrs in der DDR nach Inkrafttreten des Transitabkommens 1964 sofort bei mehreren Hunderttausend, überschritt sie bereits im Folgejahr die Millionengrenze. 1988 kletterte sie schließlich auf die Zahl von 6,7 Millionen. Das Gleiche gilt für die West-Ost-Richtung: Reisten 1964 rund 1,8 Millionen Bundesbürger in die DDR, waren es 1988 5,6 Millionen.[48] Dabei wuchs nicht nur die Zahl der Privatreisenden, sondern auch die der offiziellen Reisekader, insbesondere im Bereich der auswärtigen Kulturpolitik. Gerade seit den 1970er Jahren nahm die Quantität der kulturellen Auslandsaktivitäten stark zu. Sie erreichte Mitte der 1980er Jahre Spitzenwerte, nicht zuletzt auch, weil die kommunistischen Regime den Export und die Präsentation von Hochkultur im Westen als geschätzte Devisenquelle entdeckten. Zehntausende Künstler und Kulturschaffende passierten so jedes Jahr den Eisernen Vorhang. Die ungarische Regierung stellte 1988 ihren Bürgern sogar einen universal gültigen Weltpass aus. Diese neue Durchlässigkeit trug auf ihre Weise zur ideologischen Erosion der kommunistischen Ordnung bei. Das damit verbundene massenhafte Einsickern von Informationen, Augenzeugenberichten und westlichen Waren sowie die Ausweitung von grenzüberschreitenden Kontakten allgemein relativierte die Klassenfeind-Propaganda.

Darüber hinaus unterhöhlten die jahrzehntelangen illegalen Grenzüberschreitungen das System, denn trotz der brutalen Grenzregime blieb der Eiserne Vorhang undicht. Zum einen erfolgten die Grenzschließungen nach Ausbruch des Kalten Kriegs uneinheitlich, zum anderen bestanden vor allem zu Beginn noch reguläre Durchlässigkeiten. Insbesondere die innerdeutsche Grenze war – unter wechselnden Bedingungen – lange Zeit passierbar. So wird die Zahl derjenigen Menschen, die bis 1961 die SBZ/DDR in Richtung Westdeutschland verließ, auf rund 3 Millionen geschätzt. Umgekehrt siedelten einige Hunderttausend auch vom Westen in den Osten über. Mit dem Mauerbau fand der deutsche Sonderfall sein vorläufiges Ende. Die letzten Fluchtwege wurden versperrt, das tödliche Risiko stieg. Dennoch riss die Fluchtbewegung nicht ab. Allein zwischen August 1961 und Ende 1970 gelangten 135 000 DDR-Bürger als Flüchtlinge in die Bundesrepublik.[49] Die Gesamtzahl der geglückten Fluchten

---

48 Margit Roth: Innerdeutsche Bestandsaufnahme der Bundesrepublik 1969-1989: Neue Deutung, Wiesbaden 2014, S. 295 u. 298.

49 Hartmut Wendt: Die deutsch-deutschen Wanderungen – Bilanz einer 40jährigen Geschichte von Flucht und Ausreise, in: Deutschland Archiv (1996), H. 4, S. 386-395, hier S. 390.

in den Westen aus den anderen Ostblock-Ländern kann ebenfalls auf mehrere hunderttausend geschätzt werden. Dabei besteht zwischen den zentralen Krisenzäsuren der kommunistischen Regime wie 1953, 1956 oder 1968 und den großen Fluchtwellen ein direkter Zusammenhang. So flüchteten unmittelbar nach der sowjetischen Militärintervention in Ungarn im November 1956 mindestens 180 000 Menschen ins benachbarte österreichische Burgenland. Rund 100 000 Menschen verließen nach der Niederschlagung des Prager Frühlings die Tschechoslowakei, davon schlugen sich mehrere Zehntausend ohne gültigen Reisepass durch die Westgrenzen.[50]

Mit dem Auftauchen regelrechter Flüchtlingsströme von DDR-Bürgern seit Beginn des Jahres 1989 gerieten der Eiserne Vorhang und vor allem seine Löcher in den weltpolitischen, medialen Fokus. Bereits seit Mitte der 1980er Jahre stieg die Zahl der erfolgreichen »Republikfluchten« sprunghaft an. Doch nun gingen die Zahlen innerhalb weniger Monate in die Zehntausende. Überwindung und Demontage des Eisernen Vorhangs in Ungarn wurden zum Dauerthema westlicher Medien. Die übermittelten Bilder bekamen schnell Symbolcharakter für die Auflösung des kommunistischen Ostblocks und das nahende Ende des Ost-West-Konflikts. Dabei wechselten bildmotivisch die Durchtrennung von Stacheldrahtzäunen und die Fluchtszenen über Grenzbefestigungen einander ab. Die dargestellte physische Überwindbarkeit des Eisernen Vorhangs wurde zum Gleichnis für die mögliche politische Überwindbarkeit der Diktatur. Die Grenzthematik ist vor diesem Hintergrund fundamental in die Ereignisse eingeschrieben, die »1989« als Medienrevolution kennzeichnen.

Von der fixen System- zur wandernden Bündnisgrenze

Der Zerfall des kommunistischen Ostblocks und der Sowjetunion veränderte die mittel- und osteuropäische Grenzlandschaft grundlegend. Zum einen entstanden vielfach neue Nationalgrenzen bzw. bestehende wurden aufgewertet. Zum anderen wurden ehemalige Grenzregime teilweise abgebaut, entmilitarisiert und durchlässig gemacht. Dass der Eiserne Vorhang in manchen Grenzgebieten dabei noch über viele Jahre als imaginierte Mauer und kulturelle Barriere gegenüber den Grenz-

---

50 Dieter Szorger: Der Eiserne Vorhang, in: Das Burgenland und der Fall des Eisernen Vorhangs, hg. von Pia Bayer und Dieter Szorger, Eisenstadt 2009, S. 6-12, hier S. 8; Peter Eppel (Hg.): Menekülés bécsbe: Magyarország 1956/Flucht nach Wien: Ungarn 1956. Ausstellungskatalog, Wien 2006.

nachbarn fortlebte, belegt dabei nicht nur die Prägekraft des Kalten Kriegs, sondern auch das Überleben traditioneller Geschichtsbilder vom »Anderen«, die bis ins 19. Jahrhundert und weiter zurückführen.[51] Vor allem aber riefen die Eliten vieler osteuropäischer Länder den Beitritt zur EG bzw. EU und zur NATO als politisches Leitziel aus. Das bedeutete auch eine freiwillige Ein- und Unterordnung in deren Systeme von Freizügigkeit und Grenzsicherung. Diese hatten sich gerade in Bezug zur Außengrenze der EU im Verlauf der 1990er und 2000er Jahre erheblich verändert. Die schrittweise und freiwillige Abgabe der hoheitlichen Kontrolle über die Landesgrenzen und die Regelung, dass ein (Außengrenzen-)Land stellvertretend für alle anderen den Zugang zur EU kontrolliert, erwies sich dabei als eine für Europa einmalige grenzpolitische Konstruktion. Postsouverän war damit nicht nur die Territorialität als Ganzes, sondern auch das dazugehörige Grenzregime im Einzelnen, das historisch neuartig ist. So wurden neben Grenzübergängen entlang der fixierten Grenzlinie auch Kontrollpunkte und Grenzgebiete eingerichtet, die sich außerhalb des Makroterritoriums befinden und zugleich fester Bestandteil des EU-Grenzregimes sind. In diesen Bereich gehören exterritoriale Praktiken wie die Visumvergabe, die Frontex-Patrouillen auf hoher See oder die Entsendung von Beamten und Beratern in Drittstaaten.[52] Außengrenzschutz und exterritoriale Kontrolle bilden somit einen räumlich weit ausgreifenden Sicherungsverbund, wobei sich der Schwerpunkt immer mehr auf die Kontrolle strategischer Punkte verlagert, während die Überwachung des bloßen Raumes an Bedeutung verliert. Unverändert blieb hingegen das seit 1945 herrschende Prinzip länderübergreifender Großgrenzen. In Form der EU-Außengrenze lebte es in abgestufter Form als territoriales Ordnungsprinzip weiter. Im Unterschied zum Eisernen Vorhang schottet sie nun allerdings wieder nach außen ab. Bei gleichzeitig möglicher, kontrollierter Durchlässigkeit besteht der Exklusionscharakter fort. Dieser hat seinen tödlichen Preis: Allein seit dem Jahr 2000 starben mehr als 23 000 Menschen oder gelten als vermisst bei ihren Versuchen, die EU-Außengrenze nach innen zu überwinden.[53]

51   Muriel Blaive und Berthold Molden: Grenzfälle. Österreichische und tschechische Erfahrungen am Eisernen Vorhang, Weitra 2009.

52   Lena Laube: Grenzkontrollen jenseits nationaler Territorien: Die Steuerung globaler Mobilität durch liberale Staaten, Frankfurt am Main 2013, S. 150 ff.; Dies.: Postsouveräne Räume: Makroterritorien und die Exterritorialisierung der europäischen Grenzregion, in: Jureit und Tietze (Anm. 48), S. 169-190.

53   »The Migrants' Files«. Die Toten vor Europas Toren, in: Neue Züricher Zeitung, 2.4.2016.

Die Aussicht auf ökonomischen Aufschwung und militärische Sicherheit gegenüber der ehemaligen Hegemonialmacht Russland sorgten dafür, dass der geplante Beitritt zu den westlichen Bündnissen in den wirtschaftlich schwer angeschlagenen Transformationsländern über die 1990er Jahre hinaus auf große Zustimmung stieß und im Moment seiner Erfüllung als epochales Ereignis gefeiert wurde. Nach den so genannten Osterweiterungen 2004/07 waren bis auf Russland alle ehemaligen RGW-Gründungsmitglieder der Europäischen Union beigetreten. Ebenfalls 2007 wurden in einer umfassenden Erweiterungsrunde die Land- und Seegrenzen in Estland, Lettland, Litauen, Malta, Polen, der Slowakei, Slowenien, Tschechien und Ungarn geöffnet und der Schengen-Raum auf rund 3,6 Millionen Quadratkilometer mit rund 400 Millionen Einwohnern vergrößert.[54] Damit schien der aus dem Geist der Weltkriegskatastrophen und der Überwindung des Ost-West-Konflikts herrührende Prozess des Abbaus von Grenzregimen für viele Beobachter seinen vorläufigen Höhepunkt gefunden zu haben. Ob die Ausdehnung der EU und ihrer Außengrenze damit aber ihr Ende erreicht hat, muss trotz des britischen »Brexit«-Votums im Juni 2016 offen bleiben. Nicht zuletzt deshalb, weil dem EU-Konzept historisch eine Dynamik eingeschrieben ist, die auf Wachstum abzielt und damit auch die eigene Territorialität einschließt. Nicht zu Unrecht gilt die EU-Außengrenze als wandernde Grenze, die sich bislang vor allem in Richtung Osten ausdehnt.[55] Die Erweiterung von 2007 war nach 1973, 1981, 1986, 1995 und 2004 die sechste ihrer Art. Sechs Jahre später trat Kroatien als 28. Land bei, und weitere osteuropäische Länder bemühten sich danach erfolgreich um den offiziellen Status als Beitrittskandidat. Bereits seit den 1950er Jahren kreisen verschiedenste politische und juristische Schlüsseltexte, aber auch Selbstdarstellungen immer wieder um das Wachstums-Paradigma, sei es in territorialer, in ökonomischer oder in politisch-integrativer Hinsicht. Mit diesem nahezu missionarischen Drang zur Erweiterung brachte sich die EU gewollt oder ungewollt in die Nähe einer imperialen Machtfigur. Die raumgreifende Bildsprache manch kartografischer Abbildung, die die zurückliegende stetige Vergrößerung des EG/EU-Raumes mit dynamischen Farben, Linienverläufen und Symbolen

---

54 Zur Geschichte des Schengen-Raums: Angela Siebald: ZwischenGrenzen. Die Geschichte des Schengen-Raums aus deutschen, französischen und polnischen Perspektiven, Paderborn 2013, hier insbesondere S. 36-98.
55 Steffi Mahrung: Die wandernde Grenze. Territorialisierungsentwürfe nach der EU-Osterweiterung 2004, in: Jureit und Tietze (Anm. 46), S. 136-166.

illustriert, mag für sich sprechen.[56] Gerade in Ländern außerhalb der EU, allen voran den GUS-Staaten, wurde dies kritisch registriert, denn Parallelen zur bedrohlich wahrgenommenen NATO-Osterweiterung waren unverkennbar. So waren zwei Jahre nach den Beitrittsangeboten auf dem NATO-Gipfel in Madrid 1997 Polen, Tschechien und Ungarn dem Militärbündnis beigetreten, fünf Jahre später folgten Bulgarien, Estland, Lettland, Litauen, Rumänien, Slowakei und Slowenien. Dass dies eine neue Ost-West-Grenze zementiere, wurde daraufhin nicht nur in Moskau, sondern auch in den USA kritisiert.[57]

Schluss

Als Zeitalter des Ost-West-Konflikts war das 20. Jahrhundert auch eine Epoche der Grenzregime und deren Überwindung. Dies schreibt sich im 21. Jahrhundert fort. Die anhaltenden Migrationskrisen, die Tragödien an der Außengrenze der Europäischen Union oder die aktuellen Infragestellungen europäischer Binnengrenzen infolge von Austrittsdebatten und Exit-Voten verweisen derzeit sowohl auf die historischen Umstände der Entstehung von Grenzkonstrukten als auch auf ihre Fragilität. Das Diktum von der Zeitgeschichte als Problemgeschichte der Gegenwart beweist einmal mehr seine Gültigkeit.

Untersuchungen zum Nationenkonstrukt, zu Grenzverschiebungen und Grenzregimen zeigen, dass die Geschichte der europäischen Grenzen im Kontext so genannter Schlüsseljahre wie 1917, 1945 oder 1989 äußerst dynamisch ist. Sie bewegt sich seit der zweiten Hälfte des 20. Jahrhunderts auf besondere Weise im Spannungsfeld von Ab- und Entgrenzung. Die Entstehung von bündnisorientierten Großgrenzen, der Ausbau hoch militarisierter Grenzregime, die Verwandlung von Grenzen in Todeszonen und die Zerstörung multiethnischer und multikultureller Grenzregionen kennzeichnet die Zeit nach 1945 ebenso wie deren Erosion und Überwindung. Der Abbau der Grenzregime und die wachsende Durchlässigkeit werden dabei auch als Beleg für einen zunehmenden Freiheitsdrang der Menschen in Europa wahrgenommen.[58]

56 Ulrike Jureit: Wachsender Raum? Die Europäische Union kommentiert ihre territorialen Erweiterungen, in: Jureit und Tietze (Anm. 46), S. 119-135.

57 Vgl. Martin Malek: Rußland und die NATO vor der Osterweiterung: Konfrontation oder Kooperation?, in: Jahrbuch für internationale Sicherheitspolitik 1999, S. 194-212.

58 Andreas Wirsching: Der Preis der Freiheit. Geschichte Europas in unserer Zeit, München 2012.

In Anlehnung an die Unterscheidung von orthodoxen und heterodo-
xen Zäsuren in der Geschichte lassen sich für eine Reihe von Staaten insbesondere die Zeiträume 1914-1921, 1938-1947 und 1989-91 als orthodoxe
Wendeperioden markieren.[59] Die Geltungskraft ihrer politisch-administrativen Grenzen wurde ebenso wie der Charakter der Grenzregime in
diesen Jahren grundlegend in Frage gestellt. Andere Ereignisse hingegen
wie beispielsweise die EU-Osterweiterung 2004/07 besitzen aus Sicht der
Europäischen Union zwar auch Zäsurcharakter. Aber der Veränderungs-
modus ist eher heterodoxer Natur, denn er orientiert nicht auf Wechsel,
sondern Entfaltung der bestehenden, favorisierten ordnungspolitischen
Grenzvorstellungen.

Aus historischer Perspektive sollte jeglichen linearen Fortschrittsnar-
rativen skeptisch begegnet werden. So folgten auf zunächst gefeierte
Grenzöffnungen und die diskursiven Hochphasen von Entgrenzungs-
konzepten immer wieder Entwicklungsschritte in Form von Grenzzie-
hungen (EU-Außengrenzen) und Grenzkonflikten (Kosovo-Konflikt).
Jeder Krieg, jeder militärisch begleitete Aushandlungsprozess neuer
Grenzziehungen barg und birgt hochexplosives Material für die nächste
(Grenz-)Zäsur. Insofern ist die Zeitphase weitgehend stabiler politischer
Grenzen zwischen 1947 und 1989 nicht der historische »Normalfall«,
sondern die Ausnahme. Gerade für den mittel- und osteuropäischen
Raum sind es die »Wanderungen« politischer Grenzen, die prägen. Dass
die Einwohner beispielsweise der Bukowina im Verlauf des 20. Jahrhun-
derts in vier verschiedenen Staaten lebten, ohne ihre Dörfer verlassen
zu müssen, ist längst kein Einzelfall. Welchen Wert dieses Wissen im
Angesicht gegenwärtiger Problemlagen hat, sei dahin gestellt. Zumindest aber erscheint vor diesem Hintergrund der Austritt eines einzelnen
Landes aus dem Geltungsbereich der Europäischen Union nicht ganz
so außergewöhnlich zäsural und epochal wie vielfach von Politik und
Medien behauptet.

---

59 Martin Sabrow: Zäsuren in der Zeitgeschichte, Version: 1.0, in: Docupedia-
Zeitgeschichte, 3.6.2013 [Zugriff am 12.7.2016].

Auswahlbibliographie

Baechler, Christian und Fink, Carole (Hg.): L'établissement des frontières en Europe après les deux guerres mondiales, Berne 1996.

Banse, Christian und Stobbe, Holk (Hg.): Nationale Grenzen in Europa. Wandel der Funktion und Wahrnehmung nationaler Grenzen im Zuge der EU-Erweiterung, Frankfurt am Main 2004.

Becker, Joachim und Komlosy, Andrea (Hg.): Grenzen weltweit. Zonen, Linien, Mauern im historischen Vergleich, Wien 2004.

Duhamelle, Christophe, Kossert, Andreas und Struck, Bernhard (Hg.): Grenzregionen: Ein europäischer Vergleich vom 18. bis zum 20. Jahrhundert, Frankfurt am Main 2007.

Dülffer, Jost: Europa im Ost-West-Konflikt 1945-1991, München 2004.

François, Etienne, Seifarth, Jörg und Struck, Bernhard (Hg.): Die Grenze als Raum, Erfahrung und Konstruktion. Deutschland, Frankreich und Polen vom 17. bis 20. Jahrhundert. Frankfurt am Main 2007.

Haslinger, Peter (Hg.): Grenze im Kopf. Beiträge zur Geschichte der Grenze in Ostmitteleuropa, Frankfurt am Main u. a. 1999.

James, Harold: Geschichte Europas im 20. Jahrhundert. Fall und Aufstieg 1914-2001, München 2004

Judt, Tony: Die Geschichte Europas von 1945 bis zur Gegenwart, München/Wien 2006,

Jureit, Ulrike: Das Ordnen von Räumen. Territorium und Lebensraum im 19. und 20. Jahrhundert, Hamburg 2012.

Jureit, Ulrike und Tietze, Nikola (Hg.): Postsouveräne Territorialität. Die Europäische Union und ihr Raum, Hamburg 2015.

Lemberg, Hans (Hg.): Grenzen in Ostmitteleuropa im 19. und 20. Jahrhundert. Aktuelle Forschungsprobleme, Marburg 2000.

Osterhammel, Jürgen und Petersson, Niels P.: Geschichte der Globalisierung. Dimensionen, Prozesse, Epochen, München 2003.

Sabrow, Martin: Die Zeit der Zeitgeschichte, Göttingen 2012.

Sassen, Saskia: Das Paradox des Nationalen. Territorien, Autorität und Rechte im globalen Zeitalter, Frankfurt am Main 2008.

Schultz, Helga (Hg.): Bevölkerungstransfer und Systemwandel. Ostmitteleuropäische Grenzen nach dem Zweiten Weltkrieg, Berlin 1998.

Schultz, Helga (Hg.): Grenzen im Ostblock und ihre Überwindung, Berlin 2001.

Schneider, Ute: Die Macht der Karten. Eine Geschichte der Kartographie vom Mittelalter bis heute, Darmstadt 2004.

Themenheft »Grenzen«, Aus Politik und Zeitgeschichte (2014), H. 4-5.

Trutkowski, Dominik: Der geteilte Ostblock. Die Grenzen der SBZ/DDR zu Polen und der Tschechoslowakei, Köln/Weimar/Wien 2011.

Zwischen Furcht und Faszination

Die Sowjetunion im Zeitalter der Moderne

Jörg Baberowski

»Die Geschichte des Kurzen 20. Jahrhunderts«, schrieb der britische Historiker Eric Hobsbawm in seiner 1995 erschienenen Geschichte des 20. Jahrhunderts, »kann ohne die Russische Revolution und ihre direkten und indirekten Folgen nicht erklärt werden.«[1] Ohne die russische Revolution hätte der Westen nicht über Hitler siegen können, ohne sie wäre der Glaube an die Freie Marktwirtschaft in den europäischen Staaten nicht erschüttert worden und ohne sie wären die Befreiungsbewegungen in den Kolonien stumm geblieben. Die Revolution sei unausweichlich gewesen, es habe 1914 nur eines Anstoßes bedurft, um die sozialen Spannungen im Zarenreich zur Explosion zu bringen. Und keine Partei, »außer Lenins Bolschewiken« sei darauf vorbereitet gewesen, dieser Verantwortung ins Auge zu blicken und den großen Umschwung ins Werk zu setzen.»Die Menschheit wartete auf eine Alternative«, schrieb Hobsbawm über die Jahre vor dem Ausbruch des Ersten Weltkrieges.»Die russische oder genauer: die bolschewistische Revolution vom Oktober war bereit, der Welt dieses Signal zu geben. Deshalb war sie für dieses Jahrhundert ein ebenso zentrales Ereignis, wie es die französische Revolution von 1789 für das 19. Jahrhundert gewesen war. Es ist in der Tat kein Zufall, daß die Geschichte des Kurzen 20. Jahrhunderts [...] genau mit der Lebensdauer des Staates zusammenfällt, den die Oktoberrevolution geboren hatte.«[2]

Nur Schönes und Edles. Die Bolschewiki treten auf, und das Licht geht an, überall, nicht nur in Russland, sondern auch in Europa.»Die Menschheit wartete auf eine Alternative«. Warum wurde dieses Buch von manchen Historikern eigentlich zu den Meisterwerken der Geschichtsschreibung gezählt? Hätte man es im Jahr 1995 nicht besser wissen können? Konnte man nach dem Ende der Sowjetunion und nach den Schrecken des 20. Jahrhunderts über die Revolutionäre und ihre Experimente noch im Modus des Fortschritts schreiben und ignorieren, das auf seinem Altar Millionen sinnlos geopfert wurden? Hätte man nicht auch schon vor dem Ende der Sowjetunion wissen können, welche Hypothek das bolschewistische Experiment Europa auferlegte? Nun könnte

---

1 Eric Hobsbawm: Das Zeitalter der Extreme. Weltgeschichte des 20. Jahrhunderts, München 1997, S. 114.
2 Ebd., S. 79.

man sich mit der Erklärung zufriedengeben, dass Unbelehrbare auch durch Lektüre nicht schlauer werden und um jeden Preis Recht behalten wollen. Aber so einfach kann man es sich nicht machen. Hobsbawms Erzählung stand nicht am Rand, sondern im Zentrum jener Geschichtsschreibung, die das 20. Jahrhundert aus dem Geist des 20. Jahrhunderts beschrieb: als Kampf zwischen Gut und Böse, zwischen Finsternis und Helligkeit, zwischen Rückständigkeit und Fortschritt.[3] Ein Historiker aber, der nicht auch von den Rechnungen erzählt, die für diesen Kampf beglichen werden mussten, beraubt das Jahrhundert der Ideologien seiner eigentlichen Signatur.

Zweifellos waren Faschismus und Nationalsozialismus, Nationalismus und Krieg auch Antworten auf die ökonomische und politische Dominanz der USA, die Europa nach dem Ersten Weltkrieg neu ordnen wollten, es dann aber sich selbst überlassen hatten.[4] Die eigentliche Herausforderung des 20. Jahrhunderts aber war der Bolschewismus. Ohne die russische Revolution und den russischen Bürgerkrieg hätte es in Europa keinen Krieg der Ideologien gegeben, ohne die Erfahrungen des Vielvölkerreiches keine ethnischen Säuberungen, ohne den Sieg der Sowjetunion im Zweiten Weltkrieg keine kommunistische Herrschaft in Osteuropa, ohne Lenin keinen Mao und keinen Pol Pot, ohne den »Sozialismus in einem Land« keinen Aufbruch in den Ländern Asiens, Afrikas und Lateinamerikas, ohne die sowjetische Diktatur und ihre Kommandowirtschaft keine Renaissance von Demokratie und freiem Markt in Europa. Aber ohne die Sowjetunion hätte es 1989 auch kein Ende der Unfreiheit in Europa gegeben, ohne das Erbe des Vielvölkerreiches keinen Konflikt um die Ukraine. Was immer in der Sowjetunion auch geschah, es ließ den Rest der Welt nicht unberührt.[5] Zwischen Furcht und Faszination. So könnte die Überschrift für eine Geschichte lauten, die das Verhältnis Europas zur Sowjetunion im 20. Jahrhundert beschriebe.

Das 20. Jahrhundert ist von Historikern als Zeitalter der Ideologien und der Extreme verstanden worden.[6] »Pluralismus war definitions-

3 Tony Judt und Timothy Snyder: Nachdenken über das 20. Jahrhundert, München 2010, S. 206.

4 Adam Tooze: Sintflut. Die Neuordnung der Welt 1916-1931, München 2015; Wolfgang Schivelbusch: Entfernte Verwandtschaft. Faschismus, Nationalsozialismus, New Deal 1933-1939, München 2005, S. 20-22.

5 Silvio Pons: The Global Revolution. A History of International Communism 1917-1991, Oxford 2014, S. XI-XX. Vgl. auch den Überblick von Gerd Koenen: Was war der Kommunismus?, Göttingen 2010.

6 Hobsbawm (Anm. 1); Karl-Dietrich Bracher: Zeit der Ideologien. Eine Geschichte politischen Denkens im 20. Jahrhundert, München 1985, S. 11-18; Mark Mazower: Der dunkle Kontinent. Europa im 20. Jahrhundert, Berlin 2000.

gemäß ein Denkfehler«, erinnerte sich Tony Judt an jene Zeit der Eindeutigkeit, »eine bewußte Täuschung oder eine tragische Illusion.« So
haben es zweifellos auch die Zeitgenossen empfunden, die im Zeitalter
der Übersichtlichkeit und Ordnung leben mussten. »Es gab gute und
schlechte Systeme und Ziele, die zwangsläufig richtige und falsche Entscheidungen verlangten. Politik, so verstanden und in der jüngsten Zeit
durch die Erfahrung des totalen Krieges verstärkt, wurde beschrieben als
Alles-oder-nichts, Entweder-Oder, Leben oder Tod.«[7]
Das Leben sollte schöner, alle Probleme für immer aus der Welt
geschafft werden. Nur begann das große Experiment der sozialen und
politischen Umgestaltung nicht in Deutschland oder England, sondern
ausgerechnet in Russland, wo von der besten aller Welten nichts zu sehen
war und wo sich die Idee vom schönen neuen Leben gegen die Wirklichkeit des alten mit Brachialgewalt durchzusetzen versuchte. Der sowjetische Staat war schwach, seine Ambitionen grenzenlos und seine Gesellschaft wehrlos. Der Bolschewismus war eine Modernisierungsdiktatur,
die auf die Wünsche der Unterworfenen wenig Rücksicht nahm und sich
unter kriegerischen Bedingungen gegen alles Widerstreben durchsetzte.[8]
Ohne dieses tragische Missverständnis, man könne herbeizwingen, was
nicht von selbst entstand, hätte es in Europa keinen autoritären Sozialismus, keine kommunistische Diktatur, keinen Massenterror und keinen
Faschismus gegeben. Die Oktoberrevolution war ein Ereignis, dessen
Folgen nicht nur das alte Russland, sondern auch Europa so sehr veränderten, dass nach 1917 nichts mehr war wie zuvor. Sie war der Beginn
der totalitären Versuchung, zu unterwerfen, was sich nicht fügte.

Ideologie der Staatlichkeit

Der Marxismus war eine Ideologie, die Freiheit und Emanzipation versprach. Als Idee kam er im späten 19. Jahrhundert auch nach Russland.
Dort ergab sich seine Attraktivität vor allem aus der Verheißung, dass
irgendwann alle Gesellschaften sein würden, was England und Deutschland schon waren. Aber Russland war weit davon entfernt, ein moderner
Industriestaat zu sein, seine Infrastruktur war primitiv, Fabriken und Betriebe auf die großen Städte konzentriert. Russland war ein Bauernland,
selbst in den großen Städten blieben die Dorfbewohner, was sie waren,

---

7 Judt und Snyder (Anm. 3), S. 206; Zygmunt Bauman: Moderne und Ambivalenz.
   Das Ende der Eindeutigkeit, Frankfurt am Main 1995, S. 13-32.
8 Vgl. James Scott: Seeing Like a State. How Certain Schemes to Improve the Human
   Condition Have Failed, New Haven 1998, S. 1-8.

weil es wenig gab, was ihnen den Abschied vom bäuerlichen Leben ermöglicht hätte. Der zarische Staat verlangte Steuern und Rekruten, Unterwerfung und Loyalität. Aber er hatte nur wenig zu geben. In der Apartheitsgesellschaft des späten Zarenreiches waren die Lebensräume von Bauern und Bürgern streng voneinander getrennt. Es schien, als gehörten die Bauern einer fremden Nation an und als lebten sie in einem anderen Land.[9] Der Marxismus aber verhieß das Ende der Rückständigkeit, er versprach, dass der Lauf der Geschichte auch das russische Leben zum Besseren wenden würde.

Aber was hat der Revolutionär von der Geschichte, wenn nicht schon zu seinen Lebzeiten geschieht, wovon er träumt? Und so kam es, dass sich der Marxismus in Russland in eine extreme Modernisierungs- und Industrialisierungsideologie verwandelte. Um jeden Preis musste erreicht werden, was anderenorts schon geschehen war. Nikolai Walentinov, ein Freund Lenins, erinnerte sich an die Kraft, die die Ideen des Marxismus in Russland entfalteten. »Mit beiden Händen griffen wir nach dem Marxismus, weil uns sein soziologischer und ökonomischer Optimismus anzog, sein starker, von Fakten und Zahlen untermauerter Glaube, daß die Entwicklung der Wirtschaft, die Entwicklung des Kapitalismus durch die Demoralisierung und Zersetzung der alten Gesellschaft neue Kräfte schaffe (darunter wir selbst), die das autokratische Regime zusammen mit seinen Abscheulichkeiten hinwegfegen würden. [...] Auch sein europäischer Charakter zog uns an. Der Marxismus kam aus Europa. Er roch nicht nach heimischem Muff und Provinzialismus, sondern war neu, frisch und verlockend. Der Marxismus enthielt das Versprechen, daß wir kein halbasiatisches Land bleiben, sondern Teil des Westens mit seiner Kultur, seinen Institutionen und Eigenschaften werden würden, die seine freiheitliche politische Ordnung ausmachten. Der Westen verführte uns.«[10]

Auf paradoxe Weise war der Bolschewismus ein Spiegelbild der autokratischen Modernisierungsideologie, die auf die Wünsche des Volkes wenig gab und sich für allzuständig hielt. Seit Peter I. das Fenster nach

---

9 Vgl. Orlando Figes: Die Tragödie eines Volkes. Die Epoche der russischen Revolution 1891 bis 1924, Berlin 1998, S. 100-137; Joseph Bradley: Muzhik and Moscovite. Urbanisation in Late Imperial Russia, Berkeley 1985; Robert E. Johnson: Peasant and Proletarian. The Working Class of Moscow in the Late Nineteenth Century, New Brunswick 1979; Charters Wynn: Workers, Strikes and Pogroms: The Donbass-Dnepr-Bend in Late Imperial Russia, 1870-1905, Princeton 1992; Boris Mironov: Peasant Popular Culture and the Origins of Soviet Authoritarianism, in: Cultures in Flux. Lower-Class Values, Practices, and Resistance in Late Imperial Russia, hg. von Stephan Frank und Mark Steinberg, Princeton 1994, S. 54-73.

10 Nikolaj Valentinov: Vstreči s Leninym [Begegnungen mit Lenin], New York 1953, S. 50.

Westen geöffnet hatte, standen alle Regierungen des Zarenreiches unter dem Zwang, Europa nach Russland zu bringen. Die Autokratie als Motor des Fortschritts, der trägen Gesellschaft stets voraus – so haben die Zaren und ihre Minister ihre Mission verstanden: Russland von der selbst produzierten Rückständigkeit zu erlösen.[11] Europa war der Maßstab, an dem sich bemaß, was Russland noch bevorstand. Lenin war zweifellos der radikalste Repräsentant dieser russischen Variante des Fortschrittsglaubens. Sein Glaube an die Machbarkeit der Verhältnisse kam aus der Erfahrung der Rückständigkeit. Auf das Ende der Geschichte konnte er nicht warten. Nicht Interpreten und Propheten, sondern Vollstrecker der Geschichte wollten die Bolschewiki sein. Lenins Idole waren Männer der Tat, Asketen und Willensmenschen, die sich der Welt nicht auslieferten, sondern sie nach ihrem Bild formten. Hätte Rachmetow, der asketische Held in Tschernyschewkis Roman »Was tun?«, wirklich gelebt, – Lenin hätte ihn für sich gewinnen müssen. In seiner Welt gab es nichts Unmögliches, weil in der Isolation alles möglich schien. Denn wenn es keine Wurzeln und keine Grenzen gab, kein Gedanke wirklich erprobt werden musste, konnte es auch keine Beschränkungen geben.[12] Das schlechte Gewissen nährt sich aus der Erinnerung, es ist gebunden. Das Böse aber, schrieb Hannah Arendt, hat keine Wurzeln. »Und weil es keine Wurzeln hat, hat es keine Grenzen, kann sich ins unvorstellbar Extreme entwickeln.«[13] Lenin kannte keine Beschränkungen, er hatte kein Gewissen, das ihm Fesseln angelegt hätte. Das Denkbare war für ihn auch das Machbare. Für das Volk hatte der Revolutionsführer nur Verachtung übrig. Wann hatte es jemals etwas aus eigener Kraft zustande gebracht und warum sollten ausgerechnet die russischen Bauern ein Werkzeug des Fortschritts sein? Für Lenin gab es überhaupt keinen Zweifel, dass die revolutionäre Elite organisieren müsse, wozu das Volk nicht imstande sei. Arbeiter und Bauern hätten kein politisches Bewusstsein, sie wüssten nicht, was zu ihrem Glück vollbracht werden müsse. Dieses Wissen hätten nur die Revolutionäre,

---

11 Andrew Verner: The Crisis of Russian Autocracy. Nicholas II and the 1905 Revolution, Princeton 1990, S. 70-103; Richard Wortman: Scenarios of Power, Myth and Ceremony in Russian Monarchy. Bd. 2, Princeton 2000, S. 3-15; Dominic Lieven: Russia's Rulers under the Old Regime, New Haven 1989, S. 148-154.

12 Nikolaj Tschernyschewski: Was tun?, Reinbek bei Hamburg 1988, erstmals 1863 erschienen. Vgl. auch Martin Mali: Vollstrecker Wahn. Rußland 1917-1991, Stuttgart 1994, S. 91-92; Alain Besancon: The Intellectual Origins of Leninism, Oxford 1981, S. 117-125 u. 194-195; Richard Pipes: Die russische Revolution. Bd. 1, Berlin 1992, S. 228-229.

13 Hannah Arendt: Über das Böse. Eine Vorlesung zu Fragen der Ethik, München 2009, S. 77.

die aus höherer Einsicht handelten, weil sie begriffen hätten, was die Geschichte von ihnen verlangte. »Gebt uns eine Organisation von Revolutionären, und wir werden Rußland aus den Angeln heben!«[14] Lenin hasste Russland und seine Menschen aus tiefem Herzen. Nichts verachtete er mehr als die Trägheit der Oblomows, die Grausamkeit und Ignoranz der Bauern und die Primitivität des russischen Lebens. Sein Marxismus atmete nicht den Geist der Freiheit und Emanzipation. Er war eine Erziehungsideologie, die sich mit Demokratie und Pluralismus, mit Uneindeutigkeit und Verschiedenheit nicht vertrug und der es um nichts anderes ging, als das alte Russland der »Ikonen und Kakerlaken« für immer aus der Welt zu schaffen. Nicht auf Befreiung aus Abhängigkeit und Unmündigkeit kam es an, sondern auf Modernisierung und Umerziehung. Ganz Russland sollte ein preußisches Büro werden, in dem Menschen planvoll ausführten, was die revolutionäre Elite sich für sie ausgedacht hatte. »Unser nächstes Ziel ist es«, schrieb Lenin in seinem Pamphlet »Staat und Revolution« im September 1917, »die gesamte Volkswirtschaft nach dem Vorbild der Post zu organisieren«.[15]

Maxim Gorki, der Lenin besser als mancher Parteigenosse kannte, schrieb über den Revolutionsführer, er habe Bauern und Arbeiter mit den Augen des russischen Gutsbesitzers gesehen: als Material, das geformt werden musste, nicht als Menschen mit Wünschen und Bedürfnissen. »Lenin selbst ist natürlich ein Mensch von außergewöhnlicher Kraft; fünfundzwanzig Jahre stand er in den ersten Reihen der Kämpfer für den Sieg des Sozialismus; er ist eine der bedeutendsten und markantesten Figuren der internationalen Sozialdemokratie; er ist ein sehr begabter Mensch und besitzt alle notwendigen Eigenschaften eines ›Führers‹. Außerdem zeichnen ihn auch das für diese Rolle notwendige Fehlen jeglicher Moral und ein ausgesprochen herrisches, mitleidloses Verhältnis zum Leben der Volksmassen aus. Lenin ist ›Führer‹ *und* russischer Adliger, und gewisse seelische Eigenschaften dieses ins Nichts verschwundenen Standes sind ihm nicht fremd; deshalb hält er sich für berechtigt, mit dem russischen Volk ein grausames Experiment zu machen, das schon im voraus zum Scheitern verurteilt ist.«[16]

14 Wladimir I. Lenin: Was tun?, in: ders.: Ausgewählte Werke. Bd. 1, Berlin (Ost) 1979, S. 139-314, hier S. 254; David Priestland: Weltgeschichte des Kommunismus. Von der französischen Revolution bis heute, München 2009, S. 109-116.

15 Wladimir I. Lenin: Staat und Revolution, in: ders.: Ausgewählte Werke. Bd. 2, Berlin (Ost) 1979, S. 315-420, hier S. 359; Nina Tumarkin: Lenin Lives. The Lenin Cult in Soviet Russia, Cambridge 1982.

16 Maxim Gorki: Unzeitgemäße Betrachtungen über Kultur und Revolution, Frankfurt am Main 1972, S. 97-98.

Die »verspätete Entwicklung« sei der »Charakterzug« der russischen Geschichte, schrieb Lew Trotzki in seiner Geschichte der russischen Revolution. Schon immer seien die offenen, asiatischen Räume zu »weitem Zurückbleiben verurteilt« gewesen. Als die slawischen Stämme im Mittelalter Besitz von den »trostlosen Ebenen« ergriffen hätten, hätten sie nichts als Leere vorgefunden. Russland hatte kein Erbe, es habe immer nur nachgeahmt, was in Europa erfolgreich gewesen sei. Seine Herrscher hätten sich die »materiellen und geistigen Eroberungen fortgeschrittener Länder« angeeignet und sie den Bedingungen Russlands angepasst. »Eine rückständige Nation drückt außerdem die Errungenschaften, die sie fertig von außen übernimmt, durch Anpassung an ihre primitivere Kultur hinab«, schrieb Trotzki. Für jeden Import habe Russland einen hohen Preis bezahlen müssen: für die Übernahme westlicher Militärtechnik und europäischer Kultur habe die Leibeigenschaft verschärft werden müssen, weil der Lebensstil der Elite und die Ansprüche des Staates auf andere Weise nicht hätten befriedigt werden können.[17]

Aber auch Trotzki konnte sich den Sozialismus nur als eine Diktatur vorstellen, die das Volk erzog und alte in neue Menschen verwandelte. Am Ende des Bürgerkrieges wollte er das Proletariat militärisch organisieren, Arbeiter sollten in Kasernen untergebracht werden und Zwangsarbeit im Dienst des neuen Staates leisten. Ohne Zwang sei der Sozialismus nicht erreichbar, erklärte Trotzki auf dem 9. Parteitag im März 1920. Menschen seien von Natur aus faul und versuchten, Anstrengungen zu vermeiden. Deshalb sei es die Aufgabe der Partei, Arbeiter militärischer Disziplin zu unterwerfen.[18] Nicht Emanzipation, sondern Abrichtung war das Gebot der Stunde. Die Bolschewiki bekämpften nicht die soziale Ungleichheit, sie züchteten den neuen Menschen, und sie taten es, wie ihre Vorgänger in der zarischen Bürokratie, mit den Methoden des alten Menschen.

Für die deutschen Sozialdemokraten, deren Disziplin und Organisationsleistung Lenin so sehr bewunderte, war der Bolschewismus eine Verirrung, die aus der Kultur des russischen Bürgerkrieges kam. Karl Kautsky sprach es offen aus: der Bolschewismus sei eine Despotie, die sich durch Furcht und Schrecken an der Macht hielt, weil sich Lenin

---

17 Leo Trotzki: Geschichte der russischen Revolution, Frankfurt am Main 1982, S. 13-15.

18 Jonathan Aves: Workers Against Lenin: Labour Protest and the Bolshevik Dictatorship, London 1996, S. 5-38, besonders S. 12; Leo Trotzki: Denkzettel. Politische Erfahrungen im Zeitalter der permanenten Revolution, hg. von Isaak Deutscher, Frankfurt am Main 1981, S. 371-373; Stefan Plaggenborg: Revolutionskultur, Menschenbilder und kulturelle Praxis in Sowjetrußland, Köln 1996.

und Trotzki den Sozialismus nur als Sklavenhaltergesellschaft vorstellen konnten.[19] Im alten Europa sprachen die Sozialdemokraten schon nicht mehr von der Revolution, weil sie auf anderem Wege erreichten, was sie für richtig hielten, aber wohl auch, weil sie mit eigenen Augen sehen konnten, was in Russland geschah. Der deutsche Sozialdemokrat Eduard Bernstein erklärte im Dezember 1918:»Durch alle Zuckungen und alles Umsichschlagen der reaktionären Mächte hindurch sehe ich doch den Klassenkampf immer zivilisiertere Formen annehmen, und gerade in dieser Zivilisierung des Klassenkampfes, der politischen und wirtschaftlichen Kämpfe der Arbeiter erblicke ich die beste Gewähr für die Verwirklichung des Sozialismus«.[20] Davon aber wollten die Bolschewiki nichts wissen, denn in ihrer Welt gab es keine Parteien, keinen Rechtsstaat, keine bürgerlichen Sicherungen und keine zivilisierten Auseinandersetzungen. In ihr herrschte ein erbarmungsloser Krieg, den nur gewinnen konnte, wer über Waffen gebot und über Menschen verfügte, die sich ihrer zu bedienen wussten.

Im Jahr 1917 war der zarische Staat zusammengebrochen, seine Armee hatte sich aufgelöst, und nach dreijährigem Bürgerkrieg war Russland ein verwüstetes und verheertes Land ohne Industrie und Proletariat. Millionen waren gestorben, entwurzelt, verhungert oder aus dem Land getrieben worden, Arbeiter waren wieder zu Bauern geworden.[21] Welche Strategie außer der Einführung einer Entwicklungsdiktatur aber hätten die Bolschewiki ergreifen sollen, um diese Katastrophe zu bewältigen? Der bolschewistische Sozialismus war ein Sozialismus an der Macht, ein Staatsbildungsprozess, der mit eiserner Faust vorangetrieben wurde, autoritär, militaristisch, rücksichtslos und gewalttätig.[22] Ausgerechnet Russland wurde zum Experimentierfeld einer Sozialtechnologie, die sich für allmächtig und allzuständig hielt und deren Repräsentanten glaubten, eine Mission im Dienste der Weltgeschichte zu erfüllen. Alles

19 Leszek Kolakowski: Die Hauptströmungen des Marxismus. Entstehung. Entwicklung. Zerfall. Bd. 2, München 1988, S. 63-65; Dieter Groh und Peter Brandt:»Vaterlandslose Gesellen«. Sozialdemokratie und Nation 1860-1990, München 1992, S. 177-178.

20 Eduard Bernstein: Ein revisionistisches Sozialismusbild. Drei Vorträge, Bonn 1976, S. 166; Jan-Werner Müller: Das demokratische Zeitalter. Eine politische Ideengeschichte Europas im 20. Jahrhundert, Berlin 2013, S. 96.

21 Roger Pethybridge: One Step Backwards, Two Steps Forward. Soviet Society and Politics under the New Economic Policy, Oxford 1990, S. 121-127 u. 382-388.

22 Jörg Baberowski, Gewalt als Machttechnik. Revolution als Staatswerdung an der asiatischen Peripherie der Sowjetunion, in: Revolution, Krieg und die Geburt von Staat und Nation. Staatsbildung in Europa und den Amerikas 1770-1930, hg. von Ewald Frie und Ute Planert, Tübingen 2016, S. 211-246.

schien möglich, wenn die Revolutionäre es nur nicht an Entschlossenheit fehlen ließen. Warum sollte nicht auch in Russland gelingen, wovon die Marxisten in Europa schon lange träumten? Aber der Ruf, der einst aus Europa gekommen war, erzeugte in Russland nur ein schwaches Echo. Auf dem Terrain des Bauernreiches verwandelte sich der europäische Marxismus in eine Modernisierungs- und Erziehungsideologie, die von den ursprünglichen Verheißungen wenig übrigließ. Im Westen Europas waren die Kommunistischen Parteien Organisationen von Freiwilligen, die Wahlen gewinnen mussten. Die Kommunistische Partei der Sowjetunion aber war keine Partei, sondern ein Orden und das eigentliche Interventionsinstrument des neuen Staates.[23] Sie war eine Schöpfung des Bürgerkrieges und kam aus der Einsicht, dass eine Diktatur ohne Fundament nur geringe Überlebenschancen haben würde. Die Herrschaft der Bolschewiki aber stand auf schwachen Füßen. Die alten Eliten waren vernichtet oder aus dem Land gejagt worden, der neue Staat hatte sich allenfalls in den großen Städten festgesetzt, nicht aber in den Dörfern und an der Peripherie des Imperiums. Ohne die Kommunistische Partei hätte es keinen Staatsbildungsprozess gegeben. Sie war der eigentliche Ort der Herrschaft. In ihr diente die neue Elite, die das Vielvölkerreich verklammerte, so wie der Dienstadel das Zarenreich zusammengehalten hatte. Kommunisten durften Waffen tragen und in eigenen Geschäften einkaufen, sie machten Urlaub in staatseigenen Sanatorien und waren vor Strafverfolgung geschützt. Stalin nannte die Kommunistische Partei einen »Orden von Schwertträgern«, von Auserwählten, die mit eiserner Faust zusammenhielten, was nicht zusammen zu gehören schien.[24] Louis Fischer erinnerte sich: »Die kommunistische Partei war die bemerkenswerteste Einrichtung Sowjetrußlands. Sie erinnerte durch die Anforderung an Härte und Hingabe, die sie an ihre Mitglieder stellte, an einen mönchischen Orden. Die traditionelle Art ihres automatischen Gehorsams, ihrer Geheimhaltung und unbedingten Disziplin, machte sie einer Militärkaste ähnlich. Sie diente als Kraftstation, Wachhund und belebendes Element für das neue Regime.«[25]

Nur waren die Bauern, die nach Lenins Tod zu Tausenden in die Partei strömten, keine Kommunisten. Sie wussten nichts vom Marxismus und

23 Arthur Koestler: Als Zeuge der Zeit. Das Abenteuer meines Lebens, Frankfurt am Main 1986, S. 138-154; Bert Hoppe: In Stalins Gefolgschaft. Moskau und die KPD 1928-1933, München 2007, S. 11-29.
24 Sheila Fitzpatrick: Everyday Stalinism. Ordinary Life in Extraordinary Times: Soviet Russia in the 1930s, Oxford 1999, S. 15-39.
25 Louis Fischer, in: Arthur Koestler u. a., Ein Gott der keiner war, Zürich 2005 (erstmals 1950 erschienen), S. 209-210.

seinen Verheißungen, nichts von Theorie und Mission. Ohne ein ideologisches und organisatorisches Korsett aber wäre die Kommunistische Partei eine Ansammlung von Menschen geblieben, die nichts miteinander verbunden hätte. Eine solche Elite aber wäre für die Revolution von keinerlei Nutzen gewesen. Deshalb wurde die Partei hierarchisiert und ihre innere Organisation auf die Bedürfnisse der Herrschaft und die Autoritätsbindung der Bauern zugeschnitten. Alle Kommunisten sollten die gleiche Sprache sprechen, das gleiche Glaubensbekenntnis aufsagen, den gleichen proletarischen und autoritären Habitus pflegen. »Ob in Wladiwostok oder Woronesch, in Stalinsk oder Stalinabad, in Rossosch oder Pawlowsk«, so Malte Rolf, »– das kulturelle Regelwerk war überall ebenso das Gleiche wie die Medien, mit deren Hilfe es durchgesetzt werden sollte.«[26] Eine gemeinsame kulturelle Sprache begründet Solidarität und ermöglicht überhaupt erst einen Dialog zwischen jenen, die herrschen und jenen, die beherrscht werden. Es waren die Parteitage, die Plena des Zentralkomitees und die Sitzungen der Parteizellen, auf denen die neue Elite darauf vorbereitet wurde, wie zu lesen, zu sprechen und zu feiern sei. Schon die Zeitgenossen haben sich über die Rituale gewundert, die der Aufnahme eines Kommunisten in die Partei vorausgingen, über die formelhafte und leere Sprache der Funktionäre, über Kritik und Selbstkritik, die öffentliche Selbstkasteiung der Kommunisten, über Schauprozesse, Paraden, Feste und Bankette. Überall und zu jeder Zeit mussten Bekenntnisse abgegeben und über die Wirklichkeit im Modus der Selbstverleugnung gesprochen werden.[27]

Zum kommunistischen Ritual gehörte die Realitätsverweigerung. Im Zarenreich hatten die Eliten noch über Rückständigkeit, Ignoranz und Armut geklagt, in der sowjetischen Welt der Lüge aber konnte darüber nicht mehr gesprochen werden. Die Beschwörung einer Utopie, die Voraussagen machte, die niemals eintreffen würden, eröffnete keinen anderen Ausweg als die Verleugnung all dessen, was tatsächlich tagein, tagaus geschah. Im bolschewistischen Staat durfte es keine unglücklichen Menschen geben. Elend und Armut mussten verleugnet, die Misere als schöne neue Welt gepriesen werden. Nach Jahren der Repression kam den meisten Menschen die Lüge automatisch von den Lippen, mochten sie sich auch schlecht fühlen und Schmerz empfinden, weil man sie zwang, sich vor den neuen Herren zu erniedrigen. »Psychisch war ich wie ein verschrecktes Tierchen«, schrieb Stepan Podlubny, der als Sohn

26 Malte Rolf: Das sowjetische Massenfest, Hamburg 2006, S. 266.
27 Koestler u. a. (Anm. 25), S. 54-55; Fitzpatrick (Anm. 24), S. 19-21; Lorenz Erren: »Selbstkritik« und Schuldbekenntnis. Kommunikation und Herrschaft unter Stalin (1917-1953), München 2008.

von Kulaken in Moskau Arbeit gefunden hatte, im Oktober 1934 in sein Tagebuch. »Ängstigte mich, auch nur einen Schritt zu tun, den ich nicht vorher vom politischen Standpunkt her und in aller Vorsicht überlegt hatte. Täglich, nein stündlich, hast Du Angst, im Gespräch mit Leuten etwas Überflüssiges zu sagen. Das ganze Leben beruht auf einer Lüge. Du erzählst jemandem eine Sache und mußt das dann behalten, um später im Gespräch mit jemand anderem bis ins kleinste Detail genau dasselbe zu wiederholen. Mußt wissen, was Du gestern oder vor einem Jahr gesagt hast, wie Du es gesagt hast, was Du über Dich selbst erzählt hast, über die Eltern und über Deine Bekannten. All das mußt Du geschickt erzählen können, farbig und glaubwürdig, mit einem besonderen Gesichtsausdruck und völlig kaltblütig, damit kein Verdacht aufkommt. Ich beobachte die Leute genau, beobachte das Verhalten von jungen Leuten wie mir. Was Sie in ähnlichen Situationen tun. Versuche, ihr Verhalten nachzuahmen. Passe mich dem Leben so an, wie sich ein Tierchen seiner Umgebung anpaßt, wenn es einen Feind erblickt. All das erfordert eine unmenschliche Anstrengung, es zerstört meine Willenskraft und Selbständigkeit. Zugleich zwingt es mich zu professioneller Vorsicht und Aufmerksamkeit. Die Schwierigkeiten nehmen dadurch noch zu, daß es niemanden gibt, mit dem ich mich beraten könnte, außer einer einzigen Person, meinem Mütterlein. Habe keine Herzensfreunde.«[28]

Wenngleich die Lüge das Herz verkrampfte und soziale Beziehungen belastete, gab sie der Absurdität der menschlichen Existenz doch auch einen Sinn, sie richtete die jungen kommunistischen Aufsteiger ab, die erlernten, wie die Welt gesehen und verstanden werden musste. Und weil die Zukunft schon feststand, wurden Vergangenheit und Gegenwart zu Kunstprodukten, die mit der Lebenserfahrung von Millionen nichts mehr zu tun hatten. Die Zeit wurde stillgestellt, die Utopie verkam zu einem starren Vorstellungskatalog, in dem ausgestellt war, wie sich Kommunisten die Gegenwart vorstellen sollten: als beste aller Welten.

Und so kam es, dass das kommunistische Erziehungsprojekt eine strenge, konservative Sozialdisziplin hervorbrachte, die sich Neuem verschloss und jedem Wunsch nach Veränderung mit Verboten und Strafen begegnete. Der Stalinismus war eine Erziehungsdiktatur, die unter Strafe stellte, was in einer freien Gesellschaft als Gewinn empfunden worden wäre. Eine Hypothek, die schwer auf der Sowjetunion lastete und ihr im

28 Tagebuch aus Moskau 1931-1939, hg. von Jochen Hellbeck, München 1996, S. 167-168; Nina Lugowskaja: Ich will leben. Ein russisches Tagebuch 1932-1937, München 2004, S. 42.

ökonomischen Wettstreit mit den offenen Gesellschaften des Westens nur Nachteile verschaffte.[29]

Wer Kommunist wurde, betrat eine fremde Welt mit merkwürdig fremden Regeln und Gebräuchen, die es im zivilen Leben nicht gab und die den Novizen unbekannt waren. »Der Neuling in der Partei«, schrieb Arthur Koestler über die bolschewistische Kultur, »fand sich in eine völlig fremde Welt gestürzt«.[30] Alle Novizen mussten Auskunft über ihre Vergangenheit geben, ihre Lebensverhältnisse offenlegen und glaubhaft machen, dass sie es verdienten, Mitglied der Partei zu sein. Alle Kommunisten, ganz gleich, woher sie kamen, mussten dieses Initiationsritual über sich ergehen lassen. Es verschaffte ihnen Zutritt zu einem Orden von Auserwählten und gab ihnen das Gefühl der Exklusivität.

Kommunisten kannten nur einen Gott, und sie beteten die gleichen Symbole an: Rote Fahnen, kanonische Texte, die jedermann kannte, aber kaum jemand verstand, Büsten und Gemälde des Revolutionsführers und seines treuen Schülers Stalin. Sie pflegten einen proletarischen Habitus, verachteten Religion, bürgerliche Attitüden und Konventionen und ordneten individuelle Interessen den Belangen des Kollektivs unter. Nur wer bereit war, der gemeinsamen Sache zur Not auch Freunde und Verwandte zu opfern, durfte sich Kommunist nennen. Im Orden der Auserwählten musste die Sprache der Revolution gesprochen werden. An der Schlichtheit von Kleidung und Sprache, am Gestus der Bescheidenheit sollte man den kommunistischen Funktionär erkennen. Zur Bescheidenheit gehörte die Unterwerfung des Einzelnen unter den Willen des Kollektivs. Wer Fehler beging, von der Generallinie der Partei abwich oder gegen die Regeln der Lebensführung verstoßen hatte, musste sich öffentlich inszenierter Kritik aussetzen. Vor allem aber erwartete der Orden von seinen Mitgliedern, dass sie Selbstkritik übten, wenn die Mächtigen sie dazu aufforderten.[31]

Organisation und Ideologie des Bolschewismus waren Produkte des sowjetischen Staatsbildungsprozesses, und dennoch verbreiteten sie sich auch jenseits der sowjetischen Grenzen. Dort aber wirkten die Rituale des sowjetischen Kommunismus seltsam fremd. Es ist paradox: aber die kommunistische Bewegung in Europa imitierte die hierarchische Organisation und den autoritären Habitus der bolschewistischen Partei, ob-

29 Jeffrey Brooks: Thank You, Comrade Stalin! Soviet Public Culture from Revolution to Cold War, Princeton 2000, S. 54-82; Jörg Baberowski: Verbrannte Erde. Stalins Herrschaft der Gewalt, München 2012, S. 213.
30 Koestler u. a. (Anm. 25), S. 35.
31 David Hoffmann: Stalinist Values. The Cultural Norms of Soviet Modernity 1917-1941, Ithaca 2003, S. 57-87; Fitzpatrick (Anm. 24), S. 14-21.

wohl sie den Bedürfnissen in den europäischen Ländern überhaupt nicht entsprachen. Schon am Ende der zwanziger Jahre war das fremde Ritual auch in den kommunistischen Parteien Europas zur sozialen Normalität geworden, obwohl in den freien Gesellschaften niemand gezwungen werden konnte, sich der Lüge zu unterwerfen. »Ich hatte Augen, die sehen konnten«, erinnerte sich Arthur Koestler an einen Besuch in der Sowjetunion im Jahr 1932, »aber einen Verstand, der darauf trainiert war, das, was die Augen sahen, auf vorgeschriebene Weise zu interpretieren.«[32] Stalin konnte sich demokratische Gesellschaften nicht vorstellen. Er konnte nicht verstehen, dass deutsche Kommunisten Wahlen gewinnen und um Stimmen werben mussten. Für ihn gab es zwischen der KPD und der Georgischen Kommunistischen Partei keinen Unterschied. Die Kommunistischen Parteien waren Teil einer großen Gemeinschaft, deren Zentrum sich in Moskau befand. Als Mitglieder einer Weltkirche wurden sie von der Kommunistischen Internationale finanziert, gesteuert und kommandiert, und irgendwann war ihre Abhängigkeit so groß, dass sie sich Stalins Launen freiwillig unterwarfen.[33] In Deutschland, in Frankreich und Italien hatte es auch schon vor dem Krieg Kommunistische Parteien gegeben, die sich am sowjetischen Organisationsmodell orientierten und den bolschewistischen Habitus der Rücksichtslosigkeit imitierten. In den pluralistischen Gesellschaften des Westens wurden Kommunisten als Mitglieder einer Kirche wahrgenommen, die Weisungen aus Moskau erhielten, sich einer merkwürdigen, standardisierten Sprache bedienten und sich selbständigem Denken vollkommen verschlossen. Nicht auf die Bedürfnisse potentieller Wähler kam es an, sondern auf die Befolgung der Generallinie, die in Moskau entworfen wurde. In den meisten Ländern Europas war der Bolschewismus deshalb kein attraktives Modell, allenfalls eine Warnung. Warum hatten Kommunisten in manchen Staaten Europas dennoch Erfolg? Der britische Historiker Tony Judt fand dafür eine originale Erklärung. »Das Element des Organisatorischen«, schrieb er »Gramscis Vorstellung, die Partei müsse Religionsersatz sein, inklusive Hierarchie, Elite, Liturgie und Katechismus, erklärt, warum der Kommunismus leninistischer Ausprägung in katholischen oder orthodoxen Ländern viel besser funktioniert als in protestantischen.«[34] In protestantischen Kulturen habe man sich für eschatologische Fragen überhaupt nicht interessiert.

32 Alexander Jakowlew: Ein Jahrhundert der Gewalt in Sowjetrussland, Berlin 2004, S. 34; Koestler (Anm. 23), S. 156.
33 Hoppe (Anm. 23), S. 240-241 u. 358-361.
34 Judt und Snyder (Anm. 3), S. 96. Vgl. auch die Erinnerungen des italienischen Kommunisten Ignazio Silone, in: Koestler u. a. (Anm. 25), S. 102-103.

Und dennoch konnten Kommunisten nirgendwo in Europa Wahlen für sich entscheiden und nach der Macht greifen. Nach Ostmitteleuropa kam das bolschewistische Herrschaftssystem erst nach dem Zweiten Weltkrieg, durch Eroberung. Es zwang den Unterworfenen sein System auf. Anders könne es gar nicht sein, hatte Stalin einmal gesagt. Sieger zwängen den Verlierern ihre Ordnung auf. Aber wie soll man sich die Attraktivität des Bolschewismus in den Ländern Asiens und Afrikas erklären? Darauf gibt es eine eindeutige Antwort: weil das Staatsbildungsmodell der Sowjetunion und die hierarchische Organisation der Partei den Bedürfnissen der Erziehungsdiktaturen entsprachen, die in den Entwicklungsländern entstanden. Es scheint kein Zufall zu sein, dass das bolschewistische System vor allem dort seine größten Triumphe feierte, wo sich von der Moderne wenig zeigte: in China, in Vietnam, in Kambodscha oder auf Kuba. Es war ein Modell für eine vormoderne Welt, die sich aus den Fängen der Vergangenheit befreien wollte. Es versprach, Rückständigkeit und Heterogenität zu überwinden und Ordnung zu schaffen. Der Bolschewismus war ein antikoloniales Staatsbildungsmodell für unterentwickelte Länder. Es stellte unter Beweis, dass auch arme Länder reich und mächtig werden konnten. Ihre Führer mussten nichts anderes tun, als im bolschewistischen Stil Festungen zu stürmen und niederzureißen, was ihnen im Weg stand. Was in Europa nur imitiert wurde, war in den Ländern Asiens, Afrikas und Lateinamerikas eine Offenbarung.[35]

Der Bolschewismus als Ordnungsprojekt

Das 20. Jahrhundert war ein Jahrhundert der Ordnung und des Machbarkeitswahns. Man müsse sich die Moderne als eine Zeit denken, schreibt der britisch-polnische Soziologe Zygmunt Bauman, in der Ordnung als ein Modus des Lebens bewusst wahrgenommen worden sei. Die Welt ist nur noch Wille und Vorstellung, und deshalb kann sie beliebig geordnet und verändert werden. Sobald Menschen ihre Umwelt als Herausforderung begreifen und versuchen, sie ihrem Willen zu unterwerfen, werden sie sich als Meister ihres eigenen Schicksals bewusst. Sie wissen nun, dass jede Ordnung möglich ist, wenn sie einmal gedacht worden ist und wenn es Instrumente gibt, mit denen sie in die Welt gesetzt werden

35 Priestland (Anm. 14), S. 449-485; Silvio Pons: The Global Revolution. A History of International Communism 1917-1991, Oxford 2014, S. 231-254; Koenen (Anm. 5), S. 87-98.

kann. Die Entdeckung der Ordnung ist die Geburtsstunde der Rückständigkeit. Sie erzeugt überhaupt erst jene Ambivalenz, deren Überwindung sie sein will. Wir sollen uns, schlägt Bauman vor, den modernen Staat als Gärtner vorstellen, der Ordnung und Schönheit schafft und Unkraut entfernt: Dissidenz, Ketzertum, Rückständigkeit und Fremdheit. Die Ingenieure der Seele waren optimistisch. Sie glaubten an Fortschritt und Erziehung. Für sie gab es kein soziales Problem, das nicht durch rationale Planung endgültig gelöst werden konnte. Der Gärtnerstaat war der Resonanzboden der Utopie. Er vollbrachte, was sich Nationalisten, Rassisten und Kommunisten ausgedacht hatten.[36]

Die Bolschewiki waren Eroberer, die sich das Imperium unterwarfen, um es zu ordnen, zu kategorisieren und zu verändern. Aber sie waren auch Meister der Improvisation und der Krise. Für sie gab es kein Problem, das nicht sofort gelöst werden konnte. Die Krise war die Lebensform des Bolschewismus, sie war der Grund, auf dem der gewalttätige Interventionsstaat und die Kultur der Abhärtung gediehen.[37] Warum hätten die Bolschewiki auf orthodoxe Marxisten hören und auf den Ruf der Geschichte warten sollen, wenn sofort erreicht werden konnte, was sie sich vorgenommen hatten? Dafür wurden sie bewundert, überall auf der Welt, wo Sozialtechniker von der Schaffung einer neuen Welt träumten. Die Bolschewiki täten das Unabänderliche, sie zerstörten die verwesende bürgerliche Ordnung und setzten den unbedingten Willen zur Macht an ihre Stelle, um die Menschheit vor dem Zerfall zu retten. Die Parteizellen in den Fabriken seien »Disziplinierungsfraktionen«, schrieb der Wirtschaftsjournalist Alfons Goldschmidt, der im Jahr 1920 Moskau besuchte. »Sie sollen die schlechten Säfte aufsaugen, wegfressen, vernichten.« Der Schriftsteller Franz Jung, der zur gleichen Zeit in Moskau war, fand dort, was er in seiner Heimat vermisste: den »Willen nach Gleichheit und Gemeinschaftsfreude«. Niemals zuvor habe er solches Glück erlebt. »Das war es, was ich gesucht hatte und wozu ich seit Kindheit ausgezogen bin: die Heimat, die Menschenheimat.«[38] Eine Maschine sei das bolschewistische System. »Wie mit Riesenfangarmen ergreift sie

36 Bauman (Anm. 7), S. 45-46; Scott (Anm. 8), S. 1-8.
37 Karl Schlögel: Utopie als Notstandsdenken – einige Überlegungen zur Diskussion über Utopie und Sowjetkommunismus, in: Utopie und politische Herrschaft im Europa der Zwischenkriegszeit, hg. von Wolfgang Hardtwig, München 2003, S. 94-95; Robert Kindler: Stalins Nomaden. Herrschaft und Hunger in Kasachstan, Hamburg 2014, S. 145.
38 Gerd Koenen: Der Rußland-Komplex. Die Deutschen und der Osten 1900-1945, München 2005, S. 302-307.

allmählich Menschen und Rohstoffe, sie zwingt die Menschen zu arbeiten. [...] Und sie wird die Widerstrebenden automatisch zermalmen.«[39]
Auch zehn Jahre später, auf dem Höhepunkt der Stalinschen Revolution, kamen Europäer und Amerikaner in die Sowjetunion, um mitzuerleben, wie die neue Ordnung erschaffen wurde. In der alten Welt herrschten Depression und Arbeitslosigkeit, Dekadenz und Fäulnis, in der neuen das Pathos des Aufbruchs. Carl Schmitt, Ernst Jünger, Herbert George Wells, Beatrice und Sidney Webb, Lion Feuchtwanger, John Maynard Keynes, George Bernard Shaw, – sie alle erlagen aus unterschiedlichen Gründen der Faszination der bolschewistischen Machbarkeitsreligion, bewunderten die Herrschaft der Vernunft und die Unerbittlichkeit, mit der die sowjetischen Machthaber die Menschheit vom Fluch des Profits und von der Anarchie des Marktes erlösten. Die Masse betete nicht. Sie sang die Internationale.[40] Über die Kosten dieses Experiments mochte kaum jemand sprechen, weder in der Sowjetunion noch in Europa.

Die Sowjetunion war das Experimentierfeld, auf dem das Leben von Millionen neu eingerichtet wurde. Menschen wurden sozialen Klassen und ständischen Rängen zugeordnet. Es gab nun Arbeiter und Bauern, Kulaken und Bourgeois, Kommunisten und Parteilose, und es hing von der Zuschreibung ab, welche Rechte man in Anspruch nehmen konnte. Eindeutig und übersichtlich sollte die neue Ordnung sein, Feinde und Außenseiter erkennbar werden. Die Bolschewiki teilten ihre Untertanen in nützliche und wertlose Menschen ein, banden Privilegien an den sozialen Status und zwangen jedermann, sich in der neuen Ordnung zurechtzufinden. Niemand konnte sich der Zuschreibung entziehen, denn vom sozialen Status hing das nackte Überleben ab. Die Machthaber

---

39 Ebd., S. 306.
40 Francois Furet: Das Ende der Illusion. Der Kommunismus im 20. Jahrhundert, München 1996, S. 197-208; Karl-Dietrich Bracher: Zeit der Ideologien. Eine Geschichte des politischen Denkens im 20. Jahrhundert, München 1985, S. 222-238; Michael Rohrwasser: Der Kommunismus. Verführung, Massenwirksamkeit, Entzauberung, in: Wege im die Gewalt. Die modernen politischen Religionen, hg. von Hans Maier, Frankfurt am Main 2000, S. 121-142; Helmut Kiesel: Ernst Jünger. Die Biographie, München 2009, S. 392-407; Michail Ryklin: Kommunismus als Religion. Die Intellektuellen und die Oktoberrevolution, Frankfurt am Main 2008, S. 90; Mazower (Anm. 6), S. 186-187; Priestland (Anm. 14), S. 246-250; Lutz Raphael: Imperiale Gewalt und mobilisierte Nation. Europa 1914-1945, München 2011, S. 190. So beschrieb es auch die deutsche Kommunistin Ruth Fischer: die Exponenten der Konservativen Revolution in Deutschland seien vom sowjetischen Experiment fasziniert gewesen: Ruth Fischer: Stalin und der deutsche Kommunismus. Bd. 1, Berlin 1991, S. 355.

konnten in diesem System sozialer Hierarchie Freunde und Anhänger gewinnen und Feinde identifizieren.[41]

Zur neuen Ordnung gehörte auch die ethnische Vermessung des Imperiums. Nur in der Sprache und Kultur der Untertanen konnte das Projekt der sozialistischen Staatswerdung vom Zentrum an die Peripherie gelangen. Die Indigenisierung und Ethnisierung des Imperiums gab dem Regime überhaupt erst die Mittel in die Hand, um den Staat ins Dorf zu bringen, die Bevölkerung zu kategorisieren und zu mobilisieren. Deshalb organisierten die Machthaber die Sowjetunion nach dem Prinzip der Ethnizität. Aus dem zarischen Vielvölkerreich wurde ein Imperium der Nationen, mit Grenzen, Hauptstädten, Amtssprachen und nationalen Mythen. National in der Form, sozialistisch im Inhalt, – so hatte Stalin das Projekt der Nationalisierung genannt. Es verwandelte Bauern in Russen, Juden, Ukrainer und Kasachen, und es gab dem Sozialismus ein nationales Gesicht. Aus Marxisten waren Schöpfer von Nationen geworden, und das Vielvölkerreich hatte sich in ein Imperium der Nationen verwandelt.[42]

Und dennoch war die Staatswerdung nicht der Abschluss, sondern der Beginn einer Umwälzung, die die Sowjetunion in einen modernen Industriestaat verwandeln sollte. Die Sowjetunion war nicht, was sie hätte werden müssen. Ihre Führer präsentierten Ansprüche, aber sie konnten sie nicht durchsetzen, weil es ihnen an menschlichem Kapital, an Instrumenten und Möglichkeiten fehlte. Ohne Kredite, ohne ausländische Technologie und Hilfe würde die Sowjetunion bleiben müssen, was sie war. Stalin und seine Anhänger sahen deshalb keine andere Möglichkeit, als die Industrialisierung durch den Export von Getreide zu finanzieren. Nur konnten sie nicht bekommen, was sie begehrten, weil es für die Bauern nur wenige Anreize gab, dem Staat die Produkte ihrer Arbeit zu überlassen. Ohne Zwang würden sie nicht auskommen können, ohne die Kollektivierung der Landwirtschaft und die Unterwerfung der Bauern machtlos bleiben. Daran hatten wenigstens Stalin und seine Anhänger in der Führung keinen Zweifel. Als der Diktator im Januar 1928 nach

---

41 Sheila Fitzpatrick: Ascribing Class. The Construction of Social Identity in Soviet Russia, in: Journal of Modern History 65 (1993), S. 745-770; Golfo Alexopoulos: Stalin's Outcasts. Aliens, Citizens and the Soviet State, 1926-1936, Ithaca 2003, S. 13-44.

42 Jörg Baberowski: Stalinismus und Nation. Die Sowjetunion als Vielvölkerreich 1917-1953, in: Zeitschrift für Geschichtswissenschaft 3 (2006), S. 199-213; Terry Martin: The Affirmative Action Empire. Nations and Nationalism in the Soviet Union 1923-1939, Ithaca 2001; Yuri Slezkine: The USSR as a Communal Appartment, or how a Socialist State Promoted Ethnic Particularism, in: Slavic Review 53 (1994), S. 414-452.

Sibirien reiste, um die Getreidebeschaffung zu überwachen und die Genossen auf den großen Sprung nach vorn einzustimmen, wurde er auf erniedrigende Weise mit der Wirklichkeit konfrontiert. Man erklärte ihm, als er in Barnaul eintraf, dass es in der Region weder Automobile noch Straßen gebe.[43] Wir wissen nicht, was Stalin empfunden haben mag, als man ihn, den Führer des Weltproletariats und Vater der Völker, im Schlitten durch den Schnee zog. Aber wir wissen, dass er entschlossen war, Rückständigkeit mit Stumpf und Stiel auszumerzen. Nie wieder, verkündete Stalin, solle Russland von den europäischen Mächten geschlagen und gedemütigt werden. Was andere Nationen in Jahrhunderten vollbracht hätten, müsse die Sowjetunion in wenigen Jahren zustande bringen. Entweder siegen wir, so Stalin, oder wir werden zermalmt.[44]

Der erste Fünfjahrplan, der 1927 verabschiedet wurde, gab der Welt ein Beispiel für die Entschlossenheit der bolschewistischen Führer, Staudämme, Fabriken und Straßen in Rekordzeit zu errichten, Wüsten in blühende Landschaften zu verwandeln. Das bolschewistische Projekt der Industrialisierung sollte nicht nur Wirtschaft und Infrastruktur modernisieren, sondern die soziale Landkarte verändern. Die alten Eliten sollten entmachtet, Bauern in Arbeiter verwandelt werden. In Magnitogorsk im Ural und an anderen Orten der stalinistischen Industrialisierung wurde nicht nur die Wildnis gebändigt, sondern auch der neue Mensch hervorgebracht: durch Gemeinschaftserlebnisse und heroische Produktionsschlachten, die aus Bauern neue Menschen und politische Führer machen sollten. Über Nacht sollte hervorgebracht werden, wozu die Länder des Westens Jahre gebraucht hatten. Zwar war das Leben in Magnitogorsk kurz und schmutzig, der Staudamm musste, nachdem er fertiggestellt worden war, wieder abgerissen werden. Aber darauf kam es nicht an. »Der Damm von Magnitogorsk«, schrieb ein Propagandist, »war eine Schule, in der Menschen lernten, bolschewistische Wunder zu respektieren.«[45] Gegen Wunder konnten Argumente nicht Recht behalten. Wer es dennoch wagte, Einspruch gegen die Ideologie der Unbedingtheit zu erheben, spielte mit seinem Leben. Im Herbst 1934 erklärte der Volkskommissar für Schwerindustrie, Sergo Ordschonikidse, in einer Rede vor Managern, dass er Kritiker und Zweifler nicht anhören werde.

---

43 Stephen Kotkin: Stalin. Paradoxes of Power 1878-1928, London 2014, S. 661-723; James Hughes: Capturing the Russian Peasantry. Stalinist Grain Procurement Policy and the »Ural-Siberian Method«, in: Slavic Review 53 (1994), S. 76-103.
44 Josef Stalin: Werke. Bd. 13, Berlin (Ost) 1955, S. 35-36.
45 Stephen Kotkin: Magnetic Mountain. Stalinism as a Civilization, Berkeley 1995, S. 92; James Scott: Behind the Urals. An American Worker in Russia's City of Steel, Bloomington 1989 (erstmals 1942 erschienen), S. 173.

Kritik und Zweifel seien Verrat an der gemeinsamen Sache. Die Bolschewiki erstürmten jede Festung, durch eisernen Willen und Disziplin.»Was
hält sie davon ab? Schlechte Arbeit.«[46]
Der bolschewistische Glaube an die Machbarkeit der Welt, Lenkung
und Planung schienen Berge zu versetzen. Die Anarchie des Marktes,
Armut und Arbeitslosigkeit schienen für immer überwunden. Daran
glaubten nicht nur die bolschewistischen Führer, sondern auch die proletarischen und bäuerlichen Aufsteiger, die das sozialistische Menschwer-
dungsprojekt als Chance ihres Lebens begriffen. Selbst in Europa und
in den USA gewann das sowjetische Modell der Kommandowirtschaft
an Attraktivität. Denn angesichts der fundamentalen Krise der kapitalistischen Wirtschaftsordnung am Ende der zwanziger Jahre gab es viele
Gründe, die gegen das Modell des Kapitalismus und der liberalen Demokratie sprachen. James Scott, ein amerikanischer Arbeiter, der 1932 in
die Sowjetunion emigrierte, erinnerte sich später an den Enthusiasmus,
den er und seinesgleichen beim Gedanken an das sowjetische Projekt
empfunden hätten.»Irgendetwas schien falsch zu sein in Amerika. Ich
begann, viel über die Sowjetunion zu lesen und kam nach und nach zu
dem Schluß, daß die Bolschewiki Antworten auf einige Fragen gegeben
hatten, die Amerikaner einander stellten. Ich beschloß, nach Rußland zu
gehen, um zu arbeiten, zu studieren und beim Aufbau einer Gesellschaft
zu helfen, die der amerikanischen immerhin einen Schritt voraus zu sein
schien.«[47]
Zu jener Zeit reisten nicht allein Kommunisten, sondern auch bürgerliche Ingenieure, Architekten und Handwerker in die Sowjetunion,
um Teil der großen Willensanstrengung zu werden, mit der ein ganzes
Land umgebaut werden sollte. Der Wille zur Macht, Planung und
Gigantomanie übten im Europa der Krise eine ansteckende Faszination
aus. Sie begeisterten nicht nur Kommunisten, sondern auch Konservative und Faschisten. Die Bolschewiki räumten das Alte aus dem Weg,
rücksichtslos und mit einem unbedingten Willen zur Macht. Sie voll-
brachten Notwendiges und Unabänderliches, und niemand schien sie
daran hindern zu können, zu tun, was sie tun mussten. Niemals zuvor
hatten sich Machthaber über alle Widerstände hinweggesetzt und erklärt, die Welt aus den Angeln zu heben und nach ihren Vorstellungen
neu zu ordnen, koste es, was es wolle.»Jene Aspekte des Leninismus«,
schreibt Tony Judt,»die traditionale Marxisten am meisten irritierten –

---

46 Zit. n.: Paul Gregory und Andrei Markevich: Creating Soviet History. The House
   that Stalin built, in: Slavic Review 61 (2002), S. 798-799.
47 Scott (Anm. 45), S. 3; Vgl. auch Schivelbusch (Anm. 4), S. 16-17.

Lenins Voluntarismus und seine Entschlossenheit, die Geschichte zu beschleunigen –, waren für die Faschisten aber besonders attraktiv. Der sowjetische Staat war brutal und wurde mit eiserner Hand gelenkt. In der Anfangszeit verkörperte er all das, was spätere Faschisten bewunderten und in der politischen Kultur ihrer eigenen Gesellschaft vermissten. Die Sowjetunion bewies, daß eine Partei eine Revolution durchführen, die Macht im Staat erobern und notfalls mit Gewalt beherrschen konnte.«[48] Es schien, als sei der sowjetische Sozialismus die eigentliche Antwort auf die Herausforderungen der Moderne.

Krieg und Frieden

Das 20. Jahrhundert war ein Jahrhundert der Gewalt, des Völkermordes, der ethnischen Säuberungen und des Krieges. In der Sowjetunion fielen zwischen 1914 und 1953 Millionen Menschen Krieg, Terror, Hunger, Seuchen und Epidemien zum Opfer. Kein Land in Europa musste für das Projekt der neuen Ordnung einen höheren Blutzoll entrichten als die Sowjetunion. Als der Bürgerkrieg zu Ende ging, war Russlands Infrastruktur zerstört, seine Städte und Dörfer verwüstet, Millionen Menschen auf der Flucht oder traumatisiert, die alte Elite aus dem Land gejagt worden. Die Bolschewiki hatten gesiegt, weil sie von der Gewalt skrupellos und rücksichtslos Gebrauch gemacht hatten. Schon in den Jahren des Bürgerkrieges hatten sie Geiseln genommen, renitente Bauerndörfer niederbrennen und ihre Widersacher in Konzentrationslager einsperren lassen. Im Jahr 1921 hatten die roten Truppen im Gouvernement Tambow Giftgas gegen aufständische Bauern eingesetzt, auf der Krim zehntausende Menschen erschossen. Lenin und seine Anhänger waren Tatmenschen, die von neuen Ordnungen nicht nur sprachen, sondern sie gegen Widerstand auch erbarmungslos durchsetzten. Schon in den ersten Jahren nach der Revolution wurden Geistliche und Adlige verfolgt und getötet; Arbeiterstreiks und Soldatenaufstände mit brutaler Gewalt unterdrückt. Als im Frühjahr 1920 die Arbeiter in den Rüstungsfabriken von Tula gegen die elenden Lebensbedingungen protestierten, ließ Lenin den Protest mit Gewalt unterdrücken. Tausende Arbeiter wurden erschossen oder in Konzentrationslager verschleppt. Ein Jahr später erhoben sich die Matrosen von Kronstadt, die soldatische Avantgarde der

---

48 Judt und Snyder (Anm. 3), S. 174; Christoph Mick: Sowjetische Propaganda, Fünfjahrplan und deutsche Rußlandpolitik 1928-1932, Stuttgart 1995.

Revolution, gegen die Bolschewiki. Trotzki ließ die Rebellion im Blut ertränken.[49] Der Bolschewismus veränderte die Sowjetunion bis zur Unkenntlichkeit. Er verwandelte Niemandsland in Industrielandschaften, Dörfer in Städte und Regionen in nationale Republiken und er gab Millionen Menschen aus den unteren Schichten eine Aufstiegsperspektive. Aber er trieb auch die Elite aus dem Land und unterwarf Widerstand mit eiserner Hand. Das staatliche Gewaltmonopol kehrte sich gegen die Bürger, die es voreinander schützen sollte. Zum ersten Mal setzte eine Regierung seine überlegenen Machtinstrumente dafür ein, die eigene Bevölkerung in Furcht und Schrecken zu versetzen. Die Bolschewiki zeigten der Welt, wozu sie imstande waren und welche technischen Möglichkeiten sich dem Staat boten.[50] Mehr als zwei Millionen Bauern wurden zu Beginn der 30er Jahre um ihr Eigentum gebracht und nach Sibirien deportiert, Adlige, Priester und Kulaken erschossen, ethnische Minderheiten aus ihrer Heimat vertrieben, 680 000 Menschen allein während des Großen Terrors in den Jahren 1937 und 1938 nach Quoten getötet, mehrere Millionen Bauern verhungerten, und zehntausende Kommunisten mussten ihr Leben lassen, weil man sie beschuldigte, Spione und Verräter gewesen zu sein.

Stalins Herrschaftstechnik beruhte auf der Inszenierung von Krisen. Chaos und Anarchie, Ungewissheit und Misstrauen gaben ihm überhaupt erst die Möglichkeit, die Gefolgschaft auf den Kurs der Gewalt einzuschwören, staatliche Macht zu entgrenzen und zu tun, worauf es ankam. Schon immer hatten die Bolschewiki mit der Androhung und der Anwendung von Gewalt Erfolg gehabt, während der Revolution, in den Jahren des Bürgerkrieges und der Stalinschen Revolution von oben. Zwar gab es auch im bolschewistischen Führungszirkel unterschiedliche Auffassungen über den Einsatz von Gewalt. Lew Kamenew, Nikolai Bucharin oder Anatoli Lunatscharski hatten Skrupel, gegen die Ihren mit Gewalt vorzugehen, und wahrscheinlich wären sie auch bereit gewesen, sich auf Kompromisse mit politischen Widersachern einzulassen. Aber

49 Aves (Anm. 18), S. 39-56; Stefan Karsch: Die bolschewistische Machtergreifung im Gouvernement Voronez (1917-1919), Stuttgart 2006, S. 214-222; Paul Avrich: Kronstadt 1921, Princeton 1970; Vladimir Buldakov: Krasnaja Smuta. Priroda i posledstvija revoljucionnogo nasilija, Moskva 2010, S. 555-587; Felix Schnell: Räume des Schreckens. Gewalt und Gruppenmilitanz in der Ukraine 1905-1930, Hamburg 2012; Reinhard Nachtigal: Krasnyj desant: Das Gefecht an der Mius-Bucht. Ein unbeachtetes Kapitel der deutschen Besetzung Südrusslands 1918, in: Jahrbücher für Geschichte Osteuropas 53 (2005), S. 221-246.
50 Jörg Baberowski: Räume der Gewalt, Frankfurt am Main 2015, S. 70; Heinrich Popitz: Phänomene der Macht, Tübingen 1992, S. 74-75.

zur Unterwerfung der Bauern sahen auch sie keine Alternative, weil sie begriffen hatten, auf welch schwachem Fundament der kommunistische Staat stand. Die Kollektivierung der Landwirtschaft mag Bucharin für einen Fehler gehalten haben, gegen die gewaltsame Durchsetzung des staatlichen Gewaltmonopols aber hatte auch er keine Einwände vorzubringen. Immerhin war der Widerstand der Bauern gebrochen worden, dafür konnte kein Preis zu hoch sein.[51] Macht aber, die auf sich hinweisen muss, ist schwach. Deshalb war die stalinistische Gewalt kein Zeichen der Stärke, sondern eine Repräsentation der Schwäche. Warum sonst hätten Stalin und seine Gefolgsleute die kommunistische Elite vernichten sollen, wenn nicht aus Furcht vor Kontrollverlust und Machtlosigkeit? So aber verkam das bolschewistische Experiment zu einer Despotie, die Arbeiter und Bauern versklavte und ihre Schwäche durch die Erzeugung von Furcht und Schrecken kompensieren musste. Das Projekt von der schönen neuen Welt verwandelte sich unter sowjetischen Bedingungen in eine Gewaltorgie, die die Welt noch nicht gesehen hatte.[52]

Was immer die Bolschewiki sich auch vorgenommen hatten, sie konnten es tun, weil es keine Institutionen mehr gab, die sie an der Vollstreckung des Unvermeidlichen hätten hindern können. Die Revolution hinterließ eine Tabula Rasa, auf der alles möglich schien und alles möglich wurde. Die Bolschewiki gaben der Welt überhaupt erst eine Vorstellung von der Umwälzung aller Werte und Ordnungen und sie bewiesen, dass Schwäche durch eisernen Willen, Ordnung durch Gewalt kompensiert werden konnten. Der rote Terror, schrieb Trotzki, vernichte die Bourgeoisie und beschleunige den Lauf der Geschichte, er sei ein unverzichtbares Instrument zur Vollstreckung des Zwangsläufigen.[53]

Im Westen Europas erzeugte der Terror nicht nur Bewunderung, sondern auch Furcht. Nach dem Ende des Bürgerkrieges kam die Kunde von den blutigen Exzessen auch in den Westen Europas, durch deutsche Soldaten, die auf ihrem Rückzug aus der Ukraine im November 1918 zwischen die Fronten geraten waren, durch Freikorpsoffiziere, die in

---

51 Zur kommunistischen Opposition gegen Stalin vgl. Robert V. Daniels: Das Gewissen der Revolution. Kommunistische Opposition in Sowjetrußland, Köln 1962 und Stephen Cohen: Bukharin and the Russian Revolution. A Political Biography 1888-1938, London 1974.

52 Vgl. dazu Baberowski (Anm. 29), S. 212-368; Christian Teichmann: Macht der Unordnung. Stalins Herrschaft in Zentralasien 1920-1950, Hamburg 2016, S. 254.

53 Enzo Traverso: Im Bann der Gewalt. Der europäische Bürgerkrieg 1914-1945, München 2008, S. 115.

den baltischen Republiken gegen die Bolschewiki gekämpft hatten und durch die weißen Emigranten, die nach Berlin, Prag und Paris geflohen waren. Der Spartakus-Aufstand im Januar 1919 und die Ausrufung der Münchner Räterepublik im April desselben Jahres brachten die Revolution nach Deutschland und mit ihr verbreitete sich auch die Furcht vor der bolschewistischen Furie. Sie war die Initialzündung für den Aufstieg der faschistischen und völkischen Bewegungen, deren Anhänger und Wähler sich vor Ungewissheit und Chaos fürchteten.[54] Die Furcht vor dem Bolschewismus schien jede Gewalttat zu rechtfertigen, und wenn es sie nicht gegeben hätte, hätten die faschistischen Bewegungen sie erfinden müssen, so sehr half ihnen der rote Terror, sich die Anerkennung der Verschreckten zu verschaffen. Hitler und seine Anhänger ließen keinen Zweifel an ihrer Entschlossenheit aufkommen, die kommunistische Gefahr durch Anwendung exzessiver Gewalt zu bannen und den Gegner mit seinen eigenen Waffen zu schlagen. Der Faschismus war eine Revolution gegen die Revolution, die sich ohne das Beispiel des Bolschewismus nicht denken lässt. Ohne die Gräuel des russischen Bürgerkrieges, ohne die Gewaltexzesse der Bolschewiki und die Krise der liberalen Ordnung in Europa hätte es keinen Faschismus und keinen Nationalsozialismus gegeben.[55]

Nicht durch Revolution, sondern durch Eroberung kam der Sozialismus in seiner bolschewistischen Variante nach Europa zurück. Und er wurde dort nicht als Verheißung, sondern als autoritäre, rücksichtslose und gewalttätige Ordnung wahrgenommen, die den Traum von der Freiheit im Blut der Millionen erstickte. Die Okkupation Polens und der baltischen Republiken nach dem Hitler-Stalin-Pakt, die Deportation feindlicher Kollektive und der millionenfache Tod auf den Schlachtfeldern des Zweiten Weltkrieges waren nicht allein das Werk der Natio-

54 Theodor Eschenburg: Also hören Sie mal zu. Geschichte und Geschichten, Berlin 1995, S. 111-120; Victor Klemperer: Man möchte immer weinen und lachen in einem. Revolutionstagebuch 1919, Berlin 2015, S. 85-193. Oswald Spengler beklagte am 18. Dezember 1918 in einem Brief, daß die Revolution in Bayern die Ordnung untergrabe, aber auch eine Chance sei, die Gegenrevolution zu legitimieren. Vgl. Gerhard Schmolze (Hg.): Revolution und Räterepublik in München 1918/19 in Augenzeugenberichten, München 1978, S. 155-156.

55 Ernst Nolte: Die Krise des liberalen Systems und die faschistischen Bewegungen, München 1968, S. 14-15; ders.: Der Europäische Bürgerkrieg 1917-1945. Nationalsozialismus und Bolschewismus, Frankfurt am Main 1987, S. 17-18; Andreas Wirsching: Vom Weltkrieg zum Bürgerkrieg? Politischer Extremismus in Deutschland und Frankreich 1918-1933/39. Berlin und Paris im Vergleich, München 1999, S. 513-522; Traverso (Anm. 53), S. 59-65 u. 265; Donal O'Sullivan: Furcht und Faszination. Deutsche und britische Russlandbilder 1921-1933, Köln 1996; Kai-Uwe Merz: Das Schreckbild. Deutschland und der Bolschewismus 1917-1921, Berlin 1995.

nalsozialisten. Sie sind ohne die sowjetische Praxis, Krisen durch Gewalt zu bewältigen, soziale Ordnungen zu zerstören und rechtsfreie Räume zu öffnen, überhaupt nicht verständlich. Mancher scheint vergessen zu haben, dass Hitler und Stalin den großen Krieg gemeinsam begannen, als sie sich darauf verständigten, Polen untereinander aufzuteilen. Die Vermessung von Landschaften, die Entfernung und Tötung von Menschen, die für überflüssig gehalten wurden, die Stigmatisierung von Opfern – das alles war in der Sowjetunion schon alltägliche Praxis, bevor die Nationalsozialisten damit begannen, ihr Vernichtungswerk zu verwirklichen. Als Hitlers Armeen im Juni 1941 die Grenzen zur Sowjetunion überschritten, betraten sie verbrannte Erde und sie fanden, was sie brauchten, um das Werk der Vernichtung zu vollenden. Stalin hatte das Terrain vorbereitet, auf dem die Mordkommandos der Nationalsozialisten nach Belieben operieren konnten. Bolschewiki und Nationalsozialisten haben sich nicht übereinander gewundert. Sie haben sich allenfalls voreinander gefürchtet. Jeder vollbrachte, was der andere von ihm erwartete.[56]

Der Zweite Weltkrieg war der letzte Akt in diesem Spiel mit der Vernichtungsgewalt, in dem Menschen getötet wurden, weil sie nicht Teil jener Ordnung sein durften, die die Machthaber für die beste aller Welten hielten. Der Ursprungsort dieser Gewalt war die Sowjetunion. Modern waren allenfalls die Vorstellungen, die Praxis des Ordnens und Vernichtens war nicht modern. Sie vollzog sich abseits der bürgerlichen Lebenswelt in zerstörten und verwüsteten Landschaften, in denen alles Denkbare auch möglich war und in denen die Despotie nach Belieben Furcht und Schrecken verbreiten konnte. Dorthin verlagerten auch die Nationalsozialisten ihr Mordprogramm.[57] Die Praxis des bolschewistischen Massenterrors ging der Vernichtungsgewalt der Nationalsozialisten nicht nur voraus. Sie gab ihr eine Rechtfertigung und ein Beispiel, und sie wies ihr den Ort zu, an dem der Massenmord vollzogen werden konnte. Hans-Ulrich Wehler hat vor zwei Jahren im »Spiegel« erklärt, er habe im Historikerstreit 1986 obsiegt, so wie er immer Gewinner gewesen sei. Im Blick auf die Gewaltgeschichte Europas im 20. Jahrhundert muss man wohl sagen, dass er ein Verlierer gewesen ist.[58]

---

56 Jörg Baberowski: Totale Herrschaft im staatsfernen Raum. Stalinismus und Nationalsozialismus im Vergleich, in: Zeitschrift für Geschichtswissenschaft 57 (2009), S. 1013-1028; Timothy Snyder: Bloodlands. Europe between Hitler and Stalin, London 2010; Jan T. Gross: Revolution from Abroad. The Soviet Conquest of Poland's Western Ukraine and Western Belorussia, Princeton 2002, S. 187-224.
57 Timothy Snyder: Black Earth. Der Holocaust und warum er sich wiederholen kann, München 2015.
58 Der Wandel der Vergangenheit, in: Der Spiegel 7/2014, S. 112-117.

Das 20. Jahrhundert war in seiner zweiten Hälfte auch ein Jahrhundert des Friedens, ungeachtet des Kalten Krieges und der atomaren Bedrohung, die wie ein schwerer Schatten auf dem europäischen Kontinent lag. Für die Menschen in der Sowjetunion war das Ende der stalinistischen Gewaltherrschaft eine Zeitenwende, eine Wiederauferstehung. 30 Jahre lang hatte es Krieg gegeben, Terror und Gewalt ohne Unterbrechung. Und nun sollte alles anders werden. Die Führer beendeten das Spiel mit dem Tod, sie brachten einander nicht mehr um, verzichteten auf Terror und despotische Willkürherrschaft. Nach allem, was die Untertanen im Krieg gegen die deutschen Eroberer durchgestanden hatten, gab es für das Regime keinen Grund mehr, an der Loyalität der eigenen Bevölkerung zu zweifeln. Es schloss Frieden mit den Bauern und es brach mit der Vorstellung, es sei Aufgabe des Sozialismus, endgültige Ordnungen und neue Menschen zu schaffen und Widerstrebendes zu vernichten.[59]

Zum russischen Lebensgefühl gehöre das Wissen, schrieb Kerstin Holm im Mai 2014 in der Frankfurter Allgemeinen Zeitung, dass »der Staat prinzipiell der Feind seiner Bürger ist«, auf den man keinen Einfluss hat und der ein unvermeidliches Übel sei, »wie das Wetter, mit dem man zurecht kommen muss.«[60] Aber man konnte sich mit ihm arrangieren. Denn das Projekt der Eindeutigkeit wurde auf dem Altar des Wohlstandsstaates und der Stabilität geopfert, die stalinistische Kommandowirtschaft verwandelte sich in eine träge Planwirtschaft, in der nichts Unvorhergesehenes mehr geschah.[61] Man könnte auch sagen, dass die sowjetische Staatswerdung an ihr Ende gekommen war und die Herrschenden sich ihrer Macht gewiss sein konnten. Erst wenn von selbst geschieht, was von jedermann erwartet wird, kann der Mächtige ruhig schlafen. Die Trägheit ist ein Zeichen der Stärke, weil die Herrschenden darauf vertrauen können, dass die Untertanen tun, was von ihnen verlangt wird. Die Sowjetunion verwandelte sich in ein Imperium der Nationen, das von nationalen Eliten regiert und verwaltet wurde, in eine konservative Konsensdiktatur, die auf Gewalt und Terror verzichten

59 William Taubman: Khrushchev. The Man and his Era, New York 2003, S. 270-324; Jörg Baberowski, Wege aus der Gewalt. Nikita Chruschtschow und die Entstalinisierung 1953-1964, in: Gesellschaft – Gewalt – Vertrauen, hg. von Ulrich Bielefeld, Heinz Bude und Bernd Greiner, Hamburg 2012, S. 401-437.

60 Kerstin Holm: Rußlands Doppeldenker. Die Verwilderung der Heimat, in: Frankfurter Allgemeine Zeitung, 4.5.2014.

61 David Kotz und Fred Weir: Revolution from Above. The Demise of the Soviet System, New York 2007, S. 70-91 u. 155-192.

konnte, weil die Loyalität überhaupt nicht mehr von sozialem Status und politischem Bekenntnis abhing.[62] Der Wohlstand der Bevölkerung war der einzige Maßstab, an dem sich die Legitimation der Parteiführung noch bemaß. Von den meisten Menschen in der Sowjetunion wurden die 60er und 70er Jahre des letzten Jahrhunderts als eine schöne Zeit erlebt, nach allem, was zuvor geschehen war. Die Utopie war verschwunden, an ihre Stelle trat die immerwährende Zeit, der Mythos vom Großen Vaterländischen Krieg und des glorreichen Imperiums. Von ihm haben sich die meisten Russen noch immer nicht verabschiedet. Er war das einzige gewesen, was sie besessen hatten.

Das Erbe

Was blieb von der großen Utopie und den großen Entwürfen? Nichts, fast nichts. Übrig blieben die Nationen als Konstitutionsprinzip des Imperiums, die Kommunistische Partei und die Familienverbände und Clans, die bis heute die politischen Geschicke in den ehemaligen Republiken der Sowjetunion beherrschen. Nach Osteuropa kam dieses System konservativer Herrschaft zu einer Zeit, als die Schockwellen des Terrors schon schwächer geworden waren. Die Sowjetunion war nicht mehr das Zentrum der Weltrevolution. Sie wollte überhaupt keine Revolution mehr, allenfalls Ruhe und Stabilität. Alles sollte so bleiben wie es war. Wandel und Veränderung wurden negativ konnotiert, das sowjetische Imperium als »ewig« vorgestellt.[63] Nach Ostmitteleuropa exportierte der Kreml nichts weiter als eine zutiefst konservative Sozialordnung, die geschaffen worden war, um ein rückständiges Vielvölkerreich zusammen zu halten. Nur auf diese Weise konnte sich der sowjetische Sozialismus als Fremdimport auch in den Ländern Ostmitteleuropas festsetzen. Nicht einmal die Intervention der Sowjetunion in Afghanistan stand noch im Dienst revolutionärer Expansion, sie war allenfalls der erfolglose Versuch, die Verhältnisse an der asiatischen Peripherie der Sowjetunion zu stabilisieren. An die Verheißungen des Sozialismus glaubte schon in den 70er Jahren niemand mehr. Und als zehn Jahre später auch in der Sowjetunion alles in Frage gestellt wurde, woran Kommunisten einmal

62 Ronald Grigor Suny: The Revenge of the Past. Nationalism, Revolution, and the Collapse of the Soviet Union, Stanford 1993, S. 113-126.
63 Alexei Yurchak: Everything Was Forever, Until It Was No More. The Last Soviet Generation, Princeton 2006; Stephen Kotkin: Armageddon Averted. The Soviet Collapse 1970-2000, Oxford 2008, S. 1-30.

geglaubt hatten, gab es für den Kreml auch keine guten Gründe mehr, an der Vorherrschaft in Ostmitteleuropa festzuhalten. Gorbatschow gab nicht nur auf, was er und seine Ratgeber inzwischen als ökonomische Belastung empfanden. Ohne die militärische Präsenz und die ordnende Hand der sowjetischen Besatzungstruppen hätte es in den Ländern des Ostblocks keinen friedlichen Machtwechsel gegeben. Die Sowjetunion war als gewalttätiges Projekt in die europäische Wirklichkeit getreten. Als Friedensstifter trat sie von der Bühne ab. Man versteht im Rückblick kaum noch, warum sich die Eliten im Westen Europas und in den USA vor den alten Herren im Kreml gefürchtet haben.[64] »Ich habe Angst vor der Freiheit – da kommt ein betrunkener Kerl und brennt mir die Datscha nieder«. So hörte die Schriftstellerin Swetlana Alexijewitsch einen Moskauer Bekannten sagen, der sich über die Reformen Gorbatschows beklagte.[65] Das Ende der Sowjetunion war nicht der Anfang von Demokratie und Pluralismus, sondern die Ouvertüre der Putinschen Ordnung. Vom Alten zeigt sich in der Gegenwart mehr als manche glauben. Wie ein dichtes Netz hat sich die konservative Mentalität des sowjetischen Sozialismus über alle Gesellschaften Ostmitteleuropas gelegt und Spuren in den Köpfen von Millionen hinterlassen. Was manche für eine Wiederkehr des konservativen Denkens der Zwischenkriegszeit halten, ist in Wahrheit eine Hinterlassenschaft der sowjetischen Ordnung. Man spricht vom Imperium, von Nation, Volk und Religion, aber man meint die »ewige« Zeit, die dem Lebensrhythmus der sowjetischen Welt eine Form gab. Tatsächlich ist das sowjetische Erbe überall präsent, nicht als Utopie oder als Versprechen einer leuchtenden Zukunft, sondern als Repräsentation des Autoritären. So gesehen war das 20. Jahrhundert tatsächlich ein sowjetisches Jahrhundert.

Auswahlbibliographie

Alexijewitsch, Swetlana: Secondhand-Zeit. Leben auf den Trümmern des Sozialismus, Berlin 2013.
Alexopoulos, Golfo: Stalin's Outcasts. Aliens, Citizens and the Soviet State, 1926-1936, Ithaca 2003.
Baberowski, Jörg: Verbrannte Erde. Stalins Herrschaft der Gewalt, München 2012.

64 Archie Brown: Der Gorbatschow-Faktor. Wandel einer Weltmacht, Frankfurt am Main 1996, S. 156-219 u. 349-412.
65 Swetlana Alexijewitsch: Secondhand-Zeit. Leben auf den Trümmern des Sozialismus, Berlin 2013, S. 31.

Baberowski, Jörg: Wege aus der Gewalt. Nikita Chruschtschow und die Entstalinisierung 1953-1964, in: Gesellschaft – Gewalt – Vertrauen, hg. von Ulrich Bielefeld/ Heinz Bude/Bernd Greiner, Hamburg 2012, S. 401-437.

Bauman, Zygmunt: Moderne und Ambivalenz. Das Ende der Eindeutigkeit, Frankfurt am Main 1995.

Brown, Archie: Der Gorbatschow-Faktor. Wandel einer Weltmacht, Frankfurt am Main 1996.

Figes, Orlando: Die Tragödie eines Volkes. Die Epoche der russischen Revolution 1891 bis 1924, Berlin 1998.

Fitzpatrick, Sheila: Everyday Stalinism. Ordinary Life in Extraordinary Times: Soviet Russia in the 1930s, Oxford 1999.

Hobsbawm, Eric: Das Zeitalter der Extreme. Weltgeschichte des 20. Jahrhunderts, München 1997.

Judt, Tony und Snyder, Timothy: Nachdenken über das 20. Jahrhundert, München 2010.

Koenen, Gerd: Der Russland-Komplex. Die Deutschen und der Osten 1900-1945, München 2005.

Koestler, Arthur u. a.: Ein Gott der keiner war, Zürich 2005 (erstmals 1950 erschienen).

Kotkin, Stephen: Magnetic Mountain. Stalinism as a Civilization, Berkeley 1995.

Kotkin, Stephen: Armageddon Averted. The Soviet Collapse 1970-2000, Oxford 2008.

Kotkin, Stephen: Stalin. Paradoxes of Power 1878-1928, London 2014.

Martin, Terry: The Affirmative Action Empire. Nations and Nationalism in the Soviet Union 1923-1939, Ithaca 2001.

Mazower, Mark: Der dunkle Kontinent. Europa im 20. Jahrhundert, Berlin 2000.

Nolte, Ernst: Der Europäische Bürgerkrieg 1917-1945. Nationalsozialismus und Bolschewismus, Frankfurt am Main 1987.

Pethybridge, Roger: One Step Backwards, Two Steps Forward. Soviet Society and Politics under the New Economic Policy, Oxford 1990.

Priestland, David: Weltgeschichte des Kommunismus. Von der französischen Revolution bis heute, München 2009.

Schnell, Felix: Räume des Schreckens. Gewalt und Gruppenmilitanz in der Ukraine 1905-1930, Hamburg 2012.

Snyder, Timothy: Bloodlands. Europe between Hitler and Stalin, London 2010.

Taubman, William: Khrushchev. The Man and his Era, New York 2003.

Traverso, Enzo: Im Bann der Gewalt. Der europäische Bürgerkrieg 1914-1945, München 2008.

Das ›lange‹ 20. Jahrhundert der Gewaltmigration

Jochen Oltmer

Räumliche Bewegungen von Menschen, die durch Androhung oder Anwendung von offener Gewalt bedingt waren, sind kein Spezifikum der Neuzeit – ebenso wenig wie Krieg, Staatszerfall und Bürgerkrieg als wesentliche Hintergründe von Gewaltmigration. Fluchtbewegungen, Vertreibungen und Deportationen finden sich vielmehr in allen Epochen. Dennoch lässt sich Gewaltmigration allein aufgrund des Umfangs der Bewegungen als Signatur des 20. Jahrhunderts in Europa beschreiben: Der europäische Kontinent bildete den zentralen Schauplatz der Weltkriege des 20. Jahrhunderts. Allein die Zahl der Flüchtlinge, Vertriebenen und Deportierten im Europa des Zweiten Weltkriegs wird auf 60 Millionen geschätzt und damit auf mehr als 10 Prozent der Bevölkerung des Kontinents. Die Nachkriegszeit beider Weltkriege war zudem durch millionenfache Folgewanderungen gekennzeichnet. Dazu zählten zum einen Rückwanderungen von Flüchtlingen, Evakuierten, Vertriebenen, Deportierten oder Kriegsgefangenen sowie zum andern Ausweisungen, Vertreibungen oder Fluchtbewegungen von Minderheiten aufgrund der Bestrebungen von Siegerstaaten, die Bevölkerung ihres (zum Teil neu gewonnenen) Territoriums zu homogenisieren. Auch der ›Kalte Krieg‹ als auf den Zweiten Weltkrieg folgender globaler Systemkonflikt, der Europa und Deutschland teilte, hinterließ tiefe Spuren im europäischen Gewaltmigrationsgeschehen des 20. Jahrhunderts.

Neben Krieg und Bürgerkrieg tritt das Handeln autoritärer Systeme als Hintergrund von Gewaltmigration. Die Geschichte des 20. Jahrhunderts prägten nationalistische, faschistische und kommunistische Systeme, die ihre Herrschaft zu sichern suchten durch die Homogenisierung ihrer Bevölkerungen: um politische Homogenität durch die Marginalisierung oder Austreibung politischer Gegner zu erreichen (sowohl im Kontext nationalistischer, als auch faschistischer und kommunistischer Herrschaft); um soziale Homogenität durch gewaltsame Nivellierung von Lebensverhältnissen und Lebensentwürfen durchzusetzen (etwa als Ausgrenzung und Druck zur Anpassung von ›Klassenfeinden‹ in kommunistischen Herrschaften); um ›ethnische‹ oder ›rassische‹ Homogenität zu erzwingen (wie insbesondere im nationalsozialistischen Machtbereich). Als Gefahr für Politik, Gesellschaft, Wirtschaft und Kultur verstandene und als distinkt konstruierte politische, nationale, soziale, ethnische oder ›rassische‹ Kollektive innerhalb der eigenen Grenzen wurden zum Teil derart ihrer politischen, wirtschaftlichen, gesellschaftlichen und kulturellen Handlungsmacht beraubt, dass ein Ausweichen alternativlos zu sein schien oder Vertreibungen und Umsiedlungen möglich wurden.

Mit dem Ziel, das ›lange‹ 20. Jahrhundert der Gewaltmigration zu vermessen, beleuchtet ein erster Abschnitt zunächst einige wesentliche Muster. Im Folgenden sollen im knappen Aufriss zentrale Prozesse der Initiierung und Durchsetzung von räumlichen Bevölkerungsbewegungen durch Gewalt untersucht werden. Zugleich wird nach Politik und Praxis der Aufnahme von Menschen gefragt, die vor Gewalt ausgewichen waren und andernorts um Schutz nachsuchten. Dabei erfolgt eine Orientierung an zentralen Phasen, die entlang der großen politischen Umbrüche seit dem Ersten Weltkrieg entwickelt wurden.

Was ist Gewaltmigration?

Migrantinnen und Migranten streben in der Regel danach, ihre Handlungsmacht durch einen dauerhaften oder temporären Aufenthalt andernorts zu vergrößern. Das gilt für die Suche nach Erwerbs- oder Bildungschancen ebenso wie für das Streben nach Autonomie, Sicherheit oder die Wahrung bzw. Umsetzung spezifischer Selbstkonzepte. Formen von Gewaltmigration lassen sich dann ausmachen, wenn staatliche, halb-, quasi- und zum Teil auch nichtstaatliche Akteure (Über-)Lebensmöglichkeiten und körperliche Unversehrtheit, Rechte und Freiheit, politische Partizipationschancen, Souveränität und Sicherheit von Einzelnen oder Kollektiven so weitreichend beschränken, dass diese sich zum Verlassen ihrer Herkunftsorte gezwungen sehen. Gewaltmigration kann dann als eine Nötigung zur räumlichen Bewegung verstanden werden, die keine realistische Handlungsalternative zuzulassen scheint. Der Begriff der Flucht verweist auf das Ausweichen vor Gewalt, die zumeist aus politischen, ethno-nationalen, rassistischen, genderspezifischen oder religiösen Gründen ausgeübt oder angedroht wird. Im Falle von Vertreibungen, Umsiedlungen oder Deportationen organisieren und legitimieren institutionelle Akteure unter Androhung und Anwendung von Gewalt räumliche Bewegungen. Ziel ist es zumeist, Zwangsarbeitskräfte zu gewinnen oder (Teile von) Bevölkerungen zur Durchsetzung von Homogenitätsvorstellungen bzw. zur Sicherung oder Stabilisierung von Herrschaft zu entfernen, nicht selten aus eroberten oder durch Gewalt erworbenen Territorien.

Fluchtbewegungen sind selten lineare Prozesse, vielmehr bewegen sich Flüchtlinge meist in Etappen: Häufig lässt sich zunächst ein überstürztes Ausweichen in einen anderen, als sicher erscheinenden Zufluchtsort in der Nähe ausmachen, dann das Weiterwandern zu Verwandten und Bekannten in einer benachbarten Region bzw. einem Nachbarstaat oder das Aufsuchen eines informellen oder regulären Lagers. Muster von (mehrfacher) Rückkehr und erneuter Flucht finden sich ebenfalls häufig. Hintergründe können dabei nicht nur die Dynamik der sich stets verändernden und verschiebenden Konfliktlinien sein, sondern auch die Schwierigkeit, an einem Fluchtort Sicherheit oder Erwerbs- bzw. Versorgungsmöglichkeiten zu finden. Häufig müssen sich Menschen auf Dauer oder auf längere Sicht auf die (prekäre) Existenz als Flüchtling einrichten. Flucht ist vor dem Hintergrund nicht selten extrem beschränkter Handlungsmacht der Betroffenen oft durch Immobilisierung gekennzeichnet: vor Grenzen oder unüberwindlichen natürlichen Hindernissen, infolge des Mangels an (finanziellen) Ressourcen, aufgrund von migrationspolitischen Maßnahmen oder wegen fehlender Netzwerke. Ein Großteil der Flüchtlinge büßt durch die Unterbindung von Bewegung Handlungsmacht ein und erweist sich als sozial extrem verletzlich.

Die Geschichte der Gewaltmigration im Europa des 20. Jahrhunderts lässt sich nicht auf eine Auseinandersetzung mit den Hintergründen, Bedingungen und Formen der Nötigung zur räumlichen Bewegung beschränken. Vielmehr gilt es auch nach den Mustern der Aufnahme von Schutzsuchenden zu fragen, die der Gewalt in ihren Herkunftsländern und -regionen entkommen waren bzw. ausgewiesen oder vertrieben wurden. Die Vergabe eines Schutzstatus verweist auf die Akzeptanz von Menschenrechten und der Verpflichtung zur Hilfeleistung unabhängig von nationaler, politischer und sozialer Herkunft. Erst im Jahrhundert der Massengewaltmigrationen, das mit dem Ersten Weltkrieg beginnt, haben sich ausdifferenzierte internationale, regionale, nationale und lokale Regime des Schutzes von Flüchtlingen etabliert.

Als zentrale Wegmarke im überstaatlich vereinbarten Recht gilt die Genfer Flüchtlingskonvention von 1951, in die vielfältige flüchtlingspolitische und asylrechtliche Debatten der Zwischenkriegszeit eingingen. 145 Staaten haben die Konvention seither unterzeichnet und sich verpflichtet, Flüchtlinge dann anzuerkennen, wenn diese eine Verfolgung wegen »ihrer Rasse, Religion, Nationalität, Zugehörigkeit zu einer bestimmten sozialen Gruppe oder wegen ihrer politischen Überzeugung« nachweisen können. Die Genfer Flüchtlingskonvention wurde entwickelt, um einen Rechtsrahmen für den Umgang mit der europäischen Flüchtlingsfrage des Zweiten Weltkriegs zu finden. Sie war deshalb zunächst weder auf globale Fluchtbewegungen ausgerichtet noch auf die Zukunft. Eine Erweiterung der Konvention über europäische Flüchtlinge und über das Jahr 1949 hinaus erfolgte erst 1967 im Kontext der weitreichenden Kämpfe um die Ablösung der europäischen Kolonialherrschaft, die Millionen von Flüchtlingen produzierten. Das heißt: Europa bildete im 20. Jahrhundert lange das Hauptproblem der globalen Flüchtlingsfrage – Europa als Kriegsschauplatz und Europa als Träger eines weltumspannenden Kolonialismus.

Übersehen werden darf aber nicht, dass trotz internationaler Verträge in erster Linie weiterhin Staaten mit großen Ermessensspielräumen über die Aufnahme von Migrantinnen und Migranten und den Status jener entscheiden, die als schutzberechtigte Flüchtlinge anerkannt werden. Die Bereitschaft, Schutz zu gewähren, war und ist stets ein Ergebnis vielschichtiger Prozesse des gesellschaftlichen Aushandelns zwischen Individuen, kollektiven Akteuren und (staatlichen) Institutionen, die je spezifische Interessen und Argumente vorbringen. Die Frage, wer unter welchen Umständen als Flüchtling oder Vertriebener verstanden wurde und wem in welchem Ausmaß Schutz oder Asyl zugebilligt werden sollte, ist mithin immer wieder neu diskutiert worden.

Gewaltmigration im Ersten und Zweiten Weltkrieg

Die beiden Weltkriege des 20. Jahrhunderts führten als ›totale‹ Kriege zu einem rapiden Anwachsen der militärischen Kapazitäten der beteiligten Staaten. Ein Kennzeichen der daraus resultierenden neuen Konfliktdynamik war, dass innerhalb weniger Tage und Wochen Millionen von Zivilisten in den Kampfzonen entwurzelt wurden: Die Operationsgebiete der Armeen weiteten sich im Vergleich zu den vorangegangenen Konflikten erheblich aus und umfassten zeitgleich große Teile des europäischen Kontinents. Das galt im Zweiten Weltkrieg auch angesichts des Bedeutungsgewinns der Luftwaffe, der ganz wesentlich dazu beitrug, die Grenzen zwischen Operationsgebiet und ›Heimatfront‹ weiter zu verwischen: Der Bombenkrieg über den deutschen Städten nötigte beispielsweise an die 10 Millionen ›Evakuierte‹ vor allem zwischen 1943 und 1945 dazu, zeitweilig oder auf Dauer vornehmlich in ländlichen Distrikten Schutz zu suchen.[1]

Je umfangreicher die Fluchtbewegung und je größer die Fluchtdistanzen – nicht zuletzt vor dem Hintergrund moderner Verkehrsmittel –

1   Michael Krause: Flucht vor dem Bombenkrieg. »Umquartierungen« im Zweiten Weltkrieg und die Wiedereingliederung der Evakuierten in Deutschland 1943-1963, Düsseldorf 1997. Die Literaturangaben in den Fußnoten beschränken sich auf ein Mindestmaß und verweisen vornehmlich auf überblickende Perspektiven.

wurden, desto ausgeprägter konnten die Implikationen für die Kriegführung selbst sein. Im Frühjahr 1940 bewegten sich beispielsweise 5 Millionen Flüchtlinge aus den Niederlanden, Belgien und Nordfrankreich Richtung Zentral- und Südfrankreich. Sie suchten sich zu Fuß und mit allen erdenklichen Verkehrsmitteln vor den vorrückenden deutschen Truppen zu retten. Die Flüchtlingswelle ließ faktisch das gesamte Verkehrssystem zusammenbrechen und trug nicht unerheblich dazu bei, dass der Widerstand der französischen Truppen gegen die deutschen Invasoren immer aussichtsloser wurde.[2]

Enorme Dimensionen erreichten die Ausweichbewegungen im Angesicht der vorrückenden Armeen bereits zu Beginn des Ersten Weltkriegs: Allein in den ersten drei Monaten nach dem deutschen Angriff flohen 1,4 Millionen Belgier, also ein Fünftel der 1914 knapp 7 Millionen Menschen zählenden Bevölkerung des Landes, in die Niederlande, nach Frankreich oder Großbritannien. Als entscheidend für die Bereitschaft zur Gewährung von Schutz erwies sich hierbei, wie auch in anderen Fällen, ob und inwieweit die Flüchtlinge als Symbol für die Sinnhaftigkeit der Beteiligung einer Konfliktpartei am Krieg galten oder die Aufnahme (außen)politischen Interessen entsprach: Die Niederlande wurden mit knapp über einer Million belgischer Flüchtlinge zunächst das bei weitem wichtigste Zielland. Zahlreiche Akteure sahen in der Aufnahme der Flüchtlinge aus dem südlichen Nachbarland zunehmend eine Überforderung durch ›Fremde‹, obgleich der überwiegende Teil der schutzsuchenden Belgier Niederländisch sprach und aus grenznahen Regionen stammte, die über enge wirtschaftliche und soziale Beziehungen zu den Aufnahmegebieten im Süden der Niederlande verfügten. Hintergrund der geringen Akzeptanz der belgischen Flüchtlinge bildete vor allem das in der Bevölkerung weithin geteilte Streben der niederländischen Regierung, die Rolle einer neutralen Macht zu wahren sowie Rücksicht auf das Nachbarland Deutschland zu nehmen. Deswegen drängten die niederländischen Behörden auf eine rasche Rückkehr der belgischen Flüchtlinge. Sie setzten dabei zunehmend auf restriktive Maßnahmen.[3]

Demgegenüber galten die rund 250 000 belgischen Flüchtlinge in Großbritannien als Symbol für die Notwendigkeit des britischen Kriegseintritts: In der britischen politischen und medialen Diskussion galten sie deshalb auch nicht als eine ökonomische oder soziale Belastung. Ähn-

2 Eugene M. Kulischer: Europe on the Move. War and Population Changes, 1917-47, New York 1948, S. 257.

3 Michael Amara: Vluchten voor de oorlog. Belgische vluchtelingen 1914-1918, Löwen 2004; Tony Kushner: Local Heroes. Belgian Refugees in Britain during the First World War, in: Immigrants and Minorities 18 (1999), S. 1-28.

liche Muster lassen sich beispielsweise für die rund 35 000 polnischen Flüchtlinge des Zweiten Weltkriegs in Großbritannien beobachten[4] oder für die rund 500 000 ostpreußischen Flüchtlinge, die nach der Eroberung der preußischen Provinz durch Truppen des russischen Zaren in den ersten Augustwochen 1914 nach Westen auswichen. In beiden Fällen legitimierte das Beklagen des Schicksals der Flüchtlinge die Beteiligung am Krieg.

Der beschleunigte Ausbau der Interventions- und Ordnungskapazitäten der Staaten in den Weltkriegen bot die administrativen Instrumente, um gegen missliebige Minderheiten vorzugehen. Im Zarenreich des Ersten Weltkriegs war die jüdische Bevölkerung besonders betroffen.[5] Sie wurde kollektiv der Unterstützung der deutschen und österreichisch-ungarischen Truppen verdächtigt. Auch andere Gruppen standen im Ruf, eine ›fünfte Kolonne‹ hinter der eigenen Frontlinie zu bilden und wurden verantwortlich gemacht für die russischen Niederlagen: Die zarischen Behörden transportierten Hunderttausende Letten und Russlanddeutsche in den Osten des Reiches. Gewalttätige Ausschreitungen und restriktive Maßnahmen verschlechterten zudem die soziale Situation dieser Minderheiten. Vergleichbare Muster einer in der Kriegssituation verschärften Diskriminierungs- und Deportationspolitik gegenüber als gefährlich eingestuften Minderheiten lassen sich in Österreich-Ungarn gegenüber Serben, Ukrainern und Italienern beobachten.

Die Internierung bildete ein Instrument des staatlichen Umgangs mit ›feindlichen Ausländern‹. Nicht weniger als 400 000 von ihnen wurden in den kriegführenden europäischen Staaten 1914-1918 als ›Zivilgefangene‹ in Lagern festgehalten, Zehntausende darüber hinaus unter Zwang repatriiert. Frankreich und Großbritannien begannen bereits im August 1914 mit einer Politik der Internierung und Abschiebung, die auch Menschen betraf, die die britische bzw. französische Staatsangehörigkeit besaßen, aber aus gegnerischen Staaten zugewandert waren. Deutschland, Österreich-Ungarn und Russland folgten seit Anfang 1915 diesem Beispiel.[6]

In beiden Weltkriegen bildete die Deportation von Menschen, die zur Arbeit in den Kriegswirtschaften gezwungen wurden, ein wesentliches Element des Gewaltmigrationsgeschehens. Das galt insbesondere für

---

4 Panikos Panayi: Refugees in Twentieth-Century Britain. A Brief History, in: The International Refugee Crisis. British and Canadian Responses, hg. von Vaughan Robinson, Basingstoke 1993, S. 95-112.

5 Peter Gatrell: A Whole Empire Walking. Refugees in Russia during World War I, Bloomington 1999.

6 Matthew Stibbe: Civilian Internment and Civilian Internees in Europe, 1914-20, in: Immigrants & Minorities 26 (2008), S. 49-81.

den Zweiten Weltkrieg und für Deutschland. Das nationalsozialistische
›Dritte Reich‹ war nur deshalb in der Lage, den Zweiten Weltkrieg beinahe sechs Jahre lang zu führen, weil es ihn als Beutekrieg geplant hatte.
Im Oktober 1944 wurden fast 8 Millionen ausländische Zwangsarbeitskräfte in Deutschland gezählt, darunter knapp 6 Millionen Zivilisten
und rund 2 Millionen Kriegsgefangene. Sie stammten aus insgesamt 26
verschiedenen Ländern. Ohne sie hätte die Landwirtschaft schon 1940
und die Rüstungsproduktion 1941 nicht mehr die Planvorgaben erfüllen
können. In jener Form eines im großen Maßstab auf ausländischer Arbeitskraft basierenden Zwangsarbeitersystems blieb der nationalsozialistische ›Ausländer-Einsatz‹ ohne Parallele.[7]
     Das Interesse der deutschen Eroberer ging in den besetzten Gebieten
vor allem Ost- und Ostmitteleuropas über die wirtschaftliche Ausbeu-
tung deutlich hinaus; denn die Besatzungspolitik zielte auf die Etablierung einer streng nach rassistischen Kriterien ausgerichteten deutschen
Ordnung, deren wesentliche Elemente Planung und weitreichende Umsetzung von Umsiedlungen sowie Vertreibungen und Deportationen
ganzer Bevölkerungen zugunsten eines vorgeblichen deutschen ›Volkes
ohne Raum‹ waren. Etwa 9 Millionen Menschen waren davon betroffen.
Zwischen 1939 und 1944 wurden eine Million Menschen deutscher Herkunft aus ihren außerhalb der Reichsgrenzen gelegenen Siedlungsgebieten in Süd-, Südost-, Ostmittel- und Osteuropa ›Heim ins Reich‹ geholt
und genötigt, vor allem, um sie in den in Polen und der Tschechoslowakei
eroberten, dem Reich unmittelbar angegliederten Gebieten anzusiedeln.[8]
Voraussetzung für die Ansiedlung dieser ›Volksdeutschen‹ war immer
die Deportation der ansässigen polnischen, tschechischen und jüdischen
Bevölkerung, die 1939/40 in großem Maßstab eingeleitet worden war
und im Völkermord endete. 1940/41 etwa wurden ca. 1,2 Millionen Polen
und Juden aus den ›Reichsgauen‹ Wartheland und Danzig-Westpreußen
vertrieben zugunsten der neu anzusiedelnden ›Volksdeutschen‹. Das
sollte aber nur der Anfang sein, die Gesamtplanung für dieses Gebiet
lag bereits vor; denn von den mehr als 10 Millionen Menschen, die in
diesem Gebiet lebten, galten nur 1,7 Millionen als ›eindeutschungsfähig‹,
7,8 Millionen Polen und 700 000 Juden sollten vertrieben werden.[9]

7 Ulrich Herbert: Fremdarbeiter. Politik und Praxis des »Ausländer-Einsatzes« in der
   Kriegswirtschaft des Dritten Reiches, Berlin 1985.
8 Isabel Heinemann: »Rasse, Siedlung, deutsches Blut«. Das Rasse- und Siedlungs-
   hauptamt der SS und die rassenpolitische Neuordnung Europas, Göttingen 2003.
9 Wolfgang Benz: Der Generalplan Ost. Zur Germanisierungspolitik des NS-Regimes in den besetzten Ostgebieten 1939-1945, in: Die Vertreibung der Deutschen
   aus dem Osten hg. von Wolfgang Benz, Frankfurt am Main 1995, S. 45-57.

Kriegsfolgewanderungen

Die letzten Umsiedlungen ›Heim ins Reich‹ von 250 000 ›Volksdeutschen‹ aus Wolhynien, Galizien und Siebenbürgen 1944 hatten schon
den Charakter einer Fluchtbewegung vor der Roten Armee, die im
August 1944 in Ostpreußen die Grenze des Deutschen Reiches erreichte
und sie im Oktober des Jahres erstmals überschritt. In den Ostprovin-
zen des Reiches und in den deutschen Siedlungsgebieten jenseits der
Grenzen in Ost-, Ostmittel- und Südosteuropa lebten rund 18 Millionen
Reichsdeutsche und ›Volksdeutsche‹. Etwa 14 Millionen von ihnen, der
weitaus überwiegende Teil also, flüchtete in der Endphase des Krieges in
Richtung Westen oder wurde nach Kriegsende vertrieben bzw. deportiert. Die Bilanz zeigen die Zahlen der Volkszählung von 1950: Knapp
12,5 Millionen Flüchtlinge und Vertriebene waren aus den nunmehr in
polnischen und sowjetischen Besitz übergegangenen ehemaligen Ostgebieten des Deutschen Reiches sowie aus den Siedlungsgebieten der
›Volksdeutschen‹ in die Bundesrepublik Deutschland und in die DDR
gelangt; weitere 500 000 lebten in Österreich und anderen Ländern.[10]
   Die große Zahl der Flüchtlinge und Vertriebenen bildeten im Deutschland der unmittelbaren Nachkriegszeit nicht das einzige Ergebnis von
Gewaltmigrationen. Hinzu kamen die 11 Millionen ›Displaced Persons‹
(DPs), Überlebende der Arbeits-, Konzentrations- und Vernichtungslager, deren Rück- und Weitertransport Monate und Jahre in Anspruch
nahm. In den vier Besatzungszonen gab es nach Kriegsende zudem noch
die bereits erwähnten Millionen von Menschen, die vor den Bomben-
angriffen geflohen waren oder evakuiert wurden und nicht selten erst
nach Jahren in ihre Heimatorte zurückkehren konnten. Auch sie lebten
notdürftig vor allem in den ländlichen Regionen. Innerhalb eines Jahres
nach Kriegsende 1945 wurden zudem rund 5 der insgesamt 9 Millionen
deutschen Kriegsgefangenen aus den Internierungslagern entlassen.[11]
   Flucht und Vertreibung der Deutschen führten zu millionenfachen
Folgewanderungen in die Vertreibungsgebiete. Innerhalb kurzer Zeit
siedelten sich 1,8 Millionen Tschechen und Slowaken im Sudetenland
an, dessen deutsche Bevölkerung gerade vertrieben worden war. Auch
in Polen wurde das konfiszierte Land der geflüchteten und vertriebenen
Deutschen rasch neu besiedelt. Dort lag die Bevölkerungszahl im August

10   Mathias Beer: Flucht und Vertreibung der Deutschen, München 2011.
11   Jochen Oltmer: Kriegsfolgewanderungen. Deutsche und europäische Migrations-
     verhältnisse nach dem Zweiten Weltkrieg, in: Flüchtlingslager im Nachkriegs-
     deutschland. Migration, Politik, Erinnerung, hg. von Henrik Bispinck und Katha-
     rina Hochmuth, Berlin 2014, S. 26-46.

1947 bereits wieder bei über 5 Millionen, 3 Millionen Menschen kamen aus Zentralpolen in die eroberten Landstriche, eine weitere Million aus den an die UdSSR abgetretenen polnischen Ostgebieten, eine Million Polen hatten hier schon vor 1945 gelebt.[12] Diese und andere in die ehemals deutschen Siedlungsgebiete zielenden Bewegungen führten zu regelrechten Ketten weiterer Folgewanderungen. Nach den immensen Gewaltmigrationen während des Zweiten Weltkriegs und aufgrund von Flucht und Vertreibung der deutschen Bevölkerung trugen sie zu einer völligen Umgestaltung der Nationalitätenkarte im Osten Europas bei.

Begonnen hatten diese bereits mit dem Ende des Ersten Weltkriegs: Seit 1918 gewannen Gewaltmigrationen erheblich an Gewicht, die Ergebnis der auf den Krieg folgenden Staatenbildungsprozesse waren. Jede der vielen europäischen Grenzverschiebungen führte zu Fluchtbewegungen und Abwanderungen. Der Frieden von Lausanne 1923, der den griechisch-türkischen Krieg 1920-1922 beendete, schrieb beispielsweise die migratorischen Ergebnisse der Konflikte in Südosteuropa und in Kleinasien seit den Balkankriegen 1912/13 fest und legitimierte sie. Ausgemacht wurde, dass alle Griechen türkisches Territorium – mit Ausnahme Istanbuls – zu verlassen hatten; zugleich mussten alle Muslime griechisches Territorium räumen. Im Endergebnis wurden etwa 1,35 Millionen Griechen und ca. 430.000 Türken umgesiedelt. Nach den Umsiedlungen war ein Sechstel aller Griechen außerhalb Griechenlands geboren. In der Zwischenkriegszeit setzte sich die oft unter Zwang vollzogene ›Rückwanderung‹ der Muslime auch aus anderen Balkanländern in die Türkei fort. Betroffen davon waren bis zum Ende der 1920er Jahre rund eine Million Menschen in Griechenland, Jugoslawien, Rumänien und Bulgarien. Sie wurden nicht selten in jenen Gebieten der Türkei angesiedelt, die die Griechen hatten verlassen müssen.[13] Die Gesamtzahl der von Umsiedlungen, Deportationen, Fluchtbewegungen und Vertreibungen in der Folge des Krieges betroffenen Menschen lag in Europa Mitte der 1920er Jahre wahrscheinlich bei mindestens 9,5 Millionen.

Im Kontext der ost-, ostmittel- und südosteuropäischen Staatsbildungen kam es vor dem Hintergrund tiefgreifender wirtschaftlicher, sozialer und politischer Krisen auch zu schweren Übergriffen auf die jüdische Bevölkerung. Die Zahl der Pogrome ist auf nicht weniger als 2 000 beziffert

---

12 Philipp Ther: Deutsche und polnische Vertriebene. Gesellschaft und Vertriebenenpolitik in der SBZ/DDR und in Polen 1945-1956, Göttingen 1998; Andreas Wiedemann: »Kommt mit uns das Grenzland aufbauen!« Ansiedlung und neue Strukturen in den ehemaligen Sudetengebieten 1945-1952, Essen 2007.

13 Renée Hirschon (Hg.): Crossing the Aegean. An Appraisal of the 1923 Compulsory Population Exchange between Greece and Turkey, New York 2008.

worden. Zehntausende, möglicherweise auch Hunderttausende Juden wurden ermordet, wahrscheinlich eine halbe Million verloren allein in Russland und der Ukraine ihre Heimat. Viele suchten den Weg über die weithin verschlossenen Grenzen nach Westen und über den Atlantik, der Völkerbund schätzte ihre Zahl 1921 auf 200 000, andere Quellen sprechen von 300 000.[14] Neben die Pogrome trat als weiterer zentraler Antriebsfaktor für die starke Abwanderung die Verschlechterung der wirtschaftlichen Position von Juden in Ost- und Ostmitteleuropa durch den Ersten Weltkrieg. Verschärfend wirkte hier nach Kriegsende auch die Etablierung neuer Zollgrenzen sowie neuer, zumeist stark inflationsgeschwächter Währungen und neuer rechtlicher Rahmenbedingungen der Wirtschaft.

Die umfangreichste Gruppe unter den osteuropäischen Flüchtlingen wich allerdings vor Revolution und Bürgerkrieg in Russland aus: Während im Revolutionsjahr 1917 erst wenige Menschen die Gebiete des ehemaligen Zarenreichs verlassen hatten, darunter viele hohe Adelige und Unternehmer, die oft große Teile ihres Besitzes retten konnten, entwickelte sich die Fluchtbewegung im Zuge des Bürgerkriegs zur Massenerscheinung. 1920 und 1921 nahm die Zahl der Flüchtlinge mit den Niederlagen der weißen Truppen sehr stark zu. Hinzu kamen zahlreiche Ausweisungen aus der UdSSR, die 1922 ihren Höhepunkt erreichten. Ein bis zwei Millionen Menschen sollen zwischen 1917 und 1922 wegen des Umsturzes der politischen Verhältnisse die Gebiete des ehemaligen Zarenreiches verlassen haben. Sie wurden buchstäblich über die ganze Welt verstreut, der größte Teil aber sammelte sich zunächst in Südosteuropa, in Deutschland und Frankreich; doch große Flüchtlingskolonien gab es selbst in den chinesischen Städten Harbin und Shanghai.[15]

Restriktive Aufnahmepolitik, Wohnungsnot und die schwierige Lage auf dem Arbeitsmarkt trieben die russländischen Flüchtlinge in zahlreichen Ländern zu Weiterwanderungen. Bildete zunächst das ›Russische Berlin‹ ihr Zentrum mit wichtigen kulturellen und politischen Funktionen, übernahm mit der Abwanderung vieler Flüchtlinge aus Deutschland Mitte der 1920er Jahre das ›Russische Paris‹ diese Rolle und behielt sie bis zum Einmarsch der deutschen Truppen 1940. Frankreich hatte einen großen Bedarf an zugewanderten Arbeitskräften und war deshalb bereit, ein höheres Maß an Rechts- und Statussicherheit zu gewähren als Deutschland. Das Zentrum des russländischen Exils aber verschob sich

---

14 Piotr Wróbel: The Seeds of Violence. The Brutalization of an East European Region, 1917-1921, in: Journal of Modern European History 1 (2003), S. 125-149.
15 Karl Schlögel (Hg.): Der große Exodus. Die russische Emigration und ihre Zentren 1917 bis 1941, München 1994.

dennoch weiter über den Atlantik. Nordamerika wurde immer häufiger Ziel der stufenweisen räumlichen Distanzierung von der Heimat. Der Zweite Weltkrieg verlagerte endgültig das Zentrum in die USA mit einem politischen und kulturellen Schwergewicht auf New York.

Ähnliche Prozesse lassen sich beobachten bei der Flucht aus dem nationalsozialistischen Deutschland nach 1933. Sie betraf politische Gegner des Regimes, vor allem aber all jene, die aufgrund der rassistischen Weltanschauung des Nationalsozialismus als ›Fremde‹ geächtet wurden. Das galt in erster Linie für Juden. Die Fluchtbewegung aus dem nationalsozialistischen Deutschland verlief schubweise. Die erste Welle konnte 1933 mit der Machtübernahme Hitlers und den ersten Maßnahmen zur Bekämpfung innenpolitischer Gegner sowie den ersten antisemitischen Gesetzen registriert werden. Die rassistischen ›Nürnberger Gesetze‹ von 1935 ließen die nächste Fluchtwelle folgen. Der letzte große Schub setzte mit der offenen Gewalt gegen Juden in den Novemberpogromen 1938 ein und endete mit dem Beginn des Zweiten Weltkriegs, der die Möglichkeiten des Grenzübertritts stark beschnitt, bevor er mit dem Abwanderungsverbot 1941 in die Ermordung der deutschen und europäischen Juden mündete.

Die genaue Zahl der Flüchtlinge aus Deutschland ist unbekannt. Die weitaus größte Gruppe stellten Juden, von denen wohl etwa 280 000 bis 330 000 das Reich verließen. Aufnahme gewährten weltweit mehr als 80 Staaten, nicht selten – und im Laufe der 1930er Jahre zunehmend – widerwillig und zögerlich. Viele waren zunächst in die europäischen Nachbarländer Deutschlands ausgewichen in der Hoffnung auf den baldigen Zusammenbruch der Diktatur. Die Hälfte der jüdischen Flüchtlinge aber wanderte weiter, zunehmend in die USA. Die Zahl der Flüchtlinge wurde 1941 hier auf insgesamt 100 000 geschätzt, Argentinien folgte mit 55 000 vor Großbritannien mit 40 000. Während des Zweiten Weltkriegs verschob sich das Gewicht noch weiter zugunsten der USA, die letztlich etwa die Hälfte aller Flüchtlinge aufnahmen.[16]

Im Vergleich zu der großen Zahl jüdischer Flüchtlinge aus Mitteleuropa blieb jene der Mitglieder des politischen Exils aus Deutschland sowie Österreich und den deutschsprachigen Gebieten der Tschechoslowakei nach 1938 weitaus geringer, sie belief sich bis 1939 auf etwa 25 000 bis 30 000 Menschen, überwiegend Sozialdemokraten und Kommunisten. Aufschlussreich ist hier ein Vergleich mit dem faschistischen Italien. Trotz deutschen Drucks setzte es bis zum Zweiten Weltkrieg keine antisemitischen Maßnahmen durch, weshalb die Abwanderung

---

16 Claus-Dieter Krohn, Patrick von zur Mühlen, Gerhard Paul und Lutz Winckler (Hg.): Handbuch der deutschsprachigen Emigration 1933-1945, Darmstadt 1998.

hier beinahe ausschließlich auf politische Gegner beschränkt blieb. Zwischen der Machtübernahme Mussolinis im Oktober 1922 und 1937 verließen wahrscheinlich 60 000 Menschen das Land aus politischen Gründen, 10 000 davon lebten allein in Frankreich. Für das deutsche und das italienische Exil galt gleichermaßen: Um die politische Arbeit vom Ausland aus weiterzutreiben, blieben die meisten geflüchteten Regimegegner in Europa, vor allem in Frankreich, Spanien, Großbritannien und der Sowjetunion. Für sie galt das, was für einen Großteil der Flüchtlinge der Zwischenkriegszeit auszumachen ist: In der Regel verfügten sie über einen prekären Aufenthaltsstatus. Ihre Aufnahme erfolgte selten im Rahmen von Asylregelungen, oft durften sie nur deshalb bleiben, weil sie als Arbeitskräfte bzw. als Spezialisten nützlich zu sein schienen oder durch Hilfsorganisationen unterstützt wurden, also keine sozialstaatlichen Leistungen empfingen.

Migratorische Folgen des ›Kalten Krieges‹ und der Dekolonisation

Für die globale Migrationssituation war die (ideologische) Teilung der Welt nach 1945 von hohem Gewicht. Migratorisch wurde die Welt in zwei Blöcke geteilt, Arbeitsmigration fand zwischen Ost und West nicht mehr statt. Die Bewegungen beschränkten sich meist auf Flucht oder Ausweisung von Dissidenten aus dem Osten in den Westen oder auf Phasen, in denen die Destabilisierung eines Staatswesens im Osten den kurzzeitigen Zusammenbruch der restriktiven Grenzregime zur Folge hatte und zur Abwanderung Zehn- oder Hunderttausender führte. Das galt vor allem für die Aufstände in Ungarn 1956, in der Tschechoslowakei 1968 und schließlich für die Auflösung des ›Ostblocks‹ in den späten 1980er Jahren. Einen Sonderfall bildete bis zum Bau der Berliner Mauer 1961 die DDR. Zwar wurde die innerdeutsche Grenze bereits Anfang der 1950er Jahre unüberwindbar armiert, die besondere Stellung Berlins aber ließ Grenzsicherungsmaßnahmen zwischen den alliierten Sektoren der ehemaligen Reichshauptstadt lange nicht zu, sodass DDR und UdSSR die Abwanderung kaum kontrollieren konnten: Wahrscheinlich wanderten von der Gründung der beiden deutschen Staaten 1949 bis zum Bau der Mauer 1961 über 3 Millionen Menschen aus der DDR in die Bundesrepublik (aber auch mehr als 500 000 in die umgekehrte Richtung). Während die Zahl der Deutschen, die in den 1950er Jahren aus der Bundesrepublik in die DDR zogen, keinen großen Schwankungen unterlag und jährlich rund 50 000 erreichte, erwiesen sich die Schwankungsbreiten der Ost-Westbewegungen als wesentlich höher: Nach den Angaben des 1950 in der Bundesrepublik eingeführten Notaufnahmeverfahrens, das die Freizügigkeit von Zuwanderern aus der DDR einschränkte und ihnen unter bestimmten Voraussetzungen einen Flüchtlingsstatus mit entsprechenden Versorgungsleistungen zuwies, pendelten die Zahlen in den 1950er Jahren zwischen jährlich ca. 150 000 und 330 000. Höhepunkte bildeten die Jahre 1953 (mit einer starken Abwanderung aufgrund der planmäßigen Kollektivierungen 1952/53 sowie nach den Ereignissen im Umfeld des 17. Juni 1953) und 1956/57 (im Kontext der Verschärfung der DDR-Passrichtlinien). Nach einem Minimum 1959 stiegen die Zahlen bis zum Mauerbau wieder deutlich an, nicht zuletzt wegen der erneut verschärften Kollektivierungspolitik.[17]

Der Bau der Mauer reduzierte die Bewegungen zwischen der DDR und der Bundesrepublik massiv: Wanderungen aus der Bundesrepublik in die DDR überschritten von den 1960er bis zu den 1980er Jahren eine Ziffer von 5 000 pro Jahr nicht, schwankten relativ gering um 2 000 bis 3 000 jährlich. Die Abwanderung aus der DDR erreichte in den späten 1960er, den 1970er und frühen 1980er Jahren pro Jahr ca. 13 000 bis 20 000. Sie stieg erst in der Endphase der DDR wieder deutlich an, erzielte 1984 (nach dem bundesdeutschen Milliardenkredit an die DDR und einer Bewilligung von 32 000 Ausreiseanträgen mit dem Ziel, die innenpolitische Situation zu beruhigen) einen Spitzenwert von über 40 000, um dann im Jahr der Öffnung der Mauer 1989 auf über 340 000 Antragssteller im Notaufnahmeverfahren zu steigen. Vom Bau der Mauer bis Ende 1988 fanden insgesamt über 600 000 Menschen ihren Weg von Deutschland-Ost nach Deutschland-West, wobei der weitaus überwiegende Teil auf der Basis von Ausreisegenehmigungen die Grenze überschreiten konnte, die vor allem Rentnern und anderen Nicht-Erwerbstätigen bewilligt wurden. Die Zahl der Erwerbstätigen, die die DDR verlassen durften und die Zahl derjenigen, die die Grenze auf irregulären Wegen überwanden, blieben demgegenüber gering.[18]

17 Helge Heidemeyer: Flucht und Zuwanderung aus der SBZ/DDR 1945/1949-1961. Die Flüchtlingspolitik der Bundesrepublik Deutschland bis zum Bau der Berliner Mauer, Düsseldorf 1994; Volker Ackermann: Der »echte« Flüchtling. Deutsche Vertriebene und Flüchtlinge aus der DDR 1945-1961, Osnabrück 1995; Andrea Schmelz: Migration und Politik im geteilten Deutschland während des Kalten Krieges. Die West-Ost-Migration in die DDR in den 1950er und 1960er Jahren, Opladen 2002; Damian van Melis und Henrik Bispinck (Hg.): »Republikflucht« Flucht und Abwanderung aus der SBZ/DDR 1945 bis 1961, München 2006.

18 Frank Wolff: Deutsch-deutsche Migrationsverhältnisse. Strategien staatlicher Regulierung 1945-1989, in: Handbuch Staat und Migration in Deutschland vom 17. Jahrhundert bis zur Gegenwart, hg. von Jochen Oltmer, Berlin/Boston 2016, S. 773-814.

Für die Geschichte der Gewaltmigration im ›Kalten Krieg‹ besonders relevant waren die ›Stellvertreterkriege‹, die millionenfache Fluchtbewegungen hervorbrachten: Korea, Indochina, Afghanistan. Europa betrafen sie allerdings sehr selten.

Verwoben mit der Konfrontation des Ost-West-Konflikts brachte auch der Prozess der Dekolonisation seit dem Zweiten Weltkrieg umfangreiche Fluchtbewegungen und Vertreibungen mit sich. Die Kolonialherrschaft lief zwar in vielen Gebieten Asiens, Afrikas und des pazifischen Raumes zwischen den späten 1940er und den frühen 1970er relativ friedlich aus. In einigen Fällen aber mündete das Streben nach Unabhängigkeit in einen langen und blutigen Konflikt mit den Kolonialmächten. Vor allem das Ende der globalen Imperien der Niederlande (in den späten 1940er Jahren), Frankreichs (in den 1950er und frühen 1960er Jahren) sowie Portugals (Anfang der 1970er Jahre) brachte umfangreiche Fluchtbewegungen und Vertreibungen mit sich. Während der Kämpfe selbst flüchteten zahlreiche Bewohner der Kolonien in nicht betroffene Gebiete oder wurden evakuiert und kehrten meist nach dem Ende der Konflikte wieder in ihre Heimatorte zurück. Europäische Siedler allerdings sowie koloniale Eliten oder Kolonisierte, die als Verwaltungsbeamte, Soldaten oder Polizisten die koloniale Herrschaft mitgetragen hatten oder den Einheimischen als Symbole extremer Ungleichheit in der kolonialen Gesellschaft galten, mussten nicht selten auf Dauer die ehemaligen Kolonien verlassen. Es kann davon ausgegangen werden, dass zwischen dem Ende des Zweiten Weltkriegs und 1980 insgesamt 5 bis 7 Millionen Europäer im Kontext der Dekolonisation aus den (ehemaligen) Kolonialgebieten auf den europäischen Kontinent ›zurückkehrten‹ – darunter viele, die weder in Europa geboren waren noch je in Europa gelebt hatten. Daraus ergab sich ein Paradoxon der Geschichte der europäischen Expansion: Wegen der migratorischen Folgen der Auflösung des Kolonialbesitzes waren die europäischen Kolonialreiche in der Bevölkerung in Europa nie präsenter als mit und nach der Dekolonisation.[19]

Aus Niederländisch-Ostindien bzw. dem seit 1949 unabhängigen Indonesien zogen zwischen 1945, dem Beginn des Befreiungskrieges, und den späten 1960er Jahren insgesamt ca. 330 000 Menschen in die Niederlande. Wesentlich größere Dimensionen nahmen solche migratorischen Folgen der Dekolonisation in Frankreich an. Nach dem Ende der Kolonialherrschaft in Indochina und dem Beginn des Unabhängigkeitskrieges in Algerien 1954 nahm Frankreich innerhalb eines Jahrzehnts 1,8

---

19 Andrea L. Smith: Europe's Invisible Migrants, in: Europe's Invisible Migrants. Consequences of the Colonists' Return, hg. von Andrea L. Smith, Amsterdam 2002, S. 9-32.

Millionen im Zuge der Dekolonisationskonflikte entwurzelte Menschen auf. Mit rund einer Million stammte der größte Teil aus Algerien, von wo allein 1962, dem Jahr der Beendigung des Algerienkrieges und der Unabhängigkeit, rund 800 000 Menschen zuwanderten.

Vor allem zwei Gruppen stachen hervor: Die ›Pieds-Noirs‹, Europäer, die sich seit 1848 in den drei Départements entlang der algerischen Mittelmeerküste angesiedelt hatten, sowie die muslimischen ›Harkis‹, die sich den abziehenden Franzosen verbunden fühlten oder der algerischen Unabhängigkeitsbewegung als Kollaborateure galten. 1968 zählten zu der nun offiziell ›repatriierte muslimische Franzosen‹ genannten Gruppe an die 140 000 Menschen, von denen 88 000 in Algerien geboren waren. Anerkannten ›Repatriierten‹ gewährte der französische Staat umfangreiche Hilfen zur Eingliederung in den Arbeits- und Wohnungsmarkt.[20]

Dabei lassen sich allerdings große Unterschiede zwischen den ›Pieds-Noirs‹ und den ›Harkis‹ ausmachen: Obwohl die ehemaligen Algerierinnen und Algerier europäischer Herkunft lange als unbeirrbare Kolonialisten galten, denen nachgesagt wurde, sie hätten die Konflikte in Nordafrika massiv verschärft, akzeptierte die französische Gesellschaft sie bedingungslos als gleichberechtigte und vollwertige Staatsbürger, die weitreichende Entschädigungen beanspruchen konnten und in der Situation der Hochkonjunktur nach dem Zweiten Weltkrieg eine Ergänzung des expandierenden Arbeitsmarkts darstellten. Die Formierung starker Interessenorganisationen, die erfolgreich Einfluss auf Regierung und Administration nehmen konnten, bildete dabei ein zentrales Element der Inklusion der ›Pieds-Noirs‹ in die französische Gesellschaft. Darauf konnten die ›Harkis‹ nicht zurückgreifen: Die Übersiedlung muslimischer Helfer der Kolonialmacht in Algerien hatten die französischen Behörden verboten, die Aufnahme jener, die sich dennoch auf den Weg nach Frankreich machten, wurde stark reglementiert. Der auf die Zuwanderung ausgesprochen schlecht vorbereitete französische Staat errichtete in aller Eile große Sammellager im Süden. Manche der dort insgesamt aufgenommenen 55.000 ›Harkis‹ blieben für mehrere Jahre, zum Teil sogar auf Dauer in den nur für den temporären Aufenthalt konzipierten Barackenlagern. Diejenigen, die die Lager verließen, erhielten häufig Wohnungen in Dörfern oder städtischen Quartieren, die ausschließlich den ›Harkis‹ vorbehalten waren.[21]

20 Jean-Jacques Jordi: 1962: l'arrivée des Pieds-Noirs, Paris 1995.
21 Benjamin Stora: Ils venaient d'Algérie: L'immigration algérienne en France (1912-1992), Paris 1992; Ian Talbot: The End of the European Colonial Empires and Forced Migration: Some Comparative Case Studies, in: Refugees and the End of Empire, hg. von Panikos Panayi und Pippa Virdee, Basingstoke 2011, S. 28-50.

Die isolierte Lage der Lager und Wohnquartiere machte es ihren Be-
wohnern schwer, neue Netzwerke im Einwanderungsland aufzubauen.
Vorstellungen der französischen Administration traten hinzu, viele der
›Harkis‹ seien ohne intensive Betreuung nicht in der Lage, sich in der französischen Gesellschaft zurechtzufinden. Die Erwartung der ›Harkis‹, als
Opfer der Dekolonisation aufgrund ihres Einsatzes als französische Patrio-
ten anerkannt und entschädigt zu werden, blieb lange unerfüllt. Schwere,
zum Teil gewalttätige Konflikte zwischen den ›Harkis‹ und französischen
Ordnungshütern vor allem Mitte der 1970er und Anfang der 1990er Jahre
waren ein Ausdruck von Enttäuschung und Verbitterung. Bis in die Gegenwart ist die Akzeptanz der muslimischen Zuwanderer gering: Manchen
gelten sie als Mittäter in den schweren Konflikten der Dekolonisation in
Nordafrika, anderen wiederum als ein Element der weithin segregierten
Bevölkerung algerischer Herkunft in den französischen Vorstädten.[22]

Noch umfänglicher war – im Verhältnis zur Bevölkerungszahl des
›Mutterlandes‹ – die Zuwanderung im Prozess der Dekolonisation nach
Portugal: Beginnend im Herbst 1973 kamen innerhalb nur eines Jahres
fast eine halbe Million ›Retornados‹ aus den ehemaligen portugiesischen
Besitzungen in Afrika (Mosambik, Angola, Kap Verde, Guinea-Bissau,
São Tomé und Príncipe). Angola dominierte als Herkunftsland. Mitte
der 1970er Jahre stellten die ›Retornados‹ fast 6 Prozent der portugie-
sischen Bevölkerung. Kontrovers diskutiert wird, ob die Integration der
›Retornados‹ weniger konflikthaft verlief als jene der ›Rückwanderer‹ in
Frankreich, den Niederlanden oder auch in Italien, wo in den 1950er
Jahren eine postkoloniale Rückwanderung von rund 600 000 Menschen
zu erheblichen politischen und sozialen Spannungen führte. Festgehal-
ten werden kann, dass sich ein Großteil der Portugiesen, die mit dem
Zusammenbruch des Kolonialreiches zurückkehrten, erst nach dem
Zweiten Weltkrieg in den afrikanischen Besitzungen angesiedelt hatte.
Zwei Drittel aller erwachsenen ›Retornados‹ waren in Portugal geboren
worden, sie pflegten meist enge Verbindungen in ihr Herkunftsland.
Überwiegend waren sie männlich, überdurchschnittlich gut qualifiziert
und im erwerbsfähigen Alter. Die Re-Integration in den portugiesischen
Arbeitsmarkt gelang deshalb relativ reibungslos. Spannungen blieben
dennoch nicht aus, da die ›Retornados‹ weithin als soziale, wirtschaftliche und politische Belastung galten, als Eindringlinge, die für Er-
werbslosigkeit, Wohnungsnot und eine Überforderung der Sozialsysteme verantwortlich gemacht wurden. Viele ›Retornados‹ beklagen bis in

22 Jean-Jacques Jordi und Mohand Hamoumou: Les harkis, une mémoire enfouie,
Paris 2002.

die Gegenwart, weiterhin nicht als Teil der portugiesischen Gesellschaft akzeptiert zu sein.[23]

Schluss: Europa im globalen Gewaltmigrationsgeschehen der Gegenwart

Die Geschichte der Gewaltmigration lief mit dem Abschluss des Prozesses der Dekolonisation und nach dem Ende des ›Kalten Krieges‹ nicht aus. Millionen von Flüchtlingen waren im späten 20. und frühen 21. Jahrhundert Ergebnis der Szenarien von Krieg, Bürgerkrieg und Staatszerfall in vielen Teilen der Welt – in Europa (Jugoslawien), im Nahen Osten (Libanon, Iran, Irak, Syrien, Jemen), in Ostafrika (Äthiopien, Somalia, Sudan/Südsudan), in Westafrika (Kongo, Elfenbeinküste, Mali, Nigeria), in Südasien (Afghanistan, Sri Lanka) oder auch in Lateinamerika (Kolumbien). Die Zahl der vom Flüchtlingshochkommissar der Vereinten Nationen (UNHCR) für die vergangenen Jahrzehnte ermittelten Flüchtlinge schwankt. Ausmachen lassen sich für die Zeit nach dem Ende des ›Kalten Krieges‹ zwei Hochphasen im globalen Fluchtgeschehen: die frühen 1990er Jahre und die Mitte der 2010er Jahre. Zwischen 1990 und 1994 lagen die Flüchtlingszahlen zwischen dem Höchststand von 20,5 Millionen 1992 und 18,7 Millionen 1994.

Ähnlich hohe Werte wurden Mitte der 2010er Jahre wieder erreicht: 19,5 Millionen 2014 und 21,3 Millionen Ende 2015. Zwischen diesen beiden Hochphasen lagen die Flüchtlingszahlen niedriger und erreichten im Zeitraum 1997-2012 einen Höchstwert von 15,9 Millionen 2007 und die niedrigste Zahl mit 13,5 Millionen 2004. Wesentlich stärker als die Zahl der Flüchtlinge veränderte sich die Zahl der ›Binnenvertriebenen‹. Weil die dieser Kategorie zugewiesenen Menschen keine Staatsgrenzen überschritten haben, fallen sie nicht in den Regelungsbereich der Genfer Flüchtlingskonvention und auch nicht unter das Mandat des UNHCR. Auch bei den ›Binnenvertriebenen‹ lässt sich ein Schwerpunkt Anfang der 1990er Jahre ausmachen, 1994 zählte der UNHCR 28 Millionen. Während die Zahl der Flüchtlinge seit Anfang der 2000er Jahre allerdings ein Tief erreichte, steigt jene der ›Binnenvertriebenen‹ seither mehr oder minder kontinuierlich an, von 21,2 Millionen im Jahr 2000 bis auf 40,8 Millionen 2015.

23 Isabel dos Santos Lourenço und Alexander Keese: Die blockierte Erinnerung. Portugals koloniales Gedächtnis und das Ausbleiben kritischer Diskurse 1974-2010, in: Geschichte und Gesellschaft 37 (2011), S. 220-243, hier S. 232-238.

Europäische Staaten waren, sieht man von den binnenkontinentalen Bewegungen im Kontext der Auflösung des ›Ostblocks‹ und insbesondere von den migratorischen Folgen der Jugoslawienkriege in den 1990er Jahren ab, im vergangenen Vierteljahrhundert relativ selten Ziel von Gewaltmigrationen.

Dieser Sachverhalt resultiert aus spezifischen Mustern im Kontext des Ausweichens vor Gewalt in den verschiedensten Kriegs- und Krisenzonen der Welt: Größere Fluchtdistanzen sind selten, weil finanzielle Mittel dafür fehlen und Transit- bzw. Zielländer die Migration behindern. Flüchtlinge streben außerdem überwiegend nach einer möglichst raschen Rückkehr. Flüchtlinge finden sich vor diesem Hintergrund in aller Regel in der Nähe der vornehmlich im globalen Süden liegenden Herkunftsregionen. 95 Prozent aller afghanischen Flüchtlinge (2015: 2,6 Millionen) leben in den Nachbarländern Pakistan oder Iran. Ähnliches gilt für Syrien, das sich seit 2011 im Bürgerkrieg befindet: Der Großteil der syrischen Flüchtlinge, rund 4,8 Millionen, sind in die Nachbarländer Türkei (2016: 2,7 Millionen), Jordanien (640.000), Irak (246.000) und Libanon (1,1 Millionen) ausgewichen. Mit 7,6 Millionen lag dabei die Zahl der Menschen, die vor Gewalt innerhalb Syriens flohen und zu Binnenvertriebenen wurden, sogar noch deutlich höher. Angesichts dessen überrascht es nicht, dass Staaten des globalen Südens 2015 nicht weniger als 86 Prozent aller weltweit registrierten Flüchtlinge und 99 Prozent aller Binnenvertriebenen beherbergten – mit seit Jahren steigender Tendenz im Vergleich zum Anteil des globalen Nordens, hatte doch der Anteil der ärmeren Länder an den Flüchtlingen weltweit 2003 lediglich bei 70 Prozent gelegen.[24] Vornehmlich der globale Süden ist also von der Zunahme der weltweiten Zahl der Flüchtlinge seit Anfang der 2010er Jahre betroffen. Zwar stieg auch in Europa die Zahl jener Menschen an, die um Schutz vor Gewalt in den Kriegs- und Krisenzonen der Welt nachsuchten,[25] im Vergleich zu anderen Weltregionen blieb der europäische Beitrag zur Bewältigung der globalen Flüchtlingsfrage aber gering.

Im Kontext der aktuellen europäischen Debatten um die globale Flüchtlingsfrage und die Aufnahme von Schutzsuchenden aus anderen Teilen der Welt findet sich nur selten eine Bezugnahme auf die Geschichte Europas als Kontinent von Flucht, Vertreibung und Flüchtlingsaufnahme im 20. Jahrhundert. Dazu trägt gewiss auch bei, dass das Wissen um die Flucht- und Asylgeschichte Europas insgesamt nur gering

---

24 Statistische Angaben zur globalen Flüchtlingsfrage: UNHCR, Statistics Catalogue, URL: http://www.unhcr.org/cgi-bin/texis/vtx/search%5C?page=&comid=4148094 d4&cid=49aea93aba [Zugriff am 28.4.2016].

25 Jochen Oltmer: Fluchtursachen, Fluchtwege und die neue Rolle Deutschlands, in: Neue Gesellschaft/Frankfurter Hefte (2015), H. 12, S. 19-21.

ausgeprägt ist – sieht man von einzelnen Elementen ab, wie etwa die Geschichte von Flucht und Vertreibung der Deutschen am Ende des Zweiten Weltkriegs und in der unmittelbaren Nachkriegszeit. Eine historische Flüchtlingsforschung, die es sich zur Aufgabe gemacht hätte, die Vielfalt der Bedingungen, Formen und Folgen von Gewaltmigration im europäischen und globalen Kontext herauszuarbeiten, lässt sich nicht ausmachen. In der Bundesrepublik Deutschland gibt es beispielsweise weder eine Professur zur Erforschung von Gewaltmigration in Geschichte und Gegenwart, noch einen Studiengang, eine wissenschaftliche Zeitschrift, eine Schriftenreihe oder eine Verankerung des Themenkomplexes in den Curricula allgemeinbildender Schulen. Angesichts einer eher geringen Produktion von Wissen zu diesen Gegenständen, mag es nicht verwundern, dass auch die Auseinandersetzung in anderen gesellschaftlichen Bereichen marginal bleibt.

Auswahlbibliographie

Bade, Klaus J.: Europa in Bewegung. Migration vom späten 18. Jahrhundert bis zur Gegenwart, München 2000.

Bade, Klaus J., Emmer, Pieter C., Lucassen, Leo und Oltmer, Jochen (Hg.): Enzyklopädie Migration in Europa vom 17. Jahrhundert bis zur Gegenwart, Paderborn 2010.

Brandes, Detlef, Sundhaussen, Holm und Troebst, Stefan (Hg.): Lexikon der Vertreibungen. Deportation, Zwangsaussiedlung und ethnische Säuberung im Europa des 20. Jahrhunderts, Köln 2010.

Gatrell, Peter: The Making of the Modern Refugee, Oxford 2013.

Koser, Khalid: International Migration, Oxford 2007.

Moch, Leslie Page: Moving Europeans. Migration in Western Europe since 1650, Bloomington 2003.

Naimark, Norman M.: Flammender Haß. Ethnische Säuberung im 20. Jahrhundert, Frankfurt am Main 2008.

Ness, Immanuel (Hg.): The Encyclopedia of Global Human Migration, 5 Bde., Chichester 2013.

Oltmer, Jochen (Hg.): Handbuch Staat und Migration vom 17. Jahrhundert bis zur Gegenwart, Berlin/Boston 2016.

Oltmer, Jochen: Globale Migration. Geschichte und Gegenwart, München 2016.

Oltmer, Jochen: Migration vom 19. bis zum 21. Jahrhundert, Berlin/Boston 2016.

Schwartz, Michael: Ethnische ›Säuberungen‹ in der Moderne. Globale Wechselwirkungen nationalistischer und rassistischer Gewaltpolitik im 19. und 20. Jahrhundert, München 2013.

Ther, Philipp: Die dunkle Seite der Nationalstaaten. »Ethnische Säuberungen« im modernen Europa, Göttingen 2011.

Rationalität und Emotionalität
im Jahrhundert der Extreme

UTE FREVERT

Wer von der ›Vermessung‹ eines Jahrhunderts spricht, muss Auskunft geben über das Maßband und über die raumzeitlichen Dimensionen, die damit abgesteckt werden sollen. Wem es, grob gesagt, um das Verhältnis zwischen Rationalität und Emotionalität in diesem Jahrhundert geht, möchte auf die Idee verfallen, das Maßband mit einem Thermometer zu vertauschen, um mithilfe dieses geeichten Messgeräts die emotionale Temperatur der Epoche zu erfassen. Ein solches Vorgehen griffe auf umgangssprachliche Konventionen zurück, die der Vernunft die Adjektive kühl oder kalt beigeben, während Gefühl und Leidenschaft mit Wärme oder sogar Hitze assoziiert werden. Wärme und Kälte lassen sich in Temperaturgrade übersetzen, die am Thermometer ablesbar sind – wobei das, was jeweils als warm oder kalt empfunden wird, individuell und kollektiv variiert. Achtzehn Grad Wassertemperatur sind für die geübte Ostseeschwimmerin eine warme Wonne, während den Mittelmeerfan das kalte Grauen überfällt.

Aber auch jenseits dieser subjektiven Wahrnehmungsdifferenzen stellt sich die Frage, ob Gesellschaften sinnvoll nach Wärmegraden geordnet werden können. Kulturwissenschaftler haben es vorgemacht, wenn sie im Gefolge des Ethnologen Claude Lévi-Strauss heiße und kalte Kulturen voneinander unterschieden. Unter ›kalten‹ Kulturen verstand Lévi-Strauss solche, die wenig Wandel zuließen und stattdessen auf Tradition, Stabilität und Beständigkeit setzten. ›Heiße‹ Kulturen hingegen belohnten die Kreativität ihrer Mitglieder, prämierten den Fortschritt und förderten Innovation.[1] In dieser Lesart wären Gesellschaften des 20. Jahrhunderts allesamt ›heiß‹, von der frühen Sowjetunion über das faschistische Italien und das nationalsozialistische Deutschland bis hin zu den Demokratien Großbritanniens, Frankreichs oder der skandinavischen Länder. Sie alle begriffen und begriffen sich als modern und innovativ, als fortschritts- und wachstumsorientiert. Das Kriterium der Kälte oder Wärme taugt folglich nicht zur Abgrenzung – ganz abgesehen

---

1 Claude Lévi-Strauss: Das wilde Denken, Frankfurt am Main 1968. S. auch Jan Assmann: Das kulturelle Gedächtnis. Schrift, Erinnerung und politische Identität in frühen Hochkulturen, München 1992, S. 66-73; Mario Erdheim: Psychoanalyse und Unbewußtheit in der Kultur, Frankfurt am Main 1988, S. 331-344.

davon, dass es wegführt von dem Verhältnis zwischen Rationalität und Emotionalität, das hier im Mittelpunkt steht. Ist die Idee, das Thermometer zur Analyse oder Vermessung des 20. Jahrhunderts anzusetzen, damit passé? Wäre es nicht doch einen Versuch wert, diese an politischen Brüchen, sozioökonomischen Innovationen, kulturellen Neubestimmungen und Gewalterfahrungen so überreiche Zeit daraufhin zu untersuchen, wie viel Raum sie Gefühlen und Leidenschaften gab? Welche Mittel Gesellschaften nutzten, Emotionalität entweder zu schüren oder zu besänftigen, zu erhitzen oder zu vereisen? Welche Institutionen sie mit bestimmten Rationalitäts- bzw. Gefühlserwartungen versahen? Ließe sich durch eine solche Vermessung mehr und Neues über das Säkulum herausfinden als das, was dank gängiger Messinstrumente und Kennziffern bereits bekannt ist?

Immerhin, und das spräche für den Versuch, haben Zeitgenossen des 20. Jahrhunderts sich selber häufig und in unterschiedlichen Kontexten die Gretchenfrage gestellt, wie sie es mit dem Gefühl hielten. Ein aufschlussreiches Beispiel gibt der Trickfilm *Reason and Emotion*, 1943 von Walt Disney produziert. Er war einer von vier im US-Regierungsauftrag entstandenen und staatlich bezuschussten Propagandastreifen und wurde 1944 sogar für den Oscar nominiert.[2] Sein erster Teil beleuchtet das Spannungsverhältnis zwischen Gefühl und Vernunft im menschlichen Entwicklungsverlauf. Sowohl ontogenetisch, in jedem einzelnen Individuum, als auch phylogenetisch, in der historischen Evolution, sieht der Film einen immerwährenden Kampf zwischen der triebhaften, auf unmittelbare Bedürfnisbefriedigung abonnierten Emotion und der überlegten, überlegenden und überlegenen Vernunft. Je älter der Mensch wird, desto mehr Raum gibt er üblicherweise der Vernunft und lernt mit ihrer Hilfe, die Emotion in Schach zu halten. Bricht der Kontroll- und Lenkungsmechanismus zusammen, folgt die Katastrophe, die der Film mit Witz und drastischen Geschlechterstereotypen in Szene setzt.

Einen weitaus folgenreicheren Kollaps der Vernunft führt der zweite, ernstere Teil vor Augen. Hier kommt die politische Botschaft deutlich zum Ausdruck: Nazi-Deutschland habe der Vernunft den Krieg erklärt und das Gefühl ans Steuer gelassen. Mittels intensiver emotionaler Einheizung könne Adolf Hitler seine Volksgenossen dazu bewegen, den ganzen Erdball mit Krieg zu überziehen. Selbst amerikanische Bürger versetze er in Angst und Panik und lähme ihren Widerstandsgeist. Dagegen helfe nur kühle Vernunft in Gestalt sorgfältigen Denkens,

2 Andreas Platthaus: Die Welt des Walt Disney. Von Mann und Maus, Berlin 2001, S. 184 f.

Planens und Erwägens. Mit ihrer Hilfe, so das Versprechen, sei die NS-Kriegsmaschine zu stoppen. Allerdings bekommt auch das Gefühl eine konstruktive Rolle zugewiesen: Es sitzt neben dem ›vernünftigen‹ Piloten eines amerikanischen Kampfflugzeugs, das nach Osten, in Richtung Europa abhebt. Als Kopilot darf die quirlige *emotion*-Figur mitfliegen und die patriotische Begleitmusik *America* dirigieren; den Kurs aber bestimmt der eierköpfige, intellektuelle *reason*-Typ. Dieser Kurzfilm ist aus mehreren Gründen von Interesse. Zum einen macht er das aus seiner Sicht richtige bzw. falsche Verhältnis zwischen Rationalität und Emotionalität zum Thema. Zum anderen beleuchtet und analysiert er unter dieser Perspektive komplexe weltpolitische Ereignisse der frühen 1940er Jahre. Drittens weist er nicht nur, in klassischer Manier, der Vernunft, sondern auch dem Gefühl – dem richtigen Gefühl am richtigen Platz – eine konstruktive Handlungsmacht zu, um den Gang der Geschichte zum Besseren zu wenden. Er bestimmt damit die Rolle, die Gefühle spielen und spielen sollen, auf neue und ungewohnte Weise.

Aber wie repräsentativ ist der Film? Setzt er oder folgt er einem Trend? Für wen spricht er, welche gesellschaftlichen und politischen Positionen besetzen seine Autoren, Regisseure und Auftraggeber? Bildet er möglicherweise einen situativen US-amerikanischen Diskurs ab, der seinerzeit in Europa gar nicht ankam? Eignet er sich damit überhaupt für eine emotionale Temperaturmessung, über deren Nutzen und Grenzen noch zu entscheiden steht?

Solche Nachfragen gießen Öl ins Feuer der Kritik, zu der die Metapher von der emotionalen Temperatur einer Gesellschaft unmittelbar einlädt. Welche Gefühle sind gemeint: private und/oder öffentliche, subjektive und individuelle oder kollektiv geteilte und geäußerte? Geht es, konkret, um die Liebe zwischen zwei (oder mehreren) Menschen, oder um die Liebe zum Vaterland, zu Väterchen Stalin, zum Staat? Auf welcher Skala lassen sich solche Lieben verorten, anhand welcher Praktiken kann man ihre Stärke oder Schwäche erkennen? Wo haben jene Praktiken ihren Ort, wie werden sie eingeübt und ausprobiert? Genereller gefragt: Sind Gesellschaften nicht viel zu große und komplexe Einheiten, die von einem einzigen Thermometer gar nicht angemessen erfasst werden können? Müsste man nicht eher den Blick auf soziale Institutionen lenken – die Kirche zum Beispiel, oder die Familie, den Arbeitsplatz, das Militär, politische Wahlen, das Parlament – und deren Umgang mit Emotionalität eruieren?

Ja, das müsste man, und daran wird auch fleißig gearbeitet. Der Disney-Film und die Industrie, die ihn produziert hat, stehen stellvertretend für viele andere Institutionen und Medien, in denen das prinzipiell dynamische Verhältnis von Rationalität und Emotionalität verhandelt und immer wieder neu bestimmt wurde.

Doch anstatt sie einzeln unter die Lupe zu nehmen, ihre Eigenheiten, aber auch ihre Verknüpfungen zu analysieren und daraus schlussendlich ein ebenso ›totales‹ wie gewichtetes Bild gesellschaftlicher Emotionalität und ihres Wandels zusammenzusetzen, beschränkt sich das Folgende auf einige knappe, skizzenartige Beobachtungen. Sie nehmen ihren Ausgangspunkt bei der immensen Bedeutung, die dem Begriff ›Rationalisierung‹ für die Selbstbeschreibung moderner Gesellschaften zukam, und loten die Gegensätze und Grenzen jener Selbstbeschreibung aus. Was will sie hinter sich lassen, wohin soll die Reise gehen? Wo und bei wem trifft sie auf Widerstände? Wann setzen Gegenbewegungen ein, und welches Ideal von Emotionalität und Leidenschaftlichkeit wird darin aufgerufen? Unter welchen Umständen und zu welchem Zweck werden Rationalitätskriterien zugunsten emotionaler Orientierungen delegitimiert? Kann man, in der historischen Rückschau, tatsächlich vom 20. Jahrhundert als der Epoche der Rationalisierung sprechen?

Rationalisierung: von der Arbeit zu den Gefühlen

Spätestens seit Max Weber wird die Moderne als Prozess fortlaufender Rationalisierung charakterisiert. Zeitgenossen des 20. Jahrhunderts haben den Rationalisierungs-Begriff sofort aufgegriffen und zur Selbstbeschreibung genutzt, teils positiv, teils negativ konnotiert. Im digitalen Archiv der Londoner *Times* taucht der Begriff im gesamten 19. Jahrhundert nur zweimal auf und springt dann in den 1920er Jahren auf fast 1200 Treffer. Auch in der 1930er Dekade sowie in den Sechziger und Siebziger Jahren ist Rationalisierung in aller Munde. Sie betrifft wirtschaftliche Verhältnisse ebenso wie politische, fängt Tendenzen des Alltags ebenso ein wie Strukturen des Sports, des Wohnungsbaus oder der Haushaltsführung. Die Menschen des europäischen Kontinents haben augenscheinlich den Eindruck, in einer entzauberten Welt zu leben, die sich in zunehmendem Maße nach rationalen, genauer: nach zweckrationalen Prinzipien ordnet.

›Zunehmend‹, ›fortlaufend‹: diese Adjektive verweisen auf Entwicklungen in der Zeit. Auch die Endung des Substantivs ›Rationalisierung‹ signalisiert Bewegung, weg von einem weniger ausgeprägten hin zu einem stärker markierten Zustand der Rationalität. Mit Webers Hilfe können wir diese weg-hin-Bewegung substantiieren: weg von Sitte,

Herkommen, Tradition und »affektuellem Handeln«, hin zur »planmäßigen Anpassung an Interessenlagen« und zur Beherrschung aller Dinge durch »technische Mittel und Berechnung«. Zwar gesteht Weber dem Rationalisierungsbegriff »Vieldeutigkeit« zu und unterscheidet zwischen »wertrational gebundenem« Handeln und »wertungläubigen rein zweckrationalen« Orientierungen. Insgesamt aber lässt er keinen Zweifel daran, dass Zweckrationalität auf dem Vormarsch sei und die moderne Wirtschaftsweise ebenso bestimme wie zeitgenössische Lebensformen. Lediglich die Sphären der Kunst, Erotik und, wäre hinzuzufügen, Religion entzögen sich ihren Anforderungen und ließen Raum für andere, nämlich »affektuell« getönte Motive, Erwartungen und Erlebnisse.[3]

Rationales Handeln steht demnach in einem Gegensatzverhältnis zu gefühlsmäßigem Handeln, und Rationalisierung bedeutet, dass Ersteres Letzteres verdrängt und ersetzt. Damit vollzieht Rationalisierung das schon in der europäischen Antike ausbuchstabierte Programm nach, der ›kühlen‹ Vernunft den Vorrang vor den ›heißen‹ Affekten einzuräumen. Von Aristoteles bis Sigmund Freud reicht die Phalanx der Meisterdenker, die in den Gefühlen, Leidenschaften, Trieben und Begierden der Menschen eine immerwährende Gefahr für die soziale Ordnung und deren Stabilität sahen. Selbst diejenigen, die sie nicht in Bausch und Bogen verdammten und ihnen durchaus positive Wirkungen zubilligten, warnten vor Maßlosigkeit und Gefühlsexzessen.[4] Adam Smith zum Beispiel, einer der schottischen Moralphilosophen, die große Stücke auf *moral sentiments* hielten und an ihnen die bürgerliche Welt genesen lassen wollten, mahnte eindringlich, den Ausdruck der Gefühle zu dämpfen, um ihre kommunikativen Funktionen nicht aufs Spiel zu setzen. Wer sich hemmungslos seinen Gefühlen überlasse, sei für die Mitmenschen ein peinliches Ärgernis und könne nicht auf deren Empathie und Sympathie rechnen.[5]

Bekannt und berühmt wurde Smith allerdings nicht durch seine Wertschätzung moderater Gefühle, sondern durch seine Studie zum *Wohlstand der Nationen*, die sich rasch zur Bibel des modernen Kapitalismus und Liberalismus mauserte. Darin fand sich der vielzitierte Satz, dass »wir das, was wir zum Essen brauchen«, »nicht vom Wohlwollen

3 Max Weber: Wirtschaft und Gesellschaft, Tübingen 1972, S. 15 f.; ders.: Richtungen und Stufen religiöser Weltablehnung, in: Soziologie – Weltgeschichtliche Analysen – Politik, hg. von Johannes Winckelmann, Stuttgart 1968, S. 441-483. Vgl. Wolfgang Schluchter: Die Entwicklung des okzidentalen Rationalismus. Eine Analyse von Max Webers Gesellschaftsgeschichte, Tübingen 1979.

4 Ute Frevert u. a.: Gefühlswissen. Eine lexikalische Spurensuche in der Moderne, Frankfurt am Main 2011, S. 27 f.

5 Adam Smith: Theorie der ethischen Gefühle, Hamburg 2004.

des Metzgers, Brauers und Bäckers erwarten [...], sondern davon, daß sie die eigenen Interessen wahrnehmen. Wir wenden uns nicht an ihre Menschen-, sondern an ihre Eigenliebe.«[6] Mit Interessen meinte Smith nicht nur, aber vor allem solche materieller Art. Auch spätere Theorien des *homo oeconomicus* als rationalem Nutzenmaximierer neigten dazu, Nutzen in materiellen Kategorien zu definieren. Je strategischer das kapitalistische Wirtschaftssubjekt seine knappen Ressourcen dafür einsetzte, einen bestimmten Zweck zu realisieren, desto rationaler handelte es. Selbstverständlich konnte der Zweck auch darin bestehen, die eigene Ehre oder Reputation zu erhöhen, ohne dass sich das Rationalitätskriterium änderte: Erstens stand die optimale Zweck-Mittel-Relation auch diesem Ziel zu Diensten, und zweitens ließen sich Investitionen in Ehre, Ansehen, Prestige mittelfristig wieder in materiellen Nutzen umrubeln.[7]

Diese Form der Zweckrationalität hielt im 19. Jahrhundert nicht nur das Wirtschaftsleben im Griff. Auch der Staat entwickelte sich zunehmend zu einer bürokratischen Anstalt, die von fachgeschulten Beamten nach rationalen Gesichtspunkten verwaltet wurde. Sie richteten sich an gesatzten, für alle nachlesbaren Regeln aus, was ihr Handeln und ihre Entscheidungen berechenbar machte. Dieser Typ rationaler Herrschaft war weitgehend emotionsfrei und hing weder von den Launen und Passionen der Beamten ab noch von ihrer Sympathie oder Antipathie gegen jene Untertanen bzw. Bürger, die staatlicher Administration – Polizei, Rechtspflege, Gesundheitsfürsorge oder Erziehung – unterstanden.

Angesichts des Siegeszugs eines, wie Weber meinte, spezifisch »okzidentalen« Rationalismus seit der Frühen Neuzeit und seiner flächendeckenden Institutionalisierung im 19. Jahrhundert stellt sich die Frage, warum sich gerade Zeitgenossen des frühen (und späteren) 20. Jahrhunderts so intensiv mit Rationalisierung als Bewegungs- und Richtungsvorgabe beschäftigt haben. Die Vermutung liegt nahe, dass das um 1900 erreichte Niveau rationaler Organisation als ungenügend und ausbaufähig empfunden wurde. Das betraf die Technik der Produktionsmittel ebenso wie die wissenschaftliche Optimierung von Arbeitsabläufen und Arbeitsbeziehungen. Aber Rationalisierung reichte weit über die »vollendete Zweckmäßigkeit« der Betriebsführung und die gesteigerte »Vernunftform der Arbeit« hinaus.[8]

6 Ders.: Der Wohlstand der Nationen, München 1974, S. 17.
7 Ute Frevert: Passions, Preferences, and Animal Spirits: How Does *Homo Oeconomicus* Cope with Emotions?, in: Science and Emotions after 1945, hg. von Frank Biess u. Daniel M. Gross, Chicago 2014, S. 300-317.
8 Zitate von Werner Sombart und Götz Briefs nach Gunther Mai: Politische Krise und Rationalisierungsdiskurs in den zwanziger Jahren, in: Technikgeschichte 62 (1995), S. 317-332, hier S. 329.

1929 machte der Sportfunktionär Carl Diem den preußischen Innenminister darauf aufmerksam,»dass zu rationeller Wirtschaft ein nicht minder rationell hochentwickelter Mensch gehört. Eine vernünftige Körperkultur ist die Grundlage rationeller Arbeitsweise.«[9] Bei dieser ›vernünftigen‹ Körperkultur ging es darum,»ein Höchstmass von Leistungsverbesserung und Lebensfreude zu erzielen«, wie sich Robert Werner Schulte, Abteilungsleiter der von Diem gegründeten Deutschen Hochschule für Leibesübungen in Berlin, 1923 vernehmen ließ. Im Sport, sekundierte 1931 Friedrich Wilhelm von der Linde für die Vereinigung Deutscher Arbeitgeberverbände, lerne der Arbeiter,»Gliedmaßen und Körperkräfte zu beherrschen, ökonomisch zu arbeiten«. Dementsprechend wollte der Reichsverband Deutscher Firmensportvereine mit damals 30 000 Mitgliedern»jeden vernunftmäßigen Sport dem gesamten Volke zugängig machen«, um die»deutsche Wirtschaft durch Stählung und Erhaltung ihres wertvollsten Gutes, der deutschen Arbeitnehmerschaft« zu stärken.[10]

Das Ziel, Arbeitnehmer-Körper durch rationale, wissenschaftlich angeleitete Bewegungsübungen für ökonomische Höchstleistungen zu stählen und zu erhalten, war aber nur eines unter mehreren. Sport, Turnen und Mannschaftsspiele schufen zugleich»ein Gegengewicht gegen die entseelte Arbeitsmechanik und Arbeitsteilung, die aus Gründen der Produktionsförderung nun einmal vonnöten sind« – so die Richtlinien des 1929 gegründeten Reichsverbandes.[11] In der»sporttechnisch« optimierten körperlichen Betätigung erlebe der (durchweg männlich gedachte)»Sportjünger«»Frohsinn«,»Lebensfreude« und seine»freie Persönlichkeit, als aktiver Schöpfer«.[12] Darin sahen selbst Gewerkschaftsvertreter nur Positives, nämlich die Vorbedingung für den»optimistischen, das Leben bejahenden Menschen«, dessen innere Einstellung für die Errichtung einer sozialistischen Sozial- und Wirtschaftsordnung unabdingbar sei.[13]

9 Noyan Dinçkal:»Sport ist die körperliche und seelische Selbsthygiene des arbeitenden Volkes«. Arbeit, Leibesübungen und Rationalisierungskultur in der Weimarer Republik, in: Body Politics 1 (2013), S. 71-97, hier S. 71.

10 Robert Werner Schulte: Neigung, Eignung und Leistung im Sport, in: Die Körpererziehung 1 (1923), S. 134-138 u. S. 170-172, hier S. 137; F. W. von der Linde: Arbeitgeber und Leibesübungen, in: Arbeit und Sport, hg. von Hermann Gerbis, Berlin 1931, S. 43-62, hier S. 46 u. 55.

11 Von der Linde (Anm. 10), S. 55.

12 Schulte (Anm. 10), S. 135 f., 170; von der Linde (Anm. 10), S. 47.

13 Walter Maschke: Arbeiter und Leibesübungen, in: Arbeit und Sport, hg. von Hermann Gerbis, Berlin 1931, S. 63-67, hier S. 67. Der Autor war Jugendsekretär des ADGB.

Hier tauchte Rationalisierung in dreifacher Gestalt auf: zum einen als Bemühen um eine verwissenschaftlichte Körperkultur, die die Arbeitskraft als »das wertvollste Gut des Menschen« optimieren sollte; zum zweiten als expertenbasierte Intervention in die »persönliche Selbstkultur«, die mittels »vernunftgemässe[r] Anwendung und Dosierung der Leibesübungen« auf die Kompensation kapitalistischer Zivilisationsschäden im Berufs- und Großstadtleben bedacht war, und zum dritten als Generalangriff auf die Emotionalität des modernen ›Arbeitnehmers‹, die auf Optimismus, Aktivität und Kreativität auszurichten sei.[14] Auch Gefühle, so das neue Credo, seien ›vernunftgemäss‹ zu bearbeiten. Wie der zeitgenössische ›Kampf um die Arbeitsfreude‹ demonstrierte, gestand man Gefühlen weniger denn je eine gleichsam anarchische, regellose und unberechenbare Handlungsmacht zu. Stattdessen wurden sie in dem Maße, wie man sie als gesellschaftliche Aktivposten verbuchte, zum Gegenstand betriebspsychologischer Interventionen, die eng mit dem unternehmerischen Interesse an Produktivitätssteigerung verkoppelt waren.[15]

Zählte man Gefühle, »das ›Kreuz‹ der Psychologen«, noch 1876 zu den »räthselhaftesten Phänomenen des Bewußtseinslebens«, machte die Rationalisierungsenergie des 20. Jahrhunderts vor ihnen nicht mehr halt.[16] Im Unterschied zum traditionellen Mantra, wonach Leidenschaften und Affekte wenn nicht zur Gänze ausgeschaltet, so doch jederzeit unter die unbeugsame Herrschaft der Vernunft gezwungen und entsprechend gedämpft werden müssten, ging es neueren Rationalitätsaposteln weniger darum, Gefühle zu negieren, als sie zu erkunden, zu klassifizieren, zu kartieren und auf ihren jeweiligen Nutzen hin zu prüfen.[17] Was ihnen widerstrebte, war jede Form »nutzloser Kraft- und Lustvergeudung«, sei es am Arbeitsplatz oder in der Freizeit.[18] Gefühle sollten nach Möglich-

14 Von der Linde (Anm. 10), S. 43; Schulte (Anm. 10), S. 135.
15 Während der Psychologe Willy Hellpach den Kampf um eine »Hebung der Arbeitsfreude durch die Arbeit selber« bereits 1907 verloren gab und für einen »Ausgleich der Arbeitsunfreude durch andere Freuden« plädierte (Willy Hellpach: Technischer Fortschritt und seelische Gesundheit, Halle 1907, S. 28), spielten ›Arbeitsgefühle‹ für Industrieunternehmen und Arbeitswissenschaftler im 20. Jh. eine wachsende, strategisch herausfordernde Rolle. Vgl. Sabine Donauer: Faktor Freude. Wie die Wirtschaft Arbeitsgefühle erzeugt, Hamburg 2015.
16 Meyers Konversations-Lexikon, Bd. 7, Leipzig 1876, S. 502.
17 Dies gegen das Argument von Philipp Sarasin (Die Rationalisierung des Körpers. Über »Scientific Management« und »biologische Rationalisierung«, in: Obsessionen, hg. von Michael Jeismann, Frankfurt am Main 1995, S. 78-115), Rationalisierungsdiskurse hätten sich der »wissenschaftlichen und produktivistischen Negation« von Gefühlen verschrieben (S. 115).
18 Schulte (Anm. 10), S. 170.

RATIONALITÄT UND EMOTIONALITÄT

keit einem bestimmten Handlungszweck dienstbar gemacht werden; um dies zu bewerkstelligen, musste man sie ernst nehmen und erforschen. Rationalisierung, so wie sie seit dem frühen 20. Jahrhundert in Angriff genommen wurde, beschränkte sich folglich nicht darauf, »affektuelles Handeln«, die »Hingabe [...] an die eigenen Stimmungen und Gefühle«, auszuschalten oder, wie es der Arbeitswissenschaftler Otto Lipmann 1932 formulierte, die aus »Affekt entstehenden Mängel durch das Streben nach vollkommener und ausschließlicher Herrschaft der Vernunft« zu überwinden.[19] Anstatt Gefühle als Störung rationeller Abläufe zu betrachten, sah man sie vielmehr als etwas an, das strategisch nutzbar war und zur Leistungssteigerung eingesetzt werden konnte. Es galt, in einem Wort, Gefühle ebenfalls zu rationalisieren, indem man sie zunächst wissenschaftlich analysierte, um anschließend ihren Wirkungsgrad zu optimieren.

Massenseelen, Kollektivmenschen und Gefühlsingenieure

In dieses Programm passt auch der anfangs diskutierte Walt-Disney-Film von 1943, der *emotion* mitnichten aus dem Cockpit der US-amerikanischen Weltpolitik verbannte, sondern ihr eine wichtige Funktion für den Erfolg der rational geplanten und organisierten Kriegführung gegen Nazi-Deutschland zuwies. Gefühle waren hier keineswegs Störenfriede oder Gegenspieler von *reason*, im Gegenteil: Sie leisteten, vernünftig angeleitet und am rechten Platz, einen zentralen Beitrag zum Sieg.
Pate stand hier der Erste Weltkrieg. Die Propaganda der Entente-Mächte Frankreich und Großbritannien, später auch der USA hatte auf eine Strategie emotionaler Überwältigung gesetzt, als sie deutsche Gräueltaten in Belgien und Nordfrankreich visuell aufbereitete und drastisch verstärkte. Postkarten und Plakate, die vergewaltigte Frauen und verstümmelte Kinder zeigten, sollten Hassgefühle gegen die ›Barbaren‹ wecken und appellierten an das tätige Mitgefühl für die Opfer. Dem hatte Deutschland, das den Krieg außerhalb seines Staatsgebiets führte, wenig entgegenzusetzen – was ihm, so Adolf Hitler in der Rückschau, den Garaus gemacht habe. In seiner eigenen Amtszeit, auf die er sich 1925 zielstrebig vorbereitete, würde er eine solche vornehme Zurückhaltung nicht walten lassen.[20]

19 Weber: Wirtschaft und Gesellschaft (Anm. 3), S. 15 u. 337; Otto Lipmann: Lehrbuch der Arbeitswissenschaft, Jena 1932, S. 160.
20 Zu den Bilderfolgen über die *atrocités allemandes* siehe Rainer Rother (Hg.): Die letzten Tage der Menschheit. Bilder des ersten Weltkrieges, Berlin 1994, S. 468-471;

Schon in der ›Kampfzeit‹ der NS-Bewegung studierte ihr ›Führer‹ ausgiebig die emotionale und emotionalisierende Politik anderer Staaten, von den Alliierten des Weltkriegs über die junge Sowjetunion bis zum noch jüngeren italienischen Faschismus.[21] Was zu Kriegszeiten unerlässlich schien, ließ sich auch in Friedensperioden zur Gewinnung und Aktivierung der Bevölkerung mobilisieren. Während Hitler das gesamte Arsenal visueller, auditiver und rhetorischer Mittel nutzte, um sein persönliches Charisma in Szene zu setzen, beobachtete er präzise, wie diese Mittel auf die »Masse« wirkten. Ausgehend von der These, das Volk sei »in seiner überwiegenden Mehrheit so feminin veranlagt und eingestellt«, »daß weniger nüchterne Überlegung als vielmehr gefühlsmäßige Empfindung sein Denken und Handeln bestimmt«, müsse Propaganda »in psychologisch richtiger Form den Weg zur Aufmerksamkeit und weiter zum Herzen der breiten Masse finden«:»So muß ihr Wirken auch immer mehr auf das Gefühl gerichtet sein und nur sehr bedingt auf den sogenannten Verstand.«[22]

Das erinnerte an das, was der französische Arzt Gustave Le Bon 1895 über die *Psychologie der Massen* geschrieben hatte. Auch für Le Bon, der auf Erfahrungen anlässlich der deutschen Belagerung von Paris 1870 zurückgriff, waren Massen »weibisch« (*partout féminines*), in hohem Maße erregbar und gingen »den Frauen gleich [...] sofort bis zum Äußersten«. Ihre Gefühle seien *exagéré*, ihre Triebe enthemmt. In der Masse verhalte sich der Einzelne als »Triebwesen«:»Er hat die Unberechenbarkeit, die Heftigkeit, die Wildheit, aber auch die Begeisterung und den Heldenmut ursprünglicher Wesen«. Der Staatsmann, der mit der »Stimme des Volkes« zu rechnen habe, müsse lernen, diese Triebe zu beeinflussen und zu lenken. Das gelinge jenen Rednern am besten, die neben einem persönlichen Nimbus die Rhetorik der »Behauptung«, »Wiederholung« und »Übertragung« beherrschten. »Die Kunst, die Einbildungskraft der Massen zu erregen, ist die Kunst, sie zu regieren.«[23]

über die kontroversen deutschen Debatten informiert Anne Schmidt: Belehrung – Propaganda – Vertrauensarbeit. Zum Wandel amtlicher Kommunikationspolitik in Deutschland 1914-1918, Essen 2006; Adolf Hitler: Mein Kampf, München 1942, S. 193-204.

21 Zu Italien siehe Emil Ludwig: Mussolinis Gespräche mit Emil Ludwig, Berlin/ Wien/Leipzig 1932, S. 68 u. 119-129; Christopher Duggan: Fascist Voices: An Intimate History of Mussolini's Italy, London 2012.

22 Hitler (Anm. 20), S. 196-198 u 200 f. Vgl. Gerhard Paul: Aufstand der Bilder. Die NS-Propaganda vor 1933, Bonn 1990.

23 Gustave le Bon: Psychologie der Massen, Stuttgart 2008, S. 18, 23, 33, 52 u. 98. Die erste deutsche Übersetzung erschien 1908; »weibisch« ist hier sehr viel negativer konnotiert als das französische »féminin« (Psychologie des foules, Paris 1895, S. 27).

Ob Hitler Le Bons Buch kannte, ist nicht verbürgt. Wahrscheinlich hatte er den Artikel des Neurologen Julius Roßbach über die »Massenseele« gelesen, der 1919 im *Münchner Beobachter* abgedruckt war und Le Bon ausführlich zitierte.[24] Das Schlagwort von der ›Masse‹ war zu dieser Zeit überall angekommen, in Debatten über die ›Vermassung‹ von Gesellschaft und Politik ebenso wie in kulturphilosophischen Auseinandersetzungen über das Ende des Individuums und dessen angeblicher Auslöschung in der Masse.[25] Für den Spanier Ortega y Gasset, dessen Buch *La rebelión de las masas* 1929 erschien und sofort ins Deutsche und Englische übersetzt wurde, war nicht die Existenz von Massen das Problem, sondern ihre Emanzipation von der Herrschaft der Eliten und die hegemoniale Durchsetzung ihres Geschmacks, ihrer Wertorientierungen, ihrer Gewohnheiten und Gewöhnlichkeit auf Kosten von Minderheiten. Der liberale Marburger Ökonomieprofessor Wilhelm Röpke teilte Ortegas Kritik, als er im Februar 1933, wenige Tage nach Hitlers Ernennung zum Reichskanzler, vor einer »Epochenwende« durch die »rücksichtslos zur Macht drängenden Massen« warnte. Den Nationalsozialisten warf er vor, »einen Sturm zerstörender und zuchtloser Gefühle [zu] entfachen« und das dem Liberalismus eingeschriebene »Vernunftprinzip« durch »dumpfes gefühlsmäßiges Wollen«, durch »Wühlen in Stimmungen und Gefühlen« zu ersetzen. Einerseits bediene der NS damit die Erwartungen des »Massenmenschen«, der »mehr dem Gefühl als dem Verstand folgt« und im »Qualm der Gefühle, der Schlagworte und des wirren Gestammels« zu sich selbst finde. Andererseits instrumentalisiere und manipuliere das Regime samt der ihm scharenweise zuströmenden Professoren und Intellektuellen jenen Hang zum »Irrationalismus«, um »Stimmungsmache und Gefühlserregung« für eine illiberale, inhumane und brutalistische Gewaltpolitik zu betreiben.[26]

Zwei Monate nach seinem Vortrag sah sich Röpke von seinem Professorenamt entbunden und verließ Marburg in Richtung Istanbul. Umgekehrt kamen ausländische Zeitgenossen wie der knapp 30jährige Schweizer Denis de Rougemont nach Deutschland, um sich einen Reim auf das emotional ›erwachte‹ Nachbarland zu machen. Hauptberuflich Lektor an der Frankfurter Universität, war Rougemont anwesend, als

---

24 Ian Kershaw: Hitler 1889-1936, Stuttgart 1998, S. 203 u. 807 f.
25 Paul Nolte: Die Ordnung der deutschen Gesellschaft, München 2000, S. 111 f. u. 118-126.
26 José Ortega y Gasset: Der Aufstand der Massen, Stuttgart 1931; Wilhelm Röpke: Epochenwende?, in: Wirrnis und Wahrheit, hg. von Wilhelm Röpke, Erlenbach 1962, S. 105-124, hier S. 106 f., 115, 118 f. u. 122 f., mit zahlreichen zustimmenden Verweisen auf und Zitaten aus Ortega y Gasset.

Hitler am 11. März 1936 in der städtischen Festhalle sprach. Nach vierstündigem Warten in der Menge war es so weit: »Die Bogenlampen unten in der Halle verlöschen, während an der Hallendecke Lichtpfeile angehen, die sich auf eine Tür im ersten Rang richten. Ein aufleuchtender Scheinwerfer läßt einen kleinen braungekleideten Mann auf der Schwelle erscheinen, mit bloßem Haupt und ekstatischem Lächeln. 40 000 Menschen, 40 000 Arme haben sich in einer einzigen Bewegung erhoben. Der Mann schreitet sehr langsam vorwärts, grüßt unter einem betäubenden Donnern rhythmischer Heil-Rufe mit langsamer, bischöflicher Geste [...]. Sie [die Menschen, UF] stehen aufrecht, unbeweglich und im Takt brüllend, während sie mit den Augen auf diesen leuchtenden Punkt starren, auf dieses Gesicht mit dem ekstatischen Lächeln, und ihnen im Dunkel Tränen über die Gesichter rinnen.«[27]

Ähnliche Berichte kamen zeitgleich aus der stalinistischen Sowjetunion. Mitte der 1930er Jahre reiste die Traktoristin Pasha Angelina zu einem nationalen Kongress der Stachanow-Bewegung nach Moskau. Beim Anblick Stalins überkam sie ein großes Glücksgefühl. Noch ergriffener aber war die alte Bäuerin neben ihr. Mit weit aufgerissenen Augen und verzücktem Gesichtsausdruck murmelte sie vor sich hin: »Unser Lieber, unser Stalin! Hier ist mein Liebling! Schau auf unsere Sonne, unser Glück!«[28]

Die silberhaarige Bäuerin war zwar weit entfernt von jenem neuen Menschen, von dem Leo Trotzki 1923 geschwärmt hatte: einem »Kollektivmensch«, der seine Gefühle analytisch durchleuchtete und »der Kontrolle durch Vernunft und Willen« unterstellte. Der sowjetische Mensch, so wie ihn Trotzki schaffen wollte, war durch und durch rational und verlieh der »Bewegung seiner eigenen Organe« bei der Arbeit, aber auch im Spiel und beim Sex »höchste Klarheit, Zweckmäßigkeit, Ökonomie und damit Schönheit«. Freiwillig unterwarf er sich den »kompliziertesten[n] Methoden der künstlichen Auslese und des psychophysischen Trainings«. Nichts, aber auch gar nichts hatte er übrig für »mystischen und allerlei sonstigen ideellen Nebel«.[29]

27 Reisen ins Reich 1933 bis 1945. Ausländische Autoren berichten aus Deutschland, hg. von Oliver Lubrich, Frankfurt am Main 2005, S. 111 (Tagebucheintrag v. 11.3.1936).

28 Sheila Fitzpatrick: Happiness and Toska: An Essay in the History of Emotions in Pre-war Soviet Russia, in: Australian Journal of Politics and History 50 (2004), S. 357-371, hier S. 359 (Übersetzung von UF).

29 Leo Trotzki: Denkzettel. Politische Erfahrungen im Zeitalter der permanenten Revolution, hg. von Isaac Deutscher u. a., Frankfurt am Main 1981, S. 366, 369 u. 371.

Stalin hingegen wusste solchen Nebel durchaus zu schätzen und arbeitete energisch am öffentlichen Kult um die eigene Person, eingelassen in rauschhafte Inszenierungen und Massenfeste.[30] Um diese exaltierten Zustände zu erzeugen, wurden, ähnlich wie im NS oder im italienischen Faschismus, modernste Techniken und Technologien angewandt, von einer ausgeklügelten Lichtregie bis zu auditiven Verstärkungen und Übertragungen. Ein so massiver Einsatz von Rationalität (als berechnender Planung) zum Zwecke der Emotionalisierung fand in Stalins Formel, Schriftsteller seien »Ingenieure der Seele«, einen prägnanten Ausdruck. Sie wurde vom ZK-Mitglied Andrej Schdanow schnell aufgegriffen, der den sowjetischen Schriftstellern 1934 ins Stammbuch schrieb, im Sinne einer »revolutionären Romantik« auf die heroisch-optimistische Erziehung der arbeitenden Bevölkerung einzuwirken.[31]

Bereits 1926 hatte der junge Bertolt Brecht von »Gefühlsingenieuren« gesprochen, deren Aufgabe es sei, Menschen emotional umzumontieren.[32] Der Begriff passte perfekt zu den Rationalisierungsanstrengungen der Nachkriegszeit, die, wie gezeigt, auch vor dem emotionalen Habitus der Zeitgenossen nicht Halt machten. Die vernunftgemäße, strategisch angelegte Prägung jenes Habitus konnte dabei, und auch dafür steht Brecht als Exempel, einen Verhaltensstil hervorbringen, der Gefühlen zutiefst misstraute. Ebenso wie Brechts episches Theater ohne Gefühlsemphase à la Schdanow auskam und die Zuschauer ›durchkältete‹ anstatt sie revolutionär-romantisch aufzuheizen[33], predigten die Verfechter einer ›neuen Sachlichkeit‹ das, was Helmut Lethen später als »Verhaltenslehren der Kälte« bezeichnet hat: einen Gestus der Illusionslosigkeit, Abstandswahrung, Differenzierung.[34] Er entsprach einerseits den Anforderungen und Erfahrungen der neuen Zeit, die, wie der Philosoph Helmuth Plessner 1924 formulierte, von einer »maßlose[n] Erkaltung der menschlichen Beziehungen durch maschinelle, geschäftliche, politische Abstraktionen«

30 Jan Plamper: The Stalin Cult: A Study in the Alchemy of Power, New Haven 2012; Malte Rolf: Das sowjetische Massenfest im Stalinismus (1932-1941), in: Geschichte und Gesellschaft 32 (2006), S. 69-92; ders. und Árpád von Klimó (Hg.): Rausch und Diktatur: Inszenierung, Mobilisierung und Kontrolle in totalitären Systemen, Frankfurt am Main 2006.

31 David Joravsky: Russian psychology: A critical history, Oxford 1989, S. 329 (Übersetzung von UF).

32 Brechts »Mann ist Mann«, hg. v. Carl Wege, Frankfurt am Main 1982, S. 285.

33 Monika Meister: »Sein Gesicht als ein leeres Blatt«. Zu Bertolt Brechts Bestimmung der »Durchkältung« und Emotion im epischen Theater, in: Theater, Kunst, Wissenschaft, hg. von Edda Fuhrich und Hilde Haider, Wien 2004, S. 271-276.

34 Helmut Lethen: Verhaltenslehren der Kälte. Lebensversuche zwischen den Kriegen, Frankfurt am Main 1994.

gekennzeichnet sei. Max Weber schwor Münchener Studenten 1919 auf eine »Polarnacht von eisiger Finsternis und Härte« ein, die das durch die Kriegsniederlage gezeichnete Deutschland vor sich habe und die es nur mit einer jeder Illusion baren Haltung sachlicher Rationalität durchstehen würde.[35] Andererseits setzte sich dieser Gestus der »kalten persona« (Lethen) entschieden ab vom warmen »Lebensgefühl heroischer Gemeinschaftsbejahung«, das Plessner damals in kommunistischen und faschistischen Bewegungen gleichermaßen beheimatet sah. Deren »Radikalismus« der Intimität löse die »individuelle Persönlichkeit« auf und verschreibe sich dem »Ideal einer glühenden, in allen ihren Trägern überquellenden Gemeinschaft«. Das Individuum verschmelze mit der »Masse«, die ihm »Affektwerte höchsten Grades« liefere, dabei aber seine Eigentümlichkeit und Würde vernichte. Ebenso wie Röpke störte sich Plessner daran, dass eine solche Gemeinschaftsemphase nicht nur die »unbewußte«, einfach manipulierbare Masse erfasst habe, sondern auch »bedeutende Köpfe, wertvolle Jugend«.[36]

Tatsächlich erfreuten sich die neue »Daseinsweise« des Bundes und die ihm zugrundeliegenden exaltierten »Gefühlserlebnisse«, wie sie der Stefan-George-Jünger Herman Schmalenbach 1922 aus eigener Anschauung beschrieb, gerade bei gebildeten jungen Männern bürgerlicher und adliger Herkunft großer Beliebtheit.[37] Zugleich aber wäre es verfehlt, solche Tendenzen zu überzeichnen. Junge Frauen und Männer zeigten in den 1920er und frühen 1930er Jahren auch ganz andere Profile und Neigungen. Nicht nur Stefan Zweig fing ihren Gestus der Nüchternheit und Unbefangenheit ein und berichtete über den aufrechten Gang und hellen Blick der Frauen, die in Bubikopf und kurzen Röcken oder gar Hosen selbstbewusst-unsentimental durchs moderne Leben streiften. Die »jungen Mädchen von heute«, hieß es 1932 in einem Themenheft der *Süddeutschen Monatshefte*, seien anders als die »verträumten Mädchen früherer Tage«: »Es wird nicht geschwärmt, sondern naturhaft gelebt. Körperkultur und Sport stählen zum Lebenskampf, dem man mit praktischer Einstellung entgegentritt.« Die Olympiasiegerin im Fechten,

35 Helmuth Plessner: Grenzen der Gemeinschaft. Eine Kritik des sozialen Radikalismus, Bonn 1972, S. 26; Max Weber: Politik als Beruf, in: Max Weber Gesamtausgabe, Abt. I, Bd. 17, Tübingen 1992, S. 157-252, hier S. 251. S. auch Daniel Morat: Kalte Männlichkeit? Weimarer Verhaltenslehren im Spannungsfeld von Emotionen- und Geschlechtergeschichte, in: Die Präsenz der Gefühle, hg. von Manuel Borutta und Nina Verheyen, Bielefeld 2010, S. 153-177.

36 Plessner (Anm. 35), S. 26, 36, 38, 40, 42 u. 71.

37 Herman Schmalenbach: Die soziologische Kategorie des Bundes, in: Die Dioskuren 1 (1922), S. 35-105.

Helene Mayer, bekannte ihre »Freude am Kampf« und an der »Arbeit« des Sports, die »härter« sei als die des Tanzes. Andere konstatierten bei den Angehörigen der »sachlichen jungen Generation« geradezu eine »Flucht vor dem Gefühl«; selbst die gemeinhin als emotionaler geltenden Frauen verspürten »Scheu, ein Gefühl zu zeigen«, um nicht »lächerlich zu wirken«.[38] Der von Plessner festgestellte Zug zur »Sentimentalisierung« war folglich alles andere als flächendeckend.[39] Den *L'uomo razionale*, wie das Bild des Futuristen Nicolaj Diulgheroff aus dem Jahre 1928 betitelt war, gab es zumindest ansatzweise bereits in der Gegenwart, auch wenn er weit entfernt blieb von jenem Zerrbild zweckhaft bestimmter Zukunftsmenschen, das Aldous Huxley 1932 in seinem dystopischen Roman *Brave New World* entwarf.[40] Selbst wenn die »sachliche« Nachkriegsgeneration den Gefühlsüberschwang vermied und sich auch bei der Partnerwahl berechnender und weniger schwärmerisch verhielt als in ›früheren Tagen‹, wollte sie nichts zu tun haben »mit jener grauenvollen Nüchternheit und Zweckhaftigkeit der Leute, die das Geschlechtsleben nur unter dem Gesichtspunkt der Bevölkerungspolitik und der Eugenik, das Hochgebirge nur unter dem Gesichtspunkt der Elektrizitätsgewinnung und die Vogelwelt nur unter dem Gesichtspunkt der Nützlichkeit oder Schädlichkeit zu betrachten vermögen«.[41]

Solche ›Leute‹ gab es zweifelsohne, und Trotzki hätte an ihnen seine helle Freude gehabt. Bei aller Wertschätzung des auf »rationellem« Denken und Handeln beruhenden Erfolgs jedoch, für den viele Europäer die USA bewunderten (die auch für Huxleys *Brave New World* Pate standen), gingen sie auf Distanz zu einer aus ihrer Sicht verflachten, durch ein »psychisches Taylorsystem« wegrationalisierten »Subjektivität«. Die »Amerikanisierung der Seele«, hieß es 1928, lasse letztere an »Tiefe, an innerem Halt« verlieren. Genussvolle subjektive Eindrücke würden

38 Stefan Zweig: Die Welt von Gestern, Frankfurt am Main 1949, S. 84-97 u. 108 f.; Süddeutsche Monatshefte 29 (1932), H. 4, S. 286 f. u. 303.Vgl. auch Morat (Anm. 35), S. 166 f.

39 Plessner (Anm. 35), S. 10.

40 Irina Genova: The Hybrid Artistic Identity: Nicolay Diulgheroff and the Second Phase of the Italian Futurist Movement, in: International Yearbook of Futurism Studies 1 (2011), S. 323-342. Zur ästhetischen Rezeption technischer Rationalisierung vgl. David Midgley: Writing Weimar. Critical Realism in German Literature 1918-1933, Oxford 2000, Kap. 8. Zu Huxley vgl. Röpke (Anm. 26), S. 114.

41 Röpke (Anm. 26), S. 114. Tendenzen zur Rationalisierung der Partnerwahl und zur modernen »Berechnungsehe« hatte Hellpach bereits 1902 ausgemacht (Ernst Gystrow = Willy Hugo Hellpach: Liebe und Liebesleben im 19. Jahrhundert, Berlin 1902, S. 28).

nur noch als »oberflächliches ›Vergnügen‹« wahrgenommen, nicht als profunde, die »gesamte Persönlichkeit« erfassende Erlebnisse. Vor allem Kunst, Philosophie und Religion böten solchen Erlebnissen Raum, und hier fände denn auch die rechte »Gefühlsbildung« statt, der »jeder nach Erfolg strebende Mensch […] einen Teil seiner Zeit« widmen müsse. Selbst die individuelle »Gefühlswelt« war demgemäß nicht arbeits- und beschäftigungsfrei, sondern auf die tätige Aneignung durch den »sachlichen Menschen« angewiesen.[42]

Zugleich, und das sah niemand klarer als Max Weber, musste die versachlichte, auf Rationalität geeichte moderne Welt der Wirtschaft und Wissenschaft, der Verwaltung und Politik ihrerseits darauf bedacht sein, dass ihr Personal nicht nur regel- und roboterhaft funktionierte, sondern mit Kreativität und Leidenschaft zu Werke ging. Ebenso wie Wissenschaftler von leidenschaftlicher Neugierde angetrieben würden, seien auch Politiker von »leidenschaftliche[r] Hingabe an eine ›Sache‹« erfüllt. Im Idealfall paare sich hier, so Weber, »heiße« Leidenschaft mit »kühle[m] Augenmaß« und »sachliche[m] Verantwortungsgefühl«.[43] Der Leidenschaft kam dabei eine ähnliche Funktion zu, wie sie der emotionale Kopilot im Disney-Film innehatte: Sie motivierte, unterstützte und stabilisierte den rationalen, von Gefühlen und Stimmungen freien Denk- und Entscheidungsprozess.

Nachkriegsgesellschaften zwischen Nüchternheit und Pathos

Bei dem Versuch, das für sie passende Verhältnis zwischen Rationalität und Emotionalität zu bestimmen und auszutarieren, probierten Zeitgenossen des frühen und mittleren 20. Jahrhunderts verschiedene Optionen aus. Die Palette der Möglichkeiten reichte von der Apotheose des mystischen Erlebnisses als Gegengewicht zur »Mechanisierung der Welt«, wie sie dem Industriellen und Schöngeist Walther Rathenau vorschwebte, bis zu Konzepten, die Gefühlen einen nur minimalen, abgezirkelten Entfaltungsraum zugestanden und sie auch dort fest an die Kandare der Vernunft legen wollten.[44] Solche Überlegungen waren

42 Ludwig Lewin (Hg.): Der erfolgreiche Mensch, Bd. 1, Berlin 1928, S. 40-42, 45 (Lewin), 182 f. (Alfred Nippoldt), 301 (Richard Müller Freienfels); Bd. 2, S. 13 f. (Johannes M. Verweyen), 121 (Manfed Georg); Bd. 3, S. 24 (Robert Werner Schulte), 51 (Käte Wittkower), 505-508 (Elias Hurwicz).
43 Weber (Anm. 35), S. 227 f., 249 u. 251 f.
44 Walther Rathenau: Zur Mechanik des Geistes, Frankfurt am Main 1913. Robert Musil (Anmerkungen zu einer Metapsychik, in: Die neue Rundschau 1 [1914],

keineswegs das Monopol von Intellektuellen oder Künstlern. Selbst Wirtschaftsunternehmen lernten zunehmend, Gefühle als Produktionsfaktor und Produktivitätsressource zu betrachten und entsprechend zu bearbeiten. Mit der steten Erweiterung des Dienstleistungssektors und der flächendeckenden Entwicklung von Konsumgesellschaften erhielten die Brechtschen »Gefühlsingenieure« immer mehr Aufgaben und Arbeitsfelder zugewiesen, von der ›Reklame‹ bis zum Personaltraining.[45] Dass das Motto »Service with a Smile« verkaufsfördernd wirkte, war in den USA schon zu Beginn des Jahrhunderts bekannt, vermochte sich in (Kontinental-)Europa allerdings erst viele Jahrzehnte später einzunisten. Solche Verspätungen lassen sich mit unterschiedlichen kapitalistischen Entwicklungsgeschwindigkeiten diesseits und jenseits des Atlantiks erklären, aber auch mit der Rolle der Kriege und den traumatischen Gewalterfahrungen, die europäische Gesellschaften in den Dreißiger und Vierziger Jahren machten. Die »einladende Freundlichkeit«, die europäische Besucher bereits in den 1920er Jahren in den USA erlebt (und der sie als Ausdruck von »egoistisch-händlerischem Instinkt und Interesse« misstraut) hatten, kam in den europäischen Nachkriegsgesellschaften schwer zum Zuge.[46] Auch der Habitus von Beamten und Behörden war nicht von Freundlichkeit oder höflichem Respekt geprägt, sondern pflegte bis weit ins 20. Jahrhundert hinein den schnarrenden, hochmütigen Ton der Macht. Was sich in den liberalisierten Gesellschaften des Westens seit den 1960er Jahren allmählich milderte, blieb im Staatssozialismus Osteuropas bis zum Zusammenbruch erhalten (und hinterlässt im deutschdeutschen Verhältnis bis heute untrügliche Spuren).

Was sich quer durch alle politischen und ökonomischen Systeme etablierte und ausbreitete, war das Interesse an den Gefühlen und Stimmungen der ›Masse‹. 1937 startete in Großbritannien der großangelegte Versuch, die Ängste, Hoffnungen, Sehnsüchte, Enttäuschungen und Erwartungen der Bevölkerung zu erkunden, mittels Fragebögen, Interviews und freiwilliger Selbstbeobachtung im Tagebuch. Die Initiatoren des Projekts verstanden es als meteorologische Station, deren Informationen und Messungen so etwas wie eine »weather-map of popular feeling« hervorbrachten. Mit Beginn des Krieges stellten sie sich in den Dienst der britischen Regierung und offerierten ihr ein »war barometer«, an dem

---

S. 556-560) kritisierte Rathenaus Versuch, die Welt aus dem Geist des Erlebnisses »statt mit dem Verstande« zu denken, als halbherzig, weil er die »Gefühlsmystik« seinerseits rationalisiere.

45 Vgl. dazu Eva Illouz: Gefühle in Zeiten des Kapitalismus, Frankfurt am Main 2007.

46 Lewin (Anm. 42), S. 41 (Lewin).

sich die »trends in civilian morale« ablesen ließen.[47] Solche Messgeräte waren in allen kriegführenden Staaten begehrt; selbst diktatorische Regime wie Deutschland wollten über die »Gedanken und Wünsche« der ›Volksgenossen‹ unterrichtet sein, um entsprechend auf deren »gefühlsmäßige Einstellung« einwirken zu können.[48] Auch nach dem Krieg ebbte das Informationsbedürfnis nicht ab. Während Soziologen und Kulturphilosophen sich weiterhin an der vorgeblichen ›Vermassung‹ der Gesellschaft abarbeiteten, zeigten sich Politik und Wirtschaft höchst interessiert an dem, was jene ›Masse‹ fühlte und meinte.[49] Was in den USA bereits Mitte der 1930er Jahre mit den Gallup-Umfragen Furore gemacht hatte, setzte sich in den westeuropäischen Gesellschaften erst ein Jahrzehnt später durch. Demoskopen stellten Repräsentativbefragungen zu allen möglichen Themen an, zur glücklichen Kindheit ebenso wie zur ›Intimsphäre‹, zur Außenpolitik ebenso wie zur Akzeptanz des Kapitalismus. Richteten sich solche Fragen in der Regel an Erwachsene, kümmerten sich spezielle Jugendforschungsinstitute um die Einstellungen und Gefühlswerte der nachwachsenden Generation. 1963 nahm das Deutsche Jugendinstitut in München seine Arbeit auf, drei Jahre später folgte das Zentralinstitut für Jugendforschung in Leipzig mit großangelegten Intervallstudien. Im Auftrag des Shell-Konzerns wurden bereits seit 1953 die Orientierungen und Grundhaltungen junger Menschen untersucht. Die (nicht nur) emotionale Durchleuchtung der Bevölkerung stand also in beiden deutschen Staaten auf dem Programm, wurde allerdings von unterschiedlichen Akteuren mit unterschiedlichen Mitteln und Zielsetzungen betrieben.[50]

War im kapitalistischen Westen die sich entfaltende Konsumwirtschaft ein finanzstarker Auftraggeber solcher Umfragen und Studien, hatte in der politisch durchherrschten DDR vor allem der Staat ein Interesse daran, die Gefühle und Stimmungen der Bürger zu kennen und zu beeinflussen. Besonders die Jugend geriet dort, ähnlich wie im

47 Ben Dibley und Michelle Kelly: Morale and Mass Observation: Governing the Affective Atmosphere on the Home-Front, in: Museum & Society 13 (2015), S. 22-41, hier S. 22; Nick Hubble: Mass-Observation and Everyday Life, London 2006; Claire Langhamer: »The Live Dynamic Whole of Feeling and Behavior«, in: Journal of British Studies 51 (2012), S. 416-441.
48 Heinz Boberach (Hg.): Meldungen aus dem Reich 1938-1945: Die geheimen Lageberichte des Sicherheitsdienstes der SS, Bd. 1, Herrsching 1984, S. 69-72.
49 Nolte (Anm. 25), S. 304-314. Zur Entwicklung der Demoskopie siehe Anja Kruke: Demoskopie in der Bundesrepublik Deutschland. Meinungsforschung, Parteien und Medien 1949-1990, Düsseldorf 2007.
50 Zur Marktforschung in der DDR vgl. Ina Merkel: Utopie und Bedürfnis. Die Geschichte der Konsumkultur in der DDR, Köln 1999, S. 134-150.

Nationalsozialismus, ins Visier einer stark emotionalisierenden Politik. Im Schulunterricht, aber auch in den inklusiven Jugendorganisationen wurde die »Liebe« zur Partei und zum »sozialistischen Vaterland« zum obersten Erziehungsziel. Massenaufmärsche und Kollektivehrungen demonstrierten Einklang und Verbundenheit zwischen Bevölkerung und Staatsführung. Immer wieder war vom »unerschütterlichen Vertrauen« die Rede, das DDR-Bürger zu ihrem System und dessen Repräsentanten hegten. Mindestens ebenso häufig beschwor man die »unverbrüchliche Freundschaft« mit den osteuropäischen »Bruderstaaten«, allen voran mit der Sowjetunion, dem »Vaterland aller Werktätigen«. Flammende Appelle, kollektives Singen, synchrones Marschieren, feierliche Gelöbnisse: all das war Teil jener Gefühlsoffensive, mit der die SED und ihre Trabanten um die affektive Zustimmung und Loyalität der DDR-Bürger warben.[51]

Die Bundesrepublik hielt sich mit solchen Offensiven deutlich zurück. Nach den Emotionalisierungsexzessen der Nazi-Zeit setzte man hier bewusst auf nüchterne Sachlichkeit.[52] Stilgebend waren die ersten politischen Repräsentanten der Republik, Konrad Adenauer und Theodor Heuss. Beide scheuten das große, bombastische Wort und die heroische Geste; beide bevorzugten sachliche Argumente vor emotionaler Überwältigung. Selbst wenn Heuss in seiner Antrittsrede als Bundespräsident 1949 dazu einlud, ein »*neues Nationalgefühl* zu bilden«, sollte es doch ein bescheidenes sein, bar jeder »hochfahrende[n] Hybris«. Und als sich Kanzler und Außenminister Adenauer 1952 für das Deutschland-Lied als bundesdeutsche Nationalhymne stark machte, tat er das nicht mit Blick auf mögliche emotionale Effekte, sondern unter Hinweis auf »außenpolitischen Realismus«: Die deutschen Botschaften im Ausland brauchten eine Hymne, der die Gäste ihre Reverenz erweisen konnten.[53] Innenpolitisch gerierte sich Adenauer vormundschaftlich-väterlich; statt leidenschaftlicher Aufrufe gab er lieber pragmatisch-nüchterne Rat-

51 Ute Frevert: Vertrauensfragen. Eine Obsession der Moderne, München 2013, S. 190-194; Richard Bessel: Hatred after War. Emotion and the Postwar History of East Germany, in: History and Memory 17 (2005) S. 195-216.
52 Dass sich hinter dem sachlichen Gestus keineswegs »Gefühlskälte« (Adorno) oder »Gefühlsstarre« (Mitscherlich) verbargen, sondern starke Affekte der Schuld, der Trauer und des Ressentiments, argumentiert Anna M. Parkinson: An Emotional State. The Politics of Emotion in Postwar West German Culture, Ann Arbor 2015.
53 Dolf Sternberger (Hg.): Reden der deutschen Bundespräsidenten Heuss/Lübke/Heinemann/Scheel, München 1979, S. 5-10; Theodor Heuss und Konrad Adenauer: Unserem Vaterlande zugute. Der Briefwechsel 1948-1963, Berlin 1989, S. 109-114.

schläge zum Jahreswechsel:»Wir wollen im Jahr 1961 arbeiten, fleißig sein, gewissenhaft sein und treu sein wie bisher.«[54]

Nüchternheit statt emotionsgeladenem Pathos: Dafür hatte 1950 auch der im dänischen Aarhus lehrende und aus Nazi-Deutschland emigrierte Soziologe Theodor Geiger plädiert. Gerade mit Blick auf den nationalsozialistischen »Gefühlskult« forderte er eine »planmässige Intellektualisierung des Menschen und seine Schulung in Gefühlsaskese«. Anstatt »Gemütswerte« zu pflegen, solle sich das Erziehungs- und Schulwesen mehr »um die Entfaltung selbständigen Denkens« kümmern. Um in der »mit Rationalität gesättigt[en]« Alltagswelt zu bestehen, sei ein »intellektueller, rationaler Ausblick auf das Dasein« vonnöten, »entgegengesetzt etwa dem idyllischen, heroischen oder mystischen«. Den antizipierten Vorwurf, er wolle dem Menschen die Gefühle abgewöhnen, ließ Geiger nicht gelten. Ihm gehe es lediglich darum, »die Rolle der Gefühle und irrationalen Vorstellungen im gesellschaftlichen Dasein einer Kritik« zu unterziehen. Je nachdem, ob sie »aufbauend oder zersetzend wirken«, seien sie positiv oder negativ zu beurteilen. Letztlich aber bestand der nüchterne Soziologe darauf, Gefühle aus der öffentlichen Sphäre und ihrer »distant-sachlich-kühle[n]« Form der Vergesellschaftung herauszuhalten:»Eine Privatisierung des Gefühlslebens tut not.«[55]

Auch wenn sie ihn vermutlich nicht gelesen hatten, sprach Geiger vielen Politikern der frühen Bundesrepublik aus der Seele. Gefühle waren ihnen Privatsache und gehörten nicht in den öffentlichen Raum. Am prägnantesten formulierte das der spätere Bundespräsident Gustav Heinemann. Auf die Frage, ob er seinen Staat liebe, antwortete er kurz und knapp:»Ach was, ich liebe keine Staaten, ich liebe meine Frau; fertig!«[56] Diese betonte Sachlichkeit spiegelte sich auch in der Staatsarchitektur. Das Bundesverfassungsgericht tagt seit 1969 in einem schlichten, pavillonartigen Stahlskelett-Bau mit großen Glasfenstern, der sich ohne Umzäunung in den Karlsruher Schlosspark einfügt. Der Kontrast zu den prunkvollen monumentalen Justizpalästen des 19. und frühen 20. Jahrhunderts war intendiert und hätte nicht größer ausfallen können. Auch die ›Residenz‹, die Adenauers Nachfolger Ludwig Erhard in Auftrag gab,

54 Bulletin des Presse- und Informationsamtes der Bundesregierung, 6.1.1961, Nr. 4, S. 34.
55 Theodor Geiger: Die Gesellschaft zwischen Pathos und Nüchternheit, Aarhus 1960, S. 21, 87, 93 f., 95 f. u. 99 (Geiger starb 1952, das Buch – mit einem Vorwort von 1950 – erschien posthum).
56 Hermann Schreiber: Nichts anstelle vom lieben Gott, in: Der Spiegel 3/1969, S. 27-34. Der Reporter Hermann Schreiber porträtierte Heinemann als einen Politiker der »Nüchternheit«, dem Emotionen, vor allem solche kollektiver Art, fremd seien.

kam denkbar nüchtern daher. Der ›Kanzlerbungalow‹ des Architekten Sep Ruf, 1966 fertiggestellt, empfahl sich als kühle, transparente, zurückhaltende Flachdachkonstruktion im Stil der Klassischen Moderne.[57] So viel Offenheit und Rationalität trafen nicht überall auf Gegenliebe. Schon Erhards konservativer Amtsnachfolger Kurt Georg Kiesinger fand den Bungalow unbehaglich und möblierte ihn »gemütlich« um. Aber auch der SPD-Politiker Carlo Schmid sorgte sich um das richtige, ›harmonische‹ Verhältnis zwischen »rationalem Begreifen« und »seelischem Ergreifen« im neuen demokratischen Staat. Ähnlich wie Rathenau und Weber zu Beginn des Jahrhunderts warnte er 1960 davor, die »Kräfte der Seele« vom »Technischen« überwuchern zu lassen, denn »dann verkümmern wir und verholzen«.[58] Ob er dabei an Adenauer dachte, dem der Korrespondent der *New York Times* 1952 ein »seltsam hölzernes Gesicht« attestiert hatte, »über das nur dann und wann ein beherrschtes, halbes Lächeln huscht«?[59]

Allerdings hatte es selbst unter Adenauers nüchtern-hölzernem Patriarchat Anleihen bei den Kräften der Seele gegeben. CDU-Plakate von 1949 und 1953 beschworen, in bruchloser Fortsetzung der NS-Propaganda, die Angst vor dem Kommunismus und diffamierten die SPD als ›fünfte Kolonne Moskaus‹. Obwohl der Kalte Krieg mit seinem Gleichgewicht des Schreckens auf der wechselseitigen Annahme absoluter Rationalität beruhte, wollte man wahlkampfpolitisch auf emotionalisierende Parolen nicht verzichten.[60] Auch der Trend zur Personalisierung und Medialisierung, der spätestens mit dem Aufbau Willy Brandts zum Kanzlerkandidaten begann, brachte Gefühle zurück in die Politik. Hatte Schmid während der Verfassungsberatungen 1948 in »Autoritätsglauben« und im »Vertrauen auf andere« eine manifeste Gefährdung der Demokratie gesehen, beobachteten Journalisten ein Vierteljahrhundert später, wie

57 Bundesverfassungsgericht in Karlsruhe, in: Bauwelt 48 (1969), S. 1714-1722; Stiftung Haus der Geschichte der Bundesrepublik Deutschland und Wüstenrot Stiftung (Hg.): Kanzlerbungalow, München 2009; Philipp Nielsen: Bonner Bauten. Demokratie und die Architektur der Bescheidenheit, in: Geschichte der Gefühle – Einblicke in die Forschung, Januar 2014, DOI: 10.14280/08241.17, [Zugriff am 5.9.2015].
58 Carlo Schmid: Der Mensch im Staat von morgen, in: ders., Politik muß menschlich sein, Bern 1980, S. 9-30, hier S. 12 f.
59 Cyrus L. Sulzberger: Auf schmalen Straßen durch die dunkle Nacht. Erinnerungen eines Augenzeugen der Weltgeschichte 1934-1954, Wien 1971, S. 463.
60 Paul Erickson u.a.: How Reason Almost Lost Its Mind: The Strange Career of Cold War Rationality, Chicago 2013; Thomas Mergel: Propaganda nach Hitler. Eine Kulturgeschichte des Wahlkampfs in der Bundesrepublik 1949-1990, Göttingen 2010.

in Brandts Wahlversammlungen »viele ältere Frauen mit vertrauensvoll-
gläubigem Blick auftauchen«.[61] Sie beobachteten aber auch, wie Brandt bei solchen Auftritten »Dämme
gegen den Enthusiasmus« seiner Anhänger baute: »Ganze Passagen«,
speziell der »Exkurs über die Währungspolitik«, seien »so gehalten, daß
die Zuhörer keine Gelegenheit finden, ihr angestautes Jubelbedürfnis
loszuwerden«. Gerade Brandt, Jahrgang 1913 und in den fanatischen Par-
teikämpfen der Weimarer Republik sozialisiert, war sich der Gefahr der
Überemotionalisierung sehr bewusst und übte sich immer wieder in der
Kunst der zurückhaltenden, besänftigenden Geste.

Vor diesem Hintergrund wirkte das Auftreten der jungen, protest-
bereiten Studenten in den 1960er Jahren wie ein Kulturschock. Hatte die
frühe Ostermarsch-Bewegung in ihrer Abwehr gegen Kernwaffen und
Aufrüstung noch ganz auf rationale Argumentation und Information
gesetzt, fielen Sprache und Gestus der Außerparlamentarischen Opposition sehr viel emotionaler und provokanter aus. Der Ton auf beiden Seiten wurde schärfer und aggressiver. Begriffe wie Angst, Wut, Hass und
Empörung, die in der politischen Rhetorik der Bundesrepublik bislang
keinen Platz hatten, waren auf einmal allgegenwärtig.[62]

Allerdings ging die Studentenbewegung nicht in ihren rebellischen
politischen Parolen und Aktionen auf. Sie stand, wenigstens in Teilen,
auch in der Tradition jener lebensreformerischen Gruppen, die seit der
Jahrhundertwende auf einen Brückenschlag zwischen Individuum und
Gesellschaft, zwischen Emotion und Ratio, zwischen ›kalter‹ Materie
und ›heißer‹ Seele hingearbeitet hatten. Neu apostrophiert und fortgesetzt wurde diese Tradition von gegenkulturellen Jugendbewegungen,
die seit der Mitte der 1960er Jahre großen internationalen Zulauf erhielten. ›Hippies‹ und ›Blumenkinder‹ entwickelten nicht nur eigene, grenzüberschreitende Musik- und Kleidungsstile, sondern machten sich auch,
unterstützt durch extensiven Drogenkonsum, auf die Suche nach neuen,
intensiveren Gefühlserlebnissen. Was im kalifornischen San Francisco

---

61 Frevert (Anm. 51), S. 195; das letzte und die folgenden Zitate stammen von Rolf
    Zundel: »Brandt: locker in die letzte Runde«, in: Die Zeit, 17.11.1972, S. 3.
62 Holger Nehring: Angst, Gewalterfahrungen und das Ende des Pazifismus. Die
    britischen und westdeutschen Proteste gegen Atomwaffen, 1957-1964, in: Angst
    im Kalten Krieg, hg. von Bernd Greiner u. a., Hamburg 2009, S. 436-464; Belinda
    Davis: Provokation als Emanzipation. 1968 und die Emotionen, in: Vorgänge 42
    (2003), S. 41-49; Frank Biess: Die Sensibilisierung des Subjekts: Angst und »Neue
    Subjektivität« in den 1970er Jahren, in: WerkstattGeschichte 49 (2008), S. 51-71.

seinen Ausgangspunkt nahm, kam schon bald in der bundesdeutschen Provinz an und übersprang sogar den Eisernen Vorhang.[63] Mit »love-ins« und dem allgegenwärtigen Slogan »Make love not war« setzten die Anhänger der Bewegung einen Kontrapunkt zu all jenem, was ihnen in der Gegenwartsgesellschaft missfiel, von der materialistischen Konsumkultur bis zum Kalten (und heißen) Krieg. Ihr Credo, in den positiven Gefühlen für sich und andere die Quelle freier, selbstbestimmter Lebensformen zu finden, überdauerte den »summer of love« 1967 und inspirierte mittelfristig auch stärker politisch aufgestellte Gruppen und Milieus. Ebenso wie Linke und Linksalternative Che Guevara für seinen Satz liebten, Solidarität sei »die Zärtlichkeit der Völker«, liebten sie die Wärme der Wohngemeinschaft, die emotionale Nähe im autonomen Arbeitskollektiv, die Entdeckung der eigenen Gefühle in der Selbsterfahrungsgruppe.[64]

Die Nobilitierung der Gefühle als Ausweis von Subjektivität, Authentizität und ›Betroffenheit‹ fand Rückhalt in der Psychowelle, die seit den 1960er Jahren von den USA nach Europa schwappte. Zahllose Therapieschulen und -techniken spannten die Menschen in ein »therapeutisches Netz« ein, in dem sie lernten, sich »selbst zu lieben« und andere mit Empathie, Solidarität und Wärme anzusehen. »Echtes Gefühl« stand hoch im Kurs, im Selbstverhältnis ebenso wie im Fremdverhältnis.[65] Die neuen sozialen Bewegungen der 1970er und 1980er Jahre wussten es ebenso zu schätzen wie die Partei DIE GRÜNEN, die 1983 in den Bundestag einzog und ihren basisdemokratisch-emotionalen Politikstil parlamentsfähig machte.

* * *

In den Frauen-, Friedens-, Anti-Atomkraft- und Umweltgruppen wirkte die Betonung von Gefühlen als wichtiges Element der Binnenstabilisierung und Außendarstellung. Aus der Perspektive der ›betroffenen‹ Sub-

63 Klaus Farin: Jugendkulturen in Deutschland 1950-1989, Bonn 2006; Michael Rauhut und Thomas Kochan: Bye bye, Lübben City. Bluesfreaks, Tramps und Hippies in der DDR, Berlin 2009.

64 Sven Reichardt: Authentizität und Gemeinschaft. Linksalternatives Leben in den siebziger und frühen achtziger Jahren, Frankfurt am Main 2014, v. a. S. 319-626.

65 Peter Gay: Menschen im therapeutischen Netz, in: Der Mensch des 20. Jahrhunderts, hg. von Ute Frevert und Heinz-Gerhard Haupt, Frankfurt am Main 1999, S. 324-343; Eva Illouz: Die Errettung der modernen Seele, Frankfurt am Main 2009; Sabine Maasen u. a. (Hg.): Das beratene Selbst. Zur Genealogie der Therapeutisierung in den »langen« Siebzigern, Bielefeld 2011; Maik Tändler und Uffa Jensen (Hg.): Das Selbst zwischen Anpassung und Befreiung. Psychowissen und Politik im 20. Jahrhundert, Göttingen 2012; Reichardt (Anm. 64), S. 293-806, hier S. 785 u. 787.

jekte war sie genuiner Bestandteil von Emanzipation und Selbstverwirk-
lichung. Soziologen wiederum interpretieren sie als kongeniale Antwort
auf den spätkapitalistischen Imperativ des Selbstmanagements und der
Selbstoptimierung: Auch Gefühle werden diesem Imperativ unterworfen und ihm nutzbar gemacht. Aus der Sicht der Historikerin schließlich
zählt das, was der Psychoboom in den verschiedenen Milieus westlicher
Gesellschaften anrichtete, zu einer langen Geschichte neuzeitlicher Versuche, die vorgeblichen ›Heiß-Kalt‹-Spannungen moderner Gesellschaften gruppendynamisch zu bearbeiten und individuell auszuhalten.
Diese Geschichte ist älter als das 20. Jahrhundert. Aber erst jenes
Jahrhundert erhob Rationalisierung bewusst zu einem Fortschritts- und
Bewegungsbegriff, der alle Lebensbereiche umfasste und selbst vor dem
sogenannten Irrationalen nicht Halt machte. Die »gewaltige Kraft, die
im menschlichen Willen und in den Leidenschaften liegt«, schrieb der
populäre Pädagoge und Philosoph Friedrich Wilhelm Foerster zu Beginn
des Jahrhunderts, gelte es »so zu befreien und zu leiten, daß sie nicht in
wilden Ausbrüchen verschwendet wird, sondern unter der Herrschaft der
Vernunft edle Arbeit tut«.[66] Foerster war einer unter vielen, die damals
dafür plädierten, Gefühle als die »großen Triebkräfte der menschlichen
Seele« zu erkunden, ihre Entstehung und Entwicklung, ihre Speicherung
und Verwertung zu erforschen. Auch Gefühle, Leidenschaften, Affekte
sollten mit wissenschaftlicher Präzision analysiert, auf konsistente Typen,
Muster und Strukturen zurückgeführt und damit ihrer vorgeblichen
Wildheit und Unverfügbarkeit entkleidet werden. Diesem Zugriff entsprach ein Habitus, der die moderne Welt, in den Worten Theodor
Geigers, als »mit Rationalität gesättigt« sah und akzeptierte. Wenn sich
die persönliche oder psychische »Form des Menschen« dieser Welt noch
nicht angepasst habe und gegen die »Umwelt kalter Institutionen und
Maschinen« rebelliere, müsse das schleunigst behoben werden.[67]

›Rationalisierung der Gefühle‹ konnte dabei Verschiedenes bedeuten,
je nach Autor, Kontext und Zweck. Für Geiger oder Heinemann ging es
darum, Gefühle aus der öffentlichen Sphäre zu verbannen und auf das
private Leben, auf Familie und Freundschaft zu beschränken. Auch Kunst
und Religion galten ihnen als Refugien des ›Gemüts‹. Für populistische
Politiker und Diktatoren wie Hitler, Stalin oder Mussolini dagegen war
der öffentliche Raum geradezu ein gefühlspolitisches Exerzierfeld, auf
dem die als weiblich imaginierte ›Masse‹ affektiv adressiert und indoktri-

---

66 Friedrich Wilhelm Foerster: Lebenskunde. Ein Buch für Knaben und Mädchen,
   Berlin 1908, S. 61 f.
67 Geiger (Anm. 55), Zitate S. 86, 93 u. 95.

niert wurde. Die Effekte dieser Ansprache waren rational geplant, exakt kalkuliert und mit hoher technischer Raffinesse produziert. Ein ähnlich nutzenorientierter Umgang mit Gefühlen lässt sich in der Arbeits- und Konsumwelt beobachten. Auch hier verfuhr das ›mit Rationalität gesättigte‹ kapitalistische System zunehmend planvoller, wenn es Arbeiter und Angestellte, aber auch Kunden und vor allem Kundinnen emotional bearbeitete. Die jüngste Trainingswelle zur ›emotionalen Intelligenz‹ setzt dabei eine Entwicklung fort, die bereits in den 1920er Jahren begann. Parallel zu solchen massiven politischen und ökonomischen Indienstnahmen wartete das 20. Jahrhundert immer wieder mit Gegenbewegungen auf, die auf der emanzipatorischen Kraft von Gefühlen beharrten und in ihnen Widerstandspotentiale gegen die Probleme der modernen Welt erkennen wollten. Von den Schülergruppen um 1900 über die bündische Jugend der Zwischenkriegszeit bis hin zu den neuen sozialen Bewegungen und Psychozirkeln der 1970er und 1980er Jahre zieht sich die Spur einer expressiven Emotionalität, die die kreative und konstruktive Macht von Gefühlen betonte und für individuelles Glück ebenso wie für kollektive Befreiungen zu gebrauchen versprach. Doch steckt auch in diesem Versprechen bereits der Keim jener Rationalisierung, der man mithilfe angeblich authentischer und völlig subjektiver Emotionen zu entrinnen suchte. Auf seine Gefühle hören, an ihnen arbeiten, sie – und die Gefühle anderer – lesen lernen: All diese Botschaften, von zahllosen Ratgebern unters Volk gebracht, stricken letztlich weiter an dem Projekt, das (nicht nur) Friedrich Wilhelm Foerster vor einem Jahrhundert umrissen hat: die Kraft der Leidenschaften so anzuwenden, dass sie edle Arbeit tun. Worin diese Arbeit besteht und ob sie stets edel ist, darüber urteilt die Geschichte.

Auswahlbibliografie:

Donauer, Sabine: Frohes Schaffen. Arbeitsgefühle als Wirtschaftsfaktor, Hamburg 2015.

Erickson, Paul u. a.: How Reason Almost Lost Its Mind. The Strange Career of Cold War Rationality, Chicago 2013.

Frevert, Ute u. a.: Gefühlswissen, Frankfurt am Main 2011.

Frevert, Ute: Vertrauensfragen. Eine Obsession der Moderne, München 2013.

Geiger, Theodor: Die Gesellschaft zwischen Pathos und Nüchternheit, Aarhus 1960.

Illouz, Eva: Die Errettung der modernen Seele, Frankfurt am Main 2009.

Illouz, Eva: Gefühle in Zeiten des Kapitalismus, Frankfurt am Main 2007.

Lethen, Helmut: Verhaltenslehren der Kälte. Lebensversuche zwischen den Kriegen, Frankfurt am Main 1994.

Lewin, Ludwig (Hg.): Der erfolgreiche Mensch, 3 Bde., Berlin 1928.

Maasen, Sabine u. a. (Hg.): Das beratene Selbst. Zur Genealogie der Therapeutisierung in den »langen« Siebzigern, Bielefeld 2011.

Midgley, David: Writing Weimar. Critical Realism in German Literature 1918-1933, Oxford 2000.

Morat, Daniel: Kalte Männlichkeit? Weimarer Verhaltenslehren im Spannungsfeld von Emotionen- und Geschlechtergeschichte, in: Die Präsenz der Gefühle, hg. von Manuel Borutta und Nina Verheyen, Bielefeld 2010, S. 153-177.

Plessner, Helmuth: Grenzen der Gemeinschaft. Eine Kritik des sozialen Radikalismus, Bonn 1972.

Reichardt, Sven: Authentizität und Gemeinschaft. Linksalternatives Leben in den siebziger und frühen achtziger Jahren, Frankfurt am Main 2014.

Rolf, Malte und von Klimó, Arpád (Hg.): Rausch und Diktatur. Inszenierung, Mobilisierung und Kontrolle in totalitären Systemen, Frankfurt am Main 2006.

Sarasin, Philipp: Die Rationalisierung des Körpers. Über »Scientific Management« und »biologische Rationalisierung«, in: Michael Jeismann (Hg.), Obsessionen, Frankfurt am Main 1995, S. 78-115.

Tändler, Maik und Jensen, Uffa (Hg.): Das Selbst zwischen Anpassung und Befreiung. Psychowissen und Politik im 20. Jahrhundert, Göttingen 2012.

Weber, Max: Wirtschaft und Gesellschaft, Tübingen 1972.

»Moderne« in Frankreich

Politisches Projekt und nationales Ordnungsmuster

Lutz Raphael

»Nous sommes tous Charlie«–»wir alle sind Charlie«. Die spontane Identifizierung vieler Franzosen, dann aber auch von Anhängern westlicher Lebensweise und Werte weltweit, mit den Redakteuren des Satireblatts »Charlie-Hebdo« nach dem tödlichen Anschlag auf die Redaktion in Paris artikulierte in lakonischer Prägnanz, dass die subversiven Qualitäten aufklärerischer Kritik verteidigungswerte Bestandteil westlicher, »moderner« Werte geworden sind. Lange Zeit galt die libertär-anarchistische Spielart radikaler Kritik und Verächtlichmachung von Religion, Staatsgewalt und etablierter Moral bestenfalls als Produkt eines typisch französischen Radikalismus antiautoritärer Polemik, die auf eine lange, aber sehr landesspezifische Tradition autoritätskritischer Aufklärung zurückblicken kann. Der terroristische Anschlag islamistischer Fundamentalisten beleuchtete blitzartig die komplexen Zusammenhänge zwischen französischen und westlichen »Werten«, etablierte eine abwehrbereite Front der »Moderne«, wo vorher eher Unterschiede gesehen oder die Besonderheiten der revolutionären Traditionen Frankreichs betont worden waren. Die Ereignisse im Januar 2015 verweisen also zurück auf 1789 und wecken das Interesse des Historikers.

»Moderne«: Konzept und Sachverhalte

Für ihn ist das Konzept der Moderne zu einem Instrument geworden, die Dynamiken der Gegenwart, deren immer wieder beschworene »Unübersichtlichkeit« in einen größeren historischen Zusammenhang einzuordnen. Es bringt also eine zeitliche Tiefenstruktur in Gegenwartsdiagnosen, die zumal den Historiker aus Berufsneigung und Eigeninteresse freut. Es unterstellt dabei eine doppelte Dynamik langer Dauer: einerseits ist alles, was wir heute unter den Stichworten »Wirtschaft« und »Gesellschaft« subsumieren, nur noch als Resultat vielfältiger Prozesse der Dynamisierung, der unbeständigen, aber unaufhörlichen Veränderung zu erfassen, deren Anfänge mindestens bis ins 18. Jahrhundert zurückreichen. Die Liste der Faktoren, die zu diesem Gesamtphänomen dynamischer Instabilität im Zeichen langfristigen Wachstums von Wirtschaft und Bevölkerung weltweit beigetragen haben, ist lang. Das Konzept der »Moderne« unterscheidet sich von früheren Theorieentwürfen wie der Modernisierungstheorie, dem Marxismus oder liberalen Evolutionstheorien darin, dass es darauf verzichtet, ein Modell struktureller Koppelungen und Entwicklungsstadien zu postulieren. Vielmehr konstatiert dieser Ansatz die Existenz vielfältiger, meist standortgebundener Konstellationen und ein nicht hierarchisches Zusammenwirken unterschiedlichster Faktoren. Sie reichen von religiösen oder politischen Ideen über technische Erfindungen bis hin zu Wirtschaftssystemen (Kapitalismus, Sozialismus) oder demographischen Dynamiken.[1]

Die zweite Seite der Dynamik betrifft die Spezifik der Weltbilder und Sinnstiftung, die mit diesen Basisprozessen einhergehen und sie ihrerseits verändern. Die Erfindung von Ordnungsmustern, das Versprechen der definitiven Erklärung und die treffsichere Prognose all dieser Dynamiken und damit die Herstellung geplanter Zukünfte gehören zu den Grundparadoxien unserer ›modernen‹ Welt. All diese Sinnstiftungen beruhen aber darauf, diese grundlegenden Dynamiken zu akzeptieren und sich darauf einzustellen. Sie haben nach und nach ältere Ordnungsentwürfe verdrängt, die sich als ultrastabil, zeitlos und absolut verstanden und so die Dynamik früherer Zeiten letztlich als Verirrungen und Störungen negierten. Vergänglichkeit wurde so zu Fortschritt, Mode oder Krise. Die Geschichte dieser Umstellung gehört zu den großen Themen der europäischen, inzwischen aber auch der Globalgeschichte. Da weder über Ort, Zeitpunkt noch Hauptakteure Einvernehmen herrscht, entspricht eine multiperspektivische Sichtweise sowohl parallel entstehender wie sich wechselseitig beeinflussender Prozesse von Kritik und Gegenkritik, der »Pluralisierung« und Historisierung von Weltbildern am ehesten dem aktuellen Stand der Selbstaufklärung der Moderne über ihre Anfänge. Dabei betonen vor allem Kritiker einer eurozentrischen Deutung der Moderne, dass deren Entwicklung untrennbar mit radikalen Formen der Entwurzelung, Freiheitsberaubung und Versklavung von Millionen Afrikanern verbunden war und die Sklaverei die dunkle Seite von aufklärerischer Traditionskritik und liberalen Freiheitsentwürfen darstellte, anti- und post-koloniale Ordnungsmuster also einen ganz spezifischen Weg in die Moderne gehen mussten.[2] Gleichzeitig rücken Relevanz und Spezifik von Traditionskritik, Befreiungslehren und liberalen Reformprogrammen, aber auch von staatstragenden und autoritären

---

1 Christof Dipper: Geschichtswissenschaft, in: Handbuch Moderneforschung, hg. von Friedrich Jaeger, Wolfgang Knöbl und Ute Schneider, Stuttgart 2015, S. 94-109.
2 Achille Mbembe: Kritik der schwarzen Vernunft, Berlin 2014.

Modernisierungsmodellen im Asien des 19. und 20. Jahrhunderts immer stärker ins Bewusstsein.

Hier setzt der folgende Essay an: Wenn diese hier grob skizzierte Problemlage stimmt, so erfordert die theoretisch längst ratifizierte Einsicht in die »multiple modernities« forschungspraktisch aber auch, die sprach- und kulturabhängige Vielfalt der Ordnungsentwürfe und die räumliche und zeitliche Spezifik der historischen Faktorenkonstellationen zu beachten. Während dies in postkolonialer Perspektive für die Länder des globalen Südens weitgehend Konsens ist, behauptet sich für den sogenannten »Westen« immer noch eine Betrachtungsweise, welche von der grundlegenden Identität der dort verbreiteten »Moderne« ausgeht. Diese Vorstellung einer grundlegenden Einheitlichkeit ist gewissermaßen als Restbestand der großen Erzählung über die Ausbreitung des ›Westens‹ übriggeblieben. Politische und kulturelle Zugehörigkeitsformeln wie der ›Westen‹ und ›Europa‹ haben zumal in (West)deutschland diese Denkfigur noch von außen verstärkt. Dann ist der ›Westen‹ zwangsläufig ein Monolith, bei dem bestenfalls Haarrisse der Differenz beobachtet werden können, die man getrost Spezialisten der jeweiligen Dekaden und Epochen überlassen kann, ohne an der Gültigkeit und Relevanz der Gesamtdeutung Zweifel aufkommen zu lassen. Für eine Nahbetrachtung etwa der europäischen Geschichte oder der Geschichte einzelner Nationalstaaten ist dieses Verfahren aber wenig hilfreich. In solchen Fällen ist es sinnvoller, von einer Vielfalt unterschiedlicher Modernitätsvorstellungen auszugehen, deren Familienähnlichkeiten als Ergebnis gemeinsamer Geschichte, also intensiver Austauschbeziehungen und strukturell homologer Konstellationen, entziffert werden können.

Dieser Essay nimmt diese Position ein. Er fragt nach der Spezifik unterschiedlicher westeuropäischer Modernen, verstanden als zeit- und ortsspezifische Verbindungen von Ordnungsmustern mit den Basisprozessen gesellschaftlicher Dynamiken. Dabei wird gerade der Erfolg liberaler Modernekonzepte des 19. Jahrhundert, die aus der Kombination von Kolonialismus, Aufklärung, Revolution und Industrialisierung hervorgingen, zum Ausgangspunkt der Fragestellung: wie veränderten sich diese Ordnungsmuster im Zuge der Krisen und Umbrüche des 20. Jahrhunderts, wie reagierten sie auf die Gegenentwürfe von Faschismus, Nationalsozialismus und Bolschewismus, die kurzfristig durchsetzungsfähiger waren? Untersucht wird dies am Beispiel Frankreichs, dessen nationale Erfahrungen und Ordnungsmodelle seit Aufklärung und Revolution globale Wirkungen erzielten und dessen Moderne nur unter Ausblendung zentraler Elemente als schlichte Kopie oder Variante einer angelsächsischen Moderne gedeutet werden kann.

Stärker als dies gemeinhin getan wird, nutzt ein solcher Ansatz die Einsicht der Begriffs- bzw. modernen Ideengeschichte in die Bedeutung kollektiver Erfahrungen für die kontextspezifische Auslegung von Leitbegriffen der politisch-sozialen Welt. Ordnungsmuster erscheinen in dieser Betrachtungsweise als merkwürdiges Konglomerat abstrakter, universalisierungsfähiger Leitbegriffe (man denke nur an »Freiheit, Gleichheit, Brüderlichkeit«) mit gesellschafts- und zeitspezifischen Erfahrungen und Problemlagen; in ihnen gehen politische Ideologien, intellektuelle Zeitdiagnosen und lebensweltliche Orientierungen strukturelle Koppelungen ein. Gerade für das 19. Jahrhundert sind solche Verbindungen am Beispiel der drei großen Ideologien dieser Epoche, des Liberalismus, Nationalismus und Sozialismus detailliert untersucht worden.[3] Anhaltendes Erbe des 19. Jahrhunderts ist, dass der Nationalstaat bzw. die politische Vergemeinschaftsform Nation sich als besonders resonanzfähige, aber auch leicht nach außen abgrenzbare Einheit für die Bildung spezifischer Ordnungsmuster erwiesen hat und sich bis zur Gegenwart erweist. Insofern macht es überhaupt Sinn, von nationalspezifischen »Modernen« zu sprechen. Damit ist keineswegs die Vorstellung verbunden, frei nach Herder entfalte jede »Nation«, vulgo »Volk« die ihm eigene, quasi genetisch vorgegebene »Moderne«. Vielmehr ist es das Wechselspiel von Konkurrenz, Kooperation und Austausch, das gerade im europäischen Fall für die Koexistenz vieler Moderneentwürfe gesorgt hat. Dies soll am Beispiel Frankreichs für das 20. Jahrhundert gezeigt werden. Der französische Fall ist gleich aus mehreren Gründen vielversprechend für den historischen Vergleich. Zum einen wird er gern ausgeblendet, wenn es um die Ambivalenzen des »Westens« geht, weder die französischen Erfahrungen der Demokratie noch der Industrialisierung entsprachen den britischen »Vorgaben«; zum andern wurde Frankreich viel stärker als die USA oder Großbritannien durch die radikalen Gegenentwürfe anti-liberaler Ordnungsmodelle im 20. Jahrhundert in seiner Existenz herausgefordert und drittens hat dort der Abschied vom kolonialen Imperialismus tiefgreifende Spuren hinterlassen.

---

3 Vgl. exemplarisch die Studien von Jörn Leonhard: Liberalismus. Zur historischen Semantik eines europäischen Deutungsmusters, München 2001; id.: Bellizismus und Nation. Kriegsdeutung und Nationsbestimmung in Europa und den Vereinigten Staaten 1750-1914, München 2008.

Französische Ordnungsmuster der Moderne:
das Erbe des 19. Jahrhunderts

Für das Verständnis französischer Ordnungsmuster im kurzen 20. Jahrhundert, also die politikgeschichtliche Einheit der Jahrzehnte zwischen 1914 und 1990, ist das Erbe des 19. Jahrhunderts ganz wesentlich, genauer gesagt ist der Ausgang des langanhaltenden innerfranzösischen Konflikts um das Erbe von Aufklärung, Revolution und Nationenbildung seit der militärischen Niederlage von 1870/71 und dem damit verbundenen Sturz des Zweiten Kaiserreichs von ausschlaggebender Bedeutung geworden. Hatten sich die französischen Eliten seit dem 18. Jahrhundert in klarer Konkurrenz zum britischen Nachbarn positioniert, so etablierte sich nach 1870 eine neuartige republikanische Synthese des liberalen Fortschritts, die sich in vielen Aspekten als jüngere, aber attraktivere Schwester des britischen Konzepts liberaler Modernität profilierte. Christophe Charle hat in einer grundlegenden Studie zur Dynamik des Modernekonzepts im Frankreich des 19. Jahrhunderts drei Komponenten dieses Ordnungsmusters unterschieden:[4]

Es handelte sich zunächst um ein politisches Projekt. Die eher aus der Not geborene französische Demokratie gewann ab 1871 nach und nach die Zustimmung einer mehrheitlich ländlich-kleinstädtischen Wählerschaft. Politische Modernität beruhte damit in einer Zeit dynamischer wirtschaftlicher Entwicklungen, vor allem im industriellen Sektor, auf der Stabilität bzw. Kontinuität ländlicher bzw. kleinstädtischer Sozialstrukturen. Diese kollektive Erfahrungswelt ländlicher Wähler fand in einem spezifischen Zukunftsbild gemäßigten Fortschritts und der Eindämmung des »Industrialismus« und all seiner Erscheinungsformen ihren Ausdruck.

Es war zweitens ein nationales Projekt. Mit Schule und allgemeiner Wehrpflicht schuf die Dritte Republik zwei übergreifende Institutionen nationaler Integration, deren Selbstverständnis in direkter weltanschaulicher Opposition zu katholischer Kirche und früherer monarchischer Ordnung entwickelt wurde. Volksschullehrer wurden zu »Husaren der Republik« und auch das zunächst konservativ geprägte Offizierskorps wurde weltanschaulich und sozial zu einem festen Bestandteil der neuen republiktreuen Eliten Frankreichs. Beides geschah unter heftigen Kulturkämpfen und politisch-weltanschaulichen Konfrontationen zwischen Verteidigern und Gegnern der Republik. Damit nahmen beide

4 Christophe Charle: La discordance des temps. Une brève histoire de la modernité, Paris 2011.

Institutionen zugleich auch wesentliche Elemente der republikanischen Weltanschauung, d. h. aber auch die entsprechenden Leitbilder von Modernität und Fortschritt in sich auf.

Drittens entwickelte sich in der Dritten Republik ein kulturelles Integrationsprojekt, das bewusst an die Traditionen der Aufklärung und die Ideen von 1789 anknüpfte. Rationalismus und wissenschaftsgläubiger Positivismus wurden feste Bestandteile des öffentlichen Meinungswissens und fanden in den Institutionen des Bildungswesens, von der Grundschule bis zur Universität, Bestätigung und Autorisierung. Die französische Demokratie verteidigte sich weltanschaulich gegen ihre Feinde, indem sie ihre aufklärerische »Modernität« betonte. Mit diesem »progressiven« Kulturprojekt verbunden waren zugleich auch die Aufbrüche zu neuen Formen einer spezifisch ästhetischen »Modernität«, wie sie sich im und gegen den politisch autoritären Kunstbetrieb des Zweiten Kaiserreichs herausgebildet hatte: Dort war das Konzept der »modernité« zuerst entwickelt worden, von dort hatte es sich ausgebreitet und mit den Leitvokabeln der politisch-sozialen Sprache Frankreichs vermischt. Baudelaire, Flaubert und Monet wurden zu Bezugspunkten künstlerischer Avantgarden, die ihre ästhetischen Formen und Relevanz daran maßen, auf der Höhe des Fortschritts und seiner Probleme zu sein. Paris entwickelte sich zur internationalen Hauptstadt dieser heute gern als »klassisch« bezeichneten Moderne, aber die Verbindungen zwischen den künstlerischen Strömungen und der politisch-weltanschaulichen Ordnung der Dritten Republik waren komplex. Zivilisationskritik und politischer Radikalismus gingen unterschiedlichste Verbindungen ein und brachten die Künstler und Literaten der Epoche immer wieder in Konflikt mit den Mehrheitsmeinungen der Dritten Republik. Die »Modernität« dieses demokratischen Kulturprojekts lässt sich eher an der Freiheit ermessen, welche diese Avantgarden genossen. Dies führte dann auch im Zuge der Dreyfus-Affäre zur Etablierung des quasi öffentlichen Wächteramtes für den »Intellektuellen«, welches zu einem Spezifikum der französischen politischen Kultur des 20. Jahrhunderts werden sollte.[5]

Diesen drei Elementen ist noch das koloniale Projekt als viertes Element hinzuzufügen. Die Dritte Republik betrieb eine sehr erfolgreiche Kolonialpolitik und kompensierte damit erfolgreich die Macht- und Ansehensverluste, die aus der Niederlage von 1871 resultierten. Die Idee der Ausbreitung der französischen Zivilisation und ihrer universellen Werte und dann der »Assimilation« der indigenen Völker an diese maßstabsetzende Zivilisation der »grande nation« wurde zum übergreifenden

---

5 Christophe Charle: Birth of the intellectuals. 1880-1900, New York 2015.

ideologischen Rahmen für einen Kolonialismus, der sowohl konservative wie liberale bzw. sozialistische Anhänger und Befürworter fand. Jenseits der militärischen und ökonomischen Bilanz dieses Kolonialismus ist gerade seine kulturelle und weltanschauliche Bedeutung hervorzuheben. Die Modernität der französischen Zivilisation und ihres Politikmodells war immer auch ein universeller Anspruch, konkurrierte bewusst mit den Leitbildern anderer Großmächte und ihrer Metropolen.[6] Diese republikanische Modernität war nun keineswegs alternativlos und ihre Gegner waren zunächst sehr stark: Konservative aller Richtungen, voran Monarchisten und romtreue Katholiken, mussten in den Jahren nach 1870 den Verlust ihrer bis dahin sicheren Machtpositionen im ländlichen Frankreich hinnehmen und Teile von ihnen formierten sich nach Verlust ihrer politischen Macht als politisch-ideologische Fundamentalopposition neu. Im Kampf um den Laizismus 1905/06 setzte sich die Republik machtpolitisch gegen diese grundlegende Opposition durch, ohne jedoch die weltanschauliche Gegnerschaft dieser Minderheiten ausschalten zu können. Das liberale Modernitätsprojekt war also stets nur mehrheits-, aber keineswegs konsensfähig. Die Entstehung radikal nationalistischer und präfaschistischer Ideen und Gruppen im Gefolge der großen weltanschaulichen Konflikte um 1900 (Dreyfus-Affäre, Trennung Kirche-Staat) zeigt, dass sich gerade in Frankreich radikale Gegenentwürfe zum etablierten Ordnungsmuster liberalen Fortschritts entwickelten. Dies gilt auch für die linke Opposition, deren syndikalistischen bzw. anarchistischen Strömungen die bürgerliche Republik grundsätzlich ablehnten. Aber und dies markiert einen wesentlichen Unterschied zu Ländern wie dem Deutschen Reich oder Russland, die Mehrheit der Sozialisten und der Gewerkschaftsbewegung entwarfen ihr eigenes politisches Programm als radikale Variante dieses demokratisch-republikanischen Modernitätsprojekts.

Eine letzte Bemerkung muss der Rolle des Staates in diesem Moderne-Konzept gelten. Gerade im 19. Jahrhundert waren die Konflikte um das staatliche Erbe von Ancien Régime und Revolution besonders heftig, hatten aber letztlich die zentralistischen Strukturen des nachrevolutionären Staates in Frankreich nicht gefährdet. In der Dritten Republik etablierte sich erfolgreich ein Modell staatlichen Interventionismus, das die lokale Ebene sehr erfolgreich mit der Pariser Zentrale verband und insbesondere die Interessen des ländlichen Frankreichs durch staatliche Infrastrukturpolitik und Agrarprotektionismus absicherte.

6 Pascal Blanchard, Nicolas Bancel, Françoise Vergès: La république coloniale. Essai sur une utopie, Paris 2003.

Die Belastungsprobe des liberalen Fortschrittsmodells:
la grande guerre und seine Folgen (1914-1940)

Das französische Konzept von Modernität überstand erfolgreich die Belastungsprobe des Ersten Weltkrieges. Dies stellt so etwas wie die Grundtatsache für die weitere Entwicklung französischer Ordnungsmodelle im Verlauf des 20. Jahrhundert dar. Mit Großbritannien und ab 1917 den USA vertrat Frankreich in seinem Abwehrkampf gegen die deutschen Armeen in seinen nördlichen Departements zugleich auch die Prinzipien von 1789, Prinzipien von Demokratie, Fortschritt und Zivilisation. Stärker als zuvor wurde nun der »Westen« auch zu einem Element der Selbstbeschreibung Frankreichs. Außenpolitisch wurde Frankreich mit Großbritannien zur weltweit, vor allem jedoch europäisch wichtigsten Garantiemacht der neuen national-demokratischen Staatenordnung der Pariser Vorortverträge und viel länger und viel stärker als Großbritannien hielt Frankreichs Außenpolitik daran fest, diese Ordnung gegen jeden Revisionismus zu verteidigen. International wurde Frankreichs Dritte Republik, ihre Politiker, Geschäftsleute, aber auch Intellektuelle und Wissenschaftler, als Vertreter dieser Versailler Ordnung wahrgenommen.

Innenpolitisch wurde die nationalliberale Ordnung, die in der »Union sacrée« von 1914 ihren Ausdruck gefunden hatte, durch den Sieg grundlegend bestätigt und die Welle antiliberaler Fundamentaloppositionen gegen die Nachkriegsordnung hatte in diesem Siegerland keine Chancen auf politischen Erfolg, auch wenn die gesellschaftlichen und ökonomischen Krisenerscheinungen der Zwischenkriegszeit den Kritikern des republikanischen Konsenses Anhänger verschafften und vor allem an kollektive Erfahrungen wachsender Minderheiten anknüpfen konnten. Antibolschewismus wurde denn auch ein Element, an dem sich nach 1918 die Vertreter des republikanischen Status quo mit den Anhängern konservativer Gegenmodelle aus der Zeit vor 1914 zusammenfanden und in denen sich die defensive Grundhaltung artikulierte, welche paradoxerweise die große Mehrheit derer annahm, welche die Projekte der französischen Moderne aus der Zeit um 1900 weiter hochhielten. Trotz des verbreiteten Pazifismus in der französischen Nachkriegsgesellschaft blieben die moralischen Nebenfolgen des Ersten Weltkrieges für die Eliten und die Vertreter des amtlichen Fortschrittsdenkens begrenzt. Die Legitimität nationaler Verteidigung angesichts der deutschen Bedrohung entlastete von moralischen Zweifeln angesichts der eigenen Kriegführung, stabilisierte zugleich auch die zivilisationsmissionarischen Gewissheiten gegen die erste Welle antikolonialer Kritik und Gegenwehr in den eigenen Kolonien. Der politisch-moralischen Ordnung liberaler

Demokratie hing nun ein deutlich erkennbarer sozialkonservativer Beigeschmack an. Sozialkonservatismus und nationale Selbstbestätigung fanden in einem weit verbreiteten Antiamerikanismus eine neue Grundlage. Politik, Wirtschaft und Gesellschaft des Bündnispartners von 1917-18 wurden als Herausforderungen der eigenen Ordnungsmuster wahrgenommen und heftig kritisiert. Zweifellos ging es bei dieser Kritik, die von Intellektuellen von rechts bis links medienwirksam artikuliert wurde, auch darum, sich gegen die weltanschauliche Konkurrenz der amerikanischen Demokratie zu wehren und sie erinnert in dieser Hinsicht an die Konkurrenz zwischen Paris und London im 19. Jahrhundert. Die sozialökonomischen Grundlagen erodierten, zugleich alterten die Verteidiger des ideologischen Status quo und der »union sacrée« von 1914, hinzu kam die demographische und ökonomische Situation Frankreichs, die als Schwäche wahrgenommen wurde.

Mindestens zwei der vier Modernitätsprojekte, welche der Republik vor 1914 ihre hegemoniale Position gesichert hatten, verloren unter den neuen Umständen der Zwischenkriegszeit an Ausstrahlungskraft. Das politische Projekt eines sozialkonservativen, auf Dämpfung der industriellen Dynamik und ihrer sozialen Folgen zielenden Gesellschaftsvertrags kam gleich mehrfach unter Anpassungsdruck: machtpolitische Ambitionen des französischen Staats aber auch das schlichte Wachstum der Industrie ließen das Gewicht städtisch-industrieller Milieus weiter wachsen und die Spannungen zwischen Stadt und Land ansteigen. Die Wählerbasis der liberal-demokratischen Parlamentsmehrheiten erodierte. Das nationale Projekt geriet im Bereich der Bildung angesichts wachsender finanzieller Engpässe in Schwierigkeiten: der Ausbau des Schulsystems und der Universitäten stockte, die weiterführenden Bildungseinrichtungen blieben mittleren und unteren Schichten weitgehend verschlossen. Arbeitsbeziehungen und Bildungsreform wurden denn auch die Kernpunkte eines neuen, nunmehr dezidiert linken »Modernitäts«programms, das in den kurzen Jahren der Volksfrontregierung 1936-38 erste konkretere Züge annahm. Es knüpfte an die Programmatik des liberalen Modernitätsprogramms von 1880 an, verschob aber dessen Schwerpunkte weit nach links: Kapitalismuskritik, Nationalisierung von Schlüsselsektoren und Planung der Wirtschaft waren neue Elemente dieses von Linksdemokraten, Sozialisten und Kommunisten getragenen »Fortschritts«modells französischer Modernität. Weiter entwickelt wurde es erst nach 1945 und seine letzte Aktualisierung erfolgte im gemeinsamen Regierungsprogramm von Sozialisten und Kommunisten in den 1970er Jahren.

Das kulturelle Projekt behauptete sich nicht zuletzt dank der Selbstmobilisierung der Gelehrten- und Intellektuellenwelten im Ersten Weltkrieg, nunmehr in enger Verbindung mit britischen und amerikanischen Gelehrten und Ideen, im Kontext von Völkerbund und neuem Internationalismus. Gleichzeitig vollzog sich auch im Frankreich der Zwischenkriegszeit der Bruch zwischen den Avantgarden in Kunst und Literatur und dem dominanten Fortschrittsdenken: Dadaismus und Surrealismus bahnten den Weg, dem zahlreiche Künstler in ihrem Bestreben folgten, ihre eigene Modernität in einer radikalen Zivilisationskritik zu fundieren.

›Die seltsame Niederlage‹[7]: Der Zweite Weltkrieg und die Krise der republikanischen Moderne

Die Niederlage 1940 hinterließ tiefgreifende Spuren in den kollektiven Erfahrungen, aber auch den Ordnungsmodellen und Zukunftsentwürfen der französischen Gesellschaft. Die Dritte Republik, ihr politisches Personal, aber auch ihre Institutionen wie Armee und Schule versagten kläglich bei der Aufgabe, das nationalsozialistische Deutschland aufzuhalten. In den Augen aus- wie inländischer Beobachter endete das liberale Modell der Dritten Republik kraft- und zukunftslos, die Erosion seiner moralischen, gesellschaftlichen, aber auch ökonomischen Fundamente wurde Gegenstand sowohl hämischer wie besorgter Analysen. Es hatte in jedem Fall seine »Modernität« verloren, galt als nicht mehr zeitgemäß. Daran änderte auch die Befreiung Frankreichs nur vier Jahre später nichts. Sie löschte die unmittelbaren Folgen dieser vor allem in ihren politischen und moralischen Aspekten so demütigenden und vollständigen Niederlage. Sie setzte die Erneuerung der politischen und gesellschaftlichen Institutionen Frankreichs auf die Tagesordnung. Das nationalsozialistische Besatzungsregime hatte sich auf das autoritäre Präsidialregime von Vichy gestützt, das vor allem zum Sammelbecken all jener konservativen, katholischen und radikal nationalistischen Kräfte wurde, welche die republikanische Synthese seit dem Ende des 19. Jahrhunderts bekämpft hatten. Daraus entstand ein konservativ-autoritärer Gegenentwurf, der vielfältige Anleihen beim übermächtigen Nationalsozialismus machte, aber in unsicherer Distanz zu dessen radikalen Zügen verharrte. Der »Totalitarismus« des NS-Regimes, seine Mobi-

---

7 So der Titel der zeitgenössischen Analyse des Historikers Marc Bloch: L'étrange Défaite, Paris 1957.

lisierungskraft und schließlich auch sein rassenbiologisches Fundament hinterließen im besiegten und besetzten Frankreich zwar deutliche, aber nur wenig nachhaltige Spuren. Im Mittelpunkt der innerfranzösischen Auseinandersetzungen und Debatten stand die Revanche der weltanschaulich Besiegten von 1898 und 1905/6. 1944 wiederholte dann in veränderter Form die Illusion der Einmütigkeit von 1914, diesmal im Geist der Résistance und parteipolitisch verkörpert in der großen Koalition aus Christdemokraten, Sozialisten und Kommunisten mit de Gaulle als neuem Element präsidialer Autorität über den Parteien. Damit verschoben sich die Koordinaten der republikanischen Modernität erheblich.

Betrachtet man die vier Dimensionen oder Projekte dieser Modernität, so ergibt sich nach 1945 ein verwirrendes Bild von Kontinuität und Bruch. Das nationale Projekt der Republik wurde von allen Kräften der Résistance wieder aufgenommen und der Wiederaufbau einer republikanischen Armee und die Weiterentwicklung des Bildungssystems gehörten zu den ersten Prioritäten der 4. und später auch der 5. Republik. Im Fall der Armee kam es zu weitreichenden Veränderungen aufgrund des Neuaufbaus aus den militärischen Einheiten von »France libre« und der Résistance sowie den Elementen der 1940 besiegten Armee. Angesichts der machtpolitischen Schwäche Frankreichs gegenüber der Sowjetunion und der USA, aber auch des engsten westlichen Verbündeten Großbritanniens wurde die Wiederherstellung militärischer Stärke erneut zu einem wesentlichen Element republikanischer Modernität. Dies kulminierte im Aufbau einer eigenen Atomstreitmacht und einer neuen auch international, vor allem in Afrika einsatzbereiten Armee.

Die Reformen des französischen Bildungssystems 1945 setzten an den Reformen der Volksfrontregierung von 1936 an und markierten einen wichtigen Schritt zur Weiterentwicklung der demokratischen Programmatik, die dem laizistischen Schulsystem der Dritten Republik eingeschrieben war. Zwar verhinderten konservative und liberale Kräfte eine radikale Reform, aber frühzeitig etablierte sich im Frankreich nach 1945 die »Illusion der Chancengleichheit« durch Bildungstitel und damit das breitenwirksame Versprechen einer meritokratischen Fundierung seiner Eliten. Vor allem die politische Linke, Sozialisten und Kommunisten, entwickelten sich zu Anwälten und Verteidigern dieses Bildungssystems, dessen Selbstbild sie mitprägten und dessen Personal sie weitgehend für sich gewinnen konnten. Die republikanische Modernität des französischen Bildungssystems erlebte in den Jahrzehnten des Wirtschaftsbooms (1948-1973) ihren auch international sichtbaren Höhepunkt. Französische Bildungsexpertise und Wissenschaft gewann in internationalen

Gremien, voran bei der in Paris ansässigen UNESCO, große internationale Sichtbarkeit und Anerkennung. Das politische Projekt der Dritten Republik hingegen war nicht mehr zu erneuern, wie nicht zuletzt das Debakel der Vierten Republik (1946-58) zeigte. Seit 1900 hatte sich die Sozialstruktur Frankreichs tiefgreifend verändert, die republiktreue Wählerkoalition aus Kleinbauern und Selbständigen in Gewerbe und Handwerk hatte an Gewicht verloren, diese Wählergruppen waren schließlich auch immer mehr nach rechts gerückt. Viel wichtiger wurde nun die Einbindung der neuen aufsteigenden Gruppen der städtischen Mittelschichten (cadres und employés) sowie der Industriearbeiterschaft. Der Ausbruch des Kalten Krieges zerstörte die Grundlagen für eine neue breite soziale Mehrheit für ein längerfristiges politisches Zukunftsmodell. Gaullismus und Kommunismus etablierten sich als die beiden Pole konträrer politischer Zielvorstellungen. Deren versteckte und offiziell geleugnete Gemeinsamkeit bestand in der Verteidigung eines genuin nationalen Projekts von Modernisierung. Dies stellte aber keinen progressiven Mindestkonsens dar, der einen gesellschaftlichen Konsens über die Weiterentwicklung von Wirtschaft und Gesellschaft Frankreichs erlaubt hätte.

Interessanterweise entwickelte sich im Schatten dieser anhaltenden politischen Krise ein neues Element französischer »Modernität«: das Konzept technokratischer Modernisierung von Gesellschaft und Wirtschaft. Es entstand aus den Erfahrungen der Résistance und in den Plänen für Wiederaufbau. Anhänger dieses neuen Projekts waren ganz anders als ihre republikanischen Vorgänger nach 1870 von der Rückständigkeit der Gesellschafts- und Wirtschaftsstrukturen Frankreichs überzeugt und forderten deshalb eine gezielte Politik der Modernisierung, die sich am amerikanischen Vorbild und an den von dort kommenden Leitbildern der zeitgenössischen Modernisierungstheorie orientierte. Die in der Zwischenkriegszeit noch vielstimmig kritisierte amerikanische Moderne wurde zum Maßstab regierungsamtlicher Zukunftspläne, aber auch zum Deutungshorizont alternativer Zukünfte in der öffentlichen Debatte. »Le défi américain« von J.-J. Servan-Schreiber aus dem Jahr 1966 war ein typischer Bestseller dieser Form atlantischer Neuorientierungen, die vor allem im Lager liberaler, aber auch gaullistischer Fortschrittsfreunde beliebt waren. Dieses technokratische Modernitätsprogramm lieferte aber auch so etwas wie den stillschweigenden Konsens zwischen den verschiedenen politischen Lagern und musste gewissermaßen als Ersatz für den fehlenden politischen Basiskonsens zwischen den beiden sich seit 1958 gegenüberstehenden Blöcken, dem liberal-gaullistischen ›bürgerlichen‹ Parteienblock und den Linksparteien, also Sozialisten und Kommunis-

ten, später dann auch Linkssozialisten, dienen. Zentrale Reproduktions-
orte dieses staatszentrierten Modernisierungskonzepts waren die nach
1945 reformierten öffentlichen Elitehochschulen wie die École Nationale
d'Administration, die École Polytechnique oder die École des Mines.
Dieses Modell technokratischer Modernisierung prägte nachhaltig
den französischen Weg der gesellschaftlichen und ökonomischen Reformen im Zeitalter des Nachkriegsbooms zwischen 1948 und 1973. Als
seine letzte, aber bereits scheiternde Episode kann bezeichnenderweise
die keynesianische Konjunktur- und Nationalisierungspolitik der ersten
zwei Jahre der Präsidentschaft François Mitterands angesehen werden,
als die Linksregierung unter Premierminister Mauroy Sozialreformen
mit ökonomischer Planung und Nationalisierung sowie keynesianischen
Mitteln der Krisenbewältigung zu kombinieren suchte, dabei aber an der
veränderten wirtschaftlichen Großwetterlage und dem Widerstand der
westlichen Wirtschaftspartner scheiterte.

Das vierte Element der republikanischen Modernität, der Kolonialismus mit imperialer Zielsetzung, wurde nach 1945 für gut 15 Jahre
mit hohem Einsatz an wirtschaftlichen und militärischen Ressourcen
wiederbelebt. Die Zivilisierungsmission der französischen Demokratie
ging paradoxerweise ideologisch eher gestärkt aus der Krise des Zweiten
Weltkriegs hervor, hatte doch dieser Krieg die Bedeutung des französischen Empire für die Weiterführung des Widerstands gegen Hitler-
Deutschland und die Wiedererlangung der eigenen Großmachtstellung
nochmals unterstrichen. Typischerweise verlief die Trennlinie zwischen
Befürwortern und Gegnern des Kolonialismus zunächst entlang der
internationalen Kampflinien des Kalten Krieges, so dass nur die KPF
außerhalb des neo-kolonialen Konsens der frühen Nachkriegszeit stand,
aber lange Zeit im Algerienkonflikt keine eindeutige Stellung bezog.

Zivilisierungsmission, Entwicklungsideologie und Modernisierungs-
projekte gingen gerade in den Jahren 1945 bis 1960 eine ganz enge
Verbindung ein, so dass technokratische, militärische und kolonialisti-
sche Elemente sich wechselseitig verstärkten. Die Unterstützung durch
sozialistische, sozialreformerische und linksliberale Kräfte trug dazu bei,
dass Frankreichs Öffentlichkeit so lange und so unbeirrt durch die militärischen Niederlagen im Indochinakrieg 1946-54, aber auch durch die
brutalen Repressionsmaßnahmen, zunächst 1945 in Algerien, dann 1947
in Madagaskar und ab November 1954 erneut in Algerien, am eigenen
kolonialen Projekt festhielt.

Für die weitere Geschichte der französischen Modernitätsmodelle
ist jedenfalls das ebenso dramatische wie plötzliche Scheitern dieses
kolonialen Projekts Anfang der 1960er Jahre von besonders großer Re-

levanz. Die Niederlage im unerklärten Algerienkrieg hinterließ in der französischen Gesellschaft langfristige Verwerfungen, die schon bald die Konflikte um den Zusammenbruch 1940 überlagerten und die seit 1945 verfolgte aktive Einwanderungspolitik Frankreichs erheblich belasteten.[8]

Modernekritik im intellektuellen Feld und die Erosion der republikanischen Modernität

So wie das politische Projekt scheiterte nach 1945 auch das kulturelle Projekt. Die künstlerischen Avantgarden, die bereits vor 1940 immer stärker auf Distanz zu den Fortschrittsmodellen liberaler, sozialistischer oder kommunistischer Prägung gegangen waren, fanden nur für eine kurze Zeit im gemeinsamen Widerstand gegen den »Faschismus« den kleinsten gemeinsamen Nenner, um ästhetische Positionen der Moderne mit politischen und moralischen Positionen linker oder liberaler Demokratie zu verknüpfen. Dieser Konsens zerbrach sehr schnell mit der Entstehung des Kalten Krieges, mit dem Ergebnis, dass das intellektuelle Feld Frankreichs wie kaum ein anderes im westlichen Lager durch die internationale Spaltung zwischen den beiden Blöcken geprägt wurde. Daraus ergab sich zum einen, dass die beiden Varianten westlicher und östlicher Moderne als unversöhnliche Gegensätze verhandelt wurden, die sich wechselseitig diffamierten, zum andern aber auch, dass eine wachsende Zahl von Intellektuellen und Künstlern die etablierten Konzepte dieser beiden Fortschrittsavantgarden in Frage stellten. Die Postmoderne entstand in Frankreich lange vor Durchsetzung des Begriffs in Gestalt des Strukturalismus und als Selbstkritik zumeist linker Provenienz an Fortschrittsdenken und technokratischer Planung. Diese Kritik wurde viel früher als in anderen westlichen Ländern öffentlichkeitswirksam, blieb aber bis 1968 beschränkt auf die engere soziale Welt der Intellektuellen und der Universitäten. Erst der Mai 68 öffnete die Türen für eine dann ebenso breite wie politisch diffuse Ausstrahlung dieser Modernekritik.

Die Anfänge dieser intellektuellen Gegenbewegung lassen sich zurückverfolgen bis in die unmittelbaren Nachkriegsjahre: zum einen setzte nun eine breite Rezeption der deutschen Traditionen antiliberaler Modernekritik von Nietzsche bis Heidegger innerhalb der französischen Intellektuellen und insbesondere innerhalb der Philosophie ein – mit Breitenwirkung hinein in Theater und Literatur. Gleichzeitig entfernte

---

8 Pascal Blanchard und Nicolas Bancel (Hg.): Culture post-coloniale, 1961-2006. Traces et mémoires coloniales en France, Paris 2006.

sich der an die Traditionen von Positivismus und Rationalismus anknüp-
fende Strukturalismus von den Grundpositionen des Fortschrittsdenkens, das in Frankreich Liberale, Sozialisten und Kommunisten einte.
Claude Lévi-Strauss, selbst sozialistischer Aktivist vor 1945, wurde nach
dem Krieg zum entschiedenen Vertreter einer Modernekritik im Namen
von Antikolonialismus und Antirassismus, also von einer politisch linken
Position aus. Damit blieb der Strukturalismus offen für viele Überläufer
und Konvertiten aus dem marxistischen Lager, und deren historisierende
De-konstruktion der großen Meistererzählungen von Aufklärung und
Humanität unterminierte die ideologischen Grundlagen aller etablierten
Parteien und ihrer gängigen Modernitätsvorstellungen.[9]

Wichtig ist dabei festzuhalten, dass die Krise des kulturellen Projekts in
Frankreich keineswegs zu einer Situation führte, wie sie für Deutschland
in der Zwischenkriegszeit so typisch war, als die verschiedensten Ideen-
strömungen in eine Art antiliberalen und antidemokratischen Basiskonsens einmündeten, dessen weltanschauliche Grundlagen diffus blieben,
aber in der Kritik an industrieller Klassengesellschaft, Liberalismus,
Internationalismus und Demokratie einen gemeinsamen Bezugspunkt
fanden. In Frankreich schieden nach 1945 der Katholizismus und der mit
ihm eng verbundene »integrale« Nationalismus eines Barrès als Inspira-
tionsquellen einer solchen radikal antiliberalen Gegenideologie aus. Der
politische Katholizismus machte auch in Frankreich seinen Frieden mit
den Spielarten einer westlichen Modernität und ihren Zumutungen an
Toleranz und Pluralismus.

Der Kontrast und das Spannungsverhältnis zwischen Ordnungsmodellen, die sich alle mehr oder weniger auf gemeinsame Grundlagen
im französischen Modernitätsdiskurs der Jahrhundertwende zurück beziehen lassen, könnte also in den Jahrzehnten zwischen 1945 und 1975
kaum größer gedacht werden. Der wirtschaftliche Boom und die damit
verbundene gesellschaftliche Dynamik überdeckten die Risse, die sich in
dem republikanischen Modell abzeichneten. In dramatischer Zuspitzung
ließe sich formulieren, dass spätestens Mitte der 1970er Jahre sowohl die
sozialstrukturellen und wirtschaftlichen Grundlagen als auch die ideellen
Bezugspunkte des so erfolgreichen republikanischen Modernitätskon-
zepts aufgebracht waren. Die beiden seit 1945 neu hinzugetretenen
Elemente der technokratischen Modernisierung und der intellektuellen
Modernekritik konnten einflussreiche Minderheiten vor allem innerhalb
der bürgerlichen Eliten mobilisieren, standen sich jedoch konzeptionell

9 François Dosse: Histoire du structuralisme. 2. Bde., Paris 1991/1992.

feindlich gegenüber. Beiden fehlte eine Verankerung in den kollektiven Erfahrungen größerer sozialer Gruppen.

Das in anderen westlichen Ländern so einflussreiche Modernitätsmodell sozialdemokratischer oder sozialliberaler Prägung, das auf institutionellem Interessenausgleich zwischen Kapital und Arbeit und damit verbunden auf der Integration der breiten lohnabhängigen Schichten (Arbeiter wie Angestellte) in ein neuartiges Gesellschaftsmodell des Massenkonsums beruhte, fand in Frankreich keine Mehrheiten.

»Nach dem Boom«: postmoderne Demokratie im Zeichen des Neoliberalismus

Es ist kein Zufall, dass seit den späten 70er Jahren »Amerikanismus« erneut zu einem großen Thema der französischen Gesellschaftsdebatten und linker Kulturkritik geworden ist. Wie bereits in der Zwischenkriegszeit markieren diese Debatten das Ungenügen eines Teils der politischen Öffentlichkeit und des intellektuellen Feldes am Siegeszug ›fremder‹ Modernitätszumutungen. Dem Wirkungsverlust genuin französischer Modernitätsentwürfe entsprach seit den späten 1970er Jahren der Erfolg vor allem angelsächsischer Konzepte der Zukunftsgestaltung. Die Modernität eines auch international vernetzten »Neoliberalismus« prägte jedenfalls die französische Gesellschaft nachhaltiger, als es die anhaltende Kritik von links glauben machen könnte. Die Indikatoren für diese Transformation sind vielfältig: seit Mitte der 1980er Jahren zog sich der französische Staat immer mehr aus dem Feld der Wirtschaft zurück, eine breite Privatisierungswelle reduzierte den Anteil der öffentlichen Unternehmen erheblich, die europäische Verflechtung der französischen Wirtschaft schritt immer weiter voran. Gleichzeitig verloren im Bildungssektor die klassischen Elitenhochschulen in staatlicher Regie deutlich an Einfluss zu Gunsten der neuen, meist privaten Business schools und damit verschob sich auch innerhalb der Eliten Macht, Einfluss und symbolisches Kapital zugunsten des Wirtschaftsbürgertums und der mit ihm verbundenen, an den USA oder Großbritannien orientierten Intellektuellengruppen. Für unser Thema vielleicht am wichtigsten ist die Tatsache, dass sich sowohl im linken wie im rechten Spektrum der politischen Öffentlichkeit Befürworter einer liberalen, d.h. stärker markt- und wettbewerbsorientierten Zukunft fanden, welche die seit den 1960er Jahren beschworenen ›Blockaden‹ der französischen Gesellschaft überwinden sollten. Die Rückkehr einer liberalen Modernität in den Farben Frankreichs gehörte jedenfalls zu den Transformationen, die darauf hindeuten, dass sich Frankreich seit den 1980er Jahren wieder stärker an die angelsächsischen Gegen-/Vorbilder angenähert hat.

Die politische Philosophie des Liberalismus erlebte in Frankreich nach gut 50 Jahren der Marginalisierung einen Aufschwung und eroberte sich eine dominante Stellung zurück. Es ist zu früh, ihre gesellschaftliche Verankerung seit den 1980er Jahren genauer zu verorten, fest steht jedoch, dass sie immer breiteren Teilen der besser gestellten urbanen Mittelschichten als sowohl lebenspraktische wie auch als politisch-weltanschauliche Orientierung diente. Problematisch blieb die Verankerung in den Kernschichten der dezidierten Gegenmodelle von rechts und links, seien es die ländlichen Milieus der alten republikanischen Ordnung oder die industriellen Kernregionen eines sozialdemokratischen Gegenmodells.

Parallel dazu etablierte sich im intellektuellen Feld im Verlauf der 70er Jahre eine dezidiert anti-sozialistische Mehrheit, die im »Antitotalitarismus« ihr ideologisches Fundament definierte und damit zurückkehrte zu einer Lesart der Moderne, welche die Entfesselung des Leviathans im 20. Jahrhundert, aber auch Judenmord und Völkermord, aufs engste mit der revolutionären Logik radikaler Demokratie 1793/94 verknüpfte und in der Verteidigung der Menschenrechte, verstanden als Schutzrechte für das moderne Individuum, den Kern eines zukunftsfähigen Politikmodells liberaler Prägung sah.[10] Die großen Themen der Modernekritik des 20. Jahrhunderts wurden damit in die eigene nationale Geschichtspolitik eingeschrieben. Es ist sicherlich kein Zufall, dass seitdem Holocaust und totalitäre Regime wie Nationalsozialismus und Stalinismus auch in Frankreich zu historischen Themen öffentlicher Relevanz wurden.

Die größten Konflikte und breitenwirksame politische Folgen entfaltete seit den 1980er Jahren das Erbe des französischen Kolonialismus. Die Einwanderung aus den früheren Kolonien hat wie viele andere westeuropäische Länder auch Frankreich sozial und kulturell vielfach verändert. Zugleich forderten ihre Folgen und Begleiterscheinungen jedoch die weltanschaulich-politischen Grundlagen der republikanischen Modernität heraus. Deren universalistisches Erbe ist zwischen zwei feindlichen Geschwistern aufgeteilt worden. Auf der einen Seite stehen diejenigen, welche die neue kulturelle Vielfalt, aber auch die sozialen Spannungen einer postkolonialen Einwanderungsgesellschaft in einem egalitär-universalistischen Projekt der Moderne befrieden wollen und dabei sowohl die postmoderne Selbstkritik der Boomjahre nutzen als auch die älteren Konzepte eines universalistischen Modells humanitären Fortschritts

---

10 Michael Scott Christofferson: French intellectuals against the left. The antitotalitarian moment of the 1970's, New York 2004.

heranziehen. Dieser ›linken‹ antirassistischen Programmatik standen und stehen die Kräfte gegenüber, die in der Verteidigung der genuin nationalen Traditionen des gemäßigten Fortschritts im Zeichen kultureller Homogenität, wie sie 1789 ebenso wie 1870 oder 1914 und 1944 dominierten, das Zukunftsbild der französischen Modernität erblicken. Dieser Konflikt ist faktisch seit drei Jahrzehnten immer wieder von neuem entfacht worden und die politischen Parteien stehen ihm mehr oder weniger gespalten gegenüber, sieht man von der radikalen Rechten ab, die sich zu einer rechtspopulistischen Sammlungspartei der zweiten Option entwickelt hat, nachdem sie sich zunächst als Vertreter der Modernitätsgegner und Verlierer von 1940 und 1962 etablieren konnte. Die französische Soziologie hat seit den 1980er Jahren mit dem Zauberwort der ›Exclusion‹ eine weitere Leitvokabel für die gegenwärtigen Modernitätsdiskurse weltweit entwickelt.[11] Dies weist auf Wahlverwandtschaften aktueller nationaler Modernitätsmodelle, aber auch sozio-ökonomischer Problemlagen hin und macht den französischen Fall zu einem besonders interessanten. Der Ausschluss einer wachsenden Zahl von Bürgern von Wohlstand, Arbeit und Politik markiert die Gefährdung des Sozialvertrages, auf dem in ihrem Selbstverständnis die demokratische Ordnung in Frankreich beruht. Es ist sicherlich kein bloßer Zufall, dass damit in kritischer Absicht jene Perspektive aktualisiert wird, welche einer der Gründungsväter der modernen Soziologie, Emile Durkheim auf die französische Gesellschaft seiner Zeit richtete. Die ›organische Solidarität‹, die er um 1900 als Signatur der Moderne in den vielfältigen Berufsverbänden, Gewerkschaften und anderen Assoziationen am Werke sah, welche auf der Grundlage der wachsenden gesellschaftlichen Arbeitsteilung die Teilhabe aller Gruppen an der demokratischen Gesellschaft sicherstellten, ist nach wie vor das Leitbild, an dem gesellschaftlich so erfolgreiche Autoren wie Schnapper, Castel oder Paugam die Defizite der aktuellen Sozialstruktur und ihrer Dynamiken messen. Darin wird zumindest ersichtlich, dass von einer schlichten Ablösung der älteren Modernitätskonzepte durch ein einheitliches neues Paradigma keineswegs gesprochen werden kann.

Fazit: Pluralisierung der Modernitätsentwürfe

Der Versuch, die großen Entwicklungslinien von Politik und Gesellschaft Frankreichs in Verbindung zu setzen mit den Entwürfen gesell-

---

11 Serge Paugam (Hg.): L'exclusion. L'état des savoirs, Paris 1996.

schaftlicher Ordnung, welche westlich des Rheins Anhängerschaft oder sogar Mehrheiten finden oder Konsens stiften konnten, produziert am Ende neue Fragen.

So hat zum Beispiel die auch in diesem Essay betonte Zäsur von 1940, die Christophe Charle vorgeschlagen hat, um die Kontinuitäten im Frankreich der Dritten Republik zu betonen, zwar einiges für sich, aber die Zeit nach 1945 ist bis heute von der Zählebigkeit, ja Lebendigkeit auch älterer Ordnungsmuster geprägt, sei es nun die Vorstellung einer laizistischen Moderne jenseits religiöser Fanatismen und Unvernunft, aber auch religiöser Bindung, sei es die Wiederkehr eines sozialkonservativen Liberalismus der Eigentümer, Freiberufler und Gebildeten, wie es von den Ideologues und Guizot erstmals Anfang des 19. Jahrhunderts entworfen worden ist, sei es die Präsenz eines egalitär sozialstaatlichen Republikanismus im Zeichen von Integration bzw. Inklusion. Daneben etablierten sich dezidiert konservative Gegenentwürfe, welche weitere Schritte Frankreichs auf dem Weg in die Modernität verhindern wollen wie ein integraler Katholizismus oder ein rassistischer Nationalismus. Selbst wenn man, wie in diesem Essay geschehen, eine Abfolge und einen Wechsel dominanter Ordnungsmuster zu identifizieren sucht, so bleibt doch festzuhalten, dass im Lauf des 20. Jahrhunderts die Zahl der wirkmächtigen, mit den Erfahrungen und Erwartungen größerer sozialer Gruppen verbundenen Ordnungsvorstellungen und Zukunftsentwürfen weiter zugenommen hat. Dabei sind die Effekte noch weitgehend ausgeblendet worden, welche die dauerhafte Präsenz unterschiedlichster Migrantengruppen in diesen politisch-sozialen Sprachen Frankreichs hinterlassen haben. Am deutlichsten sichtbar wurde sie im postmodernen Antikolonialismus, aber die Erfahrungswelten dieser Gruppen (Osteuropäer, Armenier, Asiaten) haben auch die Wiederkehr neoliberaler und antitotalitärer Modelle beeinflusst.

Auswahlbibliographie

Beale, Marjorie A.: The modernist enterprise. French elites and the threat of modernity, 1900-1940, Stanford 1999.

Blanchard, Pascal, Bancel, Nicolas und Vergès, Françoise: La république coloniale. Essai sur une utopie, Paris 2003.

Blanchard, Pascal und Bancel, Nicolas (Hg,): Culture post-coloniale, 1961-2006. Traces et mémoires coloniales en France. Paris 2006.

Blanchard, Pascal, Bancel, Nicolas und Lemaire, Sandrine (Hg.): La fracture coloniale. La société française au prisme de l'héritage colonial. Paris 2005.

Bloch, Marc: L'étrange Défaite, Paris 1957.

Boltanski, Luc und Chiapello, Eve: Le nouvel esprit du capitalisme. Paris 1999.

Bourdieu, Pierre und Boltanski, Luc: La production de l'idéologie dominante, in: Actes de la recherche en sciences sociales 2 (1976), S. 4-73.

Burrin, Philippe: France under the Germans. Collaboration and compromise, New York 1996.

Charle, Christophe: La discordance des temps. Une brève histoire de la modernité, Paris 2011.

Charle, Christophe: Birth of the intellectuals. 1880-1900, New York 2015.

Charle, Christophe: La crise des sociétés impériales. Allemagne, France, Grande-Bretagne. 1900-1940, Paris 2001.

Charle, Christophe: Les élites de la République. 1880-1900, 2. Aufl., Paris 2006.

Christofferson, Michael Scott: French intellectuals against the left. The antitotalitarian moment of the 1970's, New York 2004.

Dosse, François: Histoire du structuralisme. 2. Bde., Paris 1991/1992.

Dipper, Christof: Geschichtswissenschaft, in: Handbuch Moderneforschung, hg. von Friedrich Jaeger, Wolfgang Knöbl und Ute Schneider, Stuttgart 2015, S. 94-109.

Haupt, Heinz-Gerhard: Sozialgeschichte Frankreichs seit 1789, 2. Aufl., Frankfurt am Main 1990.

Kaelble, Hartmut: Nachbarn am Rhein. Entfremdung und Annäherung der französischen und deutschen Gesellschaft seit 1880, München 1991.

Knöbl, Wolfgang: Die Kontingenz der Moderne. Wege in Europa, Asien und Amerika, Frankfurt am Main/New York 2007.

Larkin, Maurice: France since the Popular Front. Government and People 1936-1996, Oxford 1997.

Leonhard, Jörn: Liberalismus. Zur historischen Semantik eines europäischen Deutungsmusters, München 2001.

Leonhard, Jörn: Bellizismus und Nation. Kriegsdeutung und Nationsbestimmung in Europa und den Vereinigten Staaten 1750-1914, München 2008.

Mbembe, Achille: Kritik der schwarzen Vernunft, Berlin 2014.

Mendras, Henri und Cole, Alistair: Social change in modern France. Towards a cultural anthropology of the Fifth Republic, Cambridge 1991.

Middendorf, Stefanie: Massenkultur. Zur Wahrnehmung gesellschaftlicher Modernität in Frankreich 1880-1980, Göttingen 2009.

Ozouf, Jacques und Ozouf, Mona: La république des instituteurs, Paris 1992.

Paugam, Serge (Hg.): L'exclusion. L'état des savoirs, Paris 1996.

Raphael, Lutz: Ordnungsmuster der »Hochmoderne«? Die Theorie der Moderne und die Geschichte der europäischen Gesellschaften im 20. Jahrhundert, in: Dimensionen der Moderne. Festschrift für Christof Dipper, hg. v. Ute Schneider und Lutz Raphael, Frankfurt am Main 2008, S. 73-92.

Rousso, Henry: Le syndrome de Vichy, Paris 1987.

Sternhell, Zeev (Hg.): L'Eternel retour. Contre la démocratie l'idéologie de la decadence, Paris 1994.

Weber, Eugen: Peasants into Frenchmen. The modernization of rural France, 1870-1914, Stanford 1976.

Die Krise als epochemachender Begriff

RÜDIGER GRAF

Sowohl in deutscher als auch in europäischer oder weltgeschichtlicher Perspektive mag es naheliegen, das 20. Jahrhundert mit seinen zwei Weltkriegen und den militärischen Konflikten während des Kalten Krieges zu einem »Zeitalter der Extreme« oder einem Jahrhundert der Gewalt zu erklären.[1] Genauso könnte man es mit Fug und Recht als Jahrhundert des technischen Fortschritts und des wirtschaftlichen Wachstums, der räumlichen Verdichtung, Beschleunigung und Globalisierung, der Emanzipation und des Konsums bezeichnen. Darüber hinaus erscheint es in der Retrospektive auch als ein äußerst krisenhaftes Jahrhundert: Die politischen Krisen am Vorabend des Ersten Weltkriegs, die von Inflation und Weltwirtschaftskrise geplagten Jahre zwischen Weltkrieg und Nationalsozialismus, die auch als »Krisenjahre der klassischen Moderne« bezeichnet werden, die Krise der Demokratie und des Liberalismus angesichts der totalitären Herausforderung, die Krisen des Kalten Krieges, in denen der Fortbestand der Welt auf dem Spiel zu stehen schien, die Energie- und Wirtschaftskrisen der 1970er Jahre und die anschließenden Krisen der sozialen Sicherungssysteme oder die globale Umweltkrise springen förmlich ins Auge und sind dementsprechend gut erforscht. War das 20. Jahrhundert also nicht vielleicht ein Jahrhundert der Krise(n)? Eine solche metonymische Verdichtung von einem Jahrhundert, in dem es viele Krisen gab, zu einem Jahrhundert der Krise kann, genauso wie die eingangs genannten Metonymien, eine gewisse Plausibilität für sich verbuchen. Zugleich ist sie aber irreführend, wohnt doch dem Versuch, ein Jahrhundert oder auch nur ein Jahrzehnt oder ein Jahr auf einen Begriff zu bringen, immer ein hohes Maß an Reduktionismus inne.[2]

Im Falle des Krisenbegriffs ist das Problem allerdings noch grundsätzlicher. Denn im Unterschied zu den meisten anderen Begriffen, die als Epochensignaturen vorgeschlagen werden, ist die Krise zunächst einmal nicht inhaltlich gefüllt. Alles kann potenziell in der Krise sein, und Krisen wurden im 20. Jahrhundert von verschiedenen Beobachtern und

1 Eric J. Hobsbawm: The Age of Extremes. The Short Twentieth Century 1914-1991, London 1995.
2 Zum Problem der metonymischen Gesellschaftsbeschreibung siehe Steven Shapin: The Scientific Life. A Moral History of a Late Modern Vocation, Chicago 2008, S. 4.

Akteuren in nahezu allen Bereichen wahrgenommen, wenn auch nicht unbedingt zu einer umfassenden Krise aufaddiert. Darüber hinaus sind Krisen immer narrativ und diskursiv konstituiert. Erst in Erzählungen und damit im Auge des Betrachters wird die Komplexität historischer oder gegenwärtiger Ereigniszusammenhänge so reduziert und zu möglichen Zukünften relationiert, dass sie zu einer Krise werden.[3] Angesichts dieser narrativen Konstitution der Krise kann die Frage, ob das 20. Jahrhundert ein Jahrhundert der Krise(n) war bzw. die Frage nach der epochemachenden Qualität des Begriffs nicht beantwortet werden, indem man die objektive Krisenhaftigkeit des Jahrhunderts im Vergleich zu früheren zu bestimmen versucht.[4] Die Frage lautet also nicht, ob es im 20. Jahrhundert mehr Krisen gab oder diese tiefgreifender waren als in vergangenen Epochen, sondern vielmehr ob die Frequenz von Krisendiagnosen und -wahrnehmungen zu- oder abgenommen hat und inwiefern sich der Begriff der Krise selbst bzw. die mit ihm verbundenen Zeitdeutungen verändert haben. Zu einer epochemachenden Signatur des 20. Jahrhunderts könnte man den Begriff lediglich dann erheben, wenn seine Verwendung entweder signifikant zunahm oder sich seine Bedeutung wandelte.

Nach einer kurzen begriffsgeschichtlichen Einführung zum Krisenbegriff und seiner Frequenz im 20. Jahrhundert werde ich durch einen Vergleich der Krisendiskurse in den 1920er und den 1970er Jahren zu zeigen versuchen, wie sich Krisensemantiken verändert haben und diese Veränderung zum Wandel historischer Zeit insgesamt in Beziehung setzen. Damit kann der Begriff zumindest als Indikator für eine epochale Veränderung des Zeitverständnisses Bedeutung gewinnen. Epochemachend, so zeigt allerdings schon diese begriffsgeschichtliche Reflexion, können Krisendiagnosen auch in einem zweiten Sinn sein: Sie fassen

---

3 Dies ist inzwischen weitgehender Konsens, siehe Moritz Föllmer, Rüdiger Graf und Per Leo: Einleitung. Die Kultur der Krise in der Weimarer Republik, in: Die »Krise« der Weimarer Republik. Zur Kritik eines Deutungsmusters, hg. von Moritz Föllmer und Rüdiger Graf, Frankfurt am Main 2005, S. 9-41; Rüdiger Graf: Die Zukunft der Weimarer Republik. Krisen und Zukunftsaneignungen in Deutschland 1918-1933, München 2008, S. 359-379; Henning Grunwald und Manfred Pfister (Hg.): Krisis! Krisenszenarien, Diagnosen und Diskursstrategien, München 2007; Thomas Mergel (Hg.): Krisen verstehen. Historische und kulturwissenschaftliche Annäherungen, Frankfurt am Main 2012; Carla Meyer, Katja Patzel-Mattern und Gerrit J. Schenk (Hg.): Krisengeschichte(n). »Krise« als Leitbegriff und Erzählmuster in kulturwissenschaftlicher Perspektive, Stuttgart 2013.

4 Eine solche objektivistische Verwendung des Krisenbegriffs findet sich etwa bei Charles S. Maier: Two Sorts of Crises? The »Long« 1970s in the West and the East, in: Koordinaten deutscher Geschichte in der Epoche des Ost-West-Konflikts, hg. von Hans Günter Hockerts, München 2003, S. 49-62.

die Gegenwart als historischen Wendepunkt, an dem sich strukturelle Veränderungen vollziehen, die weitreichende Folgen haben. Damit eignet sich der Begriff der Krise in besonderer Weise auch zur Strukturierung historischer Narrative. Einige, aber letztlich nur wenige Krisen des 20. Jahrhunderts haben es in diesem Sinne geschafft, epochemachende Qualität zu entfalten, indem sie in die Historiographie übergegangen sind. Abschließend werde ich daher am Beispiel der Weimarer Republik und der 1970er Jahre fragen, wie aus historischen Krisendiagnosen Wendepunkte historiographischer Erzählungen werden.

Der Krisenbegriff im 20. Jahrhundert

Während die Geschichte des Krisenbegriffs bis ins 19. Jahrhundert gut erforscht ist, gilt das nicht für seine Entwicklung im 20. Jahrhundert. In den *Geschichtlichen Grundbegriffen* kommt das 20. Jahrhundert nur in kurzen Ausblicken vor, weil das Lexikon den Wandel des politisch-sozialen Vokabulars vor allem in der sogenannten Sattelzeit um 1800 untersucht. Der deutsche Begriff der Krise stammt vom griechischen κρίσις ab, das auch in seiner eingedeutschten Fassung als Krisis gebräuchlich war und ist. Wie Reinhart Koselleck in seinen begriffsgeschichtlichen Studien gezeigt hat, enthielt der griechische Begriff die später getrennten Bedeutungen der objektiven Krise und der subjektiven Kritik, was auf die enge Bindung des Begriffs an die menschliche Wahrnehmung verweist.[5] Als terminus technicus in der Medizin bezeichnete »Krise« den Moment der existenziellen Entscheidung über Leben und Tod des Patienten sowie beim Militär die Phase der Anspannung aller Kräfte, bis die Entscheidung über Sieg und Niederlage in der Schlacht fällt.[6] Von dieser Kernbedeutung aus wurde der Begriff auf alle Situationen übertragen, in denen eine Entscheidung fällig, aber noch nicht gefallen war, so dass hier die Kritik oft kein Effekt der Krise ist, sondern dieser vorangeht.[7]

Dieser gewissermaßen klassische Krisenbegriff wurde schon früh auf alle möglichen Lebensbereiche übertragen, aber im 20. Jahrhundert weitete sich sein Anwendungsbereich noch einmal deutlich aus. So kannte das Deutsche Bücherverzeichnis für die Zeit von 1915 bis 1920 unter

---

5 Reinhart Koselleck: Krise, in: Geschichtliche Grundbegriffe. Bd. 3, hg. von Otto Brunner, Werner Conze und ders., Stuttgart 1984, S. 1235-1245.

6 Günther Schnurr: Krise, in: Theologische Realenzyklopädie, hg. von Gerhard Müller, Bd. 20, Berlin/New York 1990, S. 61-65.

7 Reinhart Koselleck: Kritik und Krise. Eine Studie zur Pathogenese der bürgerlichen Welt, Frankfurt am Main 1989.

dem Stichwort »Krise« nur Wirtschaftskrisen. Für die Jahre 1931 bis 1935 unterschied es aber schon Publikationen zur Agrar-, Finanz-, Industrie-, Wirtschafts- und Weltkrise, zur kapitalistischen, religiösen, politischen und revolutionären Krise, zu Deutschlands Krise, zur allgemeinen Kulturkrise sowie zum Ausweg aus der Krise.[8] Bezogen auf eine jeweilige Gegenwart und meist auf ein Subsystem wie Wirtschaft, Gesellschaft, Kunst, Kultur, Außen- oder Innenpolitik, bisweilen aber auch auf die Geschichte als Ganze, enthält der Krisenbegriff sowohl diagnostische und prognostische als auch aktivistische Aspekte. Er diagnostiziert in der Gegenwart eine zumeist existenzielle Entscheidungssituation zwischen zwei einander ausschließenden Zukunftsoptionen, von denen eine positiv und die andere negativ konnotiert ist. Damit erzeugt er zugleich Handlungsdruck: In der Gegenwart bzw. der nahen Zukunft müssen Entscheidungen getroffen, muss gehandelt werden, um die gute Zukunft zu realisieren und die schlechte zu vermeiden.[9]

Im 20. Jahrhundert waren Krisendiagnosen im deutschen Sprachraum wie auch in anderen westlichen Industrieländern omnipräsent. Krise, so kann man etwas lax formulieren, war eigentlich immer und in allen Bereichen. Es dürfte auch deshalb kaum möglich sein, im 20. Jahrhundert ein krisenfreies Jahr zu finden, weil die Zahl der potenziellen Krisendiagnostiker kontinuierlich zunahm. Denn die Gruppe der Intellektuellen, die im 19. Jahrhundert auf den Begriff gebracht wurden und deren Beruf die Kritik war, wie M. Rainer Lepsius einprägsam definiert hat, wurde im 20. Jahrhundert größer, ihr gesellschaftlicher Status zugleich unsicherer und die Medien, in denen sie Krisen diagnostizieren konnten, zahlreicher und vielfältiger.[10] Aus diesem Grund ist eine Begriffsgeschichte im Stile Kosellecks für das 20. Jahrhundert mit wesentlich größeren Schwierigkeiten konfrontiert und dürfte nicht ausschließlich auf intellektuelle Höhenkammliteratur und Lexika beschränkt bleiben. Vielmehr müsste die Analyse diskursgeschichtlich erweitert werden und deutlich größere Textkorpora einbeziehen.[11]

8   Graf (Anm. 3).
9   Reinhart Koselleck: Some Questions Concerning the Conceptual History of »Crisis«, in: Culture and crisis. Germany and Sweden compared, hg. von Nina Witoszek und Lars Tragardh, Oxford 2003, S. 12-23.
10 M. Rainer Lepsius: Kritik als Beruf. Zur Soziologie der Intellektuellen, in: Soziologische Theorie und Empirie, hg. von Jürgen Friedrichs, Karl Ulrich Mayer und Wolfgang Schluchter, Wiesbaden 1997, S. 503-519.
11 Christian Geulen: Plädoyer für eine Geschichte der Grundbegriffe des 20. Jahrhunderts, in: Zeithistorische Forschungen/Studies in Contemporary History, Online-Ausgabe 7 (2010), H. 1, S. 79-97.

Allein die Staatsbibliothek Preußischer Kulturbesitz in Berlin verzeichnet mehr als 3500 Publikationen, die im 20. Jahrhundert erschienen und das Wort »Krise« oder »Krisis« im Titel tragen, sowie zusätzlich noch einmal knapp 4700 Publikationen mit dem englischen »crisis«. Eine quantitative Erfassung der Krisentitel und ihre diachrone Auffächerung ist jedoch nur sehr begrenzt aussagekräftig: Erstens ist sie nicht geeignet, die Wirkung der Texte zu erfassen, zweitens müssen Krisendiagnosen den Begriff nicht unbedingt im Titel tragen und drittens müsste ihre Zahl zudem zur gesamten Textproduktion in Beziehung gesetzt werden, um etwas über die Zu- oder Abnahme von Krisendiagnosen sagen zu können. Zumindest ansatzweise eröffnet jedoch die Suche über die von *google books* gescannten Buchbestände einen Eindruck über die Verwendung des Krisenbegriffs im deutschen Sprachraum. Auch diese Erhebung ist zwar mit Vorsicht zu genießen, liefert aber doch ein eindeutiges Ergebnis. Demnach stieg die Frequenz des Krisenbegriffs in deutschsprachigen Publikationen im Verlauf des 20. Jahrhundert insgesamt, aber nicht kontinuierlich an. Besonders starke Steigerungen sind in den Jahren der Weimarer Republik und in den 1970er Jahren zu beobachten, während die Verwendung des Begriffs im Nationalsozialismus und von der Mitte der 1980er Jahre bis zum Ende des Jahrhunderts zurückging.[12]

Die Krise als Gestaltungsraum in den 1920er Jahren

Auch die Zeitgenossen bemerkten die Zunahme der Krisensemantik und die Ausweitung der Krisendiagnosen vor allem in den inflationären Steigerungsphasen. Schon in den 1920er Jahren war die Krise derart topisch geworden, dass auch die Krisendiagnostiker selbst zur Inflation der Krisendiagnosen Stellung bezogen. Sie versicherten, dass die von ihnen diagnostizierte Krise tatsächlich gravierend oder zumindest gravierender als konkurrierende Krisendiagnosen sei. So beobachtete der rechtsrevolutionäre Publizist Hans Zehrer schon 1928, also vor dem Beginn der Weltwirtschaftskrise und dem, was man im engeren Sinn als Staatskrise der Weimarer Republik bezeichnen kann,[13] dass überall in Deutschland »immer offener« über die Krise geredet werde. Zuerst beschreibe meist

---

12 Google Books Ngram Viewer, URL: https://books.google.com/ngrams/graph?
content=Krise%2C+Krisis&year_start=1900&year_end=2000&corpus=
20&smoothing=3&share=&direct_url=t1%3B%2CKrise%3B%2Cc0%3B.t1%3B%
2CKrisis%3B%2Cc0 [Zugriff am 26.1.2016].

13 Heinrich August Winkler und Elisabeth Müller-Luckner (Hg.): Die deutsche Staatskrise 1930-1933. Handlungsspielräume und Alternativen, München 1992.

ein »ehrlicher Mann« aufgebracht die Krise des Landes und den drohenden Weg in die Katastrophe und erkläre, dass es so nicht weitergehen
könne. Daraufhin äußerten die »Sachverständigen« Phrasen und am
Ende »unproblematische Adressen«, die einen baldigen Aufstieg erwarten
ließen, so dass sich alle zurücklehnten, weil sie die tatsächliche Dimension der Krise, in der Staat und Wirtschaft gleichermaßen steckten, nicht
begriffen hätten.[14] Zehrer und seine Kollegen wurden nicht müde, diese
Krise in den dramatischsten Farben zu zeichnen, weil sie nach eigenem
Bekunden »die Not« wollten, »um an die Not-Wendigkeit zu gelangen«.[15]
Als die Weltwirtschaftskrise einsetzte, freute man sich dementsprechend
in der Redaktion der *Tat*, weil nun die seit langem formulierten Krisendiagnosen mehr Evidenz für sich beanspruchen konnten: »Man entdeckt
plötzlich die Krise, über die wir hier seit Jahren sprechen.«[16] Denn für
die Revolutionäre von rechts, genauso wie für ihre Konkurrenten auf
der extremistischen Linken, war die Krise weder bloß eine Zeit der
Unsicherheit oder Verschlechterung noch die Vorstufe zur Katastrophe.
Sie betrachteten die Krise vielmehr als eine offene Situation, wenn nicht
gar als notwendige kathartische Durchgangsphase auf dem Weg zu einer
besseren Zukunft, die durch die eigene Aktivität erreicht werden konnte.
Die fundamentale Krise, die linke und rechte Extremisten in der
Weimarer Republik konstruierten, war keine Krise einzelner Subsys-
teme mehr, sondern eine Krise des »Gesamtsystems von Weimar« oder
gar der Menschheitsgeschichte, in der die grundsätzliche Reversibilität
politischer Entscheidungen nicht mehr gegeben war. In der Perspektive
der Krisendiagnostiker standen vielmehr strukturverändernde Entscheidungen an, die nicht mehr rückgängig gemacht werden könnten und
Entwicklungen auf lange Sicht festlegen würden. In der Endphase der
Weimarer Republik hieß es wieder in der *Tat*, die Krise sei »in wenigen
Monaten, für viele fast über Nacht [...] für jeden einzelnen zur Realität
geworden«.[17] Diese Krise wurde ins Totale gesteigert; es handele sich um
eine Krise des Menschen und eine Krise der ganzen Welt: »Alle Gebiete
des menschlichen Daseins befinden sich heute in der gleichen Krise.«[18]

14 Hans Zehrer: Zwischen zwei Revolutionen, in: Die Tat 20, Oktober (1928/29),
Bd. 2, S. 524-534; Graf (Anm. 3), S. 375.
15 Hans Zehrer: Achtung, junge Front! Draußenbleiben, in: Die Tat 21, April
(1929/30), Bd. 1, S. 25-40.
16 tt: Die Krise wird hoffähig, in: Die Tat 22, August (1930/31), Bd. 1, S. 386-388.
17 Wohin treiben wir?, in: Die Tat 23, August (1931/32), Bd. 1, S. 329-354; siehe auch
Ferdinand Fried: Gestaltung des Zusammenbruchs, in: Die Tat 23, März (1931/32),
Bd. 2, S. 957-986; Hans Zehrer: Der Sinn der Krise, in: Die Tat 23, März (1931/32),
Bd. 2, S. 937-957.
18 Wohin treiben wir? (Anm, 17), S. 339.

Zu lösen sei sie also nicht innerhalb des bestehenden Systems, sondern nur durch einen neuen Menschen, der ein gänzlich neues System hervorbringen und von diesem zugleich erzeugt werden sollte.

Die Revolutionäre von rechts, zu denen auch die Nationalsozialisten zählten, übernahmen mit dem Krisenbegriff ein narratives Schema zur Ordnung geschichtlicher Zeit und zur Bestimmung der eigenen Position in der Geschichte, das erst mit dem Auseinandertreten von Erfahrungsraum und Erwartungshorizont in der Neuzeit, die nun als qualitativ neue Zeit gedacht werden konnte, in dieser Form entstanden war.[19] Indem sich, wie Koselleck argumentiert hat, Erwartungen immer mehr von den bisher gemachten Erfahrungen entfernten, öffnete sich die Zukunft als Möglichkeitsraum, in dem historische Prozess- und Entwicklungsbegriffe angesiedelt werden konnten wie etwa der Begriff des Fortschritts oder der Begriff der Geschichte selbst.[20] Sodann entstand im 19. Jahrhundert mit dem Marxismus eine Geschichtsphilosophie und politische Bewegung, welche die Geschichte nicht als kontinuierliche Entwicklung entwarf, sondern als Stufenfolge, in der jede qualitativ neue Stufe jeweils aus einer krisen- und konflikthaften Übergangsphase hervorgeht.[21]

Während sich weite Teile der sozialdemokratischen Arbeiterbewegung im Kaiserreich im Zuge der negativen Integration von revolutionären Perspektiven verabschiedet hatten und evolutionäre Vorstellungen übernahmen oder allenfalls einen revolutionären Attentismus vertraten, entwarf die kommunistische Bewegung im Anschluss an den Ersten Weltkrieg unter dem Eindruck der Russischen Revolution eine positive Krisenkonzeption. So war der Weltkrieg für Rosa Luxemburg eine »Weltenwende«, eine existenzielle Krisensituation, in der das Schicksal kommender Generationen durch die eigene Aktivität entschieden werden müsste: »Wir stehen also heute [...] vor der Wahl: entweder Triumph des Imperialismus und Untergang jeglicher Kultur, wie im alten Rom, Entvölkerung, Verödung, Degeneration, ein großer Friedhof. Oder Sieg des Sozialismus, d. h. der bewußten Kampfaktion des internationalen Proletariats gegen den Imperialismus und seine Methode: den Krieg. Dies ist ein Dilemma

19 Reinhart Koselleck: Erfahrungsraum und Erwartungshorizont. Zwei historische Kategorien, in: Vergangene Zukunft. Zur Semantik geschichtlicher Zeiten, Frankfurt am Main 1989, S. 349-375.
20 Lucian Hölscher: Die Entdeckung der Zukunft, Frankfurt am Main 1999; Reinhart Koselleck: Fortschritt, in: Geschichtliche Grundbegriffe. Bd. 2, hg. von Otto Brunner, Werner Conze und Reinhart Koselleck, Stuttgart 1975, S. 351-423.
21 Lutz Raphael: »Gescheiterte Krisen«. Geschichtswissenschaftliche Krisensemantiken in Zeiten postmoderner Risikoerwartung und Fortschrittsskepsis, in: Geschichte intellektuell. Theoriegeschichtliche Perspektiven, hg. von Friedrich Wilhelm Graf, Edith Hanke und Barbara Picht, Tübingen 2015, S. 78-92.

der Weltgeschichte, ein Entweder – Oder, dessen Wagschalen zitternd schwanken vor dem Entschluß des klassenbewußten Proletariats.«[22] Folgerichtig konnten Linksintellektuelle wie Walter Benjamin und Bertolt Brecht 1930 eine Zeitschrift planen, die *Krise und Kritik* heißen und deren Aufgabe es sein sollte, »die Krise festzustellen oder herbeizuführen und zwar mit Mitteln der Kritik«.[23] Diese revolutionäre Krisenrhetorik, im Rahmen derer die Krise ein notwendiges Durchgangsstadium war, um eine höhere Stufe der menschheitsgeschichtlichen Entwicklung zu erreichen, wurde von den Kommunisten und ihnen nahestehenden Intellektuellen im Verlauf des 20. Jahrhunderts immer wieder aktualisiert, indem angeblich letzte Krisen des (Spät-)Kapitalismus geradezu herbeigesehnt und -geschrieben wurden.[24] In der Zwischenkriegszeit übernahmen diese Sprache auch die Rechtsrevolutionäre, die mit ihrer Rhetorik wie auch mit ihrer praktischen Politik zugleich zur Krisenverschärfung beitrugen. Die inflationären Krisendiagnosen der 1920er und 1930er Jahre waren also eine Form der Zukunftsgenerierung, die eine bestimmte Erwartung dessen, was kommen würde, mit Annahmen darüber verband, welche Bedeutung menschliches Handeln für dessen Realisierung haben könne.[25]

Die Krise der Gestaltung in den 1970er Jahren

Vergleicht man die Krisendiskurse der 1920er Jahre mit der zweiten Begriffsinflation in den 1970er Jahren, für die auch in der historischen Forschung eine »ausufernde omnipräsente […] Krisensemantik«[26] konstatiert wurde, so lassen sich zwar grundlegende Gemeinsamkeiten aber auch signifikante Unterschiede feststellen. Wie in den 1920er Jahren bemerkten die politischen, ökonomischen und kulturellen Zeitbeobachter auch in den 1970er Jahren selbstkritisch, dass sie als Wissenschaftler und Intellektuelle dazu tendierten, nebensächliche Konstellationen zu großen Krisen zu erklären. Auch dies taten sie aber oft nur, um dann auszuführen, dass das von ihnen im Folgenden diskutierte Ereignis

---

22 Junius [Rosa Luxemburg]: Die Krise der Sozialdemokratie, Zürich 1917, S. 13.

23 Erdmut Wizisla: Krise und Kritik (1930/31), in: Der Junge Brecht: Aspekte seines Denkens und Schaffens, hg. von Helmut Gier und Jürgen Hillesheim, Würzburg 1996, S. 226-253, hier S. 233.

24 Jürgen Habermas: Was heißt heute Krise? Legitimationsprobleme im Spätkapitalismus, in: Zur Rekonstruktion des Historischen Materialismus, hg. von Jürgen Habermas, Frankfurt am Main 1976, S. 304-328.

25 Graf (Anm. 3), S. 321-328.

26 Raphael (Anm. 21), S. 85

tatsächlich eine gravierende Wegscheide bedeute.[27] Im Zentrum der Krisendiagnosen der 1970er Jahre standen die Öl- und Energiekrisen, die Wirtschaftskrise, das neue Phänomen der Stagflation und die Umwelt-, Überbevölkerungs- und Welternährungskrise. Gerade die Energie- und Umweltkrisen wurden in globaler Perspektive als epochale Umbrüche gedeutet. Dic diesbezüglichen Krisendiskurse beschränkten sich in den 1970er Jahren nicht mehr auf den nationalen Rahmen, sondern vollzogen sich in transnationalen Räumen. So formulierte Jack M. Hollander im Vorwort zur ersten Ausgabe der *Annual Review of Energy*: »The energy crisis of the early 1970s was not a crisis in the usual sense. It was rather the beginning of an era when man first fully realized the magnitude of the energy-resource-environment problem, when he realized that this problem, which took many years to develop, will also take many years to solve; yet it demands his attention without delay.«[28] Dass hier die »gewöhnliche Bedeutung von Krise« von der in diesem Fall tatsächlich epochemachenden Bedeutung des Begriffs abgegrenzt wird, verweist darauf, dass die Assoziation mit fundamentaler Veränderung in den 1970er Jahren offenbar nicht mehr so selbstverständlich war wie noch in den 1920er Jahren. Wo der Begriff, wie hier von Hollander, genutzt wurde, verband er aber noch immer diagnostische und prognostische Elemente, um daraus konkrete Handlungsimperative abzuleiten.

Ebenso wurden in den 1970er wie schon in den 1920er Jahren wieder Verbindungen zwischen den verschiedenen Krisen konstruiert. Vor allem Vertreter der Umwelt- und Ökologiebewegung definierten zumeist keine separate Umweltkrise, sondern beanspruchten, eine allgemeine Krise der Industriegesellschaft zu beschreiben, die in der Umweltproblematik nur besonders offensichtlich zutage trete. Für Barry Commoner, den Vordenker der US-amerikanischen Umweltbewegung, waren die Umwelt-, die Energie- und die Wirtschaftskrise der 1970er Jahre keine »series of separate crises, but a single basic defect – a fault that lies deep in the design of modern society«.[29] Noch zehn Jahre später hieß es ganz in diesem Sinne im sogenannten Brundtland-Bericht der UN Kommission für Umwelt und Entwicklung: »Es gibt keine Umweltkrise, keine Entwicklungskrise und keine Energiekrise – sie sind alle Teile einer cinzigen

27 Raymond Vernon (Hg.): The Oil crisis, New York 1976.
28 Jack M. Hollander: Preface, in: Annual Review of Energy 1 (1976), S. vi-ix, hier S. vi.
29 Barry Commoner: The poverty of power. Energy and the economic crisis, New York 1976, S. 3.

Krise.«[30] Gerade die konservativen Teile der Ökologiebewegung, die sich in der Bundesrepublik in den 1970er Jahren etwa um das Bussauer Manifest sammelten, bestimmten den tieferliegenden Grund für diese umfassende Krise in den »einseitig quantitativ ökonomisch bestimmten Wertmaßstäben«, der fehlenden Kontrolle über den technischen Fortschritt und der Ausrichtung des Wirtschaftens auf Wachstum.[31] Einzig eine grundlegende Umorientierung des Menschen und eine radikale Transformation der Gesellschaft schienen dann noch einen Ausweg aus der Krise zu bieten, die mit ihrer Ausweitung im Unterschied zur Weimarer Republik zugleich aussichtsloser wurde. In den 1970er Jahren veränderte sich demnach das Aktivitätspostulat der Krise; nur noch ein Rückzug aus der Welt schien Aussicht auf Besserung zu versprechen, aber nicht mehr deren aktive Umgestaltung. Mit der Forderung nach einem »Rückschritt zum Überleben«[32] stiegen zumindest Teile der Ökologiebewegung aus dem Zukunfts- und Fortschrittshorizont aus, der sich in der Sattelzeit geöffnet hatte und im Rahmen dessen auch die politische und kulturelle Krisendiagnostik bis weit ins 20. Jahrhundert hinein angesiedelt gewesen war. Obwohl die Fortschrittsfeinde selbst innerhalb der Ökologiebewegung nicht hegemonial wurden, sondern sich hier eher Vorstellungen eines »technological fix« oder einer ökologischen Modernisierung durchsetzten,[33] lässt sich doch in diesem Kontext eine semantische Veränderung des Krisenbegriffs beobachten.

In seiner Untersuchung der US-amerikanischen Energiepolitik urteilte Martin Greenberger schon zu Beginn der 1980er Jahre: »The crisis of the seventies, we believe, was more one of policy than of energy. The energy problems that filled the news for much of the period were due largely to a mismatch of government actions with physical and economic circumstances.«[34] Ganz ähnlich sah der Palme-Bericht der UN-

30 Volker Hauff (Hg.): Unsere gemeinsame Zukunft. Der Brundtland-Bericht der Weltkommission für Umwelt und Entwicklung, Greven 1987, S. 4.

31 Bussauer Manifest zur umweltpolitischen Situation, in: Scheidewege. Vierteljahresschrift für skeptisches Denken 5 (1975), S. 469-486, hier S. 469; Gerhard Helmut Schwabe: Menschheit am Wendepunkt, in: Scheidewege. Vierteljahresschrift für skeptisches Denken 5 (1975), S. 298-319.

32 Max Himmelheber: Rückschritt zum Überleben, in: Scheidewege. Vierteljahresschrift für skeptisches Denken 4 (1974), S. 61-92 und 369-393.

33 Michael Bess: The light-green society. Ecology and technological modernity in France, 1960-2000, Chicago 2003; Martin Bemmann, Birgit Metzger und Roderich von Detten (Hg.): Ökologische Modernisierung. Zur Geschichte und Gegenwart eines Konzepts in Umweltpolitik und Sozialwissenschaften, Frankfurt am Main 2014.

34 Martin Greenberger: Caught Unawares. The Energy Decade in Retrospect, Cambridge 1983, S. 6.

Kommission für Abrüstung und Sicherheit 1982 die Ursache der Krise im Feld der Sicherheitspolitik darin, dass die Möglichkeiten von Wissenschaft und Technik schneller gewachsen seien als die der Politik, diese zu beherrschen.[35] Eine Begriffsverschiebung deutete sich auch 1977 auf einer Tagung der Körber-Stiftung in Hamburg an.

Dort fragte der für Energiefragen zuständige EG Kommissar Guido Brunner, der auch Bundesvorstandsmitglied der FDP war, ob es sich bei der Energieproblematik nur um eine »vorübergehende Krise« handele oder man gegenwärtig nicht vielmehr »das Ende der Machbarkeit der Dinge« erlebe.[36] Während Brunner hier also die Krise noch als eine offene Phase begriff, in der Zukunft gestaltet werden konnte, stellte er zugleich die Möglichkeit aktiver Zukunftsgestaltung explizit in Frage. Im Kontext der Diskussionen über die Grenzen politischer Steuerung bzw. die Unregierbarkeit und die Krise der westlichen Demokratien trat in der Krisensemantik in den 1970er Jahren der aktivistische Aspekt des Begriffs zurück.[37] Krise bedeutete zunehmend Niedergang und Verschlechterung, immer weniger aber Wendepunkt zum Schlechteren oder Besseren, so dass Robert Jungk seinen Artikel zu »Energie« in Meyers Konversationslexikon mit »Krise und Wende« überschrieb, als ob der Krisenbegriff den Aspekt der Wende nicht beinhalte.[38]

Aufmerksamen Zeitgenossen fiel auf, dass die Verschiebung der Krisensemantik mit einer ebenfalls zu beobachtenden Veränderung des Zeitregimes einherging bzw. von dieser überhaupt erst hervorgerufen wurde. Im Anschluss an Reinhart Koselleck führte beispielsweise Jürgen Habermas aus, in der Sattelzeit sei ein neues Zeitbewusstsein entstanden. Seit ungefähr 1800 verstehe sich die Gegenwart »jeweils als ein Übergang zum Neuen; sie lebt im Bewußtsein der Beschleunigung geschichtlicher Ereignisse und in der Erwartung der Andersartigkeit der Zukunft.«[39]

35 Olof Palme: Der Palme-Bericht. Bericht der Unabhängigen Kommission für Abrüstung und Sicherheit ›Common Security‹, Berlin 1982, S. 7.

36 Energiekrise – Europa im Belagerungszustand? Politische Konsequenzen aus einer eskalierenden Entwicklung, Hamburg-Bergedorf 1977, S. 12.

37 Michel Crozier, Jōji Watanuki und Samuel P. Huntington: The Crisis of Democracy. Report on the Governability of Democracies to the Trilateral Commission, New York 1975; Claus Offe: Unregierbarkeit. Zur Renaissance konservativer Krisentheorien, in: Stichworte zur geistigen Situation der Zeit, hg. von Jürgen Habermas, Frankfurt am Main 1979, S. 294-318; Gabriele Metzler: Krisenbewusstsein, Krisendiskurse und Krisenbewältigung. Die Frage der ›Unregierbarkeit‹ in Ost und West nach 1972/73, in: Zeitgeschichte 34 (2007), S. 151-161.

38 Robert Jungk: Energie – Krise und Wende, in: Meyers Enzyklopädisches Lexikon, Mannheim/Wien/Zürich 1973, S. 771-774.

39 Jürgen Habermas: Die Krise des Wohlfahrtsstaates und die Erschöpfung utopischer Energien, in: Die neue Unübersichtlichkeit, hg. von Jürgen Habermas, Frankfurt am Main 1985, S. 141-163, hier S. 141.

In diesem Kontext seien sowohl das historische als auch das utopische Denken entstanden. In der Gegenwart mehrten sich nun die Stimmen, welche die utopischen Energien für erschöpft hielten. Die »neue Unübersichtlichkeit« scheine die Handlungs- und Steuerungspotenziale zu übersteigen und zugleich ein neues Zeitbewusstsein zu erzeugen. Während Habermas diese Diagnose nicht teilte, konstatierten eine ganze Reihe von Zeitsoziologen ex-post die Schließung des offenen Zukunftshorizontes der Moderne seit den 1970er Jahren. So erklärt Hartmut Rosa, das lineare Zeitverständnis sei unter dem Eindruck immer weiter beschleunigter technischer Veränderungen, der Beschleunigung des Lebenstempos sowie der sozialen und kulturellen Veränderungsraten ersetzt worden durch »die Erfahrung der unvorhersehbaren und ungerichteten, mithin also gleichsam nichtbewegten und nicht (transsituativ) kontrollierbaren, stetigen Veränderung, in der das von Henry Adams postulierte ›Gesetz der Beschleunigung‹ nicht länger als ein ›Gesetz des Fortschritts‹ verstanden werden« könne.[40] Helga Nowotny diagnostiziert eine Ausdehnung der Gegenwart, welche die lineare Zeitordnung ersetze, die eng mit der Veränderungserfahrung der Industrialisierung verbunden gewesen sei und im Rahmen derer Krisen zu etwas gänzlich Anderem führen könnten.[41] Für Manuel Castells wird die lineare, irreversible, messbare und vorhersagbare Zeit, also die Basis der Fortschrittsvorstellung, die auch Krisen integrieren konnte, in der Netzwerkgesellschaft erschüttert und ersetzt durch die neue Temporalität der »timeless time«.[42] Mit dieser Verschiebung verliert auch der Krisenbegriff also seine ursprüngliche Bedeutung, ein konflikthaftes Durchgangsstadium auf dem Weg in eine bessere Zukunft zu bezeichnen, die durch eigene Aktivität herbeigeführt werden kann.[43] Allerdings sind Generalisierungen dieser Art mit Vorsicht zu genießen, weil klassische Fortschrittsperspektiven und Krisensemantiken auch im letzten Drittel des 20. Jahrhunderts und bis in unsere Gegenwart immer wieder aktualisiert werden können.[44] Neue und alternative Formen der Zukunftsgenerierung, die etwa unter

40 Hartmut Rosa: Beschleunigung. Die Veränderung der Zeitstrukturen in der Moderne, Frankfurt am Main 2005, S. 451.
41 Helga Nowotny: Eigenzeit. Entstehung und Strukturierung eines Zeitgefühls, Frankfurt am Main 1989, S. 11-16.
42 Manuel Castells: The Rise of the Network Society, Cambridge/Oxford 1996, S. 432-434 u. 464.
43 Raphael (Anm. 1).
44 Siehe exemplarisch Ralf Dahrendorf: Die Chancen der Krise. Über die Zukunft des Liberalismus, Stuttgart 1983; Zur Persistenz des Fortschritts siehe auch Rüdiger Graf: Die Entstehung und das Überleben des Fortschritts – zur Langlebigkeit einer Idee im 20. und 21. Jahrhundert, erscheint in: traverse 3 (2016).

den Begriffen des Risikos oder des Bewahrens firmieren, haben ältere Zukunftsgenerierungen nicht etwa ersetzt, sondern sind vielmehr neben diese getreten und haben damit den Zukunftshorizont erweitert oder besser vervielfältigt.[45]

Historische Krisen und historiographische Zäsuren

Noch während der ersten Ölkrise, aber nachdem diese ihren Höhepunkt deutlich überschritten hatte, äußerte Franz Josef Strauß in der konservativen *Zeitbühne* die »feste Überzeugung«, dass »Historiker des nächsten Jahrzehnts oder der nächsten Generationen mit höchster Wahrscheinlichkeit das Jahr 1973 als tiefgreifenden Einschnitt in die Nachkriegsgeschichte, als historische Zäsur bewerten« würden.[46] Tatsächlich dauerte es bis zum Beginn der 2000er Jahre, bis der Zäsurcharakter des Jahres 1973 bzw. der 1970er Jahre insgesamt breiter in der Geschichtswissenschaft diskutiert wurde, und auch jetzt ist keineswegs unumstritten, ob und in welchem Sinne hier eine Zäsur gesetzt werden muss.[47] Im Unterschied dazu leuchtete die »Krise der Weimarer Republik«, die im Aufstieg des Nationalsozialismus kulminierte, unmittelbar als zentrale Zäsur in der deutschen und europäischen Geschichte des 20. Jahrhunderts ein und ist als solche auch bis heute kaum umstritten.[48] Daneben ließen sich unzählige Krisendiagnosen aufzählen, die von den jeweiligen Zeitdiagnostikern mit epochaler Qualität ausgestattet wurden, aber historiographisch nie ernsthaft als bedeutende Zäsuren diskutiert wurden. Dies gilt zum Beispiel für die meisten der intensiv erlebten politischen Krisen des Kalten Krieges, wie etwa das »Krisenjahr« 1956 oder

---

45 Rüdiger Graf und Benjamin Herzog: Von der Geschichte der Zukunftsvorstellungen zur Geschichte ihrer Generierung. Probleme und Herausforderungen des Zukunftsbezugs im 20. Jahrhundert, in: Geschichte und Gesellschaft 42 (2016), H. 3, 497-515.

46 Franz Josef Strauß: Europäische Zäsur, in: Zeitbühne 3 (1974), H. 6, S. 15-16, hier S. 16.

47 Konrad H. Jarausch: Verkannter Strukturwandel. Die siebziger Jahre als Vorgeschichte der Probleme der Gegenwart, in: Das Ende der Zuversicht? Die siebziger Jahre als Geschichte, hg. von Konrad H. Jarausch, Göttingen 2008, S. 9-28; Niall Ferguson: Introduction. Crisis, What Crisis? The 1970s and the Shock of the Global, in: The Shock of the Global. The 1970s in Perspective, hg. von Niall Ferguson, Cambridge 2010, S. 1-21.

48 Moritz Föllmer und Rüdiger Graf (Hg.): Die »Krise« der Weimarer Republik. Zur Kritik eines Deutungsmusters, Frankfurt am Main 2005.

RÜDIGER GRAF

die Kuba-Krise.[49] Warum die eine zeitgenössische Krisendeutung zur historiographischen Zäsur wird, während die andere von nur historischem
Interesse bleibt, hängt von vielen Faktoren ab. Wiederum am Beispiel der
Krisen der Weimarer Republik und der 1970er Jahre, sollen im Folgenden kurz die Bedingungen aufgezeigt werden, unter denen historische
Krisendiagnosen zu historiographischen Zäsuren werden.

Die grundsätzliche Attraktivität, zeitgenössische Krisendeutungen in
die historiographische Erzählung zu übernehmen, resultiert aus ihrer
narrativen Struktur. Krisen dramatisieren die komplexe Gegenwart, indem sie aus ihr einen Kampf um die Realisierung von zwei existenziell
verschiedenen Zukunftsszenarien machen.[50] Damit strukturieren sie
die historiographische Narration gewissermaßen vor: Wird eines dieser
Szenarien zumindest annähernd realisiert, eignet sich die Krise in besonderer Weise ex-post zur Ordnung der historischen Zeit. Politische Krisen
werden deshalb gerne im zeitgenössischen Krisenmodus nacherzählt mit
Opponenten und einer sich ständig verschärfenden Lage, die schließlich auf eine Lösung zutreibt. In der jüngeren politikwissenschaftlichen
Theoriebildung versuchen daher auch einige Autoren, die Krise im
Koselleckschen Sinn als technischen Begriff zur Analyse fruchtbar zu
machen.[51]

Die Krise der Weimarer Republik konnte deshalb besonders leicht in
die Historiographie übergehen, weil sie zwar von ökonomischen Krisenphänomenen geprägt wurde,[52] vor allem aber eine politische Krise war,
die in einem fundamentalen politischen Systemwechsel kulminierte. Die
offensichtliche, wenn auch sehr verschieden ausgedeutete Strukturveränderung wurde auch deshalb im Modus der Krisenerzählung für die
deutsche Zeitgeschichte langfristig prägend, weil diese ihre Legitimation
zu einem wesentlichen Teil aus der Erforschung des Nationalsozialismus

49 Bernd Greiner, Christian Th. Müller und Dierk Walter (Hg.): Krisen im Kalten
   Krieg, Hamburg 2011; siehe aber Simon Hall: 1956. Welt im Aufstand, Stuttgart
   2016.
50 Föllmer, Graf und Leo (Anm. 3); Ansgar Nünning: Krise als Erzählung und Metapher. Literaturwissenschaftliche Bausteine für eine Metaphorologie und Narratologie von Krisen, in: Meyer, Patzel-Mattern und Schenk (Anm. 3), S. 117-144.
51 B. Milstein: Thinking politically about crisis: A pragmatist perspective, in: European Journal of Political Theory 14 (2015), H. 2, S. 141-160; Colin Hay: Crisis and
   the structural transformation of the state: interrogating the process of change, in:
   The British Journal of Politics and International Relations 1 (1999), H. 3, S. 317-
   344.
52 »Krise« ist allerdings im 20. Jahrhundert kein wichtiger wirtschaftswissenschaftlicher Analysebegriff. Alexander Nützenadel: Der Krisenbegriff der modernen
   Ökonomie, in: Mergel (Anm. 3), S. 48-58.

zog.[53] Auch der zweite entscheidende Gründungskontext der bundesrepublikanischen Zeitgeschichte, die Blockkonfrontation des Kalten Krieges,
privilegierte eine politikgeschichtliche Perspektive, so dass politischen
Krisen große Bedeutung als strukturverändernde Transformationspha-
sen zugewiesen wurde.[54] Letztlich waren die beiden systemtransformie-
renden Ideologien, die sich dem Liberalismus entgegengestellt und die
Konflikte des 20. Jahrhunderts wesentlich geprägt hatten, Produkte der
politischen Krise der Zwischenkriegszeit.

Insofern die politischen Krisen des Kalten Krieges immer nur Krisen
im Rahmen der Blockkonfrontation waren, diese aber weder grundsätzlich überwanden noch zur völligen Eskalation brachten, eigneten sie sich
als historiographische Zäsuren nur im Kontext kleinerer Narrative, nicht
aber für die Strukturierung der Geschichte des 20. Jahrhunderts insgesamt. Die Gründe, warum die Ölkrise bzw. die Krise der 1970er Jahre
erst mit zeitlicher Verzögerung auch als Zäsur in der Historiographie
diskutiert wurde, sind indes anders gelagert. Zum einen handelte es sich
bei den Krisen der 1970er Jahre eben weniger um politische Krisen, bei
denen antagonistische Lager verschiedene Zukunftsoptionen zu realisieren gesucht hätten, sondern eher um eine Krise der politischen Gestaltungsfähigkeit insgesamt im Angesicht als neu begriffener ökonomischer
und ökologischer Problemlagen. Zum anderen lagen die Konflikte quer
zu den klassischen Konfliktlinien des Kalten Krieges und waren deshalb
nur schwer in die etablierten Analyseanordnungen der Zeitgeschichte zu
übersetzen.[55] Erst der Zusammenbruch des Ostblocks und das Ende der
Blockkonfrontation öffneten den historiographischen Blick auf andere
Zäsursetzungen. So urteilte beispielsweise Hans-Peter Schwarz um die
Jahrtausendwende, dass 1989/90 zwar als starke Zäsur empfunden worden sei, hier aber lediglich der Kalte Krieg zu Ende gegangen sei, bei dem
es sich »trotz seiner Ausdehnung, Intensität und Gefährlichkeit« nur um
einen »transitorischen Konflikt« gehandelt habe. »Universalgeschichtlich
gesehen war die Dekolonisierung und die Etablierung eines völlig neuen

53 Martin H. Geyer: Im Schatten der NS-Zeit. Zeitgeschichte als Paradigma einer
    (bundes-)republikanischen Geschichtswissenschaft, in: Zeitgeschichte als Problem.
    Nationale Traditionen und Perspektiven der Forschung in Europa, hg. von Alexan-
    der Nützenadel und Wolfgang Schieder, Göttingen 2004, S. 25-53.
54 Giovanni Capoccia und R. Daniel Kelemen: The Study of Critical Junctures:
    Theory, Narrative, and Counterfactuals in Historical Institutionalism, in: World
    Politics 59 (2007), H. 3, S. 341-369.
55 Rüdiger Graf: Das Petroknowledge des Kalten Krieges, in: Macht und Geist im
    Kalten Krieg, hg. von Bernd Greiner, Hamburg 2011, S. 201-222.

Weltstaatensystems letztlich doch die wichtigste Entwicklung in der zweiten Hälfte des 20. Jahrhunderts.«[56] Während Hans-Peter Schwarz bei seinem Zäsurvorschlag noch im Paradigma der politischen Geschichte verblieb, folgte aus der methodischen und inhaltlichen Erweiterung der Geschichtswissenschaften seit den 1980er Jahren auch ein Bedürfnis nach alternativen Zäsursetzungen. Im Sinne einer Zeitgeschichte, die als Vorgeschichte gegenwärtiger Problemkonstellationen geschrieben wurde, boten sich hier die 1970er Jahre geradezu an. Denn mit dem Ende des ökonomischen Booms und der daraus resultierenden Belastung der sozialen Sicherungssysteme, der Ablösung des Keynesianismus durch monetaristische Positionen, der Energie- und Umweltproblematik sowie dem internationalen Terrorismus begannen hier viele der Probleme zum ersten Mal die politische Agenda zu bestimmen, die zu Beginn des neuen Jahrtausends noch immer virulent sind. Genauso wie Zäsursetzungen, die vom Feld des Politischen ausgehen, an zeitgenössische Krisendiagnosen anschließen und diese zur narrativen Strukturierung ihrer Erzählungen nutzen, schloss die Historiographie hierbei ebenfalls an die Krisendeutungen der 1970er Jahre an. Diese basierten jedoch, wie oben ausgeführt, zumindest teilweise auf einem anderen Krisenbegriff: Sie erschienen weniger als offene Situation, sondern vielmehr als Malaise, die sich bis in die Gegenwart zu ziehen und diese von einem ›goldenen Zeitalter‹ zu trennen schien. Denn sie stellte noch immer die gleichen, nicht zu bewältigenden Herausforderungen an die politische, ökonomische und gesellschaftliche Gestaltungsfähigkeit.[57]

Fazit

In zweifachem Sinn kann man also in der Krise im 20. Jahrhundert einen epochemachenden Begriff sehen. Zum einen nahm seine Verwendung im Verlauf des Jahrhunderts – und zwar vor allem zwischen Erstem Weltkrieg und Nationalsozialismus und dann noch einmal in den 1970er Jahren zu – und veränderte dabei im Unterschied zu früheren Jahrhunderten seine Bedeutung. Während der Krisenbegriff in den 1920er Jahren innerhalb eines grundsätzlich offenen Zukunftshorizonts

---

56 Hans-Peter Schwarz: Ost-West, Nord-Süd. Weltpolitische Betrachtungen zur deutschen Teilungsepoche, in: Koordinaten deutscher Geschichte in der Epoche des Ost-West-Konflikts, hg. von Hans Günter Hockerts, München 2003, S. 1-27, hier S. 4; Hans-Peter Schwarz: Fragen an das 20. Jahrhundert, in: VfZ 48 (2000), S. 1-36.
57 Hobsbawm (Anm. 1).

zwei existenziell verschiedene Zukunftsoptionen eröffnet hatte und zur Realisierung der als positiv gesehenen hatte motivieren sollen, verlor er diese aktivistische Komponente in den 1970er Jahren zumindest partiell. Denn der in der Sattelzeit geöffnete Zukunftshorizont der Moderne hatte sich im 20. Jahrhundert pluralisiert, indem andere Formen der Zukunftsgenerierung neben die klassischen Zukunftserwartungen im Modus der politischen Utopie getreten waren. Wenn Zukunft, wie es in den 1980er Jahren üblicher wurde, im Modus des Risikos gedacht wurde, auf das man sich vorbereiten musste, konnten Krisen nicht mehr in gleicher Weise eingesetzt werden, um zur zukunftsgestaltenden Aktivität zu motivieren. Die Veränderung der Krisensemantik indizierte hier also auch eine viel grundsätzlichere Transformation historischer Zeit und menschlicher Aktivität. Krisendiagnosen verloren auch deshalb in den 1970er Jahren ihre aktivierende Dimension, weil sie zunehmend als globale Krisen gedacht wurden, welche die Krisenlösungskompetenz der Nationalstaaten grundsätzlich überstiegen.

Zum anderen waren die Krisen des 20. Jahrhundert epochemachend, weil sie jeweils historische Zäsuren behaupteten und sich insofern späteren Historikerinnen und Historikern anboten, um ihre Erzählungen zu strukturieren. Dementsprechend übertrug sich die Bedeutungsveränderung des Krisenbegriffs auch in die historische Forschung, wenn diese auf die komplexitätsreduzierende Funktion zeitgenössischer Krisendeutungen rekurrierte. Mit Krisenbehauptungen antizipieren zeitgenössische Beobachter historische Zäsuren, von denen einige dann als historiographische Zäsuren wiederkehren, wenn sie auch später noch Orientierungsfunktionen in der Gegenwart erfüllen können. Angesichts dieser Genese historiographischer Krisenbeschreibungen erscheint die Krise der 1970er Jahre in der Geschichtswissenschaft heute als weniger offen als die der 1920er Jahre. Denn in ihren wesentlichen Parametern scheint sie uns bis heute zu begleiten, ohne dass inzwischen überzeugende Lösungskonzepte entwickelt worden wären.

Auswahlbibliographie

Föllmer, Moritz und Graf, Rüdiger (Hg.): Die »Krise« der Weimarer Republik. Zur Kritik eines Deutungsmusters, Frankfurt am Main 2005, S. 9-41.

Graf, Rüdiger: Die Zukunft der Weimarer Republik. Krisen und Zukunftsaneignungen in Deutschland 1918-1933, München 2008, S. 359-379.

Grunwald, Henning und Pfister, Manfred (Hg.): Krisis! Krisenszenarien, Diagnosen und Diskursstrategien, München 2007.

Koselleck, Reinhart: Krise, in: Geschichtliche Grundbegriffe. Bd. 3, hg. von Otto
Brunner, Werner Conze und ders., Stuttgart 1984, S. 1235-1245.
Mergel, Thomas (Hg.): Krisen verstehen. Historische und kulturwissenschaftliche
Annäherungen, Frankfurt am Main 2012.
Metzler, Gabriele: Krisenbewusstsein, Krisendiskurse und Krisenbewältigung. Die
Frage der ›Unregierbarkeit‹ in Ost und West nach 1972/73, in: Zeitgeschichte 34
(2007), S. 151-161.
Meyer, Carla, Patzel-Mattern, Carla und Schenk, Gerrit J. (Hg.): Krisengeschichte(n).
»Krise« als Leitbegriff und Erzählmuster in kulturwissenschaftlicher Perspektive,
Stuttgart 2013.
Raphael, Lutz: »Gescheiterte Krisen«. Geschichtswissenschaftliche Krisensemantiken
in Zeiten postmoderner Risikoerwartung und Fortschrittsskepsis, in: Geschichte
intellektuell. Theoriegeschichtliche Perspektiven, hg. von Friedrich Wilhelm Graf,
Edith Hanke und Barbara Picht, Tübingen 2015, S. 78-92.

Medienumbrüche und politische Zäsuren im 20. Jahrhundert

FRANK BÖSCH

Das 20. Jahrhundert war ein »Jahrhundert der Massenmedien«.[1] Außerhalb der Arbeit gab es keine Beschäftigung, mit der Menschen in diesem Jahrhundert mehr Zeit verbrachten als mit der Mediennutzung. Spezifisch für die Medienkommunikation seit den 1890er Jahren war, dass einzelne Botschaften Millionen von Menschen zugleich erreichten und diese fast alle gesellschaftlichen Bereiche prägten: seien es politische Entscheidungen, Kriege und Proteste, sei es der Wandel von Weltdeutungen, Normen und Erinnerungen oder etwa die Gestaltung des Alltags und der Freizeit. Insofern ist die Medialisierung sicher ein zentrales Kennzeichen des 20. Jahrhunderts, bei der mit der Etablierung des Internets eine neue Phase begann.

Medien trugen dabei vielfältig zur Vermessung des 20. Jahrhunderts bei. Durch ihr periodisches Erscheinen sind sie per se Chronometer der Gesellschaft. Arthur Schopenhauer bezeichnete die Zeitung einst als »Sekundenzeiger der Weltgeschichte«, ebenso als »Alarmtrompete« und »Vergrößerungsglas«.[2] Mit dem Film gewann diese Vermessung der Welt um 1900 eine zusätzliche Schärfe und einen neuen Rahmen für ihre Fokussierung. Die damit verbundenen Medienformate, wie die Nachrichten im Radio oder der Bericht der Wochenschau, passten das Geschehen einer bestimmten Zeiteinheit in ein festes Format, um Ausgewähltes sichtbar zu machen. Vermessen wurde aber nicht nur die Welt, sondern auch die Nutzer der Medien selbst. Die vielen Stunden, die Menschen täglich mit einzelnen Medien verbringen, ebenso die Minuten, in denen sie abschalten, zählen zu den detailliertesten Zeugnissen über Tagesabläufe.[3] Wer wann bei welcher Sendung zuschaut, entscheidet über Inhalte und Einnahmen. Die Massenmedien des 20. Jahrhunderts sind

---

1 So auch Axel Schildt: Das Jahrhundert der Massenmedien. Ansichten zu einer künftigen Geschichte der Öffentlichkeit, in: Geschichte und Gesellschaft 27 (2001), S. 177-206.

2 Arthur Schopenhauer: Zur Metaphysik des Schönen und der Ästhetik, in: ders., Sämtliche Werke in 12 Bänden, Bd. 11, Stuttgart [o. D.], S. 131.

3 Malte Zierenberg: Zuschauerdaten und Demokratie. Das Wissen der empirischen Zuschauerforschung und mediale Selbstbeschreibungen in der Bundesrepublik der siebziger Jahre, in: Comparativ 21 (2011), S. 45-61.

somit Maßeinheiten mit stark sozialer Lenkungsfunktion, die selbst durch neue Vermessungstechniken gesteuert werden. Auch für die in diesem Buch thematisierten Umbrüche im 20. Jahrhundert spielen Medien eine gewichtige und spannungsreiche Rolle. Einerseits stehen sie für die permanente Suggestion von Veränderungen. Neues zu präsentieren, zählt zu ihren Hauptlogiken.[4] Andererseits schaffen sie im starken Maße Routinen, Normalität und somit auch Kontinuität, wodurch dramatische Ereignisse wieder eingehegt werden. Im 20. Jahrhundert strukturierten die meisten Menschen ihren Tagesablauf nach festen Zeiten, an denen sie Medien nutzten – von der Zeitung am Morgen bis hin zum Radio- oder Fernsehabend, der durch feste Formate wie Nachrichten oder Serien eingeleitet wurde.[5] Durch Systemwechsel wurde dies selten verändert, allenfalls durch Kriege. Medien bieten zudem Neues im Gewand des Gewohnten. Wochenschauen oder Nachrichtensendungen führten uns Umbruchssituationen aus aller Welt nahe, aber zugleich überführen sie diese in feste Formate und Dispositive. Nach dem Kriegsbericht in der Wochenschau, so weiß der Zuschauer, kommt der unterhaltsame Hauptfilm, nach der Terrormeldung um 20.00 Uhr kommt der Sport, das Wetter und der Krimi, so dass dramatische Ereignisse in den medialen Flow und die Kontinuität des Alltags eingebettet und entschärft werden.

Medien bilden somit nicht einfach eine reale Welt ab, sondern die reale Welt wird durch die ebenso realen Medien mit geschaffen – durch ihre Deutungen und Nutzungen, ihre Strukturen und Techniken. Das gilt auch für die hier verhandelten Signaturen, Zäsuren und Umbrüche. Kein großes Ereignis entsteht allein durch bestimmte Handlungen. Sie sind vielmehr immer Ergebnis von Zuschreibungen einer breiten Öffentlichkeit, die im 20. Jahrhundert vor allem medial entstand.[6] Dies geschieht in doppelter Hinsicht: Im Verlauf von Handlungen loten Medien aus, inwieweit es sich um ein Ereignis oder gar eine Zäsur handelt. Mit oft dramatischen Zuspitzungen werben sie um die jeweilige Bedeutung, da dies zugleich ihren Verkaufswert in der Aufmerksamkeitsökonomie steigert. Gleichzeitig treiben sie mitunter Handlungen an, indem

4 Niklas Luhmann: Die Realität der Massenmedien, Wiesbaden 1996, S. 42-44.

5 Dies wurde in der Mediennutzungsforschung ausführlich ausgemacht. Michael Meyen: Mediennutzung. Mediaforschung, Medienfunktionen, Nutzungsmuster, Konstanz 2004.

6 Dazu ausführlicher: Frank Bösch: Ereignisse, Performanz und Medien in historischer Perspektive, in: Medialisierte Ereignisse. Performanz, Inszenierung und Medien seit dem 18. Jahrhundert, hg. von Frank Bösch und Patrick Schmidt, Frankfurt am Main u. a. 2010, S. 7-30.

sie Akteure ermutigen, vor den Augen der Kameras oder Mikrophone medienwirksam zu agieren. Denn jeder Terroranschlag oder Protest entfaltet seine Wirkung erst durch Kommunikation. Und schließlich sind Medien zentrale Instanzen bei der rückwirkenden *historischen* Vermessung des 20. Jahrhunderts. So ist die Aufwertung historischer Jahrestage auch ein Ergebnis der Medialisierung. Medien handeln maßgeblich aus, welche Ereignisse im Rückblick den Charakter einer Zäsur bekommen und prägen auch hier Handlungen. 2014 war dies am Beispiel des Ersten Weltkriegs zu beobachten, als sich viele Historiker wie selbstverständlich auf das mediale Ereignismanagement einließen und dafür mit ungemein großer Aufmerksamkeit belohnt wurden. Umgekehrt sind manche wichtige Zäsuren der Geschichtswissenschaft für die Medien bisher weniger interessant. Die in unserer Zunft zumeist hervorgehobene Zäsur 1973 und die mit ihr verbundene Ölkrise findet in der medialen Öffentlichkeit etwa kaum Beachtung. Dies dürfte mit dazu beitragen, dass Energiefragen auch in der Forschung der Historiker seltener berücksichtigt werden, während medienkompatible Themen wie der Terrorismus große Beachtung finden.

Medien haben zudem eine eigene Geschichte mit entsprechenden Zäsuren. Einige Medien setzten sich rasant durch. So verbreitete sich der Film etwa Mitte der 1890er Jahre schlagartig weltweit, ebenso das Radio Anfang der 1920er Jahre. In vielen Fällen fehlt den Medien jedoch das plötzliche, das eruptive Aufkommen, das wir mit Zäsuren verbinden. Dies liegt vor allem daran, dass neue Medien sich oft eher schrittweise in Gesellschaften einschleichen. Frühformen etablierten sich meist in den USA und wurden dann in Deutschland, mit einem festen Erwartungshorizont, zunächst von wenigen benutzt, bevor sie sich schrittweise und in veränderter Form etablierten. In der Kommunikationswissenschaft spricht man deshalb von Medienevolutionen.[7] Das weltweit erste Fernsehen kam etwa, nach Testvorführungen Ende der 1920 Jahre, 1935 in Deutschland und Großbritannien auf. Wirklich sichtbar wurde es jedoch erst in den 1940 Jahren in den USA, bis dann 1953 regelmäßige Ausstrahlungen in beiden deutschen Teilstaaten starteten und es um 1960 zum Massenmedium mit millionenfacher Reichweite wurde. Im Alltagsleben repräsentieren Medien weniger Zäsuren als Kontinuität, da neue Medien selten ältere verdrängen. Dennoch sind Medienwechsel durchaus als weiche Erfahrungszäsuren zu fassen. Individuen und Gesellschaften unterscheiden durchaus die Zeit vor und nach dem Aufkommen der

---

7 Rudolf Stöber: Neue Medien. Geschichte. Von Gutenberg bis Apple und Google. Medieninnovation und Evolution, Bremen 2013, S. 404-429.

jeweils neuen Medien, also die Zeit ohne und mit Radio, Fernsehen oder Internet. Gerade aus der heutigen Sicht erscheint das 20. Jahrhundert entsprechend als eine distinkte Zeit der »alten« Massenmedien. Zudem gab es Phasen eines beschleunigten Medienwandels, die das Gesicht des 20. Jahrhunderts markant konturieren. Das Jahrhundert begann um 1900 mit einem verdichteten Medienumbruch. Zeitgleich etablierten sich der Film, eine neuartige Massenpresse und Fotoillustrierte, ebenso die drahtlose Telegraphie, die Verbreitung von Telefon, Grammophon und die private Fotografie. Dies zusammen förderte die visuelle und auditive Vermessung der Gesellschaft und überführte die mediale Beobachtung zunehmend in die Echtzeit. Die Verdichtung von Raum und Zeit wurde um 1900 von den Medien getragen – wenn etwa die »BZ am Mittag« englische Ereignisse vom Vormittag mit Uhrzeit versehen zum Mittagessen präsentierte. Ebenso wird das Jahrhundert der Medien in den 1990er Jahren damit abgerundet, dass das Internet und die digitale Kommunikation erneut die Gesellschaft schlagartig veränderten und deren Vermessung durch eine neuartige Gleichzeitigkeit erweiterten. Dazwischen sind zwei Phasen beschleunigten medialen Wandels hervorzuheben: Die Ausbreitung des Radios und Tonfilms in der zweiten Hälfte der 1920er Jahre und die Zeit um 1960, als das Fernsehen zum Massenmedium wurde und ein kritischer Journalismus aufblühte.

Derartige Umbrüche in der Mediengeschichte liegen zunächst quer zu den klassischen politischen Zäsuren von 1914, 1933 oder 1989. Entsprechend fragt dieser Artikel sowohl nach dem Eigengewicht mediengeschichtlicher Zäsuren als auch nach deren Beziehung zu den politischen und gesellschaftlichen Umbrüchen. Denn einerseits, so möchte ich argumentieren, bereiteten Medien die politischen Zäsuren mit vor, indem sie langfristige soziale Veränderungen förderten und kurzfristig Handlungen anstießen. Andererseits veränderten die politischen Zäsuren die Medien. Dies geht einher mit der Frage, in welchem Maße Medien den Wandel und die Akzeptanz politischer Systeme im 20. Jahrhundert beeinflussten.

Der Medienumbruch um 1900:
Versprechen gesellschaftlicher Partizipation

Wie lässt sich der Medienumbruch der 1890er Jahre interpretieren, als zeitgleich Film, Massenpresse, Foto-Illustrierte u. ä. gesellschaftliche Signifikanz erreichten? Von seiner sozialen Bedeutung her versprach er eine neue Form gesellschaftlicher Partizipation, was sich als eine erste mediale Signatur des 20. Jahrhunderts interpretieren lässt. Die rasante Verbreitung der Massenmedien bedeutete eine breite Teilhabe am Geschehen in der Welt, von der Politik bis hin zur Kultur. Zumindest im Hinblick auf aktuelle Vorgänge entstand so eine gewisse Annäherung der Wissensbestände. Auch Menschen ohne Geld und Bildung oder auch Frauen erreichten über die »Berliner Illustrirte Zeitung« (sic) oder das Kino ähnliche Bilder aus dem Reichstag oder aus den USA. Jenseits der Inhalte versprach die Nutzung eine übergreifende Teilhabe, da Menschen unterschiedlicher sozialer Schichten ähnliche mediale Konsumgüter genossen.[8] Die »BZ am Mittag« oder die »Kölnische Volkzeitung« bargen das Versprechen, alle, vom Unternehmer bis zum ungelernten Arbeiter, im gleichen Maße mit Informationen zu versorgen.[9] Medien suggerierten somit eine gewisse Nivellierung der Gesellschaft. Dies war ökonomisch angetrieben, ging aber durchaus mit politischen Intentionen einher. Zugleich hatte dieser Anspruch Konsequenzen für die Medieninhalte, die entsprechend konsensueller gestaltet werden mussten.

Zusammen mit dem Visualisierungsschub gab dies der Gesellschaft ein verändertes Bild von sich selbst, das rasant und modern erschien, global verbunden und im ständigen Dialog.[10] Die neuen Medien standen selbst für Modernität und setzten sie zugleich besonders in Szene – durch Abbildung des Neuen, des Spektakulären, des Exotischen. Massenblätter wie die »Berliner Illustrirte Zeitung« berichteten etwa über Massenveranstaltungen, über die Armut in den Großstädten oder über Frauen in westlichen Ländern, die in der Politik, als Anwalt oder Boxerin auftraten. Bilder aus den Kolonien markierten romantisiert die Differenz zur Großstadt und den Einzug des Fortschritts in alle Teile der Welt.

Diese vielfältige mediale Partizipation dürfte die Erwartung an eine politische Mitsprache gefördert haben. Denn in dem Maße, in dem nun auch Frauen und Unterschichten am politischen Geschehen täglich teilnahmen, schien es schwerer begründbar, sie beim Wahlrecht zu marginalisieren. Teilöffentlichkeiten, die wie die Sozialdemokraten für das gleiche Wahlrecht eintraten, gewannen durch die Medialisierung an Gehör. Die Konservativen bauten zwar seit 1848 ebenfalls eigene Medien auf, aber zumindest auf dem städtischen Lesermarkt waren ihre Blätter

---

8 Für weiterführende Literatur vgl. Frank Bösch: Mediengeschichte. Vom asiatischen Buchdruck zum Fernsehen, Frankfurt am Main 2011.

9 Gute Einzelstudien zur Massenpresse stehen noch aus. Vgl. als einführenden Überblick: Jürgen Wilke: Grundzüge der Medien- und Kommunikationsgeschichte, Köln 2008, S. 258-274.

10 Corey Ross: Media and the making of modern Germany. Mass Communications, Society, and Politics from the Empire to the Third Reich, Oxford 2008.

weniger nachgefragt. Ebenso forderten die Medien die Eliten heraus, die ihre Ziele nun stärker öffentlich legitimieren mussten, was ihre Sprache, Themen und imaginierten Adressaten veränderte.

Neuartige Partizipationschancen hatten um 1900 schließlich die Medienmacher selbst. Denn trotz des recht fortschrittlichen Reichspressegesetzes von 1874 war es in den Jahrzehnten zuvor immer wieder zur Verfolgung von Journalisten und Beschlagnahmungen gekommen. Nach 1900 nahm diese Repression deutlich ab und die Spielräume wuchsen selbst für die sozialdemokratische Presse. Dies alles dürfte den optimistischen Aufbruch um 1900 beflügelt haben. Insgesamt deutet sich an, dass der Medienumbruch um 1900 durchaus den politischen Umbruch von 1918 mit eingeleitet hat. Die Möglichkeiten zur Partizipation wurden im 20. Jahrhundert zwar immer wieder phasenweise eingeschränkt, insbesondere natürlich in den beiden Diktaturen. Medien festigten jedoch das grundsätzliche Versprechen und die Sehnsucht nach Teilhabe, nach Wahlmöglichkeiten und nach einer möglichst ungefilterten Meinungsfreiheit.

1914 und die Medien

Wie verhielt sich dieser Medienumbruch um 1900 zur Zäsur 1914? Aus dem Ausbruch des Ersten Weltkriegs lässt sich ein weiteres Charakteristikum von Massenmedien herauslesen: Sie verdichten Kommunikation und drängen zu Entscheidungen – im Unterschied zur früheren Geheimdiplomatie, die mehr Handlungsspielräume ließ. Bismarck hatte dies 1870 bereits ausgenutzt, als er durch die verkürzte Publikation der »Emser Depesche« die Franzosen zum Krieg drängte. 1914 hielten die konservativen Generäle sicherlich wenig von den Medien, aber auch ihre Vorstellung von der Welt beruhte im starken Maße auf Zeitungsmeldungen. Mitte 1914 trat die Presse freilich keineswegs für einen Krieg ein. Weder in Deutschland noch etwa in Großbritannien dominierten derartige nationalistische Töne, sondern eher die Warnungen vor einem Krieg.[11] Allerdings setzten die Medien die Kriegsgefahr fortlaufend auf die Agenda, was die fatalistische Sicht förderte, ein Krieg stehe unausweichlich bevor.[12] Gerade das engte auch bei den Eliten den Entschei-

11 So auch in Großbritannien, mit Ausnahme der Times: Lothar Reinermann: Der Kaiser in England. Wilhelm II. und sein Bild in der britischen Öffentlichkeit, Paderborn 2001.

12 Bernhard Rosenberger: Zeitungen als Kriegstreiber? Die Rolle der Presse im Vorfeld des Ersten Weltkrieges, Köln 1998.

dungshorizont ein. Großaufgemachte Meldungen über die Morde von Sarajewo verstärkten zudem die Vorstellung, dies sei eine öffentliche kriegerische Ehrverletzung, die mit einem Krieg beantwortet werden müsse.

Ferne Konflikte und Ereignisse, wie schließlich auch das Attentat auf Franz Ferdinand, erschienen durch die Medialisierung zudem denkbar dicht und unmittelbar, da sogleich Bilder und Augenzeugenberichte international kursierten. Diese Nähe des Fernen förderte Angst und nationalistisches Revanchedenken. Umgekehrt suchten die Menschen diese Nähe zum Geschehen. Zahlreiche Quellen berichten, wie die Menschen nach Kriegsausbruch die Sonderausgaben der Zeitungen verschlangen und in die Kinos drängten, obgleich diese nur ferne, im besten Fall unscharfe gestellte Bilder von der Front zeigten.[13] Die bürgerlichen Medien hingegen konstruierten mit Aufnahmen aus Berlin oder München Vorstellungen über eine große Kriegsbegeisterung, die die pazifistischen Demonstrationen der Vortage, aber auch den Kriegsunwillen auf dem Land überlagerten.

Mit dem Kriegsbeginn zeigten sich weitere Phänomene, die für das Jahrhundert der Massenmedien charakteristisch waren. Dazu zählten die Versuche des Staates, über eine eigenständige Propaganda die Gesellschaft zu mobilisieren. Wenngleich dies in Kriegssituationen nichts Neues war, wurde die Medienlenkung nun neuartig umfassend organisiert. Denn zu den medialen Signaturen des 20. Jahrhunderts zählte generell die Vorstellung, durch geschickte staatliche Medienmanipulation die Gesellschaft und das Ausland grundlegend beeinflussen zu können, obgleich dies den Deutschen immer wieder misslang.[14] Dabei bildeten sich verschiedene Kommunikationstechniken aus, die auch für die beiden späteren deutschen Diktaturen stilbildend waren: Dazu zählte ein Zensurkatalog und ein ausgefeiltes System an Presseanweisungen, die wie später im NS und der DDR vorgaben, was wie wo zu platzieren sei und was keiner Meldung bedürfe.[15] Ergänzt wurde dies seit dem Ersten Weltkrieg durch Pressekonferenzen der Politiker, die wie in den Diktaturen den führenden Journalisten die aktuellen Leitlinien verkündeten.

13 Wolfgang Mühl-Benninghaus: Exemplifikationen des Militärischen zwischen 1914 und 1918. Die Darstellung des Ersten Weltkrieges im Nonfiction-Film, in: Die Modellierung des Kinofilms. Zur Geschichte des Kinoprogramms zwischen Kurzfilm und Langfilm 1905/06-1918, hg. von Corinna Müller und Harro Segeberg, München 1998, S. 273-300.

14 Anne Schmidt: Belehrung – Propaganda – Vertrauensarbeit. Zum Wandel amtlicher Kommunikationspolitik in Deutschland 1914-1918, Essen 2006.

15 Jürgen Wilke: Presseanweisungen im zwanzigsten Jahrhundert. Erster Weltkrieg – Drittes Reich – DDR, Köln 2007.

Damit entstand zwar ein regelmäßiger Kontakt zwischen Politikern und Journalisten, aber er war von oben gelenkt. Ebenso nutzten die beiden Diktaturen wie im Ersten Weltkrieg eine große Nachrichtenagentur, um zentral Informationen nach innen und außen zu kommunizieren.[16] Und schließlich entstand mit dem Bild- und Filmamt (BUFA) 1917 eine staatliche Tradition der Filmlenkung, deren Erbe bis hin zur DEFA reichte.

Bezeichnenderweise zeigte sich jedoch bereits im Ersten Weltkrieg – wie später in den beiden deutschen Diktaturen –, dass sich die Wirkung von Medien kaum von oben herab bestimmen lässt. Die Kriegsfilme in den USA und Großbritannien waren deutlich erfolgreicher, gerade weil die Spielräume größer waren. Dagegen blieb die deutsche Filmpropaganda eher reaktiv, eher auf Verbote bezogen, und entfaltete auch deshalb eine geringere Wirkung. Ebenso gelang es kaum, das neutrale Ausland durch Bildmaterial und Schriften zu beeinflussen. Die politische Rechte erklärte später die Kriegsniederlage von 1918 entsprechend mit der Überlegenheit der britischen und amerikanischen Propaganda, die die Bevölkerung gegen die angeblich barbarischen Deutschen aufgehetzt habe, wie auch Hitler in »Mein Kampf« festhielt.[17] Den Medien wurde somit eine kriegsentscheidende Kraft zugesprochen. Als Konsequenz daraus setzten die Nationalsozialisten von Beginn an auf eine verschärfte aktive Propaganda.

Die bürgerliche Presse jenseits der linksliberalen Blätter benötigte freilich 1914 keine Zensur, sondern passte sich eigenständig den propagandistischen Tönen an. Ihre heroischen Berichte suggerierten bis zum Spätsommer 1918 den kommenden Sieg der deutschen Soldaten. Dieser mediale Optimismus ließ die Niederlage kurz danach als Schuld der »Novemberverbrecher« erscheinen. Gerade weil die Nachrichten von der Kapitulation so plötzlich in diesen Medien erschienen, wurden sie nicht akzeptiert. Zugleich dramatisierten die Medienbilder von den revolutionären Soldaten die Situation im November 1918 so sehr, dass die Polarisierung zunahm und insbesondere die bürgerliche Angst vor den Räten, was die Mobilisierung der Freikorps und Einwohnerwehren stärkte.

Der Erste Weltkrieg, so lässt sich bilanzieren, war von seinem Aufkommen her durchaus mit dem Medienumbruch verbunden. Zugleich war er ein Propagandakrieg, der nicht nur die Medienwelt veränderte, sondern auch Annahmen über Medien. Der Glaube an die Macht der Medien, die im 20. Jahrhundert charakteristisch war, wurde durch ihn gefördert.

16 Zu den Agenturen im NS vgl. Peter Longerich: Propagandisten im Krieg: Die Presseabteilung des Auswärtigen Amtes unter Ribbentrop, München 1987.
17 Adolf Hitler: Mein Kampf, Bd. 1, München 1927, S. 193 u. 199-204.

1933, die Medien und das Scheitern der Weimarer Republik

Der Untergang der Weimarer Republik wurde oft damit erklärt, dass sie durch die Gewalt und Hetze von rechts und links zerrieben wurde. An der mangelnden Bekämpfung radikaler Medien ist die Weimarer Republik jedoch nicht gescheitert. Ihre Reichsverfassung garantierte zwar ein Zensurverbot, aber mithilfe des »Gesetzes zum Schutz der Republik« und dem Notverordnungsartikel 48 kam es insbesondere in den Krisenjahren 1922/23 und 1931/32 zu zahllosen Zeitungsverboten; 1932 waren es alleine 294. Sie trafen rechtsextreme Blätter, linksintellektuelle Satire und besonders die kommunistische Presse.[18] Ebenso griff die Zensur beim Film fortwährend bei moralischen oder weltanschaulich kontroversen Inhalten ein. Beim Radio wurden sogar die Nachrichten zentral unter Aufsicht des Reichsinnenministeriums erstellt und kontrolliert und offen parteipolitische Inhalte untersagt.

»1933« lässt sich somit nicht aus einer mangelnden Kontrolle undemokratischer Medien erklären. Vielmehr kann man eher umgekehrt argumentieren, dass der pluralistische Austausch politischer Positionen zu gering war und nur in den einzelnen Milieublättern stattfand. Gerade das Radio hätte ein Ort sein können, um den Meinungsaustausch einzuüben. Dass die Parteien sich im Deutungsnetz ihrer eigenen Presse bewegten, erschwerte den Kompromiss auch im Reichstag. Folgt man Thomas Mergel, erwärmten sich die Abgeordneten durchaus für Kooperationen, während ihre Presse unüberbrückbare Gegensätze suggerierte.[19] Gerade weil Politiker die scharfen Töne der Parteipresse zu ernst nahmen, scheuten sie Kompromisse.

Die Leser waren da flexibler und folgten bei den Wahlen nur bedingt den Zeitungen. So war die liberale Großstadtpresse bis 1932 stark, dagegen brachen die Wahlergebnisse der Liberalen selbst hier ein. Umgekehrt war die NSDAP-Presse bis 1932 relativ klein im Vergleich zu ihren Wählermassen. Dennoch ist 1933 auch durch die Medialisierung zu erklären. Weniger die NSDAP-Presse war dafür verantwortlich als die medienkompatible Inszenierung der Nationalsozialisten, die sie öffentlich ubiquitär präsent machte. Die Nationalsozialisten bedienten permanent die Klaviatur der sogenannten Nachrichtenwerte (wie Konflikt, Gewalt, Nähe, Personalisierung) und prägten so die Agenda.

18 Klaus Petersen: Zensur in der Weimarer Republik, Stuttgart 1995.
19 Diese Deutung folgt: Thomas Mergel: Parlamentarische Kultur in der Weimarer Republik. Politische Kommunikation, symbolische Politik und Öffentlichkeit im Reichstag, Düsseldorf 2002; Bernhard Fulda: Press and Politics in the Weimar Republic, Oxford 2009.

Entscheidend für Hitlers rasanten Erfolg war zudem, dass die Medien die Wirtschaftslage um 1930 als eine dramatische Krisenlage deuteten. Diese verbanden sie jedoch, wie Rüdiger Graf zeigte, nicht einfach mit einem ausweglosen Pessimismus, sondern mit Hoffnung auf Rettung durch deutliche Reformen.[20] Aus dieser Konstellation entstanden in vielen Ländern Rettergestalten – von Per Hanssons schwedischem Modell über Roosevelts New Deal in den USA bis hin zu Hitler. Sie alle setzten dabei auf das Radio, um ihre Reformen durchzusetzen. Der seit Ende der 1920er Jahre etablierte Tonfilm förderte dieses Aufkommen von charismatischen Politikern zusätzlich, da nun die Wochenschauen eine neuartige Nähe suggerieren konnten. Die Medialisierung ermöglichte somit die Hochstilisierung eines einzelnen, bisher recht unbekannten Gefreiten zu einer Retter- und Führungsfigur.

Gerade weil Hitler vielen Menschen aus den Medien so vertraut war, wollten sie ihn auch persönlich bei seinen Auftritten sehen. Denn generell fördern die Medien das Bedürfnis nach authentischen Erfahrungen: Ihre Darstellungen stärken noch heute den Wunsch, das medial Gezeigte auch persönlich zu erfahren. Medien führten eben nicht zu einem Rückzug ins Private. Sie setzen Menschen in Bewegung – wovon auch Musik- oder Sportveranstaltungen profitierten.

1933 war auch aus mediengeschichtlicher Sicht eine Zäsur. Die Verfolgung linker, liberaler und jüdischer Journalisten oder Schauspieler ist bekannt, ebenso die Einstellung und Übernahme vieler Blätter und Firmen durch die NSDAP.[21] Zugleich nutzten die Nationalsozialisten jedoch die Medien, um Normalität und Kontinuität zu inszenieren. Entsprechend behielten die vom Eher-Verlag der NSDAP aufgekauften liberalen Zeitungen und Zeitschriften ihren Namen und ihr Profil und sollten keine zu offensichtliche Propaganda betreiben, wenngleich Kritik an der NSDAP natürlich untersagt war. Auch im Kino spielten explizite Propagandafilme wie »Jud Süß« oder »Der ewige Jude« nur eine marginale Rolle.[22] Die wichtigsten Genres während des NS waren vielmehr Komödien und Melodramen, und auch Hollywood-Filme liefen in den 1930er Jahren weiter. Im Radio erhöhte sich seit 1935 sogar der Anteil der Unterhaltungssendungen, trotz der politischen NS-Berichte am frühen

---

20 Rüdiger Graf: Die Zukunft der Weimarer Republik. Krisen und Zukunftsaneignungen in Deutschland 1918 bis 1933, München 2008.

21 Vgl. als Überblick: Norbert Frei/Johannes Schmitz: Journalismus im Dritten Reich, München 1999.

22 Einführend auch zum Film und Radio: Clemens Zimmermann: Medien im Nationalsozialismus, Deutschland 1933-1945, Italien 1922-1943, Spanien 1936-1951, Wien 2007.

Abend. Der eigentliche strukturelle mediengeschichtliche Bruch lässt sich erst 1942/43 ausmachen: Nun wurde die Jahrhunderte alte deutsche Pressevielfalt zerstört, das Radio wurde jenseits der Hörerwünsche umstrukturiert und zentralisiert, und auch Hollywood-Filme wurden verbannt. Erst im Krieg wagten die Nationalsozialisten, wie in anderen Bereichen, diesen harten Schnitt gegenüber den bürgerlichen Medien.

Zweifelsohne setzten die Nationalsozialisten von Beginn an auf eine starke Lenkung der Medien – von der Einrichtung von Goebbels' Propagandaministerium über die Kulturkammern bis hin zu den Propagandakompanien, die schon 1938 als Teil der kämpfenden Truppe zur medialen Anpreisung des Kriegs aufgestellt wurden. Tatsächlich bewarb die modernisierte Wochenschau die Erfolge Hitlers und der ersten Kriegsjahre wohl recht erfolgreich. Nach Kriegsbeginn galt die Wochenschau mitunter als das eigentliche Kinoerlebnis. Aber auch im NS zeigten sich, wie später in der DDR, die Grenzen dieser Lenkung. So führte die Gleichschaltung der Medien zu einer permanenten Unzufriedenheit mit der eigenen Propaganda. Immer wieder nörgelte Goebbels, die Presse sei ein farbloser Einheitsbrei, ohne ihr mehr Vielfalt zu gewähren.[23] Ebenso wurde die NS-Propaganda durch die grenzübergreifende Reichweite der Medien delegitimiert. Auslandssender wie die BBC oder Radio Beromünster wurden vielfach gehört und unterliefen die Deutungen der Nationalsozialisten. Auch diese Sender verbanden ihre politische Aufklärung mit moderner Unterhaltungsmusik und Humor.[24] Dass die NS-Medien nicht die wachsende Unzufriedenheit nach Stalingrad aufhalten konnten, unterstrich die Grenzen ihrer Macht im Krieg.

1945 als Zäsur? Medien im Kalten Krieg

Es wurde oft betont, dass das Kriegsende 1945 keine »Stunde Null« bedeutete, wenngleich viele Zeitgenossen dies so wahrnahmen. Obgleich sich auch die Medienwelt bereits seit den Kriegsjahren stark verändert hatte, bescherte die politische Zäsur von 1945 für die Medien einen deutlichen Einschnitt, der schärfer als in anderen Bereichen war. Dass kurzzeitig keine deutsche Radiostation mehr sendete und keine deutschen Zeitungen erschienen, unterstrich den medialen, aber auch den erfahrungsgeschichtlichen Bruch. Für die meisten Journalisten bedeutete 1945

23 Dies verdeutlicht im Anschluss an Goebbels Tagebücher: Peter Longerich: Joseph Goebbels. Biographie, München 2010.
24 Michael Hensle: Rundfunkverbrechen. Das Hören von »Feindsendern« im Nationalsozialismus, Berlin 2003.

eine gewisse Auszeit, die für viele Verleger westlicher Heimatzeitungen sogar bis 1949 dauerte. Die alte Vielfalt der Presse fand im Osten ganz ihr Ende, im Westen blühte sie in den 1950er Jahren noch einmal auf, um dann schrittweise zu verschwinden.

Zudem waren die strukturellen Reformen in Ost und West grundlegend: Nicht nur die Einführung zentralisierter staatlicher Medien in der SBZ, sondern auch der öffentlich-rechtliche Rundfunk und die Lizenzpresse für unbelastete Verleger in den westlichen Zonen standen für einen Neuanfang. Da NS-Journalisten und Schauspieler öffentlich bekannt waren, fiel ein nahtloser Übergang schwerer als bei Berufen in Wirtschaft und Verwaltung. Entsprechend jung und vergleichsweise unbelastet waren viele neue Führungsfiguren im Medienmarkt (wie Axel Springer und Rudolf Augstein), während im Osten erfahrene Remigranten aus Moskau die Zügel in die Hand nahmen.

Jenseits der personellen, inhaltlichen und organisatorischen Neuanfänge 1945 zeichneten sich zugleich einige Kontinuitäten ab. Die Mediensysteme in Ost- und Westdeutschland entwickelten sich 1945 unterschiedlich, aber dennoch knüpften beide an gewisse Traditionen an. Weiterhin existierte der Glaube, das Denken von Menschen durch Medien zu verändern. Sowohl die Sowjets als auch die westlichen Besatzer versuchten seit 1945 vielfältig, die Deutschen durch einen intensiven Medieneinsatz politisch umzuerziehen: Erst durch Schockbilder und das Beschämen über die Schuld, dann ab 1946 durch optimistischere Töne über die jeweiligen Neuanfänge.[25] Den audiovisuellen Medien sprachen die Besatzer eine Schlüsselrolle zu. Entsprechend blieben die Wochenschauen im Westen am längsten unter alliierter Kontrolle und danach unter starkem Einfluss der Regierung Adenauer, die sie zur Bewerbung ihrer Politik förderten.[26] Unter starker staatlicher Kontrolle blieben auch Spielfilme, nicht nur in der DDR, wo wie im Nationalsozialismus eine Vorzensur fortbestand. Auch im Westen führten Förderpolitiken und Zensur beim Film der 1950er Jahre zu besonders starken Eingriffen, die an die erste Hälfte des 20. Jahrhunderts anknüpften.[27]

Die neue Struktur der Medien fügte sich ebenfalls in deutsche Traditionen ein. In Ost und West wurde die Tagespresse vielfältig parteinah organisiert, wenngleich in der SBZ rasch unter Dominanz der SED und

25 Ulrike Weckel: Beschämende Bilder. Deutsche Reaktionen auf alliierte Dokumentarfilme über befreite Konzentrationslager, Stuttgart 2012.

26 Uta Schwarz: Wochenschau, westdeutsche Identität und Geschlecht in den fünfziger Jahren, Frankfurt am Main 2002.

27 Stephan Buchloh:»Pervers, jugendgefährdend, staatsfeindlich«. Zensur in der Ära Adenauer als Spiegel des gesellschaftlichen Klimas, Frankfurt am Main 2002.

der von ihr abhängigen Blockparteien. Der staatliche Rundfunk in der
SBZ bzw. DDR knüpfte ebenfalls an die deutsche Tradition seit der Weimarer Republik an, während beim öffentlich-rechtlichen Rundfunk in
Westdeutschland die Parteien zumindest versuchten, durch ihre Präsenz
in den Rundfunkräten die Staatsnähe wieder auszubauen.[28] Zeitungen
änderten ihren Namen, schrieben sich aber im Westen in alte Traditionen ein. Und Deutschland blieb in Ost und West ein Leseland, in dem
Zeitungen eine zentrale Orientierungsfunktion behielten. Ausgerechnet
die DDR hatte schließlich eine der höchsten Zeitungsauflagen der Welt,
da die Menschen Orientierung für das offizielle Sprechen suchten und
verstreute Hinweise zum alltagsweltlichen Geschehen.[29]

Vergleiche zwischen den beiden deutschen Diktaturen sind oft wenig
angemessen und erkenntnisfördernd. Bei der Medienpolitik der DDR
lassen sich jedoch zahlreiche Ähnlichkeiten zum Nationalsozialismus
ausmachen, die ebenfalls die erfahrungsgeschichtliche Zäsur von 1945
auf der strukturellen Ebene relativieren. Beide Diktaturen arbeiteten
mit festen, detaillierten Presseanweisungen, mit persönlichen Anweisungen an die führenden Hauptstadtjournalisten und einer zentralisierten
Nachrichtenagentur. Und beide Diktaturen suggerierten dennoch einen
Scheinpluralismus, indem sie einen Medienmarkt mit unterschiedlichen
Blättern und Akzenten zuließen, um an Akzeptanz zu gewinnen. Beide
Diktaturen kontrollierten zudem die Presse nicht per Vorzensur, sondern
durch die Auswahl und Zulassung der Journalisten sowie eine Nach-
zensur. Nachdem im NS bereits, allerdings nur mit begrenztem Erfolg,
eine Reichspresseschule eingeführt worden war, zentralisierte die DDR
ihre ideologische Journalisten-Ausbildung in Leipzig. Und beide Regime
agierten zudem in permanenter Furcht, das Ausland könne uneinheit-
liche Medienberichte ausnutzen. Positiv zitierbare ausländische Medien-
meldungen wurden dagegen in beiden Diktaturen sofort aufgegriffen
und zitiert, um die eigenen Medien glaubhafter zu machen.

Allerdings ähnelten sich nicht nur die Medienpolitiken, sondern auch
ihre Probleme. Beide Regime scheiterten an den grenzübergreifenden
medialen Empfangsmöglichkeiten, da westliche Sender die eigenen Er-
folgsmeldungen konterkarierten. Während der Westen seit 1960 die Medien aus dem Osten selbstbewusst ignorierte, blieben die Westmedien im
Osten eine permanente Herausforderung. Auch in dieser Hinsicht war
1945 keine mediengeschichtliche Zäsur.

28 Zur Medienkontrolle vgl. Anke Fiedler: Medienlenkung in der DDR, Köln 2014.
29 Frank Bösch/Christoph Classen: Bridge over Troubled Water? Deutsch-deutsche
    Massenmedien, in: Geteilte Geschichte. Ost- und Westdeutschland 1970-2000,
    hg. von Frank Bösch, Göttingen 2015.

Wie in allen Diktaturen konnten die gelenkten Medien zudem nicht die notwendige Selbstbeobachtung der Gesellschaft übernehmen, um so Stimmungen und Probleme auszumachen. Dadurch verloren politische Entscheidungen im NS und der DDR ihre Verbindung zu gesellschaftlichen Deutungen. Auch die Stimmungsberichte des SD oder der ZAIG konnte diese Funktion von Medien nicht ersetzen, zumal die Machthaber selbst diese Geheimberichte nicht ertrugen. Und schließlich mussten beide Diktaturen auf das gesellschaftliche Bedürfnis nach Unterhaltung eingehen und ihre ideologischen Ansprüche zurückschrauben. Eher unpolitische Zeitschriften oder Filme entwickelten sich zu den stark nachgefragten und am stärksten akzeptierten Medien. Der Preis dafür war eine Anpassung an den Westen. Dennoch haben gerade diese eher unpolitischen Medien die Diktaturen vermutlich besonders gestützt.

In der DDR blieb die Medienwelt bis 1989 vergleichsweise statisch. Dagegen geriet sie in Westdeutschland um 1960 stark in Bewegung. Generell gelten in der Geschichtswissenschaft die Jahre um 1960 als wichtiger sozialer, kultureller und politischer Wendepunkt, da nun erst viele Traditionen, Normen und soziale Lagen aus dem Kaiserreich erodierten. Medial stand die Etablierung des Fernsehens für diesen Wandel und förderte ihn maßgeblich, ebenso wie der aufblühende kritische Journalismus oder neue moderne Spartenblätter wie »Twen« oder »Bravo«. Damit einher ging eine Politisierung der Gesellschaft, die seit 1960 durch den Medienwandel an Fahrt gewann.[30] Politische Fernsehmagazine wie »Panorama«, die Politisierung von Blättern wie »Stern« oder der »Bild-Zeitung«, aber auch neue linke Zeitschriften wie »konkret« standen dafür, ebenso der neue deutsche Film, der sich von »Opas Kino« abgrenzen wollte. Dies ging mit einer selbstbewussten Befreiung von staatlicher Bevormundung einher, für die die Spiegel-Affäre 1962 ein wichtiger Markstein war. Zudem forcierten die Medien die Liberalisierung von Normen. Das galt besonders für das Fernsehen, das anders als die Presse unterschiedliche Milieus erreichte und einen Pluralismus einübte.

Dieser Medienumbruch um 1960 lässt sich mit dem um 1900 vergleichen. In beiden Fällen ging der Medienwandel zwar nicht mit einer politischen Zäsur einher, veränderte aber die politische Kultur. Die jeweils neuen Massenmedien förderten die Partizipation und den Anspruch auf politische Teilhabe. Ihre Inhalte wurden kritischer und entsprechend nahm auch die Zahl der durch die Medien angestoßenen Skandale zu. Die Spiegel-Affäre 1962 prägte dabei die Erfahrung vieler Menschen ähn-

---

30 Christina von Hodenberg: Konsens und Krise. Eine Geschichte der westdeutschen Medienöffentlichkeit 1945-1973, Göttingen 2006.

lich wie einst die Eulenburg-Affäre 1907. Dabei kam in beiden Phasen die kritische Vorstellung auf, die Medien seien eine neue Großmacht, gegen die man sich nicht mehr per Zensur wehren könne, sondern die man durch einen vertraulichen Austausch einhegen müsse. Insbesondere auf die Kritik an der Macht des »Springer-Konzerns« reagierte das alternative Milieu mit kleinen selbstgedruckten Blättern. Damit etablierte sich bereits vor dem Internet das Prinzip, mediale Kommunikation von unten aus zu organisieren.

1989 und die Medien

Die Medien in Ost und West gingen somit zwar getrennte Wege, sie sorgten aber wie kein anderer Bereich für den deutschen Zusammenhalt. Der Hamburger Zeithistoriker Axel Schildt sprach deshalb pointiert von »zwei Staaten, eine Hörfunk- und Fernsehnation.«[31] Besonders politische Sendungen sahen und hörten die DDR-Bürger bekanntlich überwiegend im westlichen Rundfunk. Westliche Sender wie RIAS oder Radio Free Europe ermöglichten einen gezielten Ideentransfer in die sozialistischen Länder, aber auch eine Kommunikation von Emigranten. Lediglich im Unterhaltungsbereich gelang es der DDR zumindest etwas mehr Zuschauer zu halten und so auch eine gewisse eigene Identität aufzubauen.[32] Dies gelang jedoch besonders mit Adaptionen aus dem Westen.

Dieser Blick auf die Systemkonkurrenz verweist auf die letzte große politische Zäsur im 20. Jahrhundert, auf 1989. Welche Rolle spielten Medien für den Mauerfall? Im Unterschied zu Polen entstand in der DDR keine starke Untergrundpresse, vielleicht gerade weil der Zugang zu freien Informationen aus und durch den Westen bestand. Man kann sicher mit guten Gründen argumentieren, dass stattdessen die Westmedien vielfältig zum Zusammenbruch der DDR beitrugen. Als permanentes Schaufenster des Westens delegitimierten sie langfristig den Sozialismus und die SED-Propaganda und förderten uneinholbare Sehnsüchte. Die strikte Medienlenkung und Zensur in der DDR verstärkte den Unmut

31 Axel Schildt: Zwei Staaten, – eine Hörfunk- und Fernsehnation«. Überlegungen zur Bedeutung der elektronischen Massenmedien in der Geschichte der Kommunikation zwischen der BRD und der DDR, in: Doppelte Zeitgeschichte. Deutschdeutsche Beziehungen 1945-1990, hg. von Arndt Bauerkämper, Martin Sabrow und Bernd Stöver, Bonn 1998, S. 58-71.
32 Franziska Kuschel: Schwarzhörer, Schwarzseher und heimliche Leser. Die DDR und die Westmedien, Göttingen 2016; Michael Meyen: Denver Clan und Neues Deutschland. Mediennutzung in der DDR, Berlin 2003.

zusätzlich. Vor dem Mauerfall galt das besonders für das Verbot der sowjetischen Zeitschrift »Sputnik« 1988. Ebenso förderte der Empfang der Westmedien die Opposition in der DDR. Die kleinen versprengten Gruppen zwischen Rostock und Dresden erhielten durch Westberichte ein gemeinsames Profil, große Aufmerksamkeit und einzelne DDR-Intellektuelle eine öffentliche Stimme. Einzelne Proteste wuchsen durch diese große Öffentlichkeit an, gerade 1989. Die westlichen Kameras waren zudem auch ein gewisses Schutzschild gegen die Eskalation der Gewalt. Und erst durch die Medienberichte über Günter Schabowskys Pressekonferenz strömten bekanntlich die Massen zur Grenze, was die Maueröffnung zumindest beschleunigte.[33] Die Medien und Journalisten der DDR trugen hingegen wenig zum Zusammenbruch bei. Sie blieben bis Anfang Oktober 1989 stark angepasst – von ganz wenigen Ausnahmen wie beim Radiosender DT 64 abgesehen. Erst nach Honeckers Rücktritt denunzierten die DDR-Journalisten die Protestierenden nicht mehr als Rowdys und öffneten sich für eine erste Selbstkritik, mit der sie kurzfristig Zuschauer und Leser zurückgewannen. Wie gering die Akzeptanz der DDR-Medien dennoch war, belegte 1990 der rasante Einbruch der Auflagen.

Der Umbruch von 1989 vollzog sich kurz vor dem Aufkommen des Internets. Dennoch war die Computerisierung mit dem Niedergang der DDR verbunden. Ihr Erfolg im Westen setzte den Osten unter gewaltigen Innovationsdruck und verstärkte das Gefühl der Rückständigkeit. Seit 1979 startete die SED zwar ein gewaltiges Investitionsprogramm, um in der Mikroelektronik aufzuschließen, hinkte jedoch weiterhin deutlich hinterher. Somit stand die computerisierte Welt in den 1980er Jahren für ein weiteres mediales Zukunftsversprechen, das die DDR, wie schon beim Telefon, kaum einlösen konnte.

Der Mauerfall bescherte eine Zäsur, die vornehmlich nur den Osten betraf und wie in anderen Bereichen vor allem westdeutsche Strukturen nach Ostdeutschland überführte. Dies schien hier besonders problemlos, da das bundesdeutsche Fernsehen und Radio die Westprodukte waren, die die Ostdeutschen am besten kannten und seit langem schätzten. Völlig neu war dagegen die plötzliche Auswahl westdeutscher Zeitungen und Zeitschriften, die die etablierte DDR-Konkurrenz trotz Reformen weitgehend eingehen ließ. Zudem entstanden auch neue, spezifisch ostdeutsche Medien und Mediennutzungen. Besonders erfolgreich waren in den neuen Bundesländern Medien, die zwar westdeutschen Verlagen

---

33 Thomas Großmann: Fernsehen, Revolution und das Ende der DDR, Göttingen 2014.

gehörten oder von Westdeutschen geleitet wurden, sich inhaltlich aber auf die spezifische Lebenswelt des Ostens einließen, wie der MDR, die Ex-Bezirkszeitungen oder ostdeutsche Zeitschriften wie die »Super-Illu«. Im Vergleich zu anderen Umbrüchen im 20. Jahrhundert war 1989 damit eine Zäsur, bei der politische und mediale Umbrüche besonders stark verflochten waren. Während der Zusammenbruch der DDR durchaus durch die (West-)Medien gefördert wurde, trug der Niedergang der SED zur Auflösung der ostdeutschen Medienwelt bei. Auf die alte Bundesrepublik wirkte sich hingegen beides kaum aus. 1989 war mediengeschichtlich gesehen nur eine ostdeutsche bzw. ostmitteleuropäische Zäsur.

Fazit und Ausblick: Rückblick vom Internetzeitalter

Im Westen markierte nicht das Jahr 1989 einen mediengeschichtlichen Einschnitt, sondern die Etablierung des Internets und die Digitalisierung des Alltags seit Mitte der 1990er Jahre. Das World Wide Web und die Mobiltelefone veränderten die Arbeitswelt, die Freizeit oder auch die sozialen Beziehungen im Westen sicherlich stärker als das Ende des Kalten Kriegs. Für den Osten lässt sich in diesem Sinne von einer doppelten Transformation sprechen: erst wandelte sich 1990 das Gesellschaftssystem, dann mussten sich die Ostdeutschen kurz darauf auf die web-basierte Welt einstellen. Es ist nicht unwahrscheinlich, dass spätere Historiker diesen Wandel zusammen mit dem Ende des Sozialismus als den großen Bruch bisheriger Ordnungen fassen werden. Eine Erfahrungszäsur der individuellen Erinnerung ist dies ohnehin bereits. Selbst 50jährige kommen sich heute wie Greise oder Fremde aus fernen Welten vor, wenn sie jüngeren Menschen heroisch berichten, wie man vor 1993 ohne Internet und Smartphone recherchierte, Freunde traf oder Geschäfte abwickelte.

Mediengeschichtlich, so lässt sich bilanzieren, bildet die Phase zwischen den 1890er und 1990er Jahren somit eine gewisse Einheit als Zeit der klassischen Massenmedien. Anhand der medialen Entwicklung konnte dieser Artikel verschiedene spezifische Charakteristika des 20. Jahrhunderts ausmachen – etwa das Versprechen auf Partizipation, die Politisierung der Gesellschaft oder auch den staatlichen Glauben an Steuerung und Kontrolle der Medien, der immer wieder medial unterlaufen wurde. Die Massenmedien waren dabei ein Kind der Moderne, förderten Zuschreibungen über diese und machten sie erfahrbar. Dies galt etwa für die Erfahrung der Beschleunigung, die die Medien evozierten und repräsentierten – von der gehetzten Taktung der Zeitungsmeldungen über die Filmbilder bis hin zum Live-Bericht. Ebenso förderten und repräsentierten Medien die Ausbildung der Wissensgesellschaft, in der die Kenntnis neuester Informationen zum festen Bestandteil der Kommunikation wurde. Zudem forcierten Medien die Verdichtung und Vernetzung der Welt, die ebenfalls zu den Signaturen des 20. Jahrhunderts gehört. Politische Zäsuren wie 1914, 1933 oder 1945 durchbrachen diese Zuschreibungen, indem sie Vernetzungen, Wissen und auch das Tempo kappten, um mediale Ströme neu auszurichten. Aber selbst die Medienlenkung der DDR konnte diesen medialen Flow eben nicht durchbrechen. Insgesamt war das Jahrhundert der Massenmedien zudem ein amerikanisches: Bei allen medialen Innovationen setzten die USA zuerst Akzente, verbreiteten neue Medien dynamisch in ihrer Gesellschaft und schufen Medientechniken und -inhalte, die dann weltweit adaptiert wurden. Gerade in diesem gesellschaftlich zentralen Bereich zeigte sich die Unterlegenheit der Sowjetunion besonders deutlich.

Viele mediale Signaturen des 20. Jahrhunderts verweisen dabei durchaus auf das Internetzeitalter, das hier angelegte Trends dynamisch aufgriff. Das mediale Versprechen auf Partizipation wurde nun auf aktive Nutzer übertragen und der gleiche Zugang für alle durch anonyme Autorschaft gefördert, die bislang Journalisten vorbehalten war. Die zielgruppenspezifische Kommunikation nahm rasant zu, genau wie die globale Echtzeitverbindung mit möglichst vielen Menschen, die seit dem Funk in den 1920er Jahren und dem Satellitenfernsehen der 1960er Jahre bekannt war. Ebenso basierte auch das Internet auf dem medialen Anspruch, zu informieren und zu unterhalten und seine Portale changierten wie die alten Medien zwischen kommerziellen und weltanschaulichen Zielen. Dass Medieninhalte kostenlos sein sollten, war bereits in den Jahrzehnten zuvor durch Gratiszeitungen und kommerziellen Rundfunk etabliert worden. Die Annahme, Medien steuern und kontrollieren zu können, bestand weiter, aber wie bei den früheren Medienumbrüchen wurde dies unterlaufen. Und wie einst im Kalten Krieg investieren viele Staaten in die Internet-Kommunikation mit dem Ausland und in positive Selbstdarstellungen, haben jedoch bisher nur begrenzten Erfolg. Vielmehr zementierte das Internet die Machtstellung der USA, technisch und inhaltlich.

In gewisser Weise radikalisierte das Internet jedoch viele dieser Signaturen, mit entsprechenden sozialen Folgen. Information und Unterhaltung trennten sich stärker als zuvor und die fragmentierten Strukturen des Web förderten den Wandel bisheriger Sozialformen. Ebenso deutet sich an, dass auch dieses neue Medium eine spezifische Politisierung stärkte, die links- und rechtspopulistische Strömungen begünstigt, die zuvor in den »alten Medien« weniger Raum erhielten. Die ubiquitäre Verfügbarkeit von differenten Medieninhalten stärkte die Individualisierung und schwächte die gemeinsame Anschlusskommunikation, die für Medien im 20. Jahrhundert charakteristisch war. Arbeit und Freizeit wurden medial stärker miteinander verbunden, und die Grenzen zwischen Journalisten und Amateuren lösten sich auf. Zudem verlieren Medien zunehmend ihre rhythmisierende Kraft, die im 20. Jahrhundert den Tagesablauf der meisten Menschen prägte.

Die Warnungen vor den sozialen Folgen des Internets erinnern dabei stark an die früheren Warnungen vor den Folgen des Films, des Radios und des Fernsehens. Wie bei früheren Medienumbrüchen dürften sie nur zum Teil begründet sein. Und schon in einigen Jahrzehnten werden wir den Nachgeborenen sagen, sie sollen doch einmal das gute alte langsame Internet benutzen, und nicht jenes unberechenbar rasante und realistische Medium, dessen Namen und Form wir nicht einmal erahnen können.

Auswahlbibliografie

Bösch, Frank: Mediengeschichte. Vom asiatischen Buchdruck zum Fernsehen, Frankfurt am Main 2011.

Bösch, Frank und Classen, Christoph: Bridge over Troubled Water? Deutschdeutsche Massenmedien, in: Bösch, Frank (Hg.), Geteilte Geschichte. Ost- und Westdeutschland 1970-2000, Göttingen 2015.

Daniel, Ute und Schildt, Axel (Hg.): Massenmedien im Europa des 20. Jahrhunderts, Köln 2010.

Dussel, Konrad: Deutsche Rundfunkgeschichte. Eine Einführung, Konstanz 1999.

Frei, Norbert und Schmitz, Johannes: Journalismus im Dritten Reich, München 1999.

Fiedler, Anke: Medienlenkung in der DDR, Köln 2014

Fulda, Bernhard: Press and Politics in the Weimar Republic, Oxford 2009.

Großmann, Thomas: Fernsehen, Revolution und das Ende der DDR, Göttingen 2015.

Hickethier, Knut: Geschichte des deutschen Fernsehens, Stuttgart 1998.

Hodenberg, Christina von: Konsens und Krise. Eine Geschichte der westdeutschen Medienöffentlichkeit 1945-1973, Göttingen 2006.

Jacobsen, Wolfgang, Kaes, Anton und Prinzler, Hans Helmut (Hg.): Geschichte des deutschen Films, Stuttgart 2004.

Kuschel, Franziska: Schwarzhörer, Schwarzseher und heimliche Leser. Die DDR und die Westmedien, Göttingen 2016.

Ross, Corey: Media and the making of modern Germany. Mass Communications, Society, and Politics from the Empire to the Third Reich, Oxford 2008.

Wilke, Jürgen: Presseanweisungen im zwanzigsten Jahrhundert. Erster Weltkrieg – Drittes Reich – DDR, Köln 2007.

Wilke, Jürgen: Grundzüge der Medien- und Kommunikationsgeschichte, Köln 2008

Zimmermann, Clemens: Medien im Nationalsozialismus, Deutschland 1933-1945, Italien 1922-1943, Spanien 1936-1951, Wien 2007.

Das Jahrhundert der Jugend?

BODO MROZEK

Die Bilder, die nach dem 26. Oktober 1956 in den Zeitungen erscheinen, sind dramatisch: gesplitterte Musikinstrumente, herausgerissene Kabel, zerschlagene Bänke. Nach dem außerplanmäßig verlaufenen Bill Haley-Konzert in der Nacht zuvor lag nicht nur der West-Berliner Sportpalast in Trümmern. Glaubt man den fett gedruckten Schlagzeilen der Boulevardmedien jener Tage, so erlitt auch das Bild der Jugend starke Beschädigungen. In einer Grundsatzdebatte über Sitte und Moral Heranwachsender zogen etliche Kommentatoren historische Vergleiche. Was einige »außer Rand und Band« geratene »Halbstarke« angerichtet hätten, sei »eine Schande für das gesamte deutsche Volk«, formulierte ein Leserbrief in völkischem Sprachgestus. Sahen manche den amerikanischen Rock'n'Roll-Musiker als einen »Massenaufpeitscher« im Stile Adolf Hitlers, so riefen andere nach Musikverboten, wie sie das faschistische Spanien verhängt hatte. Eine gemäßigte Stimme hingegen gab sich beruhigt, dass »eine Jugend, die den Rauch von zwei Weltkriegen hinter sich sieht, nur Stühle zerschlägt«.[1]

Was alle zitierten Sprecher über ihre konträren Positionen hinweg einte, war der Bezug auf die Zeit vor 1945. Diese Assoziation speiste sich aus einem längeren Ortsgedächtnis: In derselben Halle, die Bill Haley 1958 mit seinen Comets rockte, hatte Reichspropagandaminister Joseph Goebbels seine berüchtigte Rede vom »Totalen Krieg« ins Mikrophon gebrüllt, und auch die Hitlerjugend war hier bei Massenaufmärschen auf die NS-Ideologie eingeschworen worden.[2] In den Debatten der fünfziger und sechziger Jahre um afroamerikanische Musik und das Verhalten ihrer minderjährigen Fans überlagerten sich damit zwei Narrative von Jugend, die im 20. Jahrhundert prägend waren: die vermeintlich »verführte«, ideologisierte Jugend aus dem »Zeitalter der Extreme« auf der einen Seite und

1 Vgl. den Leserbrief von Helmut Krieg: Sportkrawall ist eine Schande für uns!, in: Bild-Zeitung, 1.11.1958; Leserinnenbrief von Gösta v. Uexküll: Zu wild oder nicht wild genug?, in: Die Welt, 8.11.1958. Vgl. zum Konzert: Thomas Grotum: Die Bill Haley-Tournee 1958. »Rock'n'Roll Panic« in der Bundesrepublik, in: Popgeschichte, Bd. 2: Zeithistorische Fallstudien 1958-1988, hg. von Bodo Mrozek, Alexa Geisthövel und Jürgen Danyel, Bielefeld 2014, S. 19-38, bes. S. 28-29.

2 Vgl. Karl-Heinz Göttert: Wollt ihr den totalen Krieg? Der Lautsprecher und die Medialisierung der Stimme des Politikers, in: Sound des Jahrhunderts. Geräusche, Töne, Stimmen 1989 bis heute, hg. von Gerhard Paul und Ralph Schock, Bonn 2013, S. 292-297.

die mit Taschengeld und Freizeitbudgets gut ausgestattete,»rebellische« Nachkriegsjugend auf der anderen. Das 20. Jahrhundert ist reich an ideologischen Aufladungen der Lebensphase zwischen Kindheit und Erwachsensein und gilt manchen daher auch als ein»Jahrhundert der Jugend«. Als solches wurde es nicht nur von Historikern charakterisiert. Schon die Zeitgenossen beschworen ihr Zentennium als ein»junges«, wenn auch unter höchst unterschiedlichen Vorzeichen. Im Folgenden werden einige Grundlinien des Jugend-Diskurses im 20. Jahrhundert anhand ausgewählter Problemfelder nachgezeichnet. Nach einem Blick auf Konstruktionen, Definitionen und Wandel des Jugendalters werden Methoden der Vermessung und Verwissenschaftlichung von Jugend im 20. Jahrhundert in den Fokus gerückt, bevor – gewissermaßen umgedreht – die Rolle der Jugend bei der Vermessung des 20. Jahrhunderts beleuchtet wird.[3]

Erfindungen der Jugend

Jugend ist keineswegs eine anthropologische Konstante, die es in allen Gesellschaften und Zeiten gleichermaßen gegeben hätte. Aus historiographischer Sicht sind auch Lebensalter sozio-kulturell bedingte, diskursiv erschaffene und zeitlich spezifische Phänomene, die einem kontinuierlichen Wandel unterworfen sind. In längerer Perspektive betrachtet, ist Jugend in ihrer modernen Form daher – will man überhaupt am Konzept der Moderne festhalten – selbst ein ziemlich junges Konzept. Philippe Ariès hat in seinem viel diskutierten Buch die Herausbildung der Kindheit auf das *ancien régime* datiert und als ein relationales Konstrukt analysiert, das sich in seiner Semantik und Ikonographie von dem des Erwachsenseins abgrenzt.[4] Anders als in der Antike galten ihm zufolge Kinder im Mittelalter gewissermaßen als kleine Erwachsene, die ihren Platz zwischen den Älteren einnahmen, sobald sie ohne deren Hilfe auskommen konnten.[5] In einem vom 13. bis ins 16. Jahrhundert andauernden Prozess wurde Kindern ein eigener Ort in der Gesellschaft und damit eine von den Erwachsenen abweichende Kollektividentität zugewiesen.[6] Die Entstehung der Jugend als lebenszeitliche Übergangsphase zwischen

3 Vgl. Bodo Mrozek:»Delinquenz und Normalisierung. Von der Jugend- zur Popkultur 1953-1966 – eine transnationale Geschichte«, Freie Universität Berlin 2016 (Diss.).

4 Vgl. Philippe Ariès: Die Geschichte der Kindheit, München/Wien 1975.

5 Laut Ariès in der Regel im Alter von sieben Jahren. Vgl.: ebd., S. 559.

6 Vgl. Colin Heywood: Childhood. Children and Childhood in the West from Medieval to Modern Times, Cambridge 2001, S. 12-15.

Kindheit und Erwachsensein wird zumeist später angesetzt.[7] Wenngleich schon die Antike den gesellschaftlichen Status Jugend kannte und mit Ideen der Pädagogik auch einen systematisierten Umgang mit ihm hervorbrachte, so gilt die Neuzeit als dessen eigentliche Entstehungsphase.

Epochale Ereignisse wie die Französische Revolution, auf deren Barrikaden junge *gamins* aus der armen Bevölkerung mitgekämpft hatten, führten ebenso wie die von Studenten mitgetragenen bürgerlichen Revolutionen um 1848 zu mythischen Aufladungen.[8] Schon die Aufklärung hatte die Jugend als eine »zweite Geburt« (Rousseau) gefeiert und nachfolgende geistesgeschichtliche Strömungen wie der Vormärz, die Romantik oder die literarische »Sturm und Drang«-Bewegung hatten idealisierte Jugendbilder entworfen, in denen das frühe Lebensalter teils emphatisch gefeiert wurde, etwa im Jünglingsideal der Weimarer Klassik.[9] Das aufstrebende Bürgertum hatte schon im 18. Jahrhundert den »Eigenwert von Kindheit und Jugend« entdeckt und diesen Lebensabschnitten die Funktion entwicklungspsychologischer Etappen und damit einen sozialen Sinn verliehen.[10] Im Zuge dieser Zuschreibungen hatten junge Menschen die Möglichkeit errungen, auf bestimmte Bedingungen mit Protest und Verweigerung zu reagieren.[11] Als eigenständige biographische Phase und gesellschaftlich relevante Großgruppe wurde Jugend durch solche historischen Diskurse erst hervorgebracht.

Wer als jung gelten konnte, war dabei keineswegs einheitlich, sondern höchst konträren Vorstellungen unterworfen. Rechtlich wird der gesellschaftliche Status Jugend durch Gebote und Verbote definiert. Variierende Deutungen kommen in Gesetzen der »Mündigkeit« und privaten wie öffentlichen Regularien zum Ausdruck, die auf Vorstellungen von »Reife« beruhen und von differierenden lebensgeschichtlichen Zäsuren der »Volljährigkeit« begrenzt werden, so bei Schulpflicht, Heim-

7 Vgl. Lutz Roth: Die Erfindung des Jugendlichen, München 1983, S. 11, 19 u. 135; Jürgen Reulecke: Jugend – Entdeckung oder Erfindung. Zum Jugendbegriff vom Ende des 19. Jahrhunderts bis heute, in: Schock und Schöpfung. Jugendästhetik im 20. Jahrhundert, hg. von Deutscher Werkbund e. V. und Württembergischer Kunstverein Stuttgart, Darmstadt 1986, S. 21-25.

8 Vgl. Ludivine Bantigny: Le mot »jeune«, un mot de vieux ? La jeunesse du mythe à l'histoire, in: Jeunesse oblige. Une histoire des jeunes en France (XIXe-XXIe siècles), hg. von Ludivine Bantigny und Ivan Jablonka, Paris 2009, S. 5-18.

9 Jean-Jacques Rousseau: Emil oder über die Erziehung, Paderborn 2000 (zuerst 1762), S. 210-215; Birgit Dahlke: Jünglinge der Moderne. Jugendkult und Männlichkeit in der Literatur um 1900, Köln u. a. 2006, S. 28.

10 Michael Mitterauer: Sozialgeschichte der Jugend, Frankfurt am Main 1986.

11 Andreas Gestrich: Traditionelle Jugendkultur und Industrialisierung. Sozialgeschichte der Jugend in einer ländlichen Arbeitergemeinde Württembergs 1800-1920, Göttingen 1986, S. 11-12.

erziehung, Strafrecht, Alkoholausschank, Heiratsfähigkeit, Sexualität, Mitgliedschaften, aktivem und passivem Wahlrecht, Militärdienst, etc. Diese Grenzen sind nicht allgemeinverbindlich, sondern variieren zwischen verschiedenen Lebensaltern. Subjektiv fühlen sich Menschen unterschiedlichster Altersgruppen jung – sei es im Vergleich zu den jeweils Älteren oder zu vorangegangenen Alterskohorten (»Vierzig ist die neue dreißig«). Auch der Eintritt in die Mündigkeit muss keineswegs identisch mit der gesetzlich definierten Volljährigkeit sein, sondern datiert noch heute in manchen Fällen bis ins vierte Lebensjahrzehnt hinein.[12] Solche Richtlinien werden nicht nur vom Staat und seinen Institutionen, sondern auch von Bildungseinrichtungen, Parteien, Religionsgemeinschaften, zivilgesellschaftlichen Verbänden oder berufsständischen Korporationen geregelt. Teils beruhen sie auf einem von medizinischer, psychologischer und anderer Forschung generiertem Wissen, teils auf tradierten Normen und Werten, die vielfach unbewusst Sitten und Gebräuchen ebenso wie Maximen der elterlichen Erziehung eingeschrieben sind. Abgrenzungen der Jugendlichen vom Erwachsen-, aber auch vom Kindsein klaffen in den verschiedenen Ländern (mitunter sogar nach Bundesländern) weit auseinander, was einen internationalen oder interregionalen Vergleich – etwa von jugendbezogenen Sozialstatistiken – erheblich erschwert, wenn nicht sogar verunmöglicht.[13]

Diese variierenden Definitionen von Jugend sind Produkte komplexer Prozesse historischen Wandels. Bereits im 18. und 19. Jahrhundert hatten Rechtsproklamationen (beispielsweise Kinderarbeit oder Wahlrecht betreffend), nationale und internationale Organisationen ebenso wie Literatur, bildende Kunst und Medien die Lebensphase zwischen Kindheit und Erwachsensein mit neuen Inhalten gefüllt. Diese frühe Entwicklungsphase brachte auch erste Stereotypen hervor, anhand derer die gesellschaftliche Rolle Jugendlicher kontrovers verhandelt wurde. Der Typus des »Jugendlichen« etwa war in der Zeit seiner Entstehung ein kriminalisiertes Deutungsmuster, dem das positive Ideal des »Jünglings« entgegenstand.[14] Die semantische Subjektwerdung geschah spät: Erst Ende des 19. Jahrhunderts

---

12 Etwa zur Mitgliedschaft in einem deutschen Bundesgericht. Vgl. die tabellarische Aufstellung in: Joachim H. Knoll: Jugend, Jugendgefährdung, Jugendmedienschutz, Münster/Hamburg/London 1999, S. 156-159.

13 So variiert in den USA bis heute die Volljährigkeit von Bundesstaat zu Bundesstaat zwischen 16 Jahren (Amerikanisch Samoa) bis 21 Jahren (Mississippi, Pennsylvania, Puerto Rico).

14 Vgl. Ulrich Hermann: Der »Jüngling« und der »Jugendliche«. Männliche Jugend im Spiegel polarisierender Wahrnehmungsmuster an der Wende vom 19. zum 20. Jahrhundert in Deutschland, in: Geschichte und Gesellschaft 11 (1985), S. 205-216.

wurde das Adjektiv »jung« zu »Jugendlicher« substantiviert.[15] Die Herausbildung dieser Lebensphase war eine Folge historischer Großprozesse wie
Industrialisierung, Verstädterung, Arbeiterbewegung und der demographischen Entwicklungen, die wiederum eng mit der Medizingeschichte (wie
bei Geburtshygiene und der Impfmedizin) zusammenhingen. Diese Wir-
kungszusammenhänge begünstigten die Entstehung einer »Kontrolllücke«
(Peukert), die seit dem späten 19. Jahrhundert zwischen der Entlassung aus
Elternhaus und Schule und dem Eintritt in neue soziale Bindungen wie
Ehe, Arbeitsleben oder Militärdienst klaffte. Die Abschaffung der Kinderarbeit, die Anonymität der Großstadt jenseits ländlich-dörflicher Verbind-
lichkeiten und eine flexiblere Berufswahl ermöglichten neue Freiheiten,
die den Zustand Jugend weiter ausdehnten. Die so entstandene »Lücke«
sollte durch umfangreiche Maßnahmen der »Fürsorge« gefüllt werden,
um junge Arbeiter einzuhegen, die nun mit mehr gesellschaftlicher Gestal-
tungsmacht ausgestattet waren und daher als potenzielle Gefährder beste-
hender Ordnungen betrachtet wurden. Detlev Peukert hat die Entstehung
einer professionellen »Jugendpflege« um 1900 beschrieben, die Institutio-
nenbildungen und politische Ressortgründungen nach sich zog und die
Verrechtlichung des Status' Jugend vorantrieb, worin auch die gestiegene
gesellschaftliche Bedeutung dieses Lebensabschnitts zum Ausdruck kam.[16]

Von der Metapher zur Ressource: Jugend im »Zeitalter der Extreme«

Auch wenn die Vorstellung von »Jugend als Krankheit« teils noch in den
Jugendschutzbestimmungen des frühen 20. Jahrhunderts nachwirkte,
festigte sich um 1900 der Begriff des »Jugendlichen« weitgehend schich-
ten- und geschlechterübergreifend als wertneutrale Bezeichnung für die
Angehörigen einer Altersstufe.[17] Sie diente zu dieser Zeit bereits als positiv
besetzte Kategorie der zeitgenössischen Ästhetik: Die dominante künst-
lerische Stilrichtung um die Jahrhundertwende wurde als »Jugendstil«
bezeichnet; eines seiner einflussreichsten Medien war die Zeitschrift *Die
Jugend* (1886-1940).[18] In den ersten Jahrzehnten knüpften humanistische
und esoterische Strömungen wie Reformpädagogik und Anthroposophie

15   Vgl. Detlev J. K. Peukert: Grenzen der Sozialdisziplinierung. Aufstieg und Krise
     der deutschen Jugendfürsorge 1878-1932, Frankfurt am Main 1993, S. 54.
16   Vgl. Detlev Peukert: Jugend als Beruf. Der verbeamtete Wandervogel, in: Deut-
     scher Werkbund e. V. (Anm. 7), S. 342-344.
17   Vgl. John S. Gillis: Geschichte der Jugend. Tradition und Wandel im Verhältnis
     der Altersgruppen und Generationen, Weinheim/Basel 1980, S. 162-172.
18   Vgl. Heinz Spielmann: JUGEND – Aspekte einer Wochenschrift, Dortmund 1988.

an Motive der literarischen Romantik, aber auch an Nationalismus und Militarismus an. Ebenso wie überwiegend auf männliche Mitglieder der oberen und mittleren Schichten ausgerichtete Freizeit-Organisationen wie die Bünde der Deutschen Jugendbewegung oder die 1907 in Großbritannien entstandenen internationalen Boy Scouts (ab 1928 auch die Girl Guides) betrieben sie die ideologische Aufladung der Lebensphase.[19] So wuchs der Jugend schon in der ersten Hälfte des 20. Jahrhunderts eine neue kulturelle und politische Bedeutung zu.[20]

An diese Idealisierungen suchten politische Bewegungen anzuknüpfen, die Jugend zunehmend als Ressource ihrer Kampfreserven instrumentalisierten. Parteien rekrutierten in Jugendorganisationen ihren Nachwuchs. Das linke Lager organisierte sich seit 1904 u. a. im sozialistischen Jugendverband *Die Falken* und in der *Freien Sozialistischen Jugend*, das nationalkonservative Milieu nach dem Krieg im *Jungstahlhelm* oder dem *Jungnationalen Bund*. Jugend diente besonders solchen Bewegungen als Metapher der Erneuerung, die auf politischen Umsturz gerichtet waren, auch wenn sie von Erwachsenen getragen wurden (was in Begriffen wie »Jungdeutschland« oder »Jungtürke« zum Ausdruck kam). Zu Beginn des Ersten Weltkrieges beschworen Erzählungen wie der so genannte Langemarck-Mythos den Idealismus bzw. die »Opferbereitschaft« der (männlichen) deutschen Jugend und konstituierten damit junge Menschen als militärische Ressource.[21]

Die Jugendorganisationen der Zwischenkriegszeit waren stark von militärischen Formen wie Kluft, Fahne und Abzeichen sowie Praktiken wie der Marschkolonne, dem Zeltlager und dem paramilitärischen Geländespiel geprägt.[22] Wenngleich sie immer wieder zu Phasenbildungen einer »bündischen Zeit« oder einer »jugendbewegten Generation« (Schelsky)

19 Vgl. Walter Laqueur: Die deutsche Jugendbewegung, Köln 1978 sowie die von Jürgen Reulecke angeregten Studien im Jahrbuch des Archivs der Deutschen Jugendbewegung (AdJB).
20 Jon Savage betonte zuletzt die lange Vorgeschichte seit dem späten 19. Jahrhundert, die mit der Etablierung des Begriffes Teenager in den Vierzigern abgeschlossen sei. Vgl.: Jon Savage: Teenage. Die Erfindung der Jugend (1875-1945), Frankfurt am Main/New York 2008.
21 Vgl. Gerd Krumeich: Langemarck, in: Deutsche Erinnerungsorte III, hg. von Etienne François und Hagen Schulze, München 2001, S. 292-309; Arndt Weinrich: Kult der Jugend – Kult des Opfers. Der Langemarck-Mythos in der Zwischenkriegszeit, in: Historical Social Research/Historische Sozialforschung 34 (2009), H. 4, S. 319-330.
22 Vgl. Benno Hafeneger und Michael Fritz (Hg.): Wehrerziehung und Kriegsgedanke in der Weimarer Republik. Ein Lesebuch zur Kriegsbegeisterung junger Männer, Bd. 2: Jugendverbände und -bünde, Frankfurt am Main 1992, bes. S. 108-144.

herangezogen wurden, so steht die relativ geringe Mitgliederzahl gemessen an der Gesamtgesellschaft solchen Konstruktionen doch entgegen.[23] Zwar waren viele später einflussreiche Mitglieder der mittleren und oberen Schichten in den weltanschaulich differierenden Gruppierungen organisiert, doch ist eine einheitliche »Prägung« durch die Jugendbewegung nur schwer nachweisbar.[24] Der antirepublikanische Elitismus, der zur Schwäche der lagerübergreifend ungeliebten Weimarer Republik beitrug, hat jedoch in solchen Einflüssen zweifellos eine wichtige Quelle.[25] Die besondere Bedeutung der Jugend für die diktatorisch regierten Staaten der Zwischenkriegsphase kam in der Gründung von Staatsjugenden mit dem Ziel der totalen Erfassung und der vormilitärischen Mobilisierung zum Ausdruck, nicht nur in Deutschland, sondern auch im faschistischen Italien und in der Sowjetunion der 1930er Jahre. Diese Zentralisierungsprozesse gingen mit dem Verbot staatsunabhängiger Jugendorganisationen einher, in Deutschland mit unterschiedlichen Maßnahmen und Verordnungen gegen freie Gruppierungen ab 1933 und dem Gesetz über die Hitlerjugend vom Dezember 1936.[26] Die Staatsjugend bereitete mit Wehrerziehung (beispielsweise in der Motor- oder der Flieger-HJ) sowie der Eingliederung von Mädchen in die Organisationen der imaginierten »Volksgemeinschaft« wie dem Bund Deutscher Mädel und der NS-Frauenschaft aktiv auf den Zweiten Weltkrieg vor.[27] In den gesenkten Altersgrenzen zum Kriegseintritt kam die neuerliche Bedeutung von Jugend als »Menschenmaterial« zum Ausdruck; in den letzten Kriegswochen auch in der Erfassung von Kindern im so genannten Volkssturm. Der Begriff der »Flakhelfer-Generation« bzw. der »45er« sucht die (männlichen) Mitglieder jener »Erfassungs-Jahrgänge« zu vereinheitlichen, aber auch im besetzten Frankreich oder dem vom

23 Vgl. Helmut Schelsky: Die skeptische Generation. Eine Soziologie der deutschen Jugend, Düsseldorf/Köln 1958, S. 494-497. Zu Mitgliedszahlen vgl. Rüdiger Ahrens: Bündische Jugend. Eine neue Geschichte 1918-1933, Göttingen 2015, S. 21-22.

24 Vgl. Barbara Stambolis (Hg.): Jugendbewegt geprägt. Essays zu autobiographischen Texten von Werner Heisenberg, Robert Jungk und vielen anderen, Göttingen 2013.

25 Vgl. die Anmerkungen zur »Generation der Sachlichkeit« bei Ulrich Herbert: Best. Biographische Studien über Radikalismus, Weltanschauung und Vernunft, 1903-1989, Bonn 1996, S. 42-50.

26 Vgl. Kathrin Kollmeier: Erziehungsziel »Volksgemeinschaft« – Kinder und Jugendliche in der Hitlerjungend, in: Erziehungsverhältnisse im Nationalsozialismus. Totaler Anspruch und Erziehungswirklichkeit, hg. von Klaus-Peter Horn und Jörg W. Link, Bad Heilbrunn 2011, S. 59-78, hier S. 60.

27 Vgl. Dagmar Reese: Straff, aber nicht stramm – herb, aber nicht derb. Zur Vergesellschaftung von Mädchen durch den Bund Deutscher Mädel im sozialkulturellen Vergleich zweier Milieus, Weinheim/Basel 1989, bes. S. 60-72.

BODO MROZEK

deutschen Bombenterror verheerten Großbritannien wurde der Krieg als
prägende Erfahrung besonders junger Menschen beschrieben und nach
dem Krieg – etwa in Kinofilmen – thematisiert.[28]

Youth Quake: Die Etablierung einer Jugend- und Popkultur nach 1945

Mit dem Zuwachs an Freizeit und Taschengeld in den fünfziger und
sechziger Jahren, dem *temps de l'argent de poche* (Jean-François Sirinelli),
wuchs Jugend zunehmend ökonomische Bedeutung zu.[29] Schon während des Krieges war die Rolle bislang marginalisierter junger Frauen an
der »Heimatfront« gestärkt worden, und auch in den USA traten sie in
großer Zahl in die Berufstätigkeit ein, da ein Großteil der männlichen
Erwachsenen im Krieg war. Ausgestattet mit eigenem Gehalt bildeten sie
nun eine Gruppe von Konsumentinnen für ein neues Warenangebot.[30]
   Im Zuge dieses Bedeutungszuwachses war Jugend nach 1945 die Projektionsfläche für unterschiedliche Erwartungen und Befürchtungen.
Einerseits galten die jungen Alterskohorten als Avantgarden gesellschaftlicher Dynamik: ein Topos, der insbesondere im Zuge der Verarbeitung
des Krieges beschworen wurde.[31] Demographische Entwicklungen stärk-
ten Jugend zudem als soziale Gruppe. Die geburtenstarken Jahrgänge vor
dem sogenannten »Pillenknick« machten die Industriestaaten zu »jungen« Gesellschaften, wenn auch nicht in gleichem Maße.[32] Andererseits
führten kollektive Ängste vor *zu* schnellen Veränderungen durch Jugend

28 Etwa 1953 in »Cosh Boy«. Vgl. Mrozek (Anm. 3), S. 195-197. Zu Kriegsgenera-
    tionen-Konstrukten vgl. Benjamin Möckel: Erfahrungsbruch und Generations-
    behauptung. Die ›Kriegsjugendgeneration‹ in den beiden deutschen Nachkriegs-
    gesellschaften, Göttingen 2014.
29 Jean-François Sirinelli: Les Baby-Boomers. Une génération 1945-1969, Paris 2003,
    S. 54ff. Vgl. für Deutschland: Kaspar Maase: Bravo Amerika. Erkundungen zur
    Jugendkultur der Bundesrepublik in den fünfziger Jahren, Hamburg 1992, S. 75-
    79.
30 Vgl. Nicole Kramer: Volksgenossinnen an der Heimatfront. Mobilisierung, Ver-
    halten, Erinnerung, Göttingen 2011. Zu den USA in den 1940ern vgl. Kelley Mas-
    soni: Fashioning Teenagers. A Cultural History of Seventeen Magazine, Walnut
    Creek 2010, S. 29.
31 Vgl. Christoph Hilgert: Die unerhörte Generation. Jugend im westdeutschen und
    im britischen Rundfunk 1945-1963, Göttingen 2015.
32 Vgl. Josef Ehmers: Bevölkerungsgeschichte und Historische Demographie 1800-
    2010, München 2013, S. 118-127; Klaus Tenfelde: Demographische Aspekte des
    Generationenkonflikts in Europa im 20. Jahrhundert. Deutschland, England,
    Frankreich und Italien im Vergleich, Düsseldorf 1986, S. 15-28, hier Tab. 2, S. 19.

206

zu neuen Kulturpessimismen. Vor allem die Entstehung einer Massenkultur, die ihre Impulse nicht mehr aus dem etablierten Kanon »abend-
ländischer Kultur« oder aus der Fiktion einer räumlich eng umgrenzten
National- bzw. »Volkskultur« bezog, provozierte negative Sozialklischees,
da sie Innovationen der technischen Moderne mit spezifischen Inhalten
zuvor marginalisierter gesellschaftlicher Gruppen – etwa Afroamerika-
nern – amalgamierte und mit tradierten moralischen Normen zu brechen schien.

War in den USA schon in den 1940ern Jugendkriminalität thematisiert
worden, so beherrschten insbesondere Gewalttaten von Jugendgangs bis
Ende des Jahrzehnts immer wieder die Schlagzeilen. Während die »Delinquenz« von Mädchen und jungen Frauen vor allem ihr Sexualverhal-
ten betraf und schon im Krieg zum Klischee so genannter V-Girls führte
(»V« für *victory* bzw. *veneral desease*), erhielt die Gewalt- und Versamm-
lungskriminalität junger Männer weit mehr Aufmerksamkeit. Auch in
Europa wurden Vorkommnisse gemeldet, die den amerikanischen Ereignissen stark zu ähneln schienen. In Italien störten »giovanotti« und nach
britischem Vorbild »Teddy Boys« genannte Jugendliche mit Verkehrsde-
likten und Provokationen Passanten; in den Niederlanden schockierten
sogenannte »nozems«. In Moskau fielen »chuligane« (Hooligans) und
modisch gekleidete »stilyagi« (Stiljäger) durch unsowjetische Kleidung in
Parks und Vergnügungsstätten auf, in Ungarn »Jampec« (Schnösel). In
Neuseeland bespöttelte die Presse »bodgies« und »widgies« genannte Jugendliche. In Spanien provozierten als »gamberros« bezeichnete Jugend-
banden die faschistische Staatsmacht und in Tokio wurden Konflikte mit
»tayozoku« bekannt. Lediglich in Frankreich dauerte es bis zum Ende
des Jahrzehnts, bevor auch hier mit den »blousons noirs« ein deviantes
Jugendklischee Schlagzeilen schrieb.[33]

Ihre Bezeichnungen verdankten diese Jugendphänomene, die zumeist
in urbanen Räumen verortet wurden, nicht nur bisweilen mit herrschenden Gesetzen in Konflikt stehenden Verhaltensauffälligkeiten, sondern
vor allem distinkten Stilen.[34] Einige von ihnen gingen in einer international zunehmend gleichförmigen Jugendkultur auf. Unterschiedliche
lokale Erscheinungen verdichteten sich während der fünfziger und sechziger Jahre zu einem supra-nationalen, nahezu global-urbanen und kom-
merzialisierten Phänomen, verbreitet durch Kino, Medien und Musik:
eine vorwiegend nach Alter und sozialer Herkunft, immer weniger aber

33 Vgl. Mrozek (Anm. 3), S. 31-32.
34 Vgl. John Clarke: Stil, in: Jugendkultur als Widerstand, hg. von John Clarke u. a.,
    Frankfurt am Main 1981, S. 133-157.

nach Nation spezifische Jugend- und Popkultur.[35] Vor dem Hintergrund des demographischen *baby boom,* der Jugend zu einer zahlenmäßig bedeutenden Größe machte, weckten diese Prozesse Angst vor Vermassung und Juvenilisierung, die ältere Menschen zu marginalisieren drohten. Dazu trugen auch Verschiebungen auf dem Medienmarkt bei, in denen Jugendliche zunehmend feste Sendeplätze beanspruchten und diese Interessen mittels der Lobbyarbeit von Fan-Clubs durchsetzten. Traditionelle pädagogisierende Jugendverbandszeitschriften etwa traten zugunsten von Musik- und Modezeitschriften in den Hintergrund. Dieser Medienwandel wurde als Verschiebung von einer *presse éducative* zu einer *presse distractive* beschrieben, die Jugendliche nicht mehr erziehen, sondern unterhalten wollte.[36]

Im Zuge der Etablierung einer »westlichen« Jugend- und Popkultur erfuhr das Jugendbild eine allmähliche Umwertung von einer gefährlichen zu einer gefährdeten Gruppe, die mit sozialpräventiven und therapeutischen Konzepten eingehegt werden sollte. In einem vor allem während der fünfziger und sechziger Jahre sich vollziehenden Prozess wurden schließlich auch abweichende Formen jugendlichen Verhaltens als pluralistische »Jugendkultur« und »subkulturelle« Freizeitphänomene im Rahmen einer Ausdifferenzierung der Lebensstile und Milieus entkriminalisiert und kommerzialisiert.[37] Diese medialen Debatten spiegelten sich auch im Expertendiskurs einer intensivierten Jugendforschung.

Zwischen Jugendschutz und Jugendangst: Strategien der Verhaltensregulierung

War seit der Antike die »Erziehung« bzw. Pädagogik die für junge Menschen zuständige Disziplin, so brachte der Prozess der »Verwissenschaftlichung des Sozialen« im 20. Jahrhundert neue Methoden der Vermessung des Jugendalters und der mit ihm assoziierten Probleme

35 Vgl. für die Bundesrepublik exemplarisch die Pionierstudie von Detlef Siegfried: Time Is On My Side. Konsum und Politik in der westdeutschen Jugendkultur der 60er Jahre, Göttingen 2006; für die USA: Kenneth Leech: Youthquake. The growth of a counter-culture through two decades, London 1973; Grace Palladino: Teenagers. An American History, New York 1996. Für Großbritannien: Bill Osgerby: Youth in Britain since 1945. Oxford 1998.
36 Vgl. Jean-Marie Charon: Lire et grandir en s'amusant ou la grande aventure de la presse des jeunes, in: Éla: Études de linguistique appliquée 130 (2003), H. 2, S. 223-236, hier S. 226.
37 Vgl. Detlef Siegfried: Pop und Politik, in: Popgeschichte, Bd. 1: Konzepte und Methoden, hg. von Alexa Geisthövel und Bodo Mrozek, Bielefeld 2014, S. 33-56.

hervor, von denen sich einige in der zweiten Hälfte des Zentenniums als eigenständige Disziplinen organisierten.[38] Der Aufstieg des Experten war im 20. Jahrhundert eng mit dem Prozess der Verdatung und der Medialisierung verbunden.[39] Expertenwissen wurde allgemein verfügbar, zirkulierte schnell, prägte Alltagsvorstellungen und diente der Bildung einer »öffentlichen Meinung«.[40] In der Jahrhundertmitte verschob sich das »Bestreben der professionellen Experten, ihre Kompetenz für die Beschreibung der Gesellschaft zu sichern oder neu zu etablieren« und Daten zu sammeln, die bei der Beantwortung der drängenden gesellschaftlichen Fragen helfen sollten.[41] Experten konstituierten frühzeitig auch Jugend als Forschungsfeld – und damit als wissenschaftliches Problem. Die Chicago School hatte schon in den 1930er Jahren unter dem Paradigma der Devianz Jugend als eine Größe perspektiviert, die es zu vermessen galt. Eine Forschergruppe um Clifford R. Shaw hatte Daten über Ordnungsverstöße Jugendlicher gesammelt und auf Stadtkarten räumlich verortet.[42] Ihr *area approach* korrelierte urbane Faktoren mit Regelbrüchen und wollte so dazu beitragen, das Verhalten Jugendlicher zu verdaten und diese Messwerte der Politik zur Verfügung zu stellen. Solche Ansätze zur Verwissenschaftlichung von Jugend standen zunächst unter dem Primat der Kriminologie und brachten unterschiedliche Regierungstechnologien hervor.[43]

Mitte des 20. Jahrhunderts verdichtete sich die Sorge um Jugendkriminalität in der *delinquency scare*, die zwischen den vierziger und den sechziger Jahren einen dominanten politischen und gesellschaftlichen

---

38 Vgl. grundlegend: Lutz Raphael: Die Verwissenschaftlichung des Sozialen, in: Geschichte und Gesellschaft 22 (1996), S. 165-193; Jakob Vogel: Von der Wissenschafts- zur Wissensgeschichte, in: Geschichte und Gesellschaft 30 (2004), S. 639-660.

39 Vgl. zum Begriff der Medialisierung Frank Bösch und Norbert Frei: Die Ambivalenz der Medialisierung. Eine Einführung, in: Medialisierung und Demokratie im 20. Jahrhundert, hg. von Frank Bösch und Norbert Frei, Göttingen 2006, S. 17-18.

40 Lutz Raphael: Ordnungsmuster und Selbstbeschreibung, in: Theorien und Experimente der Moderne. Europas Gesellschaften im 20. Jahrhundert, hg. von Lutz Raphael, Köln/Weimar/Wien 2012, S. 9-20, hier S. 15.

41 Paul Nolte: Die Ordnung der deutschen Gesellschaft. Selbstentwurf und Selbstbeschreibung im 20. Jahrhundert, München 2000, S. 239.

42 Clifford R. Shaw und Henry D. McKay: Juvenile Delinquency and Urban Areas. A Study of Rates of Delinquency in Relation to Differential Characteristics of Local Communities in American Cities, Chicago 1942.

43 Vgl. Bodo Mrozek: Subkultur und Cultural Studies. Ein kulturwissenschaftlicher Begriff in zeithistorischer Perspektive, in: Geisthövel und Mrozek (Anm. 37), S. 101-125.

Diskurs bildete.[44] Jugenddelinquenz war nicht identisch mit der durch Paragraphen definierten Kriminalität, sondern verallgemeinerte ganz unterschiedliche Abweichungen – vom Tabak- oder Alkoholkonsum über Verstöße gegen Ausgangssperren bis hin zu Gewalt- und Gangkriminalität – unter einem Sammelbegriff, der suggerierte, gänzlich verschiedene Handlungen stünden in einem Kausalzusammenhang mit dem Alter der Betreffenden. In den USA trugen hierzu die im Fernsehen übertragenen Anhörungen eines *Subcommittee on Delinquency* des US-Senats ebenso bei, wie einige Kampagnen amerikanischer Zeitungen, die das Thema zum wahlkampfrelevanten Politikfeld ausriefen. In der Folge entstanden in den USA Maßnahmenbündel, die Jugenddelinquenz mit Strafverschärfungen ebenso bekämpfen wollten wie mit therapeutischen Aufgaben der Streetwork sowie kontrollierten Aufenthaltsräumen und der Übertragung sozialpräventiver Zuständigkeiten an die Polizei.[45] Diese Strategien zur Verhaltensregulierung oszillierten zwischen dem Leitbild der gefährlichen sowie dem der gefährdeten Jugendlichen, die unter Aufsicht und professioneller Anleitung wieder in die Gesellschaft eingegliedert werden könnten.»Amerika« und besonders New York City dienten in diesen Diskursen als dystopische Projektionsflächen eines urbanen Raumes, der als Brutstätte einer epidemischen Ausbreitung von »Delinquenz« als einer sozialen Krankheit gedacht wurde. Diese Sichtweise war jedoch eine typisch europäische: In den USA selbst wurden hingegen vergleichbare Phänomene auch in Europa verortet.[46] In der Bundesrepublik, Österreich und der Schweiz wurden Delikte als »halbstarke« Verhaltensweisen zusammengefasst, wobei ältere Stereotypen wie der aus dem Vormärz stammende »Eckensteher« aktualisiert wurden, in Frankreich die negativen Sozialfiguren des »J3« (Jeunes 3e catégorie) oder des »*décagénaire*«.[47]

44 Vgl. Nina Mackert: Jugenddelinquenz. Die Produktivität eines Problems in den USA der späten 1940er bis 1960er Jahre, Konstanz/München 2014.
45 Vgl. Bodo Mrozek: East Side Stories. Die Mobilization for Youth im New York der sechziger Jahre, in: Informationen zur modernen Stadtgeschichte 4 (2015), Schwerpunkt: Jugend und Stadt, hg. von Jürgen Reulecke, S. 68-79.
46 Etwa in Zeitungsberichten über »Rock'n'Roll Riots« in London oder Oslo. Vgl. Mrozek (Anm. 3), S. 245.
47 Vgl. Florence Tamagne: Le »blouson noir«: codes vestimentaires, subcultures rock et sociabilités adolescentes dans la France des années 1950 et 1960, in: Paraître et apparences en Europe occidentale du Moyen-Age à nos jours, hg. von Isabelle Parésys, Lille 2008, S. 99-114; Anne-Marie Sohn: Edgar Morin et les décagénaires, in: Sociologues et sociologies: la France des années 60, hg. von Jean-Michel Chapoulie, Olivier Kourchid, Anne-Marie Sohn und Jean-Louis Robert, Paris 2005, S. 155-162.

Spielten fiktionale Klischees aus der Literatur und dem Kino eine wichtige Rolle, so leisteten auch akademische Experten mit ihren Forschungen einen proaktiven Beitrag zur Perspektivierung Jugendlicher als problematischer Gruppe. Zahlreiche sozialpsychologische Testreihen untersuchten in den fünfziger und sechziger Jahren die Auswirkungen des Medienkonsums auf Jugendliche.[48] In den USA tat sich der Psychoanalytiker und Pionier der laborgestützten Geräteforschung Paul Lazarsfeld besonders hervor, indem er öffentlichkeitswirksam als Sachverständiger vor dem *congressional subcommitee* zur *juvenile delinquency* aussagte.[49] Auch in Europa bemühten sich Messverfahren wie der Hamburger Filmtest nach Stückrath-Schottmeyer, der nach einem spanischen Forscher benannte Pigem-Serra-Test und der Thematische Apperzeptionstest um Objektivierung. Mit solchen Methoden sollten Zusammenhänge zwischen jugendlicher Psyche, fiktionalen Erzählungen und problematischem Verhalten vermessen werden. Zumeist wurden die Versuchsanordnungen von Modellen vorstrukturiert, die Individuen zu Altersgruppen zusammenfassten und zu Typologien gewöhnlichen und abweichenden Verhaltens normalisierten. Diese Forschungen beeinflussten neue Gebote und Verbote wie das in Großbritannien 1953 eingeführte X-Rating von Filmen ab 16 Jahren. Jugend-Experten saßen zudem in Kommissionen wie dem britische Departmental Committee on Children and the Cinema und dem schon 1912 gegründeten regierungsunabhängigen British Board of Film Censors (BBFC), in Frankreich in der Commission de Classification (CNC). Viele dieser Gremien gingen auf Vorkriegsbestrebungen zu Jugendschutz und Jugendpflege zurück, die 1954 gegründete Bundesprüfstelle für Jugendgefährdende Schriften (später: Medien) etwa auf das Gesetz zur Bewahrung der Jugend vor Schmutz- und Schundschriften von 1926.[50] Wenn hier auch Kontinuitäten durch das Jahrhundert bestanden, so drängten politische Initiativen doch auf legislative Maßnahmen, die sich als Korrekturen im Sinne einer sich wandelnden Definition von Jugend verstehen lassen. So senkten die Gesetzgeber in der zweiten Jahrhunderthälfte im Anschluss an Diskurse über »Früh-Adoleszenz« in verschiedenen Staaten die Grenzen zum Eintritt in die gesetzliche Volljährigkeit: in der Bundesrepublik 1974 die seit 1875 bei

48 Vgl. zur Rolle der Medien im 20. Jahrhundert den Beitrag von Frank Bösch im vorliegenden Band.
49 Vgl. James Burkhart Gilbert: A Cycle of Outrage: America's Reaction to the Juvenile Delinquent in the 1950s, New York 1986, S. 114-116.
50 Vgl. Kaspar Maase: Die Kinder der Massenkultur. Kontroversen um Schmutz und Schund seit dem Kaiserreich, Frankfurt am Main 2012; Martina Krenn: Schmutz – Sex – Drogen. Jugend und das Populare 1955-1975, Wien 2009.

21 Jahren liegende Marke auf 18 Jahre (in Österreich bereits 1973).[51] Reformen nationaler Jugendgesetze brachten im Allgemeinen Lockerungen mit sich, zeitweise auch Verschärfungen etwa bei Schankregelungen oder nächtlichen Ausgangsverboten sowie die Verkürzung der Schutzfrist vor den rigideren Maßnahmenkatalogen des Erwachsenenstrafrechts. Die Siebziger erscheinen damit für die Konturierung von Jugend als eine wichtige Binnenphase, die auch auf das Einfordern von Mitbestimmung durch die Studentenbewegung um »Achtundsechzig« zurückgeht. In Osteuropa wurden ähnliche Diskurse geführt, doch zeitigten sie meist restriktivere Maßnahmen und Gesetze.[52] In der Tschechoslowakei und der Sowjetunion aktualisierte eine Debatte über jugendliche *chuliganstvo* (Hooligans) vorrevolutionäre Proklamationen Lenins. Denkfiguren aus dessen »Aufruf an die Bevölkerung« von 1917 fanden sich in der Urteilspraxis der revolutionären Tribunale der jungen Sowjetmacht. Nach Stalins Tod definierte Chruschtschow 1956 das »Rowdytum« als einen Anlass für eine flächendeckende Repression, und auch in anderen Staaten Osteuropas entstanden Gummi-Paragraphen, unter deren dehnbaren Delinquenz-Begriffen unliebsame Äußerungen aller Art strafverfolgt werden konnten.[53] In der DDR war dies der Paragraph 218 des Strafgesetzbuches, der 1968 vorgeblich gegen jugendliche »Rowdys« eingeführt wurde, de facto aber bis in die 1980er Jahre gegen Regimekritiker aller Altersstufen Anwendung fand. Im Zukunftsdenken der sozialistischen Staaten war Jugend in besonderem Maße ideologisiert.[54] Die DDR galt daher als »Erziehungsdiktatur«, weil sie nicht nur die Jugend aufwertete, sondern auch Erwachsene mit pädagogischen Maßnahmen gewissermaßen infantilisierte.[55] Die Freie Deutsche Jugend (FDJ) hatte in diesem Konzept herausragende Bedeutung als die einzige Massenorga-

51 Vgl. Mrozek (Anm. 3), S. 275-277.
52 Vgl. Matěj Kotalík: »Páskov« a »chuligáni« proti režimu? Na okraj tradič ních konceptůodboje a rezistence, in: Odboj a odpor proti komunistickémurežimu v Československu a ve střední Evropě/Resistance and opposition against the communist regime in Czechoslovakia and central Europe, Ústav pro studium totalit níchrežimů, Prag 2010, S. 225-232.
53 Vgl. Brian Lapierre: Making Hooliganism on a Mass Scale. The campaign against petty hooliganism in the Soviet Union, 1956-1964, in: Cahiers du Monde Russe 47 (2006), S. 349-367.
54 Vgl. Martin Sabrow: Die »Zeit« der Diktaturen, in: Merkur 68 (2014), H. 5, S. 400-411.
55 Vgl. Dorothee Wierling: Konflikte in der Erziehungsdiktatur der sechziger Jahre, in: Sozialgeschichte der DDR, hg. von Hartmut Kaelble, Jürgen Kocka und Hartmut Zwahr, Stuttgart 1994, S. 404-425.

nisation, die alle in der DDR Geborenen Menschen zu erfassen suchte.[56] Auch hier setzte in den sechziger Jahren eine sozialwissenschaftlich-empirische »Jugendforschung« ein, die 1966 mit einem eigenen Zentralinstitut in Leipzig institutionalisiert wurde.[57] Allmählich entstand systemübergreifend eine Jugendsoziologie (so bei Helmut Schelsky und Friedrich Tenbruck), die sich vom Primat der Kriminologie löste und Jugend als Ganzes zu fassen suchte, seit den 1980ern auch ergänzt durch eine intensivierte historische Jugendforschung mit einem starken alltagsgeschichtlichen Fokus auf Eigensinn, Protest und Verweigerung.[58] Auch in den Krisennarrativen »nach dem Boom« spielte Jugend eine wesentliche Rolle. Diskutiert wurde die Desintegration von jungen Menschen »auf der Straße« – ein Vorkriegstopos, der seit Mitte der Sechziger anhand sogenannter »Gammler« auf öffentlichen Plätzen bis zu den Drogendiskursen um die »Kinder vom Bahnhof Zoo« Ende der Siebziger aktualisiert wurde und neue Studien anregte. Aber auch in der »Bildungskrise« und der »Studentenschwemme« der achtziger Jahre fanden Bildungsoptimismus und Aufstiegsdenken ein Ende. Nirgendwo wurde diese Krise des Fortschrittsdenkens plakativer formuliert als im Slogan »No Future« der (Jugend-)Punk-Szene, wenngleich noch zu klären bleibt, ob es sich hierbei um primär ästhetische Postulate, mediale Skandalisierungen oder tatsächliche Umwälzungen handelte, die sich als Zäsur denken lassen.

Seit der zweiten Hälfte des 20. Jahrhunderts werden auf Umfragen basierende Jugendstudien systemübergreifend als Gradmesser sozialen und politischen Wandels gehandelt, an denen sich die Zukunft ablesen lasse: Jugendforschung ist damit auch immer »Zukunftspolitik«.[59] Solche teils von privatwirtschaftlichen Forschungsinstituten, teils von Medien betriebenen Umfragen neigen zu aufmerksamkeitsökonomisch motivierten Thesenbildungen. In Frankreich prägte 1957 das Nachrichtenmagazin *l'Express* den – umstrittenen – Begriff der *nouvelle vague* für

56 Vgl. Ulrich Mählert und Gerd-Rüdiger Stephan: Blaue Hemden – Rote Fahnen. Die Geschichte der Freien Deutschen Jugend, Opladen 1996, S. 119.
57 Walter Friedrich, Peter Förster und Kurt Starke (Hg.): Das Zentralinstitut für Jugendforschung Leipzig 1966-1990. Geschichte, Methode, Erkenntnisse, Berlin 1999.
58 Einflussreich war Friedrich Tenbruck: Jugend und Gesellschaft. Soziologische Perspektiven, Freiburg im Breisgau 1962. Zur Historischen Jugendforschung trugen seit den 1980ern Soziologen wie Arno Klönne, Erziehungswissenschaftler wie Wilfried Breyvogel, Anthropologen wie Stuart Hall sowie Historiker wie John S. Gillis, Detlev Peukert, Jürgen Reulecke, Jean-François Sirinelli oder Anne-Marie Sohn bei.
59 Zum Begriff der Zukunftspolitik vgl. Nolte (Anm. 41), S. 239.

einen vorgeblichen Wertewandel der Jugend, der sich später als cineastischer Stilbegriff etablierte.[60] In Deutschland erhielten Befragungen wie die Emnid-Umfragen zur Lage der Jugend erhöhte Aufmerksamkeit und die seit 1953 regelmäßig durchgeführten Shell-Jugendstudien dienen insbesondere nach Systemwechseln als empirische Grundlage für neue Generationen-Konstrukte.

»Generation« als Zeit-Maß

Unter den unterschiedlichen Zugängen zur Vermessung der Jugend im 20. Jahrhundert war kaum eine Denkfigur so einflussreich wie die der Generation. Der deutsche Soziologe Karl Mannheim hatte 1928 in einem Aufsatz Gedanken verschiedener Geisteswissenschaftler aufgenommen, darunter die Idee der »Ungleichzeitigkeit des Gleichzeitigen« von Wilhelm Pinder.[61] Der Kunsthistoriker (und spätere Nationalsozialist) hatte damit das Zerfallen von chronologischer Zeit und einer gelebten »inneren Zeit« bezeichnet, die Gleichaltrige in einem Gleichklang vereine. Mannheim baute sein Konzept auf zeitgenössische Grundannahmen, die von einer besonderen Bedeutung der Jugendzeit für Lebensentwürfe auch der erwachsenen Menschen ausgingen. Mit der Idee von »Entelechien« brach er die Vorstellung von einer geschlossenen Epoche eines einheitlich zu betrachtenden Jahrhunderts zugunsten unterschiedlicher Kollektivzeiten auf, die von »Wollungen« im Sinne gemeinsamer Interessen und Lebensziele geprägt seien. Das stark von kunsthistorischen Ideen beeinflusste Modell geht von variierenden »Zeitfarben« aus, die sich gegenseitig überlagern wie die durchscheinenden Lasuren eines Aquarells. Damit diente das Generationenmodell auch der Binnengliederung des Jahrhunderts, das unter diesem Paradigma als eine Abfolge von sich überschneidenden Zeiteinheiten erscheint, die durch kollektive Erfahrungen zusammengehalten werden. Generation ist ein der individuellen biographischen Lebenszeit übergeordnetes, aber der historischen Gesamtzeit unterstelltes Konzept, das sich damit auch als Maßeinheit für Zeit verstehen lässt bzw. als »Rhythmik des modernen Fortschritts«, wie Ulrike Jureit formulierte.[62]

Auch für Historiker war das Denken in Generationen lange plausibel, weil es im Unterschied zu eher ahistorisch, also überzeitlich gedachten

---

60 Vgl. Michel Marie: La Nouvelle Vague. Une école artistique, Paris 1997, S. 88.
61 Karl Mannheim: Das Problem der Generationen, in: Kölner Vierteljahresheft für Soziologie 7 (1928), H. 2, S. 157-185 u. S. 309-330.
62 Ulrike Jureit: Generationenforschung, Göttingen 2006, S. 8.

Großkonzepten wie Klasse oder Schicht per definitionem zeitlich spezifisch ist. Die neuere Generationenforschung ist allerdings auf Abstand zu dem mittlerweile inflationär bemühten populären Begriff gegangen.[63] Viele Generationen-Konstrukte betrafen bei näherer Betrachtung keineswegs gesamte Alterskohorten, sondern Geschlechtsgemeinschaften (»Frontkämpfer- bzw. Flakhelfergeneration«), Bildungseliten (»68er«), durch einen spezifischen Warenkonsum verbundene soziale Schichten (»Generation Golf«) oder Künstlergruppen und ihre Anhänger (»Lost Generation«, »Beat Generation«). Auch wurden sie oftmals nach jahre-, wenn nicht jahrzehntelangem Abstand postuliert, und sind daher vorrangig als Ex-post-Erfindungen einer späteren Gegenwart, denn als Phänomene der jeweiligen Jugendzeiten zu betrachten, die sie beschreiben wollen. Die zeitgenössische Rede von der Generation ist zudem in der Regel ein Erwachsenendiskurs, der die Abgrenzung von den Nachrückenden betreibt und damit in erster Linie eine Selbstverständigung über die Werte der Älteren. Auch gründet sich das Generationenkonzept auf die Annahme einer so genannten Prägephase, die davon ausgeht, eine in der Jugend gemachte Erfahrung würde Menschen lebenslang mehr oder weniger gleichförmigen Gruppen zuordnen – und damit zu einer Überschätzung der Lebensphase Jugend neigt. Wenn eine besondere Empfänglichkeit für Lernerfahrungen in der Jugend auch Konsens in der Erziehungswissenschaft ist, so ist doch keineswegs ausgemacht, dass Zeitgeschehnisse wie Weltkrieg oder Mauerfall junge Menschen (die noch nicht über Vergleichserfahrungen verfügen) stärker »prägen« als Erwachsene, die von der Zäsurhaftigkeit solcher Ereignisse in ihrer Lebensführung weit mehr verunsichert werden können – durch den Verlust von Gewissheiten wie der Reisefreiheit 1961 oder dem einer ökonomisch gesicherten Existenz 1989/90. Indem das Generationenkonzept den Status Jugend derart überbetont, erscheint es daher selbst als ein Produkt des Jugendkultes des 20. Jahrhunderts.

Ein Jahrhundert der Jugend?

Die vorliegenden Streiflichter auf die Wandlungen des Konstruktes Jugend haben dessen Bedeutung für das Zentennium deutlich gemacht. Im 20. Jahrhundert wurden Angehörige dieser Lebensphase mit einer Handlungsmacht ausgestattet, die sie so zuvor nicht besessen hatten. Dies lag

63 Bernd Weisbrod: Generation und Generationalität in der neueren Geschichte, in: APuZ (2005), H. 8, S. 3-9.

sowohl an ihrer Bedeutung als Kampfreserve politischer Massenorganisationen und Ressource zweier Weltkriege in der ersten Jahrhunderthälfte als auch an ihrer neuen ökonomischen Verfügungsmacht infolge von wirtschaftlichem Aufschwung, steigenden Lebens- und Freizeitbudgets sowie demographischem *baby boom*. Seit den siebziger Jahren erhielten junge Menschen durch gesenkte Volljährigkeitsschranken mehr politische Handlungsmöglichkeiten und eine gestärkte Rolle etwa als Wähler in den demokratischen Gesellschaften – auch wenn sie de jure nun nicht mehr als Jugendliche, sondern als junge Erwachsene galten. Dennoch ist bei der pauschalen Rede vom »Jahrhundert der Jugend« Vorsicht angebracht. Zwar wurde es schon im *Fin de siècle* als ein solches begrüßt, doch ging die Formulierung wenige Jahrzehnte später als Propagandafloskel in die Sprache der Nationalsozialisten ein und sollte schon allein deswegen nicht ohne Weiteres als analytischer Befund übernommen werden.[64] In der *longue durée* spricht zudem einiges gegen die Pauschalbezeichnung: Aus demographischer Perspektive war das 20. Jahrhundert keineswegs durchgehend ein »junges«. Im Unterschied zum vorhergehenden 19. bilanzieren Bevölkerungshistoriker einen starken Rückgang der Fertilität »fast überall in Europa«.[65] Dieser mit Veränderungen der Eheregime und dem Schock des Ersten Weltkriegs begründete Geburtenrückgang war besonders in Deutschland und Österreich so stark, dass von einer demographischen »Transition« gesprochen wird, die zunächst zur Schrumpfung der Gruppe junger Menschen führte.

Auch war die Jugend keineswegs die einzige Lebensphase, die im 20. Jahrhundert mit neuer Bedeutung ausgestattet wurde. Die steigende Lebenserwartung in Folge medizinischer Entwicklungen, eine verbesserte Ernährungslage und der Rückgang körperlicher Arbeit hatten zumindest in den Industriestaaten eine Verlängerung des Lebens und infolge dessen eine Ausdifferenzierung des Alters als einer auch durch sozialpolitische Maßnahmen immer besser abgesicherten Phase zur Folge. Man könnte also ebenso gut von einer »Epoche des Alters« sprechen, vergleicht man das 20. mit den vorhergehenden Jahrhunderten. Christoph Conrad hat in seiner Pionierstudie zum Alter jedoch gezeigt, dass der Weg »vom Greis zum Rentner« bzw. die steigenden Budgets an Lebenszeit seit den 1830er Jahren integrale Bestandteile teils derselben übergreifenden Pro-

---

64 Vgl. Baldur von Schirach: Wem gehört die Jugend? Roosevelt spricht, von Schirach antwortet. Auftakt zum Europäischen Jugendkongress, hg. vom Pressebüro des Europäischen Jugendverbandes, Wien 1942, S. 17 (gedr. Manuskript, Staatsbibliothek zu Berlin StaBi Fd 11018/70).

65 Vgl. Andreas Weigl: Bevölkerungsgeschichte Europas: Von den Anfängen bis in die Gegenwart, Wien 2012, S. 152.

zesse waren, die auch die Entstehung der Freizeit und die Erfindung der Jugend beeinflussten.[66] Insofern wäre die Alternative zwischen einem Jahrhundert der Jugend oder einem des Alters müßig: Beide Zuschreibungen sind zumindest zum Teil Resultate derselben historischen Prozesse.

Aus Perspektive des beginnenden 21. Jahrhunderts scheinen einige Spezifika aus dem vorangegangenen der Vergangenheit anzugehören. Zwar dauert ein ästhetischer Jugendkult an und findet in der Verbreitung von kosmetischer Chirurgie in breiten Schichten seinen gestrafften Ausdruck, doch wird zeitgleich das »Überaltern« der nord-westlichen Industriegesellschaften diskutiert.[67] Jugend- und Popkultur, die sich noch in der zweiten Hälfte des 20. Jahrhunderts überlagerten bzw. weitgehend miteinander identisch waren, haben sich wieder entflochten und die Märkte adressieren zunehmend Erwachsene über 40 Lebensjahren als größte Konsumentengruppe auch popkultureller Produkte. Als »Bruch des Generationenvertrages« wird mittlerweile diskutiert, ob der Jugendkult des 20. Jahrhunderts auch mit dafür verantwortlich war, dass die von einer hegemonialen Gruppe der *baby boomer* für sich erstrittenen sozialen Vorteile die nachrückende Jugend nun massiv benachteiligen.[68] Zumindest aus demographischer Sicht scheint damit die »Epoche der Jugend« in den nordeuropäischen und westlichen Wohlstandsgesellschaften vorläufig an ihr Ende gekommen.

Wenn im vorigen Jahrhundert biographische Binnendifferenzierungen als Lebensphasen neu definiert und ausdifferenziert wurden, so geschah dies stets im Kontext politischer, wissenschaftlicher und medialer Diskurse. Jugend diente darin als Metapher der Erneuerung und des utopischen Erwartungshorizonts von Zukunftspolitiken ebenso wie als dystopische Projektionsfläche kulturpessimistischer Untergangsszenarien, die im angeblichen Werteverfall der jeweils Nachrückenden ein Symptom für das Vergehen des Althergebrachten ausmachten. Für die gesamte Epoche lässt sich unter der Fragestellung dieses Bandes vor allem ein Befund festhalten: Jugend wurde im 20. Jahrhundert nicht nur neu vermessen; sie diente auch selbst als Maß. Mit dem Konzept der Generation brachte der Jugenddiskurs eine Einheit hervor, die der Strukturierung von Zeit in aufeinanderfolgende kollektiv-biographi-

---

66 Christoph Conrad: Vom Greis zum Rentner. Der Strukturwandel des Alters in Deutschland zwischen 1830 und 1930, Göttingen 1994, S. 404.

67 Vgl. Annelie Ramsbrock: Korrigierte Körper. Eine Geschichte künstlicher Schönheit in der Moderne, Göttingen 2011.

68 Zur Sozialpolitik im 20. Jahrhundert vgl. den Beitrag von Winfried Süß im vorliegenden Band.

sche Untergliederungen diente – und damit auch der Vermessung des 20. Jahrhunderts.

Auswahlbibliographie

Bantigny, Ludivine und Jablonka, Ivan (Hg.): Jeunesse oblige. Histoire des jeunes en France XIXe-XXe, Paris 2009.

Deutscher Werkbund e. V. und Württembergischer Kunstverein Stuttgart (Hg.): Schock und Schöpfung. Jugendästhetik im 20. Jahrhundert, Darmstadt 1986.

Gillis, John S.: Geschichte der Jugend. Tradition und Wandel im Verhältnis der Altersgruppen und Generationen, Weinheim/Basel 1980.

Goltz, Anna von der (Hg.): »Talkin' 'bout my generation.« Conflicts of generation building and Europe's ›1968‹, Göttingen 2011.

Jureit, Ulrike und Wildt, Michael (Hg.): Generationen. Zur Relevanz eines wissenschaftlichen Grundbegriffs, Hamburg 2005.

Maase, Kaspar: Bravo Amerika. Erkundungen zur Jugendkultur der Bundesrepublik in den fünfziger Jahren, Hamburg 1992.

Mackert, Nina: Jugenddelinquenz. Die Produktivität eines Problems in den USA der späten 1940er bis 1960er Jahre, Konstanz/München 2014.

Mitterauer, Michael: Sozialgeschichte der Jugend, Frankfurt am Main 1986.

Osgerby, Bill: Youth in Britain since 1945, Oxford 1998.

Palladino, Grace: Teenagers. An American History, New York 1996.

Peukert, Detlev J. K.: Grenzen der Sozialdisziplinierung. Aufstieg und Krise der deutschen Jugendfürsorge 1878-1932, Frankfurt am Main 1993.

Roth, Lutz: Die Erfindung des Jugendlichen, München 1983.

Savage, Jon: Teenage. Die Erfindung der Jugend (1875-1945), Frankfurt am Main/ New York 2008.

Siegfried, Detlef: Time is on my side. Konsum und Politik in der westdeutschen Jugendkultur der 60er Jahre, Göttingen 2006.

Sirinelli, Jean-François: Les Baby-Boomers. Une génération 1945-1969, Paris 2003.

Der Siegeszug der Konsumgesellschaft

HEINZ-GERHARD HAUPT

Im 18. Jahrhundert tranken Engländer bereits Tee aus chinesischem Porzellan.[1] Kakao wurde in den Niederlanden zum Luxusgetränk der Eliten und der Kartoffelanbau hielt im Norden Europas Einzug. All dies zeugt von der sukzessiven Transformation europäischer Nationen in Konsumgesellschaften, wenn man unter Konsumgesellschaften einen sozialen Zusammenhang versteht, in dem ein bestimmtes Warensortiment einer in der Regel sozial begrenzten Konsumentenschicht zur Verfügung steht, die diese kaufen und für ihre physische Reproduktion, zur Definition ihrer gesellschaftlichen Rolle und zur individuellen Selbstdarstellung benutzen können. Dass dieser Prozess möglich wurde, verdankt sich in hohem Maße dem transnationalen Überseehandel, der Ausweitung globaler und nationaler Märkte und der Entwicklung der Konsumgüterindustrie.[2] Die Entwicklung vom 18. Jahrhundert bis in die Gegenwart der Massenkonsumgesellschaft war allerdings nicht linear. Sie erlebte im letzten Drittel des 19. Jahrhunderts eine Beschleunigung, als sich mit Warenhäusern und Konsumgenossenschaften moderne Strukturen des städtischen Einzelhandels etablierten, Konsumgüterindustrien expandierten, die Kaufkraft breiterer sozialer Schichten anstieg, staatliche Instanzen in diesen Prozess intervenierten und um den sozialen und politischen Wert des Konsums öffentliche Debatten entbrannten. Nach dem Ersten Weltkrieg setzten sich diese Entwicklungen fort, wurden durch die Erfahrungen der Weltwirtschaftskrise und verbreiteter Mangelsituationen überlagert, auf die die staatlichen Instanzen unterschiedliche politische Antworten suchten, die von planwirtschaftlichen bis zu nachfrageorientierten Modellen reichten. Erst durch das wirtschaftliche Wachstum nach dem Zweiten Weltkrieg stiegen die Reallöhne an und ging die durchschnittliche Arbeitszeit zurück. Dadurch konnte die überwiegende Mehrheit der europäischen Bevölkerungen langfristige Konsumgüter erwerben, wurde der Konsumbürger zum wichtigen Adressaten staatlicher

---

1 Für eine kritische Lektüre danke ich Annette Schuhmann, Claudius Torp und Frank Trentmann.

2 Neil McKendrick u. a.: The Birth of a Consumer Society. The Commercialization of Eighteenth-Century England, London 1983; Maxime Berg und Hellen Clifford (Hg.): Consumers and Luxury. Consumer Culture in Europe 1650-1850, Manchester 1999; Michael Prinz (Hg.): Der lange Weg in den Überfluß. Anfänge und Entwicklung der Konsumgesellschaft seit der Vormoderne, Paderborn 2003.

Politik und gehörte Konsum zu den maßgeblichen Mitteln gesellschaftlicher Rollen- und Selbstdarstellung. Erst für diese Epoche wird man von einem Siegeszug der Konsumgesellschaft sprechen können. Die Wege zur ihr waren allerdings in Europa ebenso verschieden wie die jeweiligen Ausprägungen.[3] Mit diesen Unterschieden beschäftigen sich die folgenden Ausführungen, die mit dem Fokus auf die Zeit nach 1945 danach fragen, welche Bedeutung der Konsum für unterschiedliche Politiken und Gesellschaften hatte. Im Mittelpunkt stehen dabei die west- und südeuropäischen Gesellschaften, nach dem 2. Weltkrieg werden auch mittel- und osteuropäische Länder einbezogen.

Der Konsument in Europa vor 1945

In den europäischen Gesellschaften gibt es nicht einen, sondern viele Siegeszüge des Konsums. Die historische Forschung hat diese Entwicklung nicht nur anhand von strukturgeschichtlichen Untersuchungen nachgezeichnet, sondern den Akzent zunehmend auch auf den Konsumenten, seine politische Rolle und seine sozialen Praktiken gelegt.[4] Bereits für die Niederlande des 17. und Großbritannien des 18. Jahrhunderts hat sie einen enormen Aufschwung von bis dahin ungeahnten Konsumpraktiken festgestellt. Wobei der Erwerb, Besitz und Gebrauch von Konsumartikeln soziale Grenzen übersprang und sich vom Adel hin zum aufstrebenden Bürgertum und bis zur ländlichen Bevölkerung ausweitete. Konsumwaren wurden auch in verschiedenen Medien der Zeit angepriesen, bevor dann im 19. Jahrhundert die Reklame an Umfang und Raffinement zunahm. Die modernen Institutionen des Konsums wie Warenhäuser und Konsumgenossenschaften ebenso wie Veränderungen der Konsumpraktiken und breite Diskussionen um Rechte und Pflichten des Konsumenten bildeten sich in Europa erst in der zweiten Hälfte des 19. Jahrhunderts heraus.

Ab 1860 zogen die »Kathedralen des Konsums« (Crossick/Jaumain) eine kaufkräftige Kundschaft in die luxuriösen, hell erleuchteten Gebäude in der Mitte der Städte, die ihre Waren zu festen Preisen verkauf-

3 Siehe dazu in einer globalgeschichtlichen Perspektive Frank Trentmann: Empire of Things. How We Became a World of Consumers, from the Fifteenth Century to the Twenty-first, London 2016.
4 Frank Trentmann: The Modern Genealogy of the Consumer: Knowledge, Power and Identity, in: Consuming Cultures, Global Perspectives. Historical Trajectories, Transnational Exchanges, hg. von John Brewer und Frank Trentmann, New York 2006, S. 19-70.

ten. Paris und London waren Vorreiter dieser Entwicklung, Berlin und Wien zogen am Ende des Jahrhunderts nach, bevor dieses Modell auch nach Istanbul und Kairo exportiert wurde. Durch Versandgeschäfte drangen neue Konsumwaren und Konsummoden auch auf das Land vor. Eine breite Konsumentenschicht entstand dadurch, dass zunehmend in Europa die Selbstversorgung der Produzenten zurückging, zunächst natürlich in den Städten, dann auch auf dem Land. Stadt- und Landbewohner erstanden in kleinen Läden, auf Jahrmärkten und an Markttagen oder aber über Kataloge die gewerblichen und agrarischen Produkte, die sie zum Leben benötigten oder die sie sich wünschten und die von einer expandierenden Konsumgüterindustrie produziert wurden. Ihre Einkäufe folgten dabei einer Logik, die der Statistiker Ernst Engel bereits im Jahre 1857 folgendermaßen beschrieben hat: Je weniger die Käufer für Lebensmittel ausgaben, desto besser waren sie ökonomisch gestellt.[5]

Der Konsument als sozialer Akteur genoss in den verschiedenen europäischen Gesellschaften unterschiedliche öffentliche Anerkennung. Auf ihn konzentrierte sich die freihändlerische Propaganda der britischen Gesellschaft und sah in ihm den Repräsentanten des öffentlichen Interesses. Im kaiserlichen Deutschland und im republikanischen Frankreich jedoch fürchteten Publizisten und Politiker die gesellschaftlich schädlichen Folgen des Konsums für die öffentliche Moral und den Zusammenhalt der Gesellschaft. In beiden Gesellschaften wurde jedoch keine gesamtgesellschaftliche Bedeutung des Konsums entwickelt, sondern dieser eher als Teil von sozialen Milieus wahrgenommen. In Frankreich wurde der Konsum als Teil der Arbeiterfrage diskutiert, benutzten ihn Anarchisten um die Wende zum 20. Jahrhundert als Agitationsfeld und riefen Frauenverbände dazu auf, dass Konsumenten aus den Mittelklassen den arbeitenden Produzenten helfen sollten. In Deutschland tauchte der Konsument in den Programmen und Aktionen der Sozialdemokratie und später auch als Argumentationsfigur in den Kampagnen gegen die Schutzzollpolitik auf.[6]

5 Geoffrey Crossick und Serge Jaumain (Hg.): Cathedrals of Consumption. The European Department Store. 1850-1939, Aldershot 1998; Heinz-Gerhard Haupt: Konsum und Handel. Europa im 19. und 20. Jahrhundert, Göttingen 2003; Ernst Engel: Die Productions- und Consumtionsverhältnisse des Königreichs Sachsen, in: Zeitschrift des statistischen Bureaus des Königlich Sächsischen Ministerium des Inneren 3 (1857), S. 129-182.
6 Frank Trentmann (Hg.): The Making of the Consumer. Knowledge, Power and Identity in the Modern World, Oxford/New York 2006.

Aus sozialgeschichtlicher Perspektive gehörte der Konsum zum Mittel der Selbstdarstellung und Abgrenzungspraxis von bürgerlichen Mittelklassen, was er bis heute geblieben ist. Auch für Facharbeiter eröffneten sich indes in den westeuropäischen Gesellschaften bereits vor 1914 neben den weiterhin dominanten Ausgaben für Lebensmittel finanzielle Spielräume für den Erwerb von langlebigen Konsumartikeln, wie z. B. Taschenuhren. In Zeitungen, in Prospekten und auf Hauswänden zog die Reklame für Markenwaren ein, oft zum Ärger der Stadtbewohner. Als politische Akteure manifestierten Konsumenten aber erst im 1. Weltkrieg ihr Selbstbewusstsein in Protesten, in denen sie die Verknappung der Lebensmittel und die Sparpolitik der Regierungen anprangerten. In deutschen Städten, aber auch in Wien, Budapest und Prag, in Großbritannien wie in Italien nahmen diese Aktionen im Unterschied zu Frankreich an Zahl und Intensität zu. Frauen und Jugendliche drückten ihren Unmut über zu hohe Preise und mangelnde Versorgung ebenso aus wie über die sozial ungleiche Versorgung, die den Reichen erlaubte, auf dem Schwarzmarkt weiterhin alle Güter zu kaufen, die Armen aber hungern ließ. Bei den Lebensmittelunruhen in Italien im August 1917 wurden in Turin mehr als fünfzig Personen getötet. Aber selbst in diesen Konflikten bildete sich keineswegs überall eine einheitliche Konsumentenschicht heraus, sondern vielmehr schwelten Interessendivergenzen weiter. Diese zeigten sich in Deutschland zwischen Hausfrauen und Soldatenfrauen, zwischen Stadt und Land, zwischen Juden und Deutschen.[7]

Parallel dazu erfassten staatliche Regulierungen den Konsumbereich. So wurde in Europa seit der Mitte des 19. Jahrhunderts nicht nur Hygiene und Sicherheit der Konsumartikel von staatlichen Instanzen kontrolliert, sondern im letzten Drittel des Jahrhunderts durch die Schutzzollpolitik Preise für Agrarprodukte und für Kohle erhöht. Im ersten Weltkrieg gerieten dann die staatlichen Instanzen selbst in den Mittelpunkt der öffentlichen Kritik, weil sie es versäumt hatten, für die Versorgung der Bevölkerung vorzusorgen. Besonders in Deutschland hatten sie den Fall einer Blockade nicht eingeplant. Die Strategie, die Schuld für Hunger und Misswirtschaft auf die Zulieferer und Händler abzuwälzen, trug dazu bei, die deutsche Gesellschaft im Laufe des Krieges und im Unterschied zu Großbritannien noch stärker zu fragmentie-

---

7   Martin Daunton und Matthew Hilton (Hg.): The Politics of Consumption. Material Culture and Citizenship in Europa and America, Oxford 2001; Alain Chatriot u. a. (Hg.): Au nom du consommateur. Consommation et politique en Europe et aux Etats-Unis au XIXe siècle, Paris 2004; Frank Trentmann und Flemming Just (Hg.): Food and Conflict in the Age of the Two Wars, Houndmills Basingstoke, New York 2006.

ren. Auch die staatliche Politik der Festsetzung von Höchstpreisen, in manchen Ländern auch von Maximallöhnen, konnte nicht verhindern, dass das tägliche Brot für die einkommensschwachen Teile der Bevölkerung oft eher ein Wunsch als Realität war. Diese Unterernährung war allerdings nicht überall gleich groß. In Großbritannien konnte ein Bürger während des Ersten Weltkrieges doppelt so viele Kalorien verzehren wie in Deutschland.[8] Auch der Zweite Weltkrieg wurde in allen kriegsführenden Nationen mit Ausnahme der USA von Mangelerfahrungen und Lebensmittelrationierungen begleitet.

Wie in anderen Gesellschaften war die Entwicklung der Konsumgesellschaft im Deutschland des 20. Jahrhunderts durch ein Auf und Ab der Preise und Löhne, dem Wechsel von Phasen wirtschaftlicher Prosperität und des Mangels gekennzeichnet. Wie vielen europäischen Gesellschaften blieb auch Deutschland gleichwohl die Erfahrung von extremen Hungerskatastrophen erspart, die Spanien zwischen 1904 und 1906 oder während des Bürgerkrieges erlitt oder die periodisch die russische Gesellschaft erschütterte: 1922, 1932-1933 oder zwischen 1946 und 1948. Die Jahre nach dem Zweiten Weltkrieg waren auch auf dem Balkan Zeiten des massenhaften Sterbens durch Unterernährung. In Deutschland hingegen folgten lediglich Phasen des Mangels auf Jahre der Wohlstandserwartungen und teilweise auch der Wohlstandsrealisierung. Diese Mangelsituationen dauerten etwa zwischen 1914 und 1923, zwischen 1930 und 1932 oder zwischen 1945 und 1948 an. Folgt man Claudius Torp, so kollidierte der in Boomphasen aufgebaute Erwartungshorizont der Konsumenten dabei mit den realen Konsumerfahrungen. In den Worten von Konrad Jarausch und Michael Geyer: »Deutsche Träume von Konsum und Konsumgesellschaft erwuchsen bis in die jüngste Zeit aus den Alpträumen von Hunger und Mangel.«[9]

Die Erinnerungen an diese Alpträume, die vor allem für die Inflationszeit lange lebendig blieb, sind sicher einer der Gründe für das bundesdeutsche Sicherheitsdenken. Neben der immer wieder eingeklagten Befriedigung von materiellen Grundbedürfnissen kam in den öffentlichen Diskursen der Sicherung der allgemeinen Lebensbedingungen eine besondere Rolle zu. Politisch drückte sich dieses Sicherheitsdenken in den Forderungen nach einer aufmerksamen Preispolitik des Staates,

---

8 Belinda J. Davis: Home Fires Burning. Food, Politics, and Everyday Life in World War I Berlin, Chapel Hill 2000, S. 180 ff.; Joseph Manning: La guerre et la consommation civile à Londres, 1914-18, in: Revue d'Histoire 183 (1996), S. 29-46.
9 Claudius Torp: Konsum und Politik in der Weimarer Republik, Göttingen 2011, S. 27 ff.; Konrad H. Jarausch und Michael Geyer: Zerbrochener Spiegel. Deutsche Geschichten im 20. Jahrhundert, München 2005, S. 307.

aber auch nach staatlichen Transfer- und Versorgungsleistungen aus, die die Wechselfälle der Konsumkonjunktur abpuffern sollten. Eine Besonderheit der deutschen Entwicklung bestand darin, dass dieses Sicherheitssyndrom wie in anderen Gesellschaften nicht auf die unmittelbare Nachkriegszeit begrenzt blieb, sondern bis ins 21. Jahrhundert andauerte. Wie stark die Entfaltung der Konsumgesellschaft an wirtschaftlichen Austausch und marktwirtschaftliche Strukturen im Landesinnern gebunden war, zeigte sich im 20. Jahrhundert an dem Misserfolg der Autarkiepolitik. Diese wurde Deutschland im Ersten Weltkrieg aufgezwungen, war im faschistischen Italien und im Nationalsozialismus aber Teil der staatlichen Strategien. Das nationalsozialistische Regime wollte mit dieser Autarkiepolitik den Umfang der Agrarimporte reduzieren und stattdessen die Aufrüstung finanzieren. Dadurch trug es trotz der gleichzeitig stattfindenden Verbreitung von standardisierten Konsumgütern wie dem Volksempfänger dazu bei, die Konsumwünsche der Deutschen zu begrenzen. Probleme bei der materiellen Versorgung der Reichsregierung während des Krieges sollten durch die Ausplünderung der besetzten Gebiete beseitigt werden, diese konnte aber Engpässe und Einschränkungen bei dem Konsum von Brot, Fleisch und Textilien nicht verhindern:»Im Krieg (konnte) kaum noch von einer Konsumgesellschaft gesprochen werden«[10], stellte Schanetzky jüngst fest. Auch das faschistische Italien begrenzte seine Importe und versuchte 1926 durch die sogenannte»Schlacht für Weizen« Agrarüberschüsse zu erreichen, durch die die Versorgung im Landesinnern garantiert und auch ein Exportüberschuss realisiert werden sollte. Dies gelang zwar im Agrarbereich, die Wirtschaftskrise, die von 1927 bis 1935 in Italien ausbrach, verschlechterte jedoch deutlich Einkommen und Lebensbedingungen. Die Autarkie trug nicht zur Beseitigung der Austeritätspolitik bei, sondern machte diese zu einem Charakteristikum der faschistischen Politik. Schließlich hat die DDR bis in die 1960er Jahre hinein den Anspruch auf eine vom kapitalistischen Westen autarke Entwicklung erhoben, ihn dann aber zunehmend aufgegeben. Die DDR hat sich seit den 1970er Jahren in hohem Maße vom westlichen Kapital abhängig gemacht, um sowohl die Preise für Grundnahrungsmittel und Wohnungen niedrig zu halten, als auch eine breitere Palette an Konsumgütern importieren und anbieten zu können. Mit dem Ende des kalten Krieges und in Zeiten zunehmender Weltmarktverflechtung hat das Autarkiedenken jegliche Attraktivität verloren.

10 Tim Schanetzky: Wirtschaft und Konsum im Dritten Reich, München 2015, S. 199; Alexander Nützenadel: Dictating Food:. Autarchy, Food Provision and Consumer Politics in Fascist Italy 1922-1943, in: Trentmann und Just (Anm. 7), S. 88-108.

Diese Hintergründe gilt es zu beachten, wenn im Folgenden nach dem Einfluss der Konsumentwicklung auf die gesellschaftlichen und politischen Entwicklungen in Ost und West nach 1945 gefragt wird. Diese Frage greift Probleme der ökonomischen Entwicklung auf, thematisiert politische Rahmenbedingungen und Aushandlungsprozessen, die über Konsum stattfanden und bezieht schließlich die kulturellen Muster der Selbst- und Fremddefinition sowie die transnationalen Einflüsse ein.

Der Boom nach 1945

Die Entwicklung des Konsums ist in der historischen Forschung mit unterschiedlichen Begriffen charakterisiert worden. Unter Massenkonsumgesellschaft versteht etwa der Kölner Wirtschaftshistoriker Alfred Reckendress eine Gesellschaft »in der eine Mehrheit der Bevölkerung Güter und Dienstleistungen nicht mehr ausschließlich zur Befriedigung lebensnotwendiger Bedürfnisse (Essen, Kleider, Wohnen, Gesundheit) nachfragt, sondern um das materiell gesicherte Leben annehmlich zu machen.« Die Entwicklung hin zum Massenkonsum ist nach Reckendress nicht linear und gleichmäßig. Etwa werden die »70er Jahre aus der Sicht des Arbeiternehmerhaushalts als ein ›Konsumwunder‹ wahrgenommen«.[11] Dagegen haben Anselm Doering-Manteuffel und Lutz Raphael für die Zeit nach dem Zweiten Weltkrieg eine Abfolge unterschiedlicher Konsumregime vorgeschlagen, wenn sie zwischen der konformen und der individualisierten Konsumgesellschaft unterscheiden. Die konforme Konsumgesellschaft ist dadurch gekennzeichnet, dass sich das Konsumniveau der unterschiedlichen sozialen Schichten einander annähert, ohne allerdings deckungsgleich zu sein. In der individualisierten Konsumgesellschaft dient der Konsum dazu, eine Pluralität von Lebensstilen auszudrücken. Die Mitte der 1970er Jahre gilt hier als Wendepunkt zwischen beiden Modellen. »Nach dem Boom« setzt mit Arbeitslosigkeit und prekären Arbeitsverhältnissen, der Begrenzung staatlicher Transfers und Wohlfahrtsleistungen eine Phase ein, in der in Westeuropa Teile der Bevölkerung nur noch begrenzt am Konsum teilnehmen können.[12]

---

11 Alfred Reckendrees: Die bundesdeutsche Massenkonsumgesellschaft. Einführende Bemerkungen, in: Jahrbuch für Wirtschaftsgeschichte 48 (2007), H. 2, S. 17-27, hier S. 18; Ders.: Konsummuster im Wandel. Haushaltsbudgets und privater Verbrauch in der Bundesrepublik 1952-98, in: ebd., S. 29-61, hier 60 f.

12 Anselm Doering-Manteuffel und Lutz Raphael: Nach dem Boom. Perspektiven auf die Zeitgeschichte seit 1970, Göttingen 2008, S. 107.

Zentral für die Nachkriegsentwicklung waren die rasante Ausweitung der Konsumentenschicht, der immer breitere Teile der Bevölkerung angehörten, die Entstehung neuer Handelsstrukturen und Konsumpraktiken und das zunehmende Gewicht, das der staatlichen Konsumpolitik zukam. Damit setzten sich auch nach 1945 Entwicklungen fort, die bereits vorher angelegt waren, nach dem Ende des 2. Weltkrieges aber an Umfang, sozialer und kultureller Tiefenwirkung und politischer Relevanz zunahmen. Die dreißig Jahre zwischen 1945 und 1975 hat der französische Ökonom Jean Fourastié die »trente glorieuses« genannt. In dieser Zeit gingen hohe gesamtwirtschaftliche Wachstumsraten einher mit einem deutlichen Anstieg der Reallöhne, der Haushaltseinkommen und der arbeitsfreien Zeit, ohne dass dadurch aber die ungleiche Verteilung von Vermögen und Einkommen verändert wurde. Durch die zunehmende Erwerbsarbeit der Frauen erhöhten sich die durchschnittlichen Haushaltseinkommen und weitete sich bis Ende der 1970er Jahre der Kreis der kaufkräftigen Konsumenten über die Mittelschichten hinaus bis in die Arbeiterklasse und die Landbevölkerung aus. Diese breite Konsumentenschicht kaufte massenhaft langlebige Konsumgüter: Staubsauger, Kühlschränke und Waschmaschinen, Fernseher und Autos. Die Geschwindigkeit und der Umfang der Entwicklung kann am französischen Beispiel abgelesen werden. Hatten 1954 nur 7 bzw. 8 Prozent der Bevölkerung einen Kühlschrank oder eine Waschmaschine und 1 Prozent einen Fernseher, so waren 1962 ein Drittel der Franzosen stolze Besitzer der Haushaltsmaschinen und in einem Viertel der Haushalte flimmerte bereits ein Fernseher. Im Jahre 1975 hatten 92 Prozent einen Kühlschrank, 72 Prozent eine Waschmaschine und 86 Prozent einen Fernseher.[13] Mit den steigenden Einkommen nahm auch die Freizeit zu. In der Bundesrepublik Deutschland verdoppelten sich in den 1960er Jahren die Löhne, und die freie Zeit pro Tag stieg an. Hinzu kamen der arbeitsfreie Sonnabend und ein Anstieg der bezahlten Urlaubstage von 14 auf 20. Dadurch war ab Ende der 1960er Jahre die Grundlage für einen massenhaften Freizeitkonsum und den Aufschwung des Tourismus gelegt.

Diese Veränderungen konzentrierten sich nicht nur auf die Städte, sondern hatten auch auf dem Land tiefgreifende Folgen. In der 163 Häuser zählenden westfranzösischen Gemeinde Douelle, die am Fluss Lot liegt, dudelte zwar am Ende des Krieges bereits in 50 Häuser ein Radio, aber nur zwei oder drei Haushalte verfügten über einen Kühlschrank oder eine Zentralheizung. Niemand besaß eine Waschmaschine und nur zehn Häuser hatten eine Innentoilette. Im Jahre 1975 wiesen aber

---

13 Marie Emmanuelle Chessel: Histoire de la consommation, Paris 2012, S. 32 f.

alle Häuser diese Ausstattung auf. Auch in der Bundesrepublik »begann die Landbevölkerung Ende der fünfziger Jahre ihren Nachholbedarf nach Konsumgütern auszuleben«. Zogen Rundfunkgeräte noch deutlich später als in den Städten in die Dörfer ein, gelangte das Fernsehen sehr viel schneller dorthin. Eine ähnliche Entwicklung fand auf dem Land in Italien statt, wenn auch mit zehnjähriger Verspätung.[14] Parallel zu dem wachsenden Umfang des Konsums wandelten sich dessen Strukturen und Institutionen. Die Ausgaben für Lebensmittel, die zu Beginn des 20. Jahrhunderts noch 80 Prozent des Budgets von Arbeitern ausmachten, sanken auf 20 Prozent und schufen mithin Raum für den Kauf von Textilien, Möbeln oder Autos. Sofern das Ersparte nicht ausreichte, griffen die Konsumenten zunehmend zur sich ausbreitenden Ratenzahlung und zum Konsumkredit. Allerdings wurde dieser Kredit nicht überall gleich stark nachgefragt. Haushalte in Kanada und Großbritannien liehen mehr Geld als die amerikanischen, deutschen oder französischen Familien, während in Italien der Konsumkredit am seltensten war. In dieser Ungleichheit schlägt sich auch die staatliche Begrenzung von Konsumkrediten in Deutschland und Italien nieder.[15]

In diesem Prozess veränderte sich die Struktur des Handels. Der kleine Einzelhandelsladen, in dem der Besitzer oder die Besitzerin bedienten, wich in Deutschland in den 1960er Jahren, in Italien und Spanien deutlich später dem Selbstbedienungsläden und im Nahrungs- und Genussmittelsektor zunehmend dem Supermarkt. Dieser gehörte zu einer Kette und wurde nicht vom Eigentümer, sondern von Angestellten geleitet. Supermärkte entstanden in den 1930er Jahren zuerst in den USA, wurden nach 1945 in Europa zunächst in der Schweiz, Schweden und Großbritannien eingeführt, bevor sie sich in den 1960er Jahren auch in Westdeutschland und den Niederlanden verbreiteten. Wenn auch im Handelssektor sich Kettenläden durchsetzten, blieb die Zahl der Kleinhändler, die einem Laden mit weniger als vier Beschäftigten vorstanden, in Europa doch erstaunlich hoch. Nach einer Statistik der EU vom Ende des 20. Jahrhunderts machten in den meisten Ländern diese Kleinstbetriebe mehr als 80 Prozent aller Handelsunternehmen aus. Besonders

14 Jean Fourastié: Les Trente Glorieuses ou la révolution invisible de 1946 à 1975, Paris 1979, S. 17; Daniela Münkel: Konsum auf dem Land vom Kaiserreich bis in die Bundesrepublik, in: Die Konsumgesellschaft in Deutschland 1890-1990. Ein Handbuch, hg. von Heinz Gerhard Haupt und Claudius Torp, Frankfurt am Main 2009, S. 205-217, hier S. 214; Emanuela Scarpellini: L'Italia dei consumi. Della Belle Epoque al nuovo millenio, Roma-Bari 2008, S. 137 ff.

15 Sabine Effosse und Isabelle Gaillard: L'Europe et le crédit a la consommation, in: Entreprises et histoire 59 (2010), H. 2, S. 5-11.

verbreitet waren sie in Spanien, Italien und Portugal und am wenigsten in Deutschland, den Niederlanden und Österreich.[16] Mit diesem Siegeszug der Haushaltsmaschinen und Konsumgüter, der auch vor Osteuropa – wie noch zu zeigen ist – nicht Halt machte, war keineswegs eine Homogenisierung des europäischen Konsums verbunden. In den europäischen Gesellschaften zogen unterschiedliche Konsumgewohnheiten weiterhin Grenzen zwischen Landesteilen und Regionen wie z. B. die Grenze zwischen dem auf Butter oder auf Olivenöl konzentrierten Fettkonsum innerhalb Frankreichs. Die regionale Besonderheit von Produkten wurde gar zu einem wichtigen Element bei ihrer Vermarktung. Auch setzte die Entfaltung des Massenkonsums zu unterschiedlichen Zeitpunkten ein. Während in der Bundesrepublik Deutschland die Rationierung von Konsumgütern bereits 1948 beendet war, dauerte sie in Großbritannien (1954) und der DDR (1958) deutlich länger an. Auch verbreiteten sich verschiedene Konsumartikel zu unterschiedlichen Zeiten in den Gesellschaften und sozialen Klassen. Die Haushaltsmaschinen waren besonders früh in Großbritannien, die Autos in Frankreich und die Waschmaschinen in der Bundesrepublik verbreitet. Während der Besitz von Radio und Fernsehen in der Bundesrepublik keine deutlichen Unterschiede zwischen den sozialen Klassen zeigte, blieb das Telefon lange Zeit ein Privileg der Besitzenden. Schließlich führte die Verbreitung analoger Konsumartikel und Konsumstrukturen keineswegs zur Angleichung von Konsumpraktiken. Sieht man sich Ernährungsgewohnheiten, eine der wichtigsten Konsumpraktiken an, so zeigen sich deutliche Unterschiede, die Ethnologen für die Gegenwart festgestellt haben. Die spanischen Arbeiter verbringen lange Zeit beim Mittagessen, während die Franzosen zwar in der Regel und zur gleichen Zeit, aber weniger ausgiebig essen. Engländer und Amerikaner nehmen unregelmäßig Mittagessen ein und oft auch in ihren Autos. Dänen und Norweger essen mittags kalt, während Schweden und Finnen warm essen. Werden diese Essgewohnheiten durch den Ablauf des Arbeitstages mitbestimmt, so bleibt die Praxis des Familienessens international ein erstrebenswertes Ziel. Es wird allerdings in Frankreich und Großbritannien in Gefahr gesehen. Während die Franzosen sich um die Mahlzeit als Institution sorgen, sehen die Briten in dem zunehmenden Verlust ein Indiz für die Brüchigkeit der Familien.[17] Im europäischen Vergleich charakterisierte mithin Vielfalt die Konsumgesellschaften.

16 European Commission, Distributive Trades in Europe, 1995-1999, Luxemburg 2001, S. 6.

17 Sabine Haustein: Vom Mangel zum Massenkonsum. Deutschland, Frankreich und Großbritannien im Vergleich 1945-1970, Frankfurt am Main 2007; Alan

Gesellschaftliche und politische Wirkungen des Konsums

Autoren verschiedener politischer Richtungen nahmen zu den Transformationen Stellung und formulierten oft Bedenken über deren gesellschaftliche und politische Folgen. Wurde die Entfaltung der Konsumgesellschaft von Werten begleitet, die die Kultur generell oder die bestimmter Gesellschaften bedrohten oder gar zerstörten? Stand die Konsumgesellschaft für Individualismus, Hedonismus und vielfältige Wahlmöglichkeiten, die sich nicht mit demokratischer Partizipation, zivilgesellschaftlichem Engagement oder sozialer Gleichheit vertrugen oder aber besteht zwischen Konsummodell und demokratischer Beteiligung ein symbiotisches Verhältnis?[18] Diese Fragen nach der Vereinbarkeit von Konsum mit sozialen wie politischen Systemen stellte sich mit besonderer Schärfe in der Zeit des Kalten Krieges. War die Konsumgesellschaft ein Produkt der kapitalistischen Marktwirtschaft oder war sie auch mit den Bedingungen vereinbar, die in der sozialistischen Planwirtschaft bestanden? Mit der Amerikanisierung des Konsums, seiner Entpolitisierung fördernden und gesellschaftliche Unterschiede egalisierenden Wirkung sollen im Folgenden drei häufig aufgestellte Thesen über die Konsumentwicklung diskutiert werden.

Für viele Zeitdiagnosen schlug sich in der Konsumrevolution die Amerikanisierung des Westens nieder. Auch für die Historikerin Victoria de Grazia ist das 20. Jahrhundert durch den Massenkonsum in den USA geprägt, die ein »unwiderstehliches Imperium« etabliert hätten, das bereits in der Zwischenkriegszeit gegenüber ständischen Strukturen und der Beharrungskraft des Kleinhandels in Europa den Markt und den Konsumbürger durchgesetzt habe. Nach 1945 habe sich dieser Einfluss fortgesetzt und verstärkt. In der Tat waren die USA im Vergleich zu Deutschland die konsumpraktisch und konsumpolitisch entwickeltere Gesellschaft. Die Jugendkultur mit Rock and Roll und Blue Jeans ebenso wie der Kundenkredit und die Supermärkte gehen nach 1945 auf amerikanische Vorbilder zurück. Dieser Einfluss blieb jedoch nicht konstant, sondern war stärker in den 1950er und 1960er Jahren sowie nach 1985 als in anderen Jahrzehnten. Er erfolgte selten als direkte Übernahme amerikanischer Vorbilder sondern eher durch deren Aneignung, d. h. in

Warde: Eating, in: The Oxford Handbook of the History of Consumption, hg. von Frank Trentmann, Oxford 2012, S. 376-395, hier S. 383 f.

18 Siehe Max Horkheimer und Theodor W. Adorno: Dialektik der Aufklärung, Njmwegen 1944, S. 146 u. 166; Detlef Briesen: Warenhaus, Massenkonsum und Sozialmoral. Zur Geschichte der Konsumkritik im 20. Jahrhundert, Frankfurt am Main 2001.

Verbindung mit bundesrepublikanischen Praktiken und Strukturen. So hatten in den 1950er Jahren die von den USA organisierten Werbeausstellungen zur modernen Küchentechnik oder zu den Selbstbedienungsläden keine unmittelbare Wirkung in der Bundesrepublik. Auch verblassten im Laufe der Jahre die symbolischen Bedeutungen, die amerikanische Waren und Konsumidole hatten. Die Auslagerung des Einzelhandels aus den Innenstädten in außerstädtische Malls hat in der Bundesrepublik, in Italien oder Spanien keineswegs das amerikanische Ausmaß erreicht.[19] In Frankreich schotteten sich die Film- und Comicindustrie durch prohibitive Maßnahmen von den USA ab. Die französischen Kommunisten versuchten sogar, den Vertrieb von Coca-Cola verbieten zu lassen.[20]

Der modernen Konsumgesellschaft wird von Theoretikern vorgeworfen, dass sie die Tendenzen zur Individualisierung und Privatisierung des Konsumenten und damit eine allgemeine Entpolitisierung befördere. Jürgen Habermas sprach in diesem Zusammenhang von der »Regression in den Gruppenegoismus der Nuklearfamilie«, die der Massenkonsum befördere.[21] Die Befürchtung, der Massenkonsum entpolitisiere die Gesellschaft, hat sich nach 1945 nicht bestätigt. Vielmehr war und blieb der Konsum Teil der politischen Auseinandersetzungen.

Bereits seit der frühen Neuzeit hatten hungernde Stadt- und Landbevölkerungen in oft gewaltsamen Aktionen von den staatlichen Instanzen Interventionen und Hilfe gefordert. Damit machten sie das Versorgungsniveau zu einem Politikum. Auch in den unmittelbaren Nachkriegsjahren nach 1945 richteten sich Hungermärsche und Hungerproteste in Europa gegen politische Instanzen, die nicht oder nicht zureichend für die Versorgung der Bevölkerung mit Lebensmitteln sorgten. Staatliche oder städtische Institutionen selbst waren durch Hygienemaßnahmen, Preispolitik aber auch durch den Besitz von Wasser-, Gas -und Elektrizitätswerken direkte Adressaten für Proteste der Konsumenten.

19 Victoria de Grazia: Irrestible Empire. America's Advance through Twentieth Century Europe, Cambridge 2005; Axel Schildt: Amerikanische Einflüsse auf die westdeutsche Konsumentwicklung nach dem Zweiten Weltkrieg, in: Haupt und Torp (Anm. 14), S. 435-447; Heinz-Gerhard Haupt und Paul Nolte: Markt, Konsum und Kommerz, in: Wettlauf um die Moderne. Die USA und Deutschland 1890 bis heute, hg. von Christoph Mauch und Kiran K. Patel, München 2008, S. 187-223; Jan Logemann: Consumption and Space. Inner-City Pedestrian Malls and the Consequences of Changing Consumer Geographies, in: Decoding Modern Consumer Societies, hg. von Hartmut Berghoff und Uwe Spiekermann, New York 2012, S. 149-170.
20 Richard Kuisel: Le Miroir américain. 50 ans de regard sur l'Amérique, Paris 1996.
21 Zit. nach Jarausch und Geyer (Anm. 9), S. 341.

Ihre Entscheidungen wurden seit dem 19. Jahrhundert immer wieder Teil politischer Diskussionen und Konflikte.[22] Nach 1945 nahmen Umfang und Zielrichtung der Staatseingriffe zu. Claudius Torp hat mit guten Argumenten für die Zeit nach dem 2. Weltkrieg für eine Unterscheidung zwischen drei Modellen der »politische(n) Zurichtung des Konsums« geworben.[23] Das erste Modell ist auf Wachstum und Wohlstand konzentriert, das in dem frei entscheidenden Konsumenten und marktwirtschaftlichen Strukturen seinen Fokus sieht. In der Bundesrepublik dominierte dieses Modell in den 1950er und 1960er Jahren, dann erneut in den 1980er und 1990er Jahren. Das zweite Modell will durch die Regulierung des Konsums Sicherheit herstellen, d. h. den Bestand an Rechten und Besitz garantieren und die Risiken des Einzelnen minimieren. Es prägte die Zeit der sozialliberalen Koalition der 1960er und 1970er Jahre. Das dritte Modell schließlich nennt Torp »Moralisierungsmodell«, da es in ihm um die Folgen privater Konsumentscheidungen für den gesellschaftlichen und politischen globalen Gesamtzusammenhang geht. Diese Ausrichtung der Diskussion ist in den 1990er Jahren und nach der Jahrtausendwende zu beobachten. Die Erziehung der Konsumenten auf der einen und ihr politisches Engagement auf der anderen Seite gehören in diesen Zusammenhang.

Nach dem Zweiten Weltkrieg spielte die alte Unterscheidung zwischen notwendigem und überflüssigem Konsum, zwischen Bedürfnissen und Luxus nicht mehr die zentrale Rolle, die sie in den Diskursen des 18. oder 19. Jahrhundert gespielt hatten. Dafür stand die Erziehung der Konsumenten auf der Tagesordnung. Der Politiker, der in der Bundesrepublik am nachhaltigsten für das vom Konsum angetriebene Modell des Wachstums eingetreten war, war Ludwig Erhard. Er forderte bereits 1953 von den Hausfrauen »Mut zum Verbrauch« und rief sie auf, in sich »hineinzuhorchen, wieviel da noch an unerfüllten Wünschen schlummerte.«[24] Dabei sollten sie sich freilich umsehen und informieren. Sie konnten auf die ab 1960 erscheinende private Testzeitschrift DM und die ab Mitte der 1960er Jahre funktionierende Stiftung Warentest zugreifen. Die Konsumorientierung teilte Erhard mit anderen christde-

---

22 Manfred Gailus und Heinrich Volkmann (Hg.): Der Kampf um das tägliche Brot. Nahrungsmangel, Versorgungspolitik und Protest 1770-1990, Opladen 1994; Rainer Gries: Die Rationen-Gesellschaft. Versorgungskampf und Vergleichsmentalität: Leipzig, München und Köln nach dem Kriege, Münster 1991; Ruth Oldenziel und Mikal Hard: Consumers, Tinkers, Rebels. The People who shaped Europe, Basingstoke 2013, S. 212.
23 Claudius Torp: Wachstum, Sicherheit, Moral. Politische Legitimationen des Konsums im 20. Jahrhundert, Göttingen 2012, S. 9 und 92 ff.
24 Zit. nach ebd., S. 95.

mokratischen Politikern in Europa. In Italien setzte sich die »Democrazia cristiana« ihrerseits für die Ausweitung des Konsums ein, teilte aber mit den Kommunisten die Sorge um die damit einhergehenden individualisierenden Konsequenzen. Den Schutz der Verbraucher rückten freilich nicht die Verteidiger des liberalen Wachstumsmodells in den Mittelpunkt, sondern in der Bundesrepublik die sozialliberale Koalition, die in zehn Jahren mehr als 300 Verbraucherschutzgesetze verabschiedete. Auch in Frankreich griff der Staat ein, vor allem um den Alkohol- und Tabakkonsum zu regulieren.[25] Zwar organisierten sich Konsumenten in Verbänden, gründeten aber in ganz Europa keine eigenen politischen Organisationen. Sie griffen seit den 1980ern dagegen verstärkt zu politischen Druckmitteln, um auf Produzenten und Handelsorganisationen einzuwirken. Vor allem setzten sie sich für fairen Konsum ein, der die Interessen der Produzenten und Konsumenten in Südamerika oder Afrika stärker berücksichtigte. Auch auf die Qualität der Waren, die für die deutschen Konsumenten in den ersten Nachkriegsjahrzehnten ein wichtiges Kriterium war, richteten sich ihre Aktionen. Sie forderten Schutz gegen gesundheitsschädigende Arzneimittel oder vor gefährlichen Lebensmitteln. Der Boykott wurde international am Ende des 20. Jahrhunderts zur bevorzugten Waffe der Konsumenten. Allein in Deutschland wurden zwischen 1995 und 2005 um die hundert Boykotte gezählt, die sich nicht nur auf die Warenangebote im Inland konzentrierten. So stand der Nestlé Konzern und dessen Export von Babyersatznahrung nach Afrika im Mittelpunkt von Protesten. Die Verknüpfung von Moral und Konsum konnte an die Bestrebungen bürgerlicher Frauen zu Beginn des 20. Jahrhunderts anknüpfen. In verschiedenen europäischen Ländern hatten sie den Kauf von Kleidungsstücken abgelehnt, die unter ausbeuterischen Arbeitsbedingungen hergestellt wurden.[26]

In konservativen Zeitdiagnosen gehörte der Konsum zu den Faktoren der Moderne, die die Vermassung der Gesellschaft beförderten. Diese Kritik wendeten Verteidiger der Konsumgesellschaft dagegen positiv, wenn sie von dem »One class market«, der Auflösung und Beseitigung

25 Stefano Cavazza: La politica di fronte al consumo di massa negli anni '60 e '70, in: Consumi e Politica nell'Italia repubblicana, hg. von Stefano Cavazza, Bologna 2013, S. 13-48, hier S. 15 ff.; Alain Chatriot: Qui défend le consommateur? Associations, institutions et politiques publiques en France (1972-2003), in: Alain Chatriot u. a. (Anm. 7), S. 165-181.

26 Matthew Hilton: Prosperity for All. Consumer Activism in an Era of Globalisation, Ithaca 2009; Marie Emmanuelle Chessel: Le genre de la consommation en 1900. Autour de la Ligue sociale d'acheteurs, in: L'Année sociologique 61 (2011), S. 125-149.

von sozialen Unterschieden durch den Konsum sprachen. Diese egalisierende Wirkung des Konsums konnte kaum für die Zeit vor 1945 nachgewiesen werden. Konsumpraktiken blieben deutlich an die Klassenzugehörigkeit, an Alter und Geschlecht, Konfession und Region gebunden.

Unter dem Eindruck des sich entwickelnden Massenkonsums nach 1950 formulierte der Soziologe Helmut Schelsky 1953 seine These von der »nivellierten Mittelstandsgesellschaft«, in der das Auf und Ab der Klassen »zu einer sozialen Nivellierung in einer verhältnismäßig einheitlichen Gesellschaftsschicht führt, die ebenso wenig proletarisch wie bürgerlich ist, das heißt durch den Verlust der Klassenspannung und sozialen Hierarchie gekennzeichnet wird.«[27] Die gesellschaftlich verändernde Kraft des modernen Konsums haben jene Thesen unterstrichen, die auf die Entstehung einer »one class society« rekurrierten. Dagegen ist mit guten Argumenten dargelegt worden, dass der Konsum oft eher als »marker«, als Indikator sozialer Lagen denn als »maker«, als Veränderer von sozialen Unterschieden zu verstehen ist. Denn er hat weder die rechtliche und soziale Stellung der Frauen in den europäischen Gesellschaften verändert, noch insgesamt die gesellschaftliche Schichtung umgeworfen. Jedoch sind durch ihn zumindest in der Bundesrepublik Deutschland Unterschiede zwischen Konfessionen abgeschliffen und regionale Besonderheiten eingeebnet worden. Innerhalb der Gesellschaft lässt sich nach Ulrich Beck im Laufe der 1960er und 1970er Jahre lediglich ein Fahrstuhleffekt beobachten. Dieser habe die gesellschaftlichen Unterschiede nicht beseitigt, sondern diese lediglich auf einer höheren Stufe der Versorgung mit Konsumgütern reproduziert. Dem französischen Soziologen Pierre Bourdieu verdanken wir in den 1980er Jahren den Hinweis auf die andauernde Bedeutung des Konsums für die »feinen Unterschiede«, d. h. als soziale Distinktionsstrategie. Konsum bedient sich demnach in der Funktion als »marker« je nach Gesellschaft unterschiedlicher Konsumgüter: Uhren, Kleidung, Schuhe, Automarken usw. In Frankreich zeigten sich – so Bourdieu – vor allem im Erwerb und in der Auswahl von Musikstücken und Kunstwerken soziale Unterschiede. Das kulturelle Kapital, das erworben werden muss, um für die Zwölftonmusik Schönbergs zu schwärmen, verlangt Zeit und Muße, sich mit Musik zu beschäftigen. Diese Form der Muße ist

---

27 Helmut Schelsky, Die Bedeutung des Schichtungsbegriffs für die Analyse der gegenwärtigen deutschen Gesellschaft, in: Ders. (Hg.), Auf der Suche nach Wirklichkeit. Gesammelte Aufsätze zur Soziologie der Bundesrepublik, München 1979, S. 327 f.

gesellschaftlich unterschiedlich verteilt.[28] Bourdieu folgend hat die soziologische Forschung in den 1990er Jahren in dem Verhältnis zum Konsum auf eine »Pluralisierung der Lebensstile« geschlossen. Diese erstrecken sich zwischen »Arbeits- und Erlebnisorientierten und vielseitig Aktiven« über die »hedonistisch Freizeitorientierten« bis zu den »Häuslichen mit Interesse für leichte Unterhaltung und Mode.«[29] In den letzten fünfundzwanzig Jahren ist allerdings die Bedeutung dieser feinen Unterschiede insofern zurückgegangen, als mit den Veränderungen in den Arbeitsverhältnissen, dem Abbau sozialer Rechte und der Vertiefung von sozialen Hierarchien die Konsummöglichkeiten von sozialen Schichten wieder stärker auseinanderklaffen.[30] Für gut 20 Prozent und mehr der west- und südeuropäischen Gesellschaft bleiben die Möglichkeiten, an der Vielfalt des Angebots von Waren teilzunehmen, begrenzt und wird selbst die Befriedigung von elementaren Bedürfnissen immer schwieriger.

Die sozialistische Konsumgesellschaft

Ein anderes Modell als der marktwirtschaftlich organisierte Massenkonsum lag seinem sozialistischen Pendant zugrunde. Dieser sollte vor allem der Verbesserung der Lebensbedingungen der arbeitenden Klasse dienen, sozialen Gerechtigkeitsvorstellungen entsprechen und den Druck auf die Individuen abbauen, über den Konsum soziale Geltung zu beanspruchen. Programmatisch formulierte das »ABC des Kommunismus« im Jahre 1920 dieses Kredo: »Wir haben keine Waren, sondern Produkte. Diese werden nicht ausgetauscht noch gekauft oder verkauft. Sie werden vielmehr in dem städtischen Warenhaus aufgehoben und dann an jene verteilt, die sie bedürfen.« Dabei sollte die marxistische Devise: »Jeder nach seinen Fähigkeiten, jedem nach seinen Bedürfnissen« handlungsleitend sein.[31]

Dieses Modell blieb selbst für die frühe Sowjetunion Utopie. In der Zeit des Bürgerkrieges und in den 1920er Jahren fand zwar eine Rationierung von Gütern zugunsten der Arbeiterklasse und auf Kosten der als Revolutionsfeinde definierten Bourgeoisie statt. Die Umgestaltung des sozialistischen Alltags blieb jedoch angesichts gravierender Versorgungs-

28 Ulrich Beck: Die Neuvermessung der Ungleichheit unter den Menschen, Frankfurt am Main 2008; Pierre Bourdieu: La Distinction: critique sociale du jugement, Paris 1979; Haupt und Nolte (Anm. 19), S. 208 ff.
29 Haupt (Anm. 5), S. 146 ff.
30 Ebd, S. 134 f.
31 Sheila Fitzpatrick: Things Under Socialism: The Soviet Experience, in: Trentmann (Anm. 17), S. 451-466.

probleme nur auf der Agenda von wenigen Planern und Intellektuellen. Zudem kollidierte das sowjetische Modell der Industrialisierung, das sich vor allem auf den Aufbau der Investitionsgüterindustrie gründete, der die Konsumgüterindustrie und die Landwirtschaft untergeordnet wurde, mit der Hebung des Lebensstandards breiter Bevölkerungsschichten. Nach André Steiners Worten: »There was always a built-in-tendency in the system to increase investment at the expense of consumption, one of the main reasons these countries did not develop into consumer societies.«[32]

In der DDR wurden manche der Ziele sowjetischer Wirtschaftspolitik, aber auch ihre Problematik übernommen. Die Verbesserung der Lebensbedingungen der arbeitenden Bevölkerung stand auch dort im Vordergrund, schloss allerdings ebenso wie in der Sowjetunion die Privilegierung der Parteielite bei der Verteilung von und beim Zugang zu besonderen Konsumgütern nicht aus. Wie in der Sowjetunion wurde der Schwerindustrie und dem Export von Industriewaren die Priorität bei Wirtschaftsentscheidungen eingeräumt und eine staatliche Planungsbürokratie etabliert, die den Konsumwünschen der Bevölkerung weitgehend fremd gegenüberstand. Wie Chruschtschow, der bis 1970 die Vereinigten Staaten an Wohlstand der Bevölkerung übertreffen wollte, hatte auch Walter Ulbricht auf dem 5. Parteitag der SED im Juli 1958 die Devise ausgegeben »Überholen und Einholen.« Ulbricht forderte in diesem Zusammenhang, dass bis zum Jahr 1961 der Pro-Kopf Konsum an Lebensmitteln und Gebrauchsgütern höher liegen solle als in der Bundesrepublik. An diesen Zielsetzungen lässt sich zeigen, dass wie in der Sowjetunion auch in der DDR der Konsum als Mittel in der Systemauseinandersetzung verstanden wurde.[33]

Trotz aller Schwierigkeiten war die Konsumpolitik in der Sowjetunion wie auch in anderen osteuropäischen Ländern vor allem in den 1960er Jahren erfolgreich. Mit steigenden Löhnen und einer konsumfreundlichen Preispolitik nahm die Produktion und Verbreitung von langlebigen Konsumartikeln wie Waschmaschinen, Kühlschränken und Fernsehern in den osteuropäischen Gesellschaften zu. Außerdem spielte auch der Konsum als Teil der sogenannten Sozialistischen Moderne eine Rolle, die

---

32 André Steiner: Dissolution of the »Dictatorship over Needs«? Consumer Behaviour and Economic Reform in East Germany in the 1960s, in: Getting and Spending. European and American Consumer Societies in the Twentieth Century, hg. von Susan Strass u. a., Cambridge 1998, S. 167-186, hier S. 168.

33 Susan E. Reid: Cold War in the Kitchen, in: Slavic Review 61 (2002), S. 211-251; Ina Merkel: Utopie und Bedürfnis. Die Geschichte der Konsumkultur in der DDR, München 2001.

sich in innovativen Formen des Marketing und Designs zeigte. Schließlich investierte die Regierung Honecker analog zur sowjetischen Politik der 1950er Jahre vor allem in den Wohnungsbau. Damit reagierte sie zwar auf ein gravierendes gesellschaftliches Problem, beschleunigte aber die Tendenz zur Privatisierung und Konsumorientierung innerhalb der Gesellschaft. Denn mit der eigenen Wohnung nahm der Wunsch nach neuen Möbeln und der Ausgestaltung des Wohnraumes zu, keineswegs aber eine Öffnung für gesellschaftliche Lösungen privater Probleme. In Ungarn entwickelte sich der staatliche Wohnungsbau sogar zu einem politischen Konfliktfeld. Vom Staat bestellte Architekten entwarfen Häuser, die nicht den Vorstellungen der kleinstädtischen und ländlichen Häuslebauern entsprachen.[34]

Die Entwicklung des Konsums in der DDR ist von der Forschung in drei Phasen unterteilt worden: der Rationierungs- und Mangelphase zwischen 1945 und 1960, der Phase des Aufschwungs der 1960er Jahre und der Phase zwischen 1970 und 1989, in der der Konsum stärker in den Vordergrund staatlicher Politik rückte und westliche Konsumvorbilder zunehmend wichtiger wurden. Noch 1960 hatten etwa nur 16,7 Prozent der Haushalte in der DDR einen Kühlschrank und 6,2 Prozent eine Waschmaschine. Zehn Jahre später war die Verbreitung der Konsumgüter auf 56,2 Prozent bzw. 53,6 Prozent angewachsen.[35] Besonders interessant ist die dritte Phase. In dieser Phase war das Scheitern des Ideals eines Konsumsozialismus besonders deutlich, das auf Gleichheit, Absage an soziale Distinktionsbedürfnisse und rationalen Konsumentscheidungen beruhte. Wie Ina Merkel treffend formuliert: »Die in der DDR geltenden, durchaus respektablen Werte wie Versorgungssicherheit, Verteilungsgerechtigkeit und Gebrauchswertversprechen der Waren konnten mit der Modernisierung des Konsums, die auf Individualisierung, Distinktion und Ästhetisierung setzte, nicht länger konkurrieren.«[36]

Nicht nur unterlag die DDR dem Westen im Kampf um das geltende Konsumideal, sondern produzierte durch ihre Konsumpolitik auch massive Unzufriedenheit in der eigenen Bevölkerung. Diese warf der Regierung vor, dem Ideal der gerechten Verteilung von Waren untreu geworden zu sein und den Wünschen und Sehnsüchten der Konsumentinnen und Konsumenten kaum Rechnung zu tragen. In den sogenannten Intershops, konnten jene Bürger, die Westkontakte hatten, hochwertige und teure Konsumgüter kaufen. Auch waren Ostberlin und

34 Oldenziel und Hard: (Anm. 22), S. 197 ff. u. 230 ff.
35 Arnd Bauernkämper: Sozialgeschichte der DDR, München 2005, S. 19.
36 Ina Merkel: Im Widerspruch zum Ideal. Konsumpolitik in der DDR, in: Haupt und Torp (Anm. 14), S. 289-305, hier S. 294.

die Städte generell gegenüber dem Land in der Versorgung bevorzugt. In zahlreichen Eingaben an die Regierung wurde diese Ungleichbehandlung angeprangert. Darin wurde die geringe Qualität der Waren ebenso moniert wie die Engpässe, die immer wieder bei der Versorgung mit Lebensmitteln und Textilien entstanden. Besonders ab 1980 exportierte die DDR-Wirtschaft auch Textilien und wurde der Import von Nahrungsmitteln eingeschränkt. Diese Schwerpunktsetzung führte etwa im Herbst zur Knappheit von Kinderhosen. Konsumenten ihrerseits klagten:»Bananen, gute Apfelsinen, Erdnüsse u. a. sind doch keine bürgerlichen Privilegien.« Diese »Ärgernisse des Normalverbrauchers mit dem Alltag der sozialistischen Mangelwirtschaft« nahmen auch eine systemkritische Dimension an. Berichterstatter des MfS unterstrichen, wenn »sich bei uns (in der DDR) nicht bald etwas ändere, (seien) die Menschen nicht mehr für den Sozialismus zu begeistern.«[37]

Die Eingaben an die staatlichen Instanzen blieben in den Ländern des Staatssozialismus individuelle Aktionen. Lediglich in Polen bildete sich im Zusammenhang mit der Solidarność Bewegung im Jahre 1981 eine Föderation der Konsumenten, die sich aus Beamten lokaler Regierungen, Parteioffiziellen und Journalisten zusammensetzte. Diese Föderation versuchte im Staats- und Parteiapparat die Rechte der Konsumenten zu stärken und den Konsum als kollektives Recht, nicht aber als individuelle Wahl, zu verteidigen. Zwischen der Planwirtschaft und dem freien Markt suchten sie nach einem dritten Weg. Ihre Forderung nach einem gleichen Zugriff auf Konsumgüter für alle Bürger spielte in der Versorgungskrise in Polen eine wichtige Rolle. Diese Föderation suchte im Laufe der 1980er Jahre den Anschluss an internationale Organisationen der Verbraucher, blieb aber klein und auf Polen begrenzt.[38]

Die Planwirtschaft und ihre Schwerpunktsetzung im schwerindustriellen Bereich ebenso wie die zentralen Vorgaben für die Versorgung der Bevölkerung, die eher von einem asketisch-rationalen als von einem modebewussten Konsumenten ausging, konnten der Nachfrage in der Bevölkerung nicht entsprechen. Der Umfang der unverkäuflichen Textilien etwa, die sich als Ladenhüter in Geschäften stapelten, war ein

37 Mathias Judt:»Bananen, gute Apfelsinen, Erdnüsse u. a. sind doch keine kapitalistischen Privilegien«. Alltäglicher Mangel am Ende der 1980er Jahre in der DDR, in: Deutschland Archiv Online 12.7.2013, URL: http://www.bpb.de/163470 [Zugriff am 28.6.2016]; Christoph Kleßmann: Arbeiter im »Arbeiterstaat« DDR. Deutsche Traditionen, sowjetisches Modell, westdeutsches Magnetfeld (1945 bis 1971), Bonn 2007, S. 689.

38 Mathew Hilton u. M. Mazurek: Consumerism, Solidarity and Communism: consumer protection and the consumer movement in Poland, in: Journal of contemporary history 42 (2007), H. 2, 315-343.

deutliches Zeichen für Planungsfehler. Die Knappheit der Waren führte dazu, dass sich in den verschiedenen osteuropäischen Gesellschaften die Praxis verbreitete, Waren nicht zu kaufen sondern zu organisieren. Vor allem für Mangelwaren – wie Autoersatzteile z. B. – bestand eine Schattenwirtschaft, an der in den 1970er Jahren 40 Prozent der sowjetischen Bevölkerung teilgenommen haben sollen.[39]

In den 1970er und 1980er Jahren ging der Widerstand zurück, mit dem osteuropäische Regierungen dem Import und der Imitation westlicher Konsummoden begegnet waren. Unter Honecker wurden Jeans importiert, lange Haare toleriert und Rockmusik akzeptiert. Damit war aber einer Praxis Tür und Tor geöffnet, die Identität nicht über gesellschaftliche Arbeit, sondern über Konsum definierte. Auch aus anderen osteuropäischen Gesellschaften ist dieser Prozess bekannt.[40] Besonders in der Jugendkultur entstand ein spezifischer Lebensstil, der eher westlichen Modellen als sozialistischen Idealen folgte. Er wurde von den staatlichen Instanzen früher in Polen und Ungarn als in der Sowjetunion und der DDR zugelassen.

In den Systemauseinandersetzungen zwischen 1947 und 1989 konnte sich das sozialistische Modell des Konsums nicht durchsetzen. Es scheiterte sowohl an der Attraktivität des westlichen Konsummodells als auch an den strukturellen Problemen der Planwirtschaft. Die Verführungskraft des westlichen Konsums zeigte sich deutlich im Jahre 1989, als zahlreiche DDR-Bürger ihren Trabi am Straßenrand stehenließen, sich in westdeutsche Kaufhäuser stürzten und in Supermärkten einkauften. Wenn man Konsum als Kauf und Benutzung von Lebensmitteln und Gebrauchsgütern definiert, so war die Attraktivität und Überlegenheit des Westens eindeutig. Wenn allerdings die Beurteilung des Lebensstils auch das Verhältnis von Einkommen und Einkaufsmöglichkeiten, von sozialer Absicherung und Individualisierung einbezieht, dann kann das Urteil durchaus anders aussehen. Stefan Merl hat Interviews von Emigranten aus der Sowjetunion der 1980er Jahre ausgewertet und dabei festgestellt, dass in ihnen zwar die schlechte Versorgungslage negativ, aber die gesamte Lebenssituation eher positiv gewertet wurde. Historisch gesehen setzte diese Art der Bilanzierung aber erst nach 1989 ein.[41]

39 Dietrich Beyrau: Rückblick auf die Zukunft: das sowjetische Modell, in: Theorie und Experimente der Moderne. Europas Gesellschaften im 20. Jahrhundert, hg. von Lutz Raphael, Köln 2012, 65-99, hier 88.

40 Zit. nach Fitzpatrick (Anm. 31), S. 464.

41 Stefan Merl: Von Chruschtschows Konsumkonzeption zur Politik des »Little Deal« unter Breschnew, in: Ökonomie im Kalten Krieg, hg. von Bernd Greiner, Christian Th. Müller und Claudia Weber, Hamburg 2010, S. 279-310, hier S. 280 ff.

Schluss

Der Siegeszug der Konsumgesellschaft – dieser Titel kommt einem nicht über die Lippen, wenn man über Europa hinaus die an Hunger sterbenden Menschen und von Katastrophen heimgesuchten Bevölkerungen vieler Gesellschaften des globalen Südens einbezieht. Für sie steht Überleben, nicht Konsumieren an erster Stelle. In der internationalen Diskussion über die ungleiche globale Verteilung von Lebenschancen stehen nicht nur die indigenen Strukturmängel der außereuropäischen Gesellschaften im Mittelpunkt. sondern auch die Folgen, die Zollabkommen und Geschäftspraktiken der Metropolen in ihnen haben. In den europäischen Gesellschaften, die hier im Mittelpunkt stehen, stellt das Jahr 1945 einen wichtigen Einschnitt der Konsumentwicklung dar. In ihnen ist nach 1945, in manchen Gesellschaften aber erst später, der Hunger als Bedrohung verschwunden. Die Rückkehr von Mangelerfahrungen, die aufgrund von Kriegen, Wirtschaftskrisen oder politischen Maßnahmen seit dem Ende des 19. Jahrhunderts immer wieder die Verwirklichung der Konsumgesellschaft gestoppt hatten, steht selbst nach dem Ende des Booms nicht in Aussicht. Die Sicherheit, in individueller Wahl ausreichend Konsumgüter erwerben zu können, hat nach 1950 auch zur politischen Stabilität europäischer Gesellschaften beigetragen. Das unsichere Angebot qualitativ unzureichender Waren in osteuropäischen Staaten gehörte zu den Faktoren, die zur Delegitimation der bestehenden Ordnung beitrugen. In den letzten Jahren ist diese Verbindung von ökonomischer Wachstums- und sozialer Sicherungspolitik jedoch auch in West- und Südeuropa problematischer geworden. Wachstum scheint für neoliberale Politiker nur durch Abbau sozialer Rechte und den Aufbau eines Billiglohnsektors möglich zu sein. Für wachsende Teile der europäischen Gesellschaften wird dadurch die freie Wahl von Konsumgütern abgelöst durch den ökonomischen Zwang, möglichst billig und ungeachtet der Qualität einkaufen zu müssen. Niedriglöhne und Arbeitslosigkeit lassen diese Teile der Bevölkerung nicht oder kaum an den Versprechungen der Konsumgesellschaft teilhaben. Zwar hat dies bislang nicht die politische Legitimation der europäischen Gesellschaften nachhaltig geschädigt. Aber damit ist ein Protestpotential aufgebaut, das auch politisch mobilisierbar ist.

Auswahlbibliographie

Brewer, John und Trentmann, Frank (Hg.): Consuming Cultures, Global Experiences. Historical Trajectories, Transnational Exchanges, Oxford/New York 2006.

Brückweh, Kerstin (Hg.): The voice of the citizen consumer. A history of market research, consumer mouvements, and the political public sphere, Oxford/New York 2011.

Chatriot, Alain u. a. (Hg.): The Expert Consumer. Associations and Professionals in Consumer Society, Aldershot 2006.

Chessel, Marie-Emmanuelle: Histoire de la consommation, Paris 2012.

Cavazza, Stefano (Hg.): Consumi e politica nell'Italia republicana, Bologna 2013.

Crew, David F. (Hg.): Consuming Germany in the Cold War, Oxford 2003.

Haupt, Heinz-Gerhard und Torp, Claudius (Hg.): Die Konsumgesellschaft in Deutschland 1890-1990. Ein Handbuch, Frankfurt am Main 2009.

Haupt, Heinz-Gerhard: Konsum und Handel. Europa im 19. und 20. Jahrhundert, Göttingen 2003.

Hilton, Matthew: Prosperity for All. Consumer Activism in an Era of Globalization, Ithaca 2009.

Lerner, Paul: The Consuming Temple. Jews, Department stores, and the Consumer Revolution in Germany, 1880-1940, Ithaca/London 2015.

Merkel, Ina: Utopie und Bedürfnis. Die Geschichte der Konsumkultur in der DDR, Köln 1999.

Siegrist, Hannes u. a. (Hg.): Europäische Konsumgeschichte. Zur Gesellschafts- und Kulturgeschichte des Konsums, Frankfurt am Main 1997.

Torp, Claudius: Wachstum, Sicherheit, Moral: politische Legitimationen des Konsums im 20. Jahrhundert, Göttingen 2012.

Torp, Claudius: Konsum und Politik in der Weimarer Republik, Göttingen 2011.

Trentmann, Frank: Empire of Things. How We Became a World of Consumers, from the Fifteenth Century to the Twenty-first, London 2016.

Trentmann, Frank (Hg.): The Oxford Handbook of the History of Consumption, Oxford 2012.

Trentmann, Frank (Hg.): The Making of the Consumer. Knowledge, Power and Identity in the Modern World, Oxford/New York 2006.

Trentmann, Frank und Just, Flemming (Hg.): Food and Conflict in Europe in the Age of the Two World Wars, Basingstoke/New York 2006.

Wiesen, S. Jonathan: Creating the Nazi Marketplace. Commerce and Consumption in the Third Reich, Cambridge 2011.

Wildt, Michael: Vom kleinen Wohlstand. Eine Konsumgeschichte der fünfziger Jahre, Frankfurt am Main 1996.

Ein Jahrhundert der Sicherheit?

Aufstieg und Krisen des Sozialstaats

WINFRIED SÜß

Die großen Kämpfe des 20. Jahrhunderts sind nicht um die Renten- und die Krankenversicherung geführt worden. Manch einer mag die Geschichte des Sozialstaats deshalb für wenig bedeutend, ereignisarm und sogar für nicht besonders erzählenswert halten. Das hat auch mit der lebensweltlichen Erfahrung der meisten Menschen in Nord- und Westeuropa zu tun. Die Einrichtungen der sozialen Sicherung funktionieren fast immer geräuschlos im Hintergrund. Bisweilen verhält sich der Sozialstaat wie ein Eisberg, von dem im Alltag nur die Spitzen wahrgenommen werden und dessen ganze Tragkraft erst in schwierigen Lebenssituationen zutage tritt, wenngleich einige seiner Kanten, etwa die Beiträge zur sozialen Sicherung, mitunter unerfreulich in unser Leben hineinragen. Allerdings lässt sich auch eine ganz andere Sicht auf den Sozialstaat begründen: Das 20. Jahrhundert war – zumindest in Europa und der atlantischen Welt – nicht nur eine Epoche der Gewalt, sondern auch ein Jahrhundert zunehmender Sicherheit im Zeichen wohlfahrtsstaatlicher Expansion. Der durch den Ausbau des Sozialstaats bewirkte Abbau von Unsicherheit und der Zuwachs an Lebenssicherheit zählen zu den säkularen Prozessen des an Risiken und existenziellen sozialen Krisen nicht gerade armen 20. Jahrhunderts. Als Folge dieser Entwicklung prägten die Institutionen der sozialen Sicherung die Lebensverhältnisse in den europäischen Gesellschaften des vergangenen Jahrhunderts in zunehmendem Maße. Auch aus unserer Gegenwart ist der Sozialstaat nicht mehr wegzudenken, wie einige Beispiele zeigen: 2014 suchten in Deutschland mehr als 19 Millionen Menschen Hilfe in einem Krankenhaus. Fast alle in Deutschland geborenen Kinder kommen in einer Klinik zur Welt und die meisten Bundesbürger sterben entweder in einem Krankenhaus oder einer Pflegeeinrichtung. Wir sind also buchstäblich in allen Phasen unseres Daseins vom Wohlfahrtsstaat umgeben. Heute wird beinahe ein Drittel des Bruttoinlandsprodukts der Bundesrepublik für Sozialleistungen aufgewandt (2014: 29,2 Prozent). Mehr als vier Millionen Arbeitnehmer sind im Sozialbereich beschäftigt, etwa doppelt so viel wie in der Automobilindustrie und im KFZ-Gewerbe. Dies verdeutlicht, dass der moderne Wohlfahrtsstaat nicht nur ein sozialer, sondern auch ein wirtschaftlicher Faktor ersten Ranges ist.[1]

---

1 2014 betrug der Anteil der Krankenhausgeburten ca. 97 %. 46 % der Todesfälle

Aufstiegsnarrative unterliegen ebenso wie Krisenerzählungen dem Verdacht teleologischer Geschichtskonstruktion. Die Geschichte des Sozialstaats im 20. Jahrhundert lässt sich daher weder als glatte Expansionsgeschichte erzählen, noch als allein von den Problemen der Gegenwart her gedachte Krisengeschichte. Der Wohlfahrtsstaat ist immer beides: ein Lastesel für Gruppeninteressen und eine Institution des Sozialgruppen übergreifenden Ausgleichs, ein Generator solidarischer Beziehungen und ein Bezugspunkt von Verteilungskonflikten, kurzum, er war ebenso sehr ein Problemlöser wie er zum Problemerzeuger werden konnte.[2] Genauso wie man seine Geschichte als Geschichte der Instrumentalisierung für Ziele gewaltsamer Gesellschaftstransformation in diktatorischen Kontexten analysieren kann, lässt sie sich auch aus einer Gegenperspektive zur Geschichte des Staatswesens als Gewaltgeschichte erzählen. Es sind gerade solche Ambivalenzen und Brüche der wohlfahrtsstaatlichen Entwicklung, die unterschiedlichen Kopplungen des Sozialstaats mit den politischen Systemen des 20. Jahrhunderts und seine gesellschaftsstrukturierenden Effekte unter wechselnden Bedingungen, die diese Geschichte interessant und erzählenswert machen.

Bei dem Versuch, die Entwicklung des Wohlfahrtsstaats im Zeitalter diktatorischer Herausforderungen und des globalen Systemkonflikts zu erfassen und damit ein Jahrhundert aus der Perspektive seiner Sozialstaatlichkeit zu vermessen, begibt man sich auf ein Terrain, das zur Unübersichtlichkeit neigt und dessen Grenzen weit gesteckt sind.[3] Daher sind klare Eingrenzungen des Untersuchungsgegenstands notwendig. Die erste Einschränkung ist thematischer Natur: Im Zentrum des Beitrags stehen vor allem die sozialen Folgen von Sozialpolitik und Fragen der Zäsurbildung, weniger Akteure und treibende Kräfte. Eine zweite Beschränkung hat territorialen Charakter. Der Beitrag stellt den deut-

dieses Jahres ereigneten sich in Krankenhäusern. Weitere 20-30% der Sterbefälle finden in Einrichtungen der Altenhilfe statt. Berechnet nach: Gesundheitsberichterstattung des Bundes, Krankenhausstatistik, Todesursachenstatistik, Statistik der sozialversicherungspflichtig Beschäftigten, URL: www.gbe-bund.de; https://www.destatis.de [Zugriff jeweils am 10.7.2016] sowie Elisabeth Gaber: Gesundheitsberichterstattung des Bundes. Heft 52: Sterblichkeit, Todesursachen und regionale Unterschiede, Berlin 2011, Abb. 2, Anm. 4.

2 Hans Günter Hockerts: Vom Problemlöser zum Problemerzeuger? Der Sozialstaat im 20. Jahrhundert, in: Archiv für Sozialgeschichte 47 (2007), S. 3-29.

3 Als Einführung gerade für die internationale Verflechtung und die Ideengeschichte der Sozialpolitik immer noch unverzichtbar: Gerhard A. Ritter: Der Sozialstaat. Entstehung und Entwicklung im internationalen Vergleich, München 1991; eine Bilanz der aktuellen sozialwissenschaftlichen Forschung bietet: The Oxford Handbook of the Welfare State, hg. von Francis G. Castles, Stephan Leibfried, Jane Lewis, Herbert Obinger und Christopher Pierson, Oxford 2010.

schen Sozialstaat in den Mittelpunkt, an dessen Beispiel sich auch die
Grundprobleme der europäischen Entwicklung diskutieren lassen.[4] Vergleichende Seitenblicke dienen der Situierung des deutschen Falls im europäischen Kontext. Diese Beschränkung scheint gerechtfertigt, denn bis
zum Ende des 20. Jahrhunderts war der Sozialstaat trotz internationaler
Verflechtungen und wechselseitiger Lernprozesse, die die Sozialstaatsentwicklung mit Verdichtungspunkten vor dem Ersten Weltkrieg, nach dem
Zweiten Weltkrieg und seit den 1990er Jahren immer prägten, im Wesentlichen ein auf den Nationalstaat bezogenes Projekt, in dem die Gestaltunghoheit über die Institutionen der sozialen Sicherung als »größter
Schatz der nationalen Politik«[5] galt. Zudem hat die Sozialpolitik in der
deutschen Geschichte einen besonderen Stellenwert. Deutschland war
ein Pionierland der wohlfahrtsstaatlichen Entwicklung. Die Geschichte
Hollands oder Italiens im 20. Jahrhundert ließe sich vielleicht auch ohne
Berücksichtigung des Sozialstaats schreiben, eine deutsche Geschichte
hingegen kaum. Seine Geschichte soll in vier Teilschritten dargestellt
werden. Systematischen Überlegungen zu den Auswirkungen von Sozialpolitik auf die Strukturierung moderner Gesellschaften schließen sich
chronologische Abschnitte an, die in die Nähe der Gegenwart führen.

Der Sozialstaat – ein Prägefaktor moderner Gesellschaften im 20. Jahrhundert

Im Gründungsimpuls zielte Sozialpolitik zunächst vor allem auf die
»Stabilisierung des industriell-kapitalistischen Produktionssystems«.[6] Die
Expansion des Sozialstaats war daher eng mit der Durchsetzung der
Lohnarbeit als dominantem Erwerbstyp in den durch diese Wirtschaftsform geprägten Gesellschaften verbunden. Gleichwohl ist Sozialpolitik
weit mehr. Sie sichert den Einzelnen gegen Wechselfälle des Lebens, die

4 Als konzise Überblicke für die Entwicklung europäischer Sozialstaatlichkeit: Christoph Boyer: Lange Entwicklungslinien europäischer Sozialpolitik im 20. Jahrhundert. Eine Annäherung, in: Archiv für Sozialgeschichte 49 (2009), S. 25-62; Lutz
Raphael: Europäische Sozialstaaten in der Boomphase (1948-1973). Versuch einer
historischen Distanzierung einer »klassischen Phase« des europäischen Wohlfahrtsstaats, in: Das europäische Sozialmodell. Auf dem Weg zum transnationalen Sozialstaat, hg. von Hartmut Kaelble und Günther Schmid, Berlin 2004, S. 51-73.
5 Hans F. Zacher: Horizontaler und vertikaler Sozialrechtsvergleich, in: Ders.: Abhandlungen zum Sozialrecht, Heidelberg 1993, S. 376-430 u. 380.
6 Christoph Sachße und Florian Tennstedt: Geschichte der Armenfürsorge in
Deutschland, Bd. 1: Vom Spätmittelalter bis zum 1. Weltkrieg, Stuttgart 1998,
S. 254.

seine persönliche Leistungskraft übersteigen, und schafft damit Solidarbeziehungen eigener Art. Weiterhin strebt sie den Ausgleich besonders gravierender Fälle sozialer Ungleichheit an. Damit korrigiert sie nicht akzeptierte Verteilungsfolgen des ökonomischen Systems, ohne dessen Grundlagen zur Disposition zu stellen. Auf diese Weise leistet sie einen entscheidenden Beitrag zur Integration moderner Gesellschaften. Ursprünglich nur für einzelne besonders schutzwürdige Gruppen – vor allem Industriearbeiter – konzipiert, hat der Sozialstaat sich im Verlauf des 20. Jahrhunderts zu einer Institution umfassender Daseinsvorsorge weiterentwickelt, die einen Großteil der Bevölkerung erreicht. Anfangs stand die Sicherung gegen die klassischen Grundrisiken der Industriearbeit im Vordergrund: Einkommensverluste durch Arbeitsunfälle, Krankheit und Alter. Im Verlauf des 20. Jahrhunderts kamen weitere Aufgaben hinzu, etwa die Förderung von Familien, die Arbeitsmarktpolitik und der Schutz vor Arbeitslosigkeit (wobei dieses Risiko lange als nicht versicherbar galt), die Integration behinderter Menschen und die Bildungspolitik. Diese Trias von Schutz, Sicherung und Befähigung umreißt bis heute das Aufgabenfeld der Sozialpolitik, wobei sich seit dem Ausklang des 20. Jahrhunderts eine Akzentverschiebung vom sichernden zum befähigenden Wohlfahrtsstaat erkennen lässt.[7] Dies ist insofern bemerkenswert, als gerade im deutschen Verständnis von Sozialstaatlichkeit Sicherheit lange Zeit eine zentrale, wenn nicht sogar *die* zentrale Leitidee war.

Die Sozialversicherung wandelt für den Einzelnen unkalkulierbare Gefahren in berechenbare Risiken um und macht diese durch Kollektivierung und statistische Durchdringung beherrschbar. So wird aus den potentiell unüberschaubaren Kosten einer langwierigen Krankheit der überschaubare Monatsbeitrag zur Krankenversicherung. Das hat weitreichende Folgen für die Verfasstheit einer Gesellschaft, denn der Sozialstaat etabliert damit eine gegenseitige Solidaritätsverpflichtung unter öffentlicher Verantwortung und setzt so Individuen und Gesellschaft in ein neues Verhältnis zueinander.[8] Zugleich erlaubte es die Sozialversicherung, soziale Probleme zu entmoralisieren, denn ihre Leistungen basierten auf vertragsähnlichen Verhältnissen, die der Staat garantierte.[9] Sie wurden nicht mehr – wie in der traditionellen Armenpflege – verhaltensabhängig gewährt, was weitreichende Folgen für das Verhältnis der Sozialstaatsklienten zum sorgenden Staat nach sich zog. Für die vom

7 Franz-Xaver Kaufmann: Schutz – Sicherung – Befähigung. Dauer und Wandel im Sozialstaatsverständnis, in: Zeitschrift für Sozialreform 55 (2009), S. 13-23.
8 Stephan Lessenich: Theorien des Sozialstaats zur Einführung, Hamburg 2012, S. 42.
9 Francois Ewald: Der Vorsorgestaat. Frankfurt am Main 1993.

Wirkungskreis der Sozialversicherung erfassten Personen waren Sozialleistungen nicht länger ein durch die öffentliche Hand oder private Wohltätigkeit gewährtes Almosen, sondern ein einforderbares Recht, an dessen Verwirklichung staatliches Handeln gemessen wurde. Insofern ist das Ausgreifen des Sozialstaats Teil des universalen Trends zur Verrechtlichung sozialer Beziehung, der ebenfalls eine charakteristische Signatur des 20. Jahrhunderts bildet. Seit ihren Anfängen ist Sozialpolitik eng auf die Wirtschaftsordnung bezogen. In gewisser Weise fungiert sie als Reparaturbetrieb, der Folgen kapitalistischen Wirtschaftens abmildert und, indem er die Reproduktion von Humankapital unterstützt und verstetigt, diese Wirtschaftsweise erst dauerhaft möglich macht. Sozialpolitik kompensiert Marktfolgen in der Marktwirtschaft und Parteiversagen in Planwirtschaften sozialistischen Typs. Damit entlastet sie das ökonomische System und verschafft ihm politische Akzeptanz. Es wäre allerdings falsch, Sozialpolitik als neutrale, lediglich kompensatorische Sozialtechnik zu verstehen. Sie war und ist eine höchst politische Veranstaltung, bei der Fragen der Gerechtigkeit und Vorstellungen »guter« Gesellschaft immer wieder neu verhandelt werden. So war von Beginn an umkämpft, welche Probleme überhaupt durch öffentliche Interventionen aufgegriffen werden sollen. Umstritten blieb auch, auf welche Weise solche Probleme aufgegriffen wurden: eher sozialkonservativ, wie in der an den traditionellen Rollenmustern christlicher Soziallehren orientierten Familienpolitik der Ära Adenauer, oder dezidiert in emanzipatorischer Absicht, wie dies die sozialdemokratische Sozialpolitik der 1970er Jahre für sich in Anspruch nahm. In beiden Diktaturen des 20. Jahrhunderts war Sozialpolitik ein Instrument ausgreifender Gesellschaftspolitik im Kontext »großer Transformationen«, bei denen es um die Neuordnung von Gesellschaften im Zeichen rassistischer und sozialistischer Sozialutopien ging.[10]

Dort, wo die Märkte durch wohlfahrtsstaatliche Arrangements eingehegt (oder im Staatssozialismus sogar tendenziell abgeschafft) sind, hat der politisch administrierte Zugang zu Sozialtransfers, sozialen Infrastrukturen und sozialen Diensten einen entscheidenden Einfluss auf die Lebenschancen und das Verhalten der Bürger. Dieser Einfluss artikuliert sich wenigstens auf fünf Wegen:[11]

Erstens »normalisieren« wohlfahrtsstaatliche Programme das Verhalten der Sozialstaatsklienten. Sie standardisieren Lebensverläufe, indem sie den Zugang zu Sozialleistungen mit bestimmten Erwartungen der

---

10 Boyer (Anm. 4), S. 25.
11 Zum Folgenden: Lessenich (Anm. 8), S. 25-65.

Lebensgestaltung verbinden, zum Beispiel in der Frage, in welcher Lebensphase Familien gegründet werden, wie Paare die Erwerbs- und Familienarbeit zwischen den Geschlechtern aufteilen, oder wie die Übergänge zwischen Bildungs-, Berufs- und Ruhestandsphase gestaltet sind. Insofern ist die Dialektik von Fürsorge und Zwang, die der vormodernen Armenpflege innewohnte, nicht ganz aus dem modernen Sozialstaat verschwunden. Zwar hat sie einen Großteil ihres repressiven Gehalts abgelegt und ihre Zielrichtung gegen einzelne Teilgruppen der Sozialstaatsklienten ist heute weniger scharf ausgeprägt, allerdings wurde auch argumentiert, dass die verhaltensbeeinflussenden Effekte des Sozialstaats infolge seiner gewachsenen Alltagspräsenz zur Gegenwart hin zugenommen hätten und er zu einem mächtigen Agenten der »Kolonialisierung« bislang autonomer Lebenswelten geworden sei, weil er diese Lebensbereiche fremden, bürokratisch geprägten Rationalitätskriterien unterwerfe.[12] Man muss die Kritik nicht akzeptieren, um eine weitere Ambivalenz des Sozialstaats zu erkennen: Auf der einen Seite begrenzt der Sozialstaat Verhaltensoptionen, weil er den Zugang zu Sozialleistungsprogrammen an Verhaltenserwartungen koppelt. Auf der anderen Seite erwuchsen aus der zunehmenden Sicherheit vor Armut und Not neue Freiheitsgrade im Hinblick auf die Gestaltung der Lebensführung, biografische Optionen, Selbstverwirklichungschancen und Partizipationsmöglichkeiten im politischen Gemeinwesen. Insofern ist der entfaltete Sozialstaat auch ein großer Freiheitsermöglicher.[13]

Zweitens kann Sozialpolitik Ungleichheitsverhältnisse reduzieren oder zumindest limitieren. Durch rechtlich verbürgte Anwartschaften auf Sozialschutz entsteht eine neue Art von »Sozialeigentum«, das als politisch hergestelltes Gegengewicht zum Kapitalbesitz der Wohlhabenden in Marktgesellschaften gesehen werden kann. Sozialpolitik kann Ungleichheit aber auch verstärken und sogar neue Ungleichheitsverhältnisse hervorbringen, wie die Mittelschichtlastigkeit vieler Sozialprogramme oder die Benachteiligung der familiären care-Arbeit in der lohnarbeitszentrierten Sozialversicherung zeigt.[14] Indem er verschiedene Risiken und

12 Jürgen Habermas: Einleitung, in: Stichworte zur Geistigen Situation der Zeit, Bd. 1: Nation und Republik, hg. von Jürgen Habermas, Frankfurt am Main 1979, S. 7-35, hier 27 f.
13 So etwa Willy Brandt: Rede auf dem Parteitag der SPD in Hannover. 11.4.1973, in: Ders., Reden und Interviews, Herbst 1971 bis Frühjahr, Hamburg 1973, S. 304.
14 Hans Günter Hockerts: Einführung, in: Soziale Ungleichheit im Sozialstaat. Großbritannien und die Bundesrepublik im Vergleich, hg. von Hans Günter Hockerts und Winfried Süß, München 2010, S. 9-18, hier S. 11-15; Dagmar Hilpert: Wohlfahrtsstaat der Mittelschichten? Sozialpolitik und gesellschaftlicher Wandel in der Bundesrepublik Deutschland (1949-1975), Göttingen 2012.

Lebenslagen unterschiedlich gut sichert, erzeugt der Sozialstaat charakteristische »Versorgungsklassen«,[15] die teilweise Verteilungsergebnisse des Arbeitsmarkts fortschreiben, nicht selten aber auch Ungleichheitsrelationen eigener Art erzeugen, wie etwa bei den besonders günstigen Regelungen der Alters- und Gesundheitsversorgung für Beamte im Vergleich zu anderen Arbeitnehmern in vergleichbaren Berufspositionen. Zusammen mit den Familien und den Märkten bilden die sozialstaatlichen Arrangements damit eine dritte Drehscheibe gesellschaftlicher Chancenverteilung, deren Stellkraft im 20. Jahrhundert beständig zugenommen hat.

Wenn man drittens Normierung und Ungleichheitsgestaltung zusammendenkt, wird deutlich, dass der Sozialstaat einen erheblichen Teil der sozialen Beziehungen in modernen Gesellschaften überformt, indem er den Menschen bestimmte Rollen zuweist und ihre Interaktionen beeinflusst. Viele charakteristische Sozialfiguren entstanden erst im Zusammenspiel mit den Institutionen des Sozialstaats. Der Arme wird, folgt man einem berühmten Diktum Simmels, erst durch die Unterstützung der Gesellschaft zum Armen gemacht. Der Ruhestand des Rentners wird im Rahmen eines Generationenvertrags durch die erwerbstätigen Beitragszahler finanziert, wobei die biografisch einschneidende Zäsur zwischen aktivem Berufsleben und Ruhestand durch diesen Teil des Gesellschaftsvertrags ebenso geregelt wird, wie die Teilhabe der Alten am gesellschaftlichen Wohlstand.[16] Der Vergleich unterschiedlicher Formen der Alterssicherung in Europa verweist hier auf ein breites Spektrum eigenständiger Lösungen, die auf unterschiedlichen Gerechtigkeitskonzeptionen und unterschiedlichen historischen Erfahrungen gründen. Während die Alten im britischen *welfare state* traditionell knapp gehalten wurden, war die soziale Absicherung bundesdeutscher Rentner, nicht zuletzt als Reaktion auf die massiven Unsicherheitserfahrungen in der deutschen Geschichte während der ersten Hälfte des 20. Jahrhunderts, im Vergleich zu anderen Sozialgruppen teilweise so komfortabel und auch unter schwierigeren Rahmenbedingungen so veränderungsstabil, dass sich bisweilen der Eindruck eines rentnerzentrierten Sozialstaatsmodells aufdrängen konnte.[17] Insofern ist der Wohlfahrtsstaat nicht

15 M. Rainer Lepsius: Soziale Ungleichheit und Klassenstrukturen in der Bundesrepublik Deutschland, in: Klassen in der europäischen Sozialgeschichte, hg. von Hans-Ulrich Wehler, Göttingen 1979, S. 166-209.

16 Georg Simmel: Soziologie. Untersuchungen über die Formen der Vergesellschaftung, Georg-Simmel-Gesamtausgabe Band 11, Frankfurt am Main 1993 (zuerst 1908), S. 551 f.; Gerd Hardach: Der Generationenvertrag. Lebenslauf und Lebenseinkommen in Deutschland in zwei Jahrhunderten, Berlin 2006.

17 Cornelius Torp: Gerechtigkeit im Wohlfahrtsstaat. Alter und Alterssicherung in Deutschland und Großbritannien von 1945 bis heute, Göttingen 2015.

nur eine »zentrale Instanz der gesellschaftlichen Relationierung«[18], die unterschiedliche Sozialgruppen zueinander in Beziehung setzt, sondern auch ein »generalisiertes politisches Ordnungsmodell des Sozialen«[19], das Wertvorstellungen durch ihre sozialstaatliche Institutionalisierung gesellschaftliche Tiefenwirkung und Dauerhaftigkeit verleiht und auf diese Weise »die Moral und die Mentalitäten moderner Gemeinwesen [...] in grundlegender Weise« prägt.

Viertens schließlich zählen die Institutionen der sozialen Sicherung in modernen Gesellschaften zu den wichtigsten Faktoren gesellschaftlicher Integration. Der Sozialstaat universalisiert Solidarität. Er erweitert sie vom Nahbereich kleinräumiger Sozialbeziehungen in Familie, Nachbarschaft und Beruf auf den Rahmen des Nationalstaats und in jüngster Zeit zunehmend auch auf transnationale Bezüge. Er verfestigt Solidarbeziehungen durch Verrechtlichung und er verlängert ihren Zeithorizont in die Zukunft – genau das ist die Idee des Generationenvertrags in der Alterssicherung. Dabei verbindet der Sozialstaat das Solidarprinzip mit Elementen eigennützlichen Vorsorgehandelns zu einer recht stabilen Interessenlage. Eine wichtige Einschränkung muss an dieser Stelle freilich gemacht werden. Da soziale Teilhaberechte nicht universell sondern oft sehr selektiv zugeteilt werden, ist Sozialpolitik immer auch »ein Instrument [...] sozialer Grenzziehungen«, das gleichermaßen als Quelle »sozialer Inklusion und Exklusion«[20] wirkt. Dies gilt in besonderer Weise für die Diktaturen des 20. Jahrhunderts, aber im Kern auch für demokratisch verfasste Sozialstaaten.

Fünftens und nicht zuletzt fungierte das Aufgreifen sozialer Problemlagen in ganz unterschiedlichen Konstellationen als Quelle politischer Loyalität der davon Begünstigten. Dieser Aspekt war bereits in Bismarcks Sozialgesetzgebung mitgedacht. Er prägte aber ebenso die Sozialpolitik der beiden deutschen Diktaturen und der Bundesrepublik. Ein besonders folgenreiches Beispiel für diesen Zusammenhang war Adenauers Rentenreform von 1957, die für Millionen von Alten die Verknüpfung von Demokratie und Wohlstand materiell erfahrbar machte und der Union einen fulminanten Wahlsieg bescherte.[21]

18 Lessenich (Anm. 8), S. 49.
19 Berthold Vogel: Wohlfahrtsstaatliche Daseinsvorsorge und soziale Ungleichheit, in: Daseinsvorsorge. Eine gesellschaftswissenschaftliche Annäherung, hg. von Claudia Neu, Wiesbaden 2009, S. 67-79, hier S. 67, das folgende Zitat ebd.
20 Lessenich (Anm. 8), S. 47.
21 Hans Günter Hockerts: Wie die Rente steigen lernte. Die Rentenreform von 1957, in: Ders., Der deutsche Sozialstaat. Entfaltung und Gefährdung, Göttingen 2010, S. 71-85, hier S. 83.

Die Expansion des Sozialstaats in der Epoche der Gewalt

In die erste Hälfte des 20. Jahrhunderts fallen der Ausklang der forma-
tiven Phase der deutschen Sozialstaatsentwicklung, eine Phase beschleunigter Expansion in der Weimarer Republik, die fundamentale Krise
im Zeichen wirtschaftlicher Rezession seit den 1930er Jahren und der
Umbau zu einem Instrument rassistischer Gesellschaftspolitik durch die
NS-Diktatur. Zwischen 1900 und 1929 hat sich der Anteil der Sozialausgaben an der Wirtschaftsleistung in Deutschland von knapp einem auf
9,3 Prozent nahezu verzehnfacht. Die Expansion des Sozialstaats stand
in enger Beziehung zu den Utopien wissenschaftlich angeleiteter Gesell-
schaftssteuerung und zum Erstarken des modernen Interventionsstaats.
Mit ihr waren Tendenzen der »Verwissenschaftlichung des Sozialen«,[22]
der Bürokratisierung, Normierung und sozialen Disziplinierung durch
staatliche Eingriffe in bisher private Lebensbereiche verbunden, wie etwa
die Geschichte der Jugendfürsorge zeigt. Eine Entwicklungslinie führt
von hier in die integrative Sozialstaatlichkeit der Weimarer Demokratie.
Eine zweite Linie lässt sich über die mit der Moderne verbundenen Ideen
umfassender Steuerung durchrationalisierter Gesellschaften und die im
ersten Drittel des 20. Jahrhunderts in der gesamten westlichen Welt
populären »eugenischen« Utopien zu den sozialsanitären Transforma-
tionsphantasien des völkischen Biologismus und seinen mörderischen
Folgen während der NS-Diktatur ziehen.[23]

Es ist schwer, eine konkrete Eingangszäsur dieser Expansionsbewe-
gung zu bestimmen, weil viele Entwicklungen eher unterschwellig ver-
liefen, wie etwa das zunehmende Engagement der Kommunen für
die Daseinsfürsorge ihrer Bürger. Gleichwohl markiert die Einführung
der Angestelltenversicherung im Jahr 1911 einen wichtigen Schritt der
Universalisierung. Mit der Angestelltenversicherung wurde das Modell
berufsständisch differenzierten Sozialschutzes festgeschrieben, mit dem
wir es in der Bundesrepublik bis heute – wenn auch in abgeschliffener
Form – zu tun haben. Diese Reform, mit der gleichzeitig eine einheitliche Kodifikation des Sozialrechts eingeleitet wurde, markiert den
Übergang von einer im engeren Sinne an Industriearbeitern orientierten

---

22 Lutz Raphael: Die Verwissenschaftlichung des Sozialen als methodische und kon-
zeptionelle Herausforderung für eine Sozialgeschichte des 20. Jahrhunderts, in:
Geschichte und Gesellschaft 22 (1996), S. 165-193.
23 Hans Walter Schmuhl: Eugenik und Rassenanthropologie, in: Robert Jütte, Wolfgang U. Eckart, Hans-Walter Schmuhl und Winfried Süß: Medizin und Nationalsozialismus. Bilanz und Perspektiven der Forschung, Göttingen 2011, S. 24-38.

Schutz- und Sicherungspolitik hin zu einer »Sozialpolitik für Viele«,[24] die zunehmend auf die gesamte Gesellschaft bezogen war. Diese Entwicklung wurde durch den Ersten Weltkrieg weiter vorangetrieben. Der Ausbau der Sozialpolitik sollte den nationalen Konsens abstützen. Zudem reagierte er auf kriegsbedingte neue Problemlagen, die zum Beispiel in der Ernährungs- und Arbeitslosenfürsorge sozialpolitisch aufgegriffen wurden. Insofern war der Krieg in Deutschland und auch in anderen europäischen Ländern ein wichtiger »Katalysator der Sozialpolitik«.[25]

Der wohlfahrtsstaatliche Expansionstrend wurde in den Jahren der Weimarer Republik trotz teilweise großer wirtschaftlicher Schwierigkeiten fortgesetzt und weiter beschleunigt. Das Ausgreifen des Sozialstaats war zum einen eine Folge des verlorenen Krieges: Invalide und ihre Familien mussten versorgt werden, der Rückbau der Kriegswirtschaft erschütterte den Arbeitsmarkt, viele Angehörige des alten Mittelstands hatten in den Inflationsjahren 1914-1923 ihre Altersversorgung verloren und nahmen die politischen Nachfolger des untergegangen Kaiserreichs dafür in Haftung. Die Expansion des Sozialstaats war aber auch das Ergebnis bewusster Entscheidungen. Dabei ging es nicht nur um die Durchsetzung alter Forderungen der Arbeiterbewegung unter veränderten Machtverhältnissen. Vor dem Hintergrund oft gegensätzlicher Zukunftsvorstellungen wurde der Ausbau des Sozialstaats zu einer zentralen Integrations- und Kompromissformel der republikfreundlichen Kräfte in der angefeindeten Demokratie. Wie ernst dieses Thema genommen wurde, lässt sich daran erkennen, dass die sozialstaatlichen Ziele in der Weimarer Republik erstmals Verfassungsrang erhielten. Dies verknüpfte die Legitimation der jungen Demokratie eng mit dem Versprechen expansiver Sozialstaatlichkeit, ein Versprechen, das unter wirtschaftlich schwierigen Umständen auf die Dauer freilich kaum einzulösen war und Anlass für viele Konflikte bot. Selbst in ökonomisch besseren Jahren war die Dauerspannung zwischen den hoch gesteckten sozialpolitischen Zielen und den begrenzten ökonomischen Möglichkeiten zu ihrer Verwirklichung kaum auflösbar. Nicht der Zuwachs an wohlfahrtsstaatlicher Inklusion, sondern der Rückstand gegenüber den geweckten Erwartungen und Verteilungskonflikte beherrschten daher das öffentliche Urteil

---

24 Manfred G. Schmidt: Sozialpolitik in Deutschland. Historische Entwicklung und internationaler Vergleich, Wiesbaden 2005, S. 21. Dabei dienten die oft generöseren Leistungen der Angestelltenversicherung als Orientierungspunkte für die Entwicklung der Arbeiterversicherung. 2005 erfolgte die organisatorische Verschmelzung im Bereich der Alterssicherung.

25 Gerhard A. Ritter: Soziale Frage und Sozialpolitik in Deutschland seit Beginn des 19. Jahrhunderts, München 1998, S. 62; zum Folgenden: ebd., S. 69-80.

über die Sozialpolitik. In dieser Hinsicht war die Weimarer Republik ein gescheiterter Sozialstaat.

Die Überlastung des Sozialstaats durch die Weltwirtschaftskrise mit mehr als sechs Millionen Arbeitslosen spielte den demokratiefeindlichen Kräften in die Hände, Kräften, die wie die Kommunisten die Überwindung des Sozialstaats durch eine Revolutionierung der Gesellschaft erstrebten, oder, wie die wirtschaftsnahen Rechtsparteien, soziale Leistungen auf ein Minimum begrenzen wollten. Aus dem Streit über das richtige Maß an Sozialpolitik in der Krise wurde so ein genereller Konflikt über die Zielrichtung der Gesellschaftspolitik und den Umfang der öffentlichen Verantwortung für soziale Probleme. Im Sommer 1930 scheiterte das letzte Kabinett, das sich auf eine parlamentarische Mehrheit stützen konnte, an einem Konflikt über eine marginale Erhöhung der Sozialversicherungsbeiträge. Auch in dieser Hinsicht war die Weimarer Republik ein gescheiterter Sozialstaat.

Selbst bei den sozialpolitischen Experten führte die Weltwirtschaftskrise zu einem kritischen Überdenken ihrer Arbeit. Da die Gesamtgruppe der Bedürftigen angesichts der knappen Mittel als zu groß galt, wuchs die Bereitschaft, aus der Gruppe der Sozialbürger eine Teilmenge herauszuschneiden, die als der Hilfe »wert« galt und die man »erfolgreich« betreuen zu können glaubte, während der übrige Teil der Sozialstaatsklienten nur mehr einen nachrangigen Sozialschutz erhalten sollte.[26] Auf diese Weise entstand ein neues Grundmuster der Differenzierung von Sozialstaatsklienten, das offen war für die Übernahme biologistischer Kategorien nach dem Machtantritt der Nationalsozialisten. Insofern ist die Idee des Sozialstaats auch vom »radikalen Ordnungsdenken«[27] in der Epoche der Gewalt geprägt, das Lutz Raphael als Signatur des 20. Jahrhunderts analysiert. Aus dieser Perspektive lässt sich der völkische Wohlfahrtsstaat der Nationalsozialisten in die Kontinuitätslinien sozialstaatlicher Entwicklung im 20. Jahrhundert einordnen: als eine Extremvariante des modernen Interventionsstaats, der die Instrumente der Sozialpolitik dazu nutzte, seinen Zugriff auf die Gesellschaft zu verdichten und diese in seinem Sinne zu verändern. Allerdings sind hier auch starke Elemente der Diskontinuität zu akzentuieren: Indem die Nationalsozialisten Sozialpolitik als mächtigen Hebel zur rassisti-

---

26 Hierzu und zum Folgenden: Christoph Sachße und Florian Tennstedt: Geschichte der Armenfürsorge in Deutschland, Bd. 3: Der Wohlfahrtsstaat im Nationalsozialismus, Stuttgart 1992, S. 273-278.

27 Lutz Raphael: Radikales Ordnungsdenken und die Organisation totalitärer Herrschaft: Weltanschauungseliten und Humanwissenschaftler im NS-Regime, in: Geschichte und Gesellschaft 27 (2001), S. 5-40.

schen Transformation der Gesellschaft benutzten, veränderten sie die
Orientierungspunkte wohlfahrtsstaatlichen Handelns von Grund auf.
An die Stelle des »sorgenden Staates« trat jetzt die fordernde »Volksgemeinschaft«. Den Sozialbürger mit verbrieften Rechten ersetzte nun der
»Volksgenosse« als Teil eines imaginierten »Volkskörpers«, aus dem als
»rassefremd«, »erbkrank« und »leistungsschwach« denunzierte Elemente
gewaltsam ausgegrenzt wurden. Über die Ungleichheitsstrukturen von
Markt und Wohlfahrtsstaat hat der NS-Staat damit ein rassistisch struk-
turiertes System von Ungleichheitsrelationen gelegt, dessen selektive An-
rechtsordnung soziale Positionierungen entscheidend verändern konnte.
Denn nicht mehr allein Bedürfnis und Rechtsanspruch entschieden
seither über den Zugang zu sozialen Leistungen sondern rassenbiolo-
gische und zunehmend auch ökonomische Prämissen, die Maßstäbe
des Forderns, des Förderns und der »Ausmerze« bereitstellten. Die Sozialpolitik des »Dritten Reiches« war daher geprägt durch eine scharfe
Ambivalenz zwischen sozialstaatlichen Inklusionen einerseits und der
Tendenz, immer neue Teile der Bevölkerung gewaltsam auszugrenzen:
so etwa 400 000 Personen, die den Zwangssterilisierungen zum Opfer
fielen, und mehr als 200 000 geistig behinderte Menschen, die im Zuge
des Euthanasieprogramms ermordet wurden.[28]

Wohlfahrtsstaatlichkeit im Kalten Krieg

Nach dem Ende des »Dritten Reiches« entwickelten beide deutsche Staaten eigenständige Ausprägungen von Sozialstaatlichkeit, die deutliche
Unterschiede in der Wahrnehmung und Definition sozialpolitischer
Probleme, in den Schwerpunkten sozialpolitischen Handelns und in der
Herangehensweise an sozialpolitische Problemlagen aufwiesen.[29] Beide
grenzten sich dezidiert gegen die Sozialpolitik des »Dritten Reiches« ab
und bezogen sich dabei auf unterschiedliche Traditionsstränge. Während
die Bundesrepublik sich in die ältere Traditionslinie der bismarckschen

28 Abram de Swaan: Der sorgende Staat, Frankfurt am Main 1993; Winfried Süß:
Der »Volkskörper« im Krieg. Gesundheitspolitik, medizinische Versorgung und
Krankenmord im nationalsozialistischen Deutschland 1939-1945, München 2003,
S. 32-40; Hans Günter Hockerts: Einführung, in: Drei Wege deutscher Sozial-
staatlichkeit: NS-Diktatur, Bundesrepublik und DDR im Vergleich, hg. von Hans
Günter Hockerts, München 1998, S. 7-25, hier S. 16-19.
29 Hierzu und zum Folgenden mit weiteren Belegen: Winfried Süß: Soziale Si-
cherheit und soziale Lagen in wohlfahrtsstaatlich formierten Gesellschaften, in:
Geteilte Geschichte. Ost- und Westdeutschland 1970-2000, hg. von Frank Bösch,
Göttingen 2015, S. 153-194, hier S. 156-160.

Sozialversicherung stellte, indem sie das System berufsständisch differenzierter sozialer Sicherung erneuerte und bei der Erbringung wohlfahrtsstaatlicher Leistungen privaten Anbietern und frei-gemeinnützigen Verbänden den Vorrang einräumte, realisierte die DDR mit der Einheitsversicherung und der weitgehenden Verstaatlichung der Wohlfahrtsproduktion alte Forderungen der Arbeiterbewegung, die während der Weimarer Republik nicht umgesetzt worden waren.

Jenseits solcher Unterschiede gab es wichtige Gemeinsamkeiten: Die Bundesrepublik und die DDR waren beide sozialstaatlich geformte Arbeitsgesellschaften, die soziale Sicherheit eng auf die Erwerbsarbeit bezogen. Beide Gesellschaften waren in jeweils spezifischer Weise durch eine ausgreifende Sozialpolitik geprägt, die vor dem Hintergrund eines historisch singulären Wirtschaftswachstums neue Problemlagen aufgriff und den Schutzbereich des Sozialstaats auf nahezu die gesamte Bevölkerung ausdehnte, wobei die DDR anfangs einen Vorsprung bei der Universalisierung des Zugangs zu sozialstaatlichen Programmen aufwies, während die sozialstaatlichen Leistungsprogramme der Bundesrepublik in der Regel großzügiger ausgestattet waren. Die Expansion des Sozialstaats war kein deutsch-deutsches Spezifikum, sondern Teil einer gesamteuropäischen Entwicklung, die sich als Lernerfahrung aus der Wirtschaftskrise der 1930er Jahre interpretieren lässt.[30] Allerdings galten beide deutsche Staaten innerhalb ihrer Blöcke als besonders weit entwickelte Sozialstaaten. In der Bundesrepublik stieg der Anteil der Sozialausgaben zwischen 1950 und der Mitte der 1970er Jahre von einem knappen Fünftel auf knapp ein Drittel des Bruttoinlandsprodukts. In der DDR, wo anders gerechnet wurde, wuchs der Anteil des Sozialsystems am Staatshaushalt von 11 auf ca. 35 Prozent. Man kann die Trias von Vollbeschäftigung, expandierender Sozialstaatlichkeit und steigendem Lebensstandard in ihrer gesellschaftsverändernden Wirkung kaum unterschätzen, weil sie die existentielle Lebensunsicherheit großer Bevölkerungsteile beendete und der Sozialstaat die sozialen Aufstiege der Nachkriegsjahre sozialrechtlich absicherte. Der »Abschied von der Proletarität«[31] seit den 1950er Jahren war damit zu erheblichen Teilen sozialstaatlich geformt.

Bisweilen waren sich die Sozialsysteme der beiden deutschen Staaten näher, als es auf den ersten Blick scheint: So tendierten beide dazu, Personengruppen mit Abstand zur Sphäre der Produktion schlechter zu

---

30 Boyer (Anm. 4), S. 31.

31 Josef Mooser: Abschied von der »Proletarität«. Sozialstruktur und Lage der Arbeiterschaft in der Bundesrepublik in historischer Perspektive, in: Sozialgeschichte der Bundesrepublik Deutschland. Beiträge zum Kontinuitätsproblem, hg. von Werner Conze, Stuttgart 1983, S. 143-186, hier S. 162.

stellen. In der Bundesrepublik betraf das bevorzugt Frauen, in der DDR vor allem Rentner, von denen 1972 rund zwei Drittel an der Armutsgrenze lebten. Bisweilen näherten sich beide Systeme auch auf überraschende Weise aneinander an: In der Bundesrepublik wurden seit den 1960er Jahren die sozialrechtlichen Unterschiede zwischen Arbeitern und Angestellten zunehmend eingeschmolzen, indem die Arbeiterversicherung die komfortableren Regelungen für Angestellte übernahm. Umgekehrt ergänzte die DDR ihre Einheitsversicherung, die 1949 mit dem erklärten Ziel der sozialrechtlichen Gleichbehandlung aller Arbeitnehmer gegründet worden war, durch ein kompliziertes System von mehr als 30 Sonder- und Zusatzversorgungen in der Alterssicherung sowie 14 privilegierten Systemen in der Gesundheitsversorgung, zu denen etwa 10 Prozent der Bevölkerung Zugang hatten. Damit sind die beiden Sozialsysteme einander im Lauf der Jahre ein Stück weit ähnlicher geworden.[32]

Gleichwohl bleiben wichtige Unterschiede, von denen hier nur einige ins Gedächtnis gerufen werden sollen: In der Marktwirtschaft produziert das Spannungsverhältnis von Kapital und Arbeit permanent Ungleichheit und Unsicherheit. Zu den Versprechen ihrer Sozialpolitik zählte es daher, beides einzuhegen, ohne die Wohlstand schaffende Dynamik der Marktkräfte zu unterdrücken.[33] Der westdeutsche Sozialstaat griff dazu gern auf externalisierende Lösungen zurück. Er nahm Risiken aus der Sphäre der Produktion und vergesellschaftete sie. Allerdings hat dieses Verfahren eine Achillesferse: auch wohlfahrtsstaatlich geprägte Marktwirtschaften können keine Vollbeschäftigung garantieren, weil die unternehmerische Dispositionsfreiheit und die Risiken der Märkte nur eingehegt, aber eben nicht ausgeschaltet werden. Das war in den Jahren des Wirtschaftsbooms nach dem Zweiten Weltkrieg kein Problem, aber es machte das westdeutsche Sozialstaatsmodell verwundbar durch lang anhaltende Massenarbeitslosigkeit, die seit Mitte der 1970er Jahre zu einem bestimmenden Krisenfaktor westlicher Wohlfahrtsstaaten wurde. Dieser Effekt wurde durch den Finanzierungsmodus noch einmal verstärkt, der einen großen Teil der Sozialkosten aus Beiträgen vom Arbeitseinkommen schöpft.

Die DDR ist hier einen anderen Weg gegangen. Sie hat die Risiken der Märkte durch das Prinzip des Plans ersetzt und die Bearbeitung vieler sozialer Probleme in die Betriebe verlagert, die damit zu wichtigen

---

32 Philip Manow-Borgwardt: Die Sozialversicherung in der DDR und der BRD 1945-1990: Über die Fortschrittlichkeit rückschrittlicher Institutionen, in: Politische Vierteljahresschrift 35 (1994), S. 40-61, hier S. 46 f.

33 Hans Günter Hockerts: West und Ost – Ein Vergleich der Sozialpolitik der beiden deutschen Staaten, in: Ders. (Anm. 21), S. 267-282, hier S. 269-272.

Trägern der Sozialpolitik wurden. So konnte sie den Beschäftigten ein »Recht auf Arbeit« garantieren. Zusammen mit den politisch administrierten Preisen, für die es im Westen keine Entsprechung gab, entstand damit eine Grundabsicherung für die Bedürfnisse des täglichen Lebens, die – auf bescheidenem Niveau – ein deutlich höheres Maß an Existenzsicherheit bot, als dies in der Bundesrepublik der Fall war.[34] Allerdings hatte das weitreichende Nebenfolgen, denn die Planwirtschaft bezahlte dafür mit einem deutlichen Verlust ihrer wirtschaftlichen Dynamik. Anders als die soziale Marktwirtschaft des Westens konnte sie neue Sozialprogramme in den Boomjahren nur selten konfliktarm aus Zuwächsen der Wirtschaftskraft finanzieren. Und dem Recht auf Arbeit entsprach in der chronisch an Arbeitskräftemangel leidenden DDR-Wirtschaft auch eine Pflicht zur Arbeit, deren Nichtbefolgung kriminalisiert war. Überhaupt lässt sich sagen, dass sozialpolitische Maßnahmen in der DDR vielfach mit sehr konkreten Verhaltenserwartungen verbunden waren. Sozialpolitik zielte damit nicht auf die Vergrößerung individueller Freiheitsräume, sondern war zumindest in einem Teil ihrer Zielsetzung freiheitbegrenzend. Dieser Zusammenhang wird gerade dort sichtbar, wo die DDR-Sozialpolitik im Rückblick besonders erfolgreich scheint: So stand etwa die Frauen- und Familienpolitik unter dem Primat der Arbeitskräftemobilisierung. Das SED-Regime hat die Integration von Hausfrauen in den staatssozialistischen Arbeitsmarkt nicht nur durch Anreizstrukturen zur Vereinbarung von Familie und Beruf erleichtert, sondern durch erheblichen propagandistischen Druck und ökonomische Zwänge auf die Arbeitsaufnahme von Frauen hingewirkt.

Der ostdeutsche und der westdeutsche Sozialstaat haben einander genau beobachtet. Ihre gegenseitige Wahrnehmung war in den Blockantagonismus des Kalten Krieges eingebettet und damit durch ein scharfes Konkurrenzverhältnis strukturiert. Für die Bundesrepublik spielte die Sozialstaatskonkurrenz vor allem in der Aufbauperiode der frühen 1950er Jahre eine Rolle. So lässt sich etwa die privilegierte Stellung der niedergelassenen Ärzte im Westen auch als Gegenakzent zur in der DDR praktizierten Entbürgerlichung der Gesundheitsberufe verstehen. Seit Mitte der 1950er Jahre verlor die DDR als Orientierungspunkt westdeutscher Sozialpolitik spürbar an Bedeutung, blieb aber in politisch sensiblen Bereichen unterschwellig präsent. Als das Bundeskabinett Mitte der 1970er

---

34 André Steiner: Leistungen und Kosten: Das Verhältnis von wirtschaftlicher Leistungsfähigkeit und Sozialpolitik in der DDR, in: Sozialstaatlichkeit in der DDR. Sozialpolitische Entwicklungen im Spannungsfeld von Diktatur und Gesellschaft 1945/49-1989, hg. von Dierk Hoffmann und Michael Schwartz, München 2005, S. 31-45.

Jahre über Maßnahmen zur Dämpfung des Geburtenrückgangs diskutierte, war die Aktivität der DDR auf diesem Gebiet ein Grund dafür,
diesen Punkt im Westen nicht weiterzuverfolgen. Für die DDR erhielt
der Vergleich mit dem Bonner Sozialstaat hingegen mit der Zeit eine
geradezu »existenzielle Dimension«.[35] Die Konkurrenz der beiden deutschen Sozialstaaten war also stark asymmetrisch strukturiert. Das Mehr
an Sicherheit im Vergleich zur marktwirtschaftlich geprägten Sozialordnung der Bundesrepublik diente der SED-Führung zur Legitimation ihrer alternativen Gesellschaftsordnung und zur Kompensation fehlender
demokratischer Teilhabechancen. Für die DDR-Führung ergab sich aus
der Konkurrenz mit dem ökonomisch so viel stärkeren westdeutschen
Gegenüber eine erhebliche Limitierung ihres politischen Handlungs-
spielraums. Weil man dem Vergleich von Lebensstandard und sozialer
Sicherheit so viel Bedeutung als Legitimationsquelle zumaß, stand das
Machtmonopol ihrer politischen Führung zur Disposition, wenn an
den »sozialen Errungenschaften« der staatssozialistischen Gesellschaft
gerührt wurde. Dies war eine Ursache für den lähmenden Antagonismus
zwischen der ressourcenzehrenden Konsumpolitik und dem Bedarf an
wirtschaftlichen Investitionen in der Spätzeit der DDR.

*Neue sozialstaatliche Herausforderungen und der Wechsel
sozialpolitischer Leitparadigmen seit den 1970er Jahren*

Sozialpolitik wirkt oftmals unter Bedingungen, für die sie nicht geschaffen wurde. Und der Sozialstaat lebt von Voraussetzungen, die er
selbst nicht garantieren kann.[36] Diese Lernerfahrung mussten beide
deutsche Staaten seit der Mitte der 1970er Jahre machen, als Sozialpolitik
ihre Funktion als Problemlöser ein Stück weit einbüßte und zum Ver-
ursacher wirtschaftlicher und politischer Probleme wurde. Der Ausbau
des westdeutschen Sozialstaats basierte auf der Zuversicht, dass fünf
optimistische Grundannahmen langfristig zutreffen würden: stabiles
Wirtschaftswachstum, Vollbeschäftigung, feststehende Arbeitsteilung

35 Peter Hübner: Die deutsch-deutsche Sozialstaatskonkurrenz nach 1945, in: Die
Krise des Sozialstaats, hg. von Martin Sabrow, Leipzig 2007, S. 25-61, hier S. 31;
Süß (Anm. 29), S. 158-160.
36 Dies in Anlehnung an das bekannte, aber auch bestreitbare Böckenförde-Para-
doxon, wonach der liberale, säkularisierte Staat von Voraussetzungen lebe, die er
selbst nicht garantieren könne. Ernst-Wolfgang Böckenförde: Die Entstehung des
Staates als Vorgang der Säkularisation, in: Säkularisation und Utopie. Ebracher
Studien. Ernst Forsthoff zum 65. Geburtstag, Stuttgart 1967, S. 75-94, hier S. 76.

der Geschlechter, stabile demografische Strukturen sowie die Erwartung, dass Nationalstaaten souverän über die Wirtschafts- und Sozialpolitik innerhalb ihres Territoriums verfügen könnten. All dies motivierte zunächst einen kräftigen Schub expansiver Reformen, traf aber seit den 1970er Jahren immer weniger zu: die Arbeitslosigkeit stieg, die Erwerbsformen wurden disparater, die Pluralisierung von Familienformen und die zunächst nur in Umrissen erkennbare, gleichwohl in den langfristigen Folgen recht genau prognostizierte Alterung der Bevölkerung erzeugten neuen sozialpolitischen Handlungsbedarf, zum Beispiel bei der finanziellen Absicherung Alleinerziehender und der Pflege Hochbetagter. Während also die von der Sozialpolitik zu bearbeitenden Probleme größer wurden und auch neue hinzukamen, verringerten sich seit den 1970er Jahren die finanziellen Mittel für ihre Bearbeitung, weil weniger Beiträge als erwartet in die Sozialkassen flossen. In der Summe veränderten diese Entwicklungen das Bedingungsgefüge der Sozialpolitik grundlegend. Bildlich gesprochen: Die sozialpolitische Institutionenordnung »alterte«, weil sie unter anderen Bedingungen funktionieren musste als denen, für die sie konstruiert worden war.[37]

Die Bundesrepublik reagierte darauf mit einer »Sozialpolitik zweiter Ordnung«.[38] Dabei orientierte sich die Politik seit der Mitte der 1970er Jahre vorrangig am Funktionserhalt der bestehenden Sicherungssysteme. Zum Hauptgegenstand der Sozialpolitik, so ließe sich zuspitzend sagen, wurden damit nicht mehr Menschen und ihre sozialen Probleme, sondern die sozialen Sicherungssysteme und ihre finanziellen Schwierigkeiten.[39] Dies bedeutete kein Ende des sozialstaatlichen Wachstums, aber doch den Versuch, die Wachstumsdynamik an die veränderten Rahmenbedingungen anzupassen und damit abzuflachen. Damit wurde eine Hauptbesorgnis der Kritiker des modernen Wohlfahrtsstaats entkräftet, die befürchteten, seine Tendenz zum Aufgreifen sozialer Probleme sei letztendlich schrankenlos, weil Interessengruppen und die Sozialbürokratie immer neue Probleme als Problem der Sozialpolitik definieren würden.

37 Paul Pierson: Post-industrial Pressures on the Mature Welfare States, in: The New Politics of the Welfare State, hg. von Paul Pierson, Baltimore 1995, S. 80-104.
38 Franz-Xaver Kaufmann: Der Sozialstaat als Prozess. Für eine Sozialpolitik zweiter Ordnung, in: Verfassung, Theorie und Praxis des Sozialstaats. Festschrift für Hans F. Zacher zum 70. Geburtstag, hg. von Franz Ruland u. a., Heidelberg 1998, S. 307-322.
39 Zum Folgenden: Winfried Süß: Umbau am »Modell Deutschland«. Sozialer Wandel, ökonomische Krise und wohlfahrtsstaatliche Reformpolitik in der Bundesrepublik Deutschland »nach dem Boom«, in: Journal of Modern European History 9 (2011), S. 215-240, Hockerts (Anm. 2), S. 341-358.

In der historischen Rückschau markiert dieser Wechsel des sozialpolitischen Leitparadigmas eine markante Zäsur, die freilich im Erfahrungshorizont der Zeitgenossen zunächst kaum als solche erkannt wurde. Der neuen Konsolidierungspolitik gelang es, das Ausgabenwachstum in den Griff zu bekommen und die Sozialleistungsquote deutlich zu senken. Dabei war die Bundesrepublik deutlich erfolgreicher als ihre europäischen Nachbarn, mit Ausnahme einiger Benelux-Länder. Allerdings gelang es bundesdeutschen Reformern nicht, die Abhängigkeit der Finanzierung von den erodierenden Normalarbeitsverhältnissen zu verringern. Problematisch war auch, dass die Anpassung an die veränderten sozialkulturellen und demografischen Verhältnisse nur wenig vorankam. Trotz ihrer Konsolidierungseffekte verfestigten die Reformen der 1970er und 1980er Jahre damit problematische Eigenheiten des westdeutschen Sozialstaats.

Viele Reformen wären Mitte der 1970er Jahre sicher unter einfacheren Umständen durchzuführen gewesen als heute. Damals galt eine Million Arbeitslose als Skandal, nicht beinahe fünf, wie in den ersten Jahren des 21. Jahrhunderts. Es sind ganze Bibliotheken mit Versuchen gefüllt worden, die hohe Pfadstabilität – man kann auch sagen, geringe Reformneigung – des westdeutschen Wohlfahrtsstaats in diesen Jahren zu erklären. Politikwissenschaftler argumentieren dann meistens mit Besonderheiten des westdeutschen Politikmodells: der Konkurrenz zweier Sozialstaatsparteien und Blockadepositionen in einem durch viele Mitspieler geprägten Entscheidungssystem.[40] Das ist sicher eine Seite der Geschichte. Historiker können dieses Phänomen anders, vielleicht sogar besser erklären, zum Beispiel, indem sie sich den Sozialstaat als Zeitkapsel vorstellen. Diese Kapsel transportiert Geschichte auf vielfältige Weise: Vergangene Entscheidungen beeinflussen die zukünftige Sozialpolitik, indem sie deren Handlungsspielräume offenhalten oder verengen, wie in der bundesdeutschen Rentenreform von 1972, die fiktive Zuwächse der Sozialbeiträge in dreistelliger Milliardenhöhe vorweg konsumierte. Dort wo Leistungs-Anwartschaften der Sozialversicherung Berufspositionen aus der Vergangenheit in die Zukunft tragen, erzählen sie die Geschichte individueller Arbeitsbiografien über die Bruchlinien politischer Zäsuren hinweg. Gleichzeitig verweisen die Institutionen des Sozialstaats auf Wertvorstellungen vergangener Epochen, denn Sozialpolitik stellt gerade im deutschen Fall Wertentscheidungen durch ihre Verrechtlichung auf

40 Manfred G. Schmidt: Reformen der Sozialpolitik in Deutschland: Lehren des historischen und internationalen Vergleichs, in: Der deutsche Sozialstaat: Bilanzen, Reformen, Perspektiven, hg. von Stephan Leibfried und Uwe Wagschal, Frankfurt am Main 2000, S. 153-170.

lange Dauer. So repräsenticrt die vom *strong male breadwinner* abgeleitete Hausfrauenrente eine Geschlechterordnung, die in den Zeiten des *double adult worker model* durchaus anachronistisch erscheinen kann.

Und die inzwischen umkämpfte Leitidee der Lebensstandardsicherung entstammt dem Wertekanon einer aufstiegsorientierten *affluent society*, die in der Gegenwart europäischer Arbeitsgesellschaften kaum noch Entsprechungen hat. Historische Ideen, Erfahrungen und Zukunftsvorstellungen sind also auf vielfältige Weise in die Konstruktion der sozialen Sicherungssysteme eingelagert. Es ist in diesem Zusammenhang bemerkenswert, dass die Mehrheit der westdeutschen Christdemokraten nach dem Regierungswechsel 1982 auf radikale Vorschläge zum Rückbau des Sozialstaats wie dies von Teilen der FDP gefordert und im Großbritannien der Thatcher-Jahre praktiziert wurde, zurückhaltend reagierte. Bei den politischen Akteuren der 1970er und 1980er Jahre lässt sich parteiübergreifend zeigen, dass die Erfahrung von sozialer Not, Sozialstaatsversagen und politischer Radikalisierung in den 1930er Jahren eine tiefe Prägewirkung hinterlassen hat, die sie gegenüber harten Schnitten in das soziale Netz ausgesprochen skeptisch machte. Ähnlich könnte man für die an christlich-konservativen Leitbildern orientierte bundesdeutsche Familienpolitik, die Vorzugsstellung freier Wohlfahrtsverbände bei der Erbringung wohlfahrtsstaatlicher Leistungen und wohl auch für die an proletarischen Verbrauchsstandards der 1930er Jahre orientierte Konsumpolitik der DDR argumentieren.

Der ostdeutsche Sozialstaat tauschte mit dem Wechsel von Ulbricht zu Honecker seine Sozialutopie des guten Lebens in einer künftigen kommunistischen Gesellschaft gegen das Versprechen verbesserter Lebensverhältnisse in der Gegenwart des »real existierenden Sozialismus«.[41] Da mit dem Politikwechsel auch eine stärkere Zentralisierung der Planwirtschaft und eine Intensivierung der präventiven Überwachung der Bevölkerung verbunden war, lässt sich die DDR in der Ära Honecker tatsächlich mit dem Begriff der »Fürsorgediktatur«[42] charakterisieren. Der gesellschaftspolitische Paradigmenwechsel war mit einer massiven Aufwertung der Sozialpolitik verbunden und schlug sich vor allem in einer expansiven Wohnpolitik und steigenden Preissubventionen nieder. Die steigenden

41 Christoph Boyer, Klaus-Dietmar Henke und Peter Skyba: Gesamtbetrachtung, in: Geschichte der Sozialpolitik in Deutschland seit 1945, Bd. 10: Deutsche Demokratische Republik 1971-1989. Bewegung in der Sozialpolitik, Erstarrung und Niedergang, hg. von Christoph Boyer, Klaus-Dietmar Henke und Peter Skyba, Baden-Baden 2008, S. 765-794.
42 Konrad H. Jarausch: Fürsorgediktatur, Version: 1.0, in: Docupedia-Zeitgeschichte, 11.2.2010, URL: http://docupedia.de/zg/Fürsorgediktatur [Zugriff am 15.7.2016].

Kosten, so die optimistische Annahme, könnten durch eine gesteigerte Arbeitsproduktivität wieder eingespielt werden. Dieses Ziel hat sich bekanntlich nicht erfüllt. Die für die Expansion der Sozialpolitik eingesetzten Mittel fehlten bei der dringend anstehenden Modernisierung der DDR-Wirtschaft und die erhofften Produktivitätszuwächse blieben weitgehend aus, weil es kaum gelang, das individuelle Selbstinteresse der Werktätigen auf die Planziele der gesamtgesellschaftlichen Entwicklung auszurichten.[43]

So gesehen waren die sozialpolitischen Entscheidungsprozesse diesseits und jenseits der Mauer seit der Mitte der 1970er Jahre durch einige bemerkenswerte deutsch-deutsche Gemeinsamkeiten geprägt. Vor der ersten Ölpreiskrise der 1970er Jahre trafen Akteure in beiden deutschen Staaten weit in die Zukunft wirksame Entscheidungen aufgrund leichtfertiger ökonomischer Zukunftserwartungen. Seit der Mitte der 1970er Jahre verlor das Projekt des expansiven Sozialstaats in beiden Staaten einen Großteil seiner utopischen Energien. Beide Staaten verkürzten den Zeithorizont ihrer Sozialpolitik, beide reduzierten den positiven Zukunftsbezug ihrer sozialpolitischen Programmatik (wobei der staatssozialistische Utopieüberschuss deutlich größer blieb). Diesseits und jenseits der Mauer wurden wesentliche Probleme (wie die veränderte Demografie) nicht in die Entscheidungsszenarien miteinbezogen, auch in anderen Fällen – wie beim Grundsatzkonflikt zwischen Konsum und Investitionen in der DDR und der engen Kopplung der Finanzen der Sozialkassen an die Arbeitseinkommen im Westen – verschob man eine Lösung anstehender Probleme auf die Zukunft.

In der Bundesrepublik hat der Wandel der ökonomischen, sozialstrukturellen und sozialmoralischen Rahmenbedingungen von Sozialpolitik zu einer schweren Anpassungskrise geführt, die aufgrund der andersartigen Kopplung der Sozialpolitik mit dem politischen System nicht in einer politischen Systemkrise endete. Weil Demokratie und Sozialstaat zwar eng aufeinander bezogen, aber flexibel miteinander verkoppelt sind, war die Bundesrepublik dazu in der Lage, ihren sozialstaatlichen Entwicklungspfad mit begrenzten politischen Kosten zu verändern. Gewechselt hat hier die parteipolitische Zusammensetzung der Regierung, nicht aber das politische System. Der »Realsozialismus« der Ära Honecker hat sich hingegen selbst in eine Legitimationsfalle manövriert. Indem er immer stärker auf Sozialpolitik als Legitimationsquelle setzte, koppelte er

---

43 Detlev Pollack: Die konstitutive Widersprüchlichkeit der DDR. Oder: War die DDR-Gesellschaft homogen?, in: Geschichte und Gesellschaft 24 (1998), S. 110-131, hier S. 118 f.

Sozialstaatlichkeit und Systemlegitimität zunehmend enger aneinander. Dabei zehrte der SED-Staat einen großen Teil der Ressourcen auf, die ihm wirtschaftlich für die Fortführung des »Sozialismus auf deutschem Boden« fehlten. Insofern war die finale Krise der DDR 1989/90 auch ein Ergebnis sozialstaatlicher Überlastung.

Bei der schwierigen Integration der beiden deutschen Gesellschaften nach dem Ende der DDR hat der Sozialstaat eine entscheidende Rolle gespielt. In einem »Großversuch wohlfahrtsstaatlich organisierter [...] Solidarität«[44] kam der Sozialunion die Aufgabe zu, die aus dem Vereinigungsprozess resultierenden sozialen Schockwellen abzumildern. Damit war der Sozialstaat nach 1918 und 1945 zum dritten Mal in der deutschen Geschichte des 20. Jahrhunderts ein zentraler Auffang- und Anti-Krisenmechanismus für die sozialen Folgen einer politischen Systemtransformation. Bekanntlich vollzog sich die Wiedervereinigung nicht als Zusammenführung von zwei deutschen Sozialstaaten, sondern als Institutionentransfer von West nach Ost.[45] Diese Entscheidung ist kritisiert worden, sowohl mit dem Hinweis auf bewahrenswerte Traditionen der DDR-Sozialpolitik – etwa im Hinblick auf die Vereinbarkeit von Beruf und Familie – als auch von Kritikern, die hier eine Chance neoliberaler Deregulierung verpasst sahen. Allerdings war, wie Gerhard A. Ritter argumentiert hat, der pfadstabile Modus alternativlos, denn die Integration der ostdeutschen Teilgesellschaft benötigte sofort arbeitsfähige sozialpolitische Institutionen. Als langfristig hochproblematisch sollte sich allerdings ein Finanzierungsmodus erweisen, der die finanziellen Lasten der Einheit vor allem der Sozialversicherung aufbürdete. Das war letztlich ein Griff in das Eigentum der Versicherten, während Beamte und Selbständige geschont wurden, so dass die Kosten der Einheit überproportional von den unteren und mittleren Einkommensschichten getragen wurden. Zudem bewirkte dieser Finanzierungsmodus eine deutliche Steigerung der Lohnnebenkosten, die mit zur krisenhaften Entwicklung auf dem Arbeitsmarkt beitrug.

---

44 Stephan Lessenich: Die Kosten der Einheit, Dossier Lange Wege der Einheit, hg. von der Bundeszentrale für politische Bildung, 2010, URL: http://www.bpb.de/themen/HN7VI7,0,Die_Kosten_der_Einheit.html [Zugriff am 20.7.2016].

45 Hier folgt die Darstellung der grundlegenden Studie von Gerhard A. Ritter: Der Preis der deutschen Einheit: Die Wiedervereinigung und die Krise des Sozialstaats, München 2006.

Der Umbau des Sozialstaats seit Beginn des 21. Jahrhunderts

Die Arbeitsmarktkrise seit Mitte der 1990er Jahre bildete den Hintergrund einer Reihe von Reformen, die von der rot-grünen Regierung zwischen 2000 und 2005 eingeleitet wurden. Sie sind unter den Namen »Agenda-Politik«, »Riester«-, bzw. »Hartz-Reformen« bekannt geworden. Der deutsche Sozialstaat wurde dabei ein Stück weit von einem sichernden zu einem Arbeitnehmer aktivierenden und Wohlfahrtsmärkte regulierenden Sozialstaat umgebaut. Das war zwar kein radikaler Bruch in den sozialen Staatszielbestimmungen, aber doch eine markante Neujustierung, die ohne eine veränderte historische Perspektivierung der Sozialpolitik durch den Generationswechsel der sozialpolitischen Akteure und den Wegfall des Gegners im Konflikt der politischen Systeme kaum vorstellbar ist. Die Politik reagierte hier auf langfristige Strukturprobleme des deutschen Sozialstaatsmodells, weniger hingegen auf Probleme, die sich aus der deutschen Einheit ergaben. Zwei Punkte unterstreichen die These, dass die Agenda-Politik als sozialstaatliche Zäsur viel tiefgreifender war als die Wiedervereinigung. Erstens ist die Sozialpolitik seither zunehmend weniger auf Dauer gestellt. Immer häufiger findet sie als zeitlich befristetes Projekt statt, gerade in den Wachstumsbranchen Gesundheit, Pflege und Kinderbetreuung. Das hat nicht nur erhebliche Folgen für die Klienten des Sozialstaats, weil Sozialpolitik ein Stück ihrer Berechenbarkeit verliert, sondern auch gravierende Auswirkungen auf die im Sozialsektor Beschäftigten. Gerade in der Expansionsphase nach dem Zweiten Weltkrieg war der öffentliche Sektor ein Vorreiter bei der Durchsetzung sozialrechtlich gut abgesicherter Arbeitsverhältnisse. Heute finden sich in diesem Bereich überdurchschnittlich viele Formen prekärer Beschäftigung.[46] Auch dies ist Teil der sozial stratifizierenden Wirkungen von Sozialpolitik. Zweitens wäre es ein Missverständnis, die Hartz-Reformen vorrangig als Element der Armutspolitik zu sehen. Denn in ihrem Kern richteten sie sich gegen die bislang sozialstaatlich besonders gut abgesicherten Mittelschichten der Arbeitnehmergesellschaft im vereinigten Deutschland. Sowohl die Riester-Reform als auch die Hartz-Reformen haben die Lebensstandardsicherung als Leitprinzip der deutschen Sozialpolitik zurückgedrängt, sodass einmal erreichte Wohlstandspositionen seither viel von ihrer Dauerhaftigkeit verloren haben. Damit wurde ein sozialstaatliches Grundprinzip der Bonner Republik aufgegeben und die Biografien der davon Betroffenen wurden

---

46 Berthold Vogel: Wohlstandskonflikte. Soziale Fragen, die aus der Mitte kommen, Hamburg 2009.

ein gutes Stück weit entsichert. Der Sozialstaat der Berliner Republik entwickelt sich damit zunehmend vom Sicherungsstaat zum »Gewährleistungsstaat«, der nur noch eine eingeschränkte Statussicherung bietet und die sozialpolitische Dämpfung sozialer Ungleichheit zurückgefahren hat, sodass die Unwägbarkeiten eines zunehmend internationalisierten Arbeitsmarkts viel direkter als früher auf die Lebenssituation der Bürger durchschlagen. Die Zonen der Gefährdung reichen seitdem bis weit in die Mittelschichten. Dort wo der Sozialstaat weniger Sicherheiten garantiert, gibt es, zugespitzt gesagt, eine neue Gleichheit im Zeichen von Unsicherheit. Für diese Verschiebung ist bezeichnend, dass die gegenwärtigen Sozialstaatsdebatten nicht mehr über die Zukunft der Sozial*versicherung* geführt werden, sondern von der Grundsicherung her argumentieren, wie in den Debatten um den Mindestlohn, die neue Altersarmut und die Zuwanderung in die Sozialsysteme.

Eine Antwort auf die Frage, wo der Sozialstaat am Beginn des 21. Jahrhunderts steht, muss vor dem Hintergrund solcher hier nur mit groben Strichen skizzierter Entwicklungen ambivalent ausfallen. Evident ist, dass der Sozialstaat nach seinem bis ins letzte Viertel des 20. Jahrhunderts reichenden Höhenflug einiges von seiner sichernden Kraft eingebüßt hat. Nur angedeutet werden kann hier zudem, dass die zunehmende Europäisierung und Transnationalisierung von Sozialpolitik das Bedingungs- und Wirkungsgefüge von Sozialpolitik tiefgreifend verändern, ohne dass bisher feste Umrisse eines einheitlichen europäischen Sozialraums erkennbar sind.[47] Gleichwohl wäre es falsch, von einer Krise des Sozialstaats zu sprechen, schon weil offensichtlich ist, dass der temporal eng fixierte Begriff der Krise zur Bezeichnung einer mehr als vierzig Jahre andauernden Problemkonstellation wenig trennscharf ist. Zwar konnte man im zeitlichen Umfeld der Hartz-Reformen den Eindruck gewinnen, dass Sozialstaat allmählich zum Erinnerungsort wird: nostalgisch verklärt und bisweilen in einer Bonner oder Ost-Berliner Variante sogar mythisch verklärt, aber eben doch Teil einer Welt von gestern, deren Wertorientierungen und Problemlösungsstrategien nur mehr begrenzte Relevanz für die Gegenwart zukommen. Aber solche Konjunkturen ändern sich rasch. Seit der Finanzmarktkrise von 2008 lässt sich wieder ein verstärktes Interesse an konsensorientierten Wegen der Krisenpolitik beobachten, die von Legitimitätszuwächsen des seit der »Agenda 2010« unter Druck geratenen deutschen Sozialstaatsmodells begleitet sind. Dazu hat sicher

---

47 Ulrich Becker: Der Sozialstaat in der Europäischen Union, in: Sozialstaat Deutschland. Geschichte und Gegenwart, hg. von Ulrich Becker, Hans Günter Hockerts und Klaus Tenfelde, Bonn 2010, S. 313-335.

beigetragen, dass die Bundesrepublik damit deutlich besser durch die ökonomischen Erschütterungen der letzten Jahre gekommen ist als viele ihrer europäischen Nachbarn.

Analytisch führt der Krisenbegriff daher lediglich in eng umrissenen Konstellationen weiter, in denen die Überforderung der sozialstaatlichen Institutionen in einer nachweisbaren Wechselwirkung mit dem Systemversagen der politischen Institutionen stand, in dessen Folge es zum Austausch der politischen und sozialstaatlichen Ordnungsideen kam. Zur Beschreibung der Spätphase der Weimarer Republik eignet sich der Krisenbegriff; auch für die DDR in der Ära Honecker kann man von einer latenten Krise der Sozialpolitik sprechen. Für die Geschichte des bundesdeutschen Sozialstaats in den Jahren »nach dem Boom«[48] scheint der Gebrauch des Krisenbegriffs hingegen eher problematisch, denn er verstellt den Blick auf strukturelle Spannungen und charakteristische Ambivalenzen der wohlfahrtsstaatlichen Entwicklung eher, als dass er ihn öffnet. Zu diesen Dauerspannungen gehören nichtintendierte Nebenfolgen sozialpolitischen Handelns ebenso wie der potentiell hohe zeitliche Abstand zwischen dem Entstehungs- und dem Wirkungskontext sozialpolitischer Programme sowie die Tatsache, dass der Sozialstaat »notwendig unvollendet«[49] bleibt, weil die Spannung zwischen staatlichem Schutz und individueller Freiheit stets neu ausbalanciert werden muss. Es lohnt daher, die Perspektive zu wenden und weniger die Krisenanfälligkeit als vielmehr die außerordentliche Anpassungsfähigkeit und die in der Rückschau oft erstaunlichen »Nehmerqualitäten« der sozialstaatlichen Institutionen bei der Bewältigung sozialstruktureller Wandlungsprozesse und politischer Systemtransformationen zum Ausgangspunkt historischen Fragens zu machen. Denn im bewegungsreichen 20. Jahrhundert wirkt der deutsche Sozialstaat mitunter wie eine »Arche der Kontinuität«[50], deren Kurs von den politischen Großordnungen des 20. Jahrhunderts zwar mitgeprägt wurde, die aber in vieler Hinsicht auch eigenen Bewegungsgesetzen folgte und von einem eigenen Zeitmaß der Veränderung bestimmt war.

---

48 Anselm Doering-Manteuffel und Lutz Raphael: Nach dem Boom. Perspektiven auf die Zeitgeschichte seit 1970, Göttingen 2012.
49 Ritter (Anm. 3), S. 220.
50 So Michael Stolleis: Die Arche der Kontinuität, in: FAZ, 16.6.1989 mit Bezug auf die Rentenversicherung.

Auswahlbibliographie

Bundesministerium für Arbeit und Sozialordnung u. a. (Hg.): Geschichte der Sozialpolitik in Deutschland seit 1945, 11 Bde., Baden-Baden 2001-2008.

Castles, Francis G. u. a. (Hg.): The Oxford Handbook of the Welfare State, Oxford 2010.

Hockerts, Hans Günter: Der deutsche Sozialstaat. Entfaltung und Gefährdung, Göttingen 2010.

Hockerts, Hans Günter (Hg.): Drei Wege deutscher Sozialstaatlichkeit. NS-Diktatur, Bundesrepublik und DDR im Vergleich, München 1998.

Kaufmann, Franz-Xaver: Varianten des Wohlfahrtsstaates. Der deutsche Sozialstaat im internationalen Vergleich, Frankfurt am Main 2003.

Lessenich, Stephan: Theorien des Sozialstaats zur Einführung, Hamburg 2012.

Lessenich, Stephan (Hg.): Wohlfahrtsstaatliche Grundbegriffe. Semantiken des Wohlfahrtsstaats, Frankfurt am Main 2003.

Masuch, Peter u. a. (Hg.): Sozialrecht und Sozialpolitik: Grundlagen und Herausforderungen des deutschen Sozialstaats. Denkschrift 60 Jahre Bundessozialgericht. Eigenheiten und Zukunft von Sozialpolitik und Sozialrecht, Göttingen 2014.

Ritter, Gerhard A.: Der Sozialstaat. Entstehung und Entwicklung im internationalen Vergleich, München 1991.

Ritter, Gerhard A.: Der Preis der deutschen Einheit: Die Wiedervereinigung und die Krise des Sozialstaats, München 2006.

Schmidt, Manfred G.: Der deutsche Sozialstaat. Geschichte und Gegenwart, München 2012.

Der Holocaust als Jahrhundertsignatur

Sybille Steinbacher

Hochrangige politische Vertreter aus 46 Ländern, bedeutende Wissenschaftler, außerdem Zeitzeugen und Gedenkstättenmitarbeiter kamen im Januar 2000 auf Einladung der schwedischen Regierung in Stockholm zum *International Forum on the Holocaust* zusammen. Alle europäischen Länder waren dort vertreten, fast alle hatten unter der deutschen Besetzung im Zweiten Weltkrieg gelitten und nahezu überall war die jüdische Bevölkerung verfolgt und ermordet worden. Dabei waren auch Staaten, die von der Vernichtungspolitik der Nationalsozialisten nicht betroffen waren, beispielsweise aus Lateinamerika. In einer gemeinsamen Erklärung hielten die Vertreter der Regierungen am Ende ihrer dreitägigen Zusammenkunft fest, dass der Holocaust »für alle Zeit von universeller Bedeutung sein« werde und »für immer in unserem kollektiven Gedächtnis verankert bleiben« müsse, als ein Modell dafür, »die menschliche Fähigkeit zum Guten wie zum Bösen zu verstehen«.[1]

Im Übergang zu einem neuen Jahrtausend setzte die Stockholmer Konferenz, die am 55. Jahrestag der Befreiung des Konzentrations- und Vernichtungslagers Auschwitz stattfand, den Auftakt zu einem weltweit neuen Umgang mit dem nationalsozialistischen Judenmord. Sie steht für eine gedenkpolitische Zäsur, denn sie unternahm den Versuch, dem Holocaust überzeitliche und geographisch uneingeschränkte Relevanz zu verleihen. Eine global gültige moralische Botschaft, auf die sich die Regierungen aus aller Welt verständigt hatten, ging von ihr aus: In der gemeinsamen Erklärung der Teilnehmenden lag das Bekenntnis zu gemeinsamen Werten. Der Holocaust avancierte damit zum supranationalen negativen Gründungsmythos des vereinten Europa – das Mordgeschehen wurde gewissermaßen zum Urerlebnis stilisiert, von dem es sich abzusetzen gilt. Die Europäische Union, die damit zeigte, dass sie mehr sein will als eine Wirtschafts- und Währungsunion, verlieh sich auf diesem Wege ihre moralische Legitimierung. Überlegt wurde in Stockholm auch, künftig gemeinsame europäische Erinnerungsstandards zu entwickeln, beispielsweise die Empfehlung, den 27. Januar (der in Deutschland und Großbritannien schon seit 1996 begangen wird) europaweit als

---

1 Erklärung des Stockholmer Internationalen Forums über den Holocaust, 26.-28. Januar 2000, URL: http://www.politischebildung.com/pdfs/32_stockholm.pdf [Zugriff am 22.7.2016].

Holocaust-Gedenktag einzuführen. Evident war nun, dass im Erinnern an den Judenmord fortan eine Voraussetzung für die Zugehörigkeit zur Europäischen Union liegen würde. Um es in den Worten des britischen Historikers Tony Judt zu sagen, der wohlmeinend, aber auch kritisch auf die Stockholmer Konferenz blickte: »Die Anerkennung des Holocaust ist zur europäischen Eintrittskarte geworden.«[2] In der Erinnerung an den Holocaust, sagte er, liege künftig nichts weniger als die »Definition und Garantie für die wiedergefundene Humanität des Kontinents«.[3]

Kein anderer Massenmord, kein anderes historisches Ereignis im 20. Jahrhundert hat ähnliche internationale Bedeutung erlangt. Dabei ist gerade das vergangene Säkulum reich an Massenverbrechen, zu denen beispielsweise auch der Mord an den Herero und Nama in Deutsch-Südwestafrika zu Beginn des Jahrhunderts sowie die Vernichtung der Armenier im Ersten Weltkrieg zählen. Diese Taten sind im öffentlichen Bewusstsein allerdings wenig präsent. Der geschichtspolitische Stellenwert des Holocaust indes ist heute kaum zu überschätzen. Von der Erinnerung daran wird europaweit, ja weltweit identitätsstiftende Kraft erwartet. Der Mord an den europäischen Juden im Zweiten Weltkrieg gilt denn auch als globaler Bezugspunkt für einen erstrebten politischen Grundkonsens in der Europäischen Union und für eine damit verbundene normative Forderung an all die Staaten, die dazugehören und dazugehören wollen.

Die Funktionalisierung wirkt sich freilich auf das Bild vom Mordgeschehen selbst aus, und die gestiegene internationale Erinnerung sagt viel über nationale Erinnerungskulturen und das jeweilige gesellschaftliche Bedürfnis nach Sinnstiftung sowie Selbstvergewisserung aus. National einheitlich fiel die Erinnerung an den Holocaust freilich nie aus, auch und gerade nicht im Kalten Krieg. Ost und West standen einander vielmehr auch in dieser Hinsicht unversöhnlich gegenüber. In Osteuropa wurde das Gedenken an den Zweiten Weltkrieg in hohem Maße propagandistisch verordnet. Der Nationalsozialismus, überhaupt der Faschismus galt hier als »Diktatur des Finanzkapitals«, der vom Deutschen Reich entfesselte Krieg als Angriff des Kapitalismus auf die internationale Arbeiterklasse und ihre staatlichen Repräsentanten. Der Mord an den Juden wurde hier zwar keineswegs verschwiegen, aber Juden rückten nicht als eigene Opfergruppe in den Blick. Vielmehr dominierten kommunistische Widerstandskämpfer die öffentliche Erinnerung, während der Westen den Widerstand der politischen Linken lange Zeit programmatisch ausblendete.

2 Tony Judt: Geschichte Europas von 1945 bis zur Gegenwart, München 2006, S. 933.
3 Ebd., S. 934.

Mit den konträren Interpretationen des Zweiten Weltkriegs gingen in
Ost und West auch konträre Identifikationsangebote einher. Noch über
das Ende des Kalten Krieges hinaus blieb Europa in Bezug auf den Umgang mit der Erinnerung gespalten. Während im Westen das Gedenken
an den Holocaust in den neunziger Jahren allmählich ganz ins Zentrum
rückte, gerieten im Osten die Erinnerungen an die kommunistischen
Verbrechen in scharfe Konkurrenz zu jenen an den nationalsozialistischen Judenmord; beide überlagern und vermengen sich bis heute auf
vielfältige Weise. Mit Leitwerten wie im Westen ist das Holocaustgeden-
ken in Osteuropa jedenfalls nicht verknüpft. Ost und West befinden sich
heute diesbezüglich in einer komplexen Konstellation. Vom Wettstreit,
ja vom »Krieg um die Erinnerung«[4] ist die Rede. Verschiedene Akteure
mit unterschiedlichen politischen Interessen tragen diesseits wie jenseits
des einstigen Eisernen Vorhangs zu dieser Lage bei, dabei steht eines
fest: Die Erinnerung an den Holocaust und den Zweiten Weltkrieg lässt
sich hier wie dort an (sich wandelnde) politische und gesellschaftliche
Bedürfnisse der Gegenwart anpassen und geschichtspolitisch ebenso
aufladen wie instrumentalisieren. Weder im Westen noch im Osten sind
politischen Verfügungsansprüchen über die Geschichte am Ende klare
Grenzen gesetzt.[5]

Im vorliegenden Beitrag wird erörtert, wie im Verlauf des 20. Jahrhunderts in Deutschland und Europa über den Massenmord an den
europäischen Juden nachgedacht worden ist. Welche Rolle spielten die
Verbrechen in der öffentlichen und der wissenschaftlichen Diskussion?
Inwiefern trugen die Phasen der Auseinandersetzung dazu bei, den Holocaust zu einem europäischen Bezugspunkt, einer historischen »Maßeinheit« eigener Qualität zu etablieren?

Vom Schweigen und dem langen Weg zum Begriff

Der Boom der Erinnerung an den Holocaust, der am Ende des Jahr-
hunderts einsetzte, ist insofern erstaunlich, als unmittelbar nach dem
Zweiten Weltkrieg in keinem europäischen Land der Mord an den Juden
Gegenstand öffentlicher Debatten, geschweige denn der politischen

4 So der Titel des Buches von Ljiljana Radonic: Krieg um die Erinnerung. Kroatische
   Vergangenheitspolitik zwischen Revisionismus und europäischen Standards, Frankfurt am Main 2010.
5 Vgl. Forum: Bloodlands – eine Debatte über Massenmorde der stalinistischen Sowjetunion und NS-Deutschlands. Autoren: Dan Michman, Johannes Hürter und
   Sybille Steinbacher, in: Journal of Modern European History 10 (2012), H. 4.

Selbstverständigung war. Überlebende Juden, die in ihre Heimatländer zurückkehrten, waren dort de facto alles andere als willkommen. Das war in Deutschland nicht anders als in Österreich, Frankreich, Polen, Belgien, den Niederlanden und vielen weiteren Ländern.[6] Wer sich im Krieg Wohnungen und Eigentum von Juden angeeignet hatte, empfand den Anspruch der Zurückkehrenden auf das, was ihnen einst gehört hatte, schlichtweg als Anmaßung. Wie bereitwillig Einheimische, zumal kommunale politische Funktionäre, aber auch Polizeibeamte und andere staatliche Bedienstete an der Ausgrenzung, Erniedrigung und Deportation von Juden mitgewirkt hatten, wurde nach Kriegsende in vielen Ländern einfach mit Stillschweigen übergangen. Gleichgültigkeit gegenüber dem Schicksal der Juden bestimmte das öffentliche Klima. Das Schweigen, besser: das vereinbarte Nichtreden, war zumal in Westdeutschland ein Weg des Umgangs mit den unaussprechbar scheinenden Sachverhalten. Das Reden darüber, so die Befürchtung, könne den brüchigen Konsens in Politik und Gesellschaft womöglich gefährden.

In der Nachkriegszeit waren es denn auch die Überlebenden der Konzentrations- und Vernichtungslager, die die Geschichte der Terrorstätten schrieben und ihre leidvollen Erfahrungen dokumentierten,[7] denn die Geschichtswissenschaft wie die Öffentlichkeit insgesamt interessierte sich dafür nicht. Nicht selten erfuhren die Überlebenden der Lager brüske Ablehnung, wie beispielsweise Primo Levi, der 1943 aus Italien nach Auschwitz deportiert worden war. In seiner Schrift »Ist das ein Mensch?« verarbeitete er seine Erfahrungen sofort nach der Befreiung des Lagers. Der Verlag, bei dem er sein Werk eingereicht hatte, wies es 1946 allerdings zurück. Eine kleine Druckerei brachte es ein Jahr später zwar heraus, aber wahrgenommen wurde es in Italien kaum, das ganz im Zeichen des Resistenza-Mythos stand, der Überzeugung vom landesweiten Widerstand gegen die Deutschen, und von den Erfahrungen eines überlebenden Juden nichts wissen wollte. Es dauerte Jahre, bis Levi dort wie anderswo Gehör fand. Ende der fünfziger Jahre erschien sein Buch schließlich auf Deutsch und Englisch. In anderen Ländern, in Frankreich

---

6 Vgl. demnächst Wolfgang Benz und Brigitte Mihok (Hg.): »Juden unerwünscht«: Anfeindungen und Ausschreitungen nach dem Holocaust, Berlin 2016.

7 Vgl. Eugen Kogon: Der SS-Staat. Das System der nationalsozialistischen Konzentrationslager, Frankfurt am Main 1946 (seither zahlreiche Auflagen). H. G. Adler: Theresienstadt. Das Antlitz einer Zwangsgemeinschaft, Tübingen 1955 (Reprint der zweiten Auflage von 1960: Göttingen 2005). Der erste deutsche Historiker, der zum Thema forschte, war Eberhard Kolb: Bergen-Belsen. Geschichte des »Aufenthaltslagers« 1943-1945, Hannover 1962.

beispielsweise erfuhr es erst nach seinem Tod 1987 Anerkennung. Heute zählt »Ist das ein Mensch?« freilich zu den Klassikern der Weltliteratur.[8] Für das Ringen mit der Vergangenheit, ja die Weigerung sich mit der eigenen Rolle in der Zeit der deutschen Besatzung zu befassen, prägte der französische Historiker Henri Rousso den Ausdruck »Vichy-Syndrom«.[9] Nicht allein auf Frankreich trifft sein Befund zu. Denn das Syndrom breitete sich in vielen Ländern aus, die besetzt gewesen waren und mit den Deutschen kollaboriert hatten. Es hielt oft jahrzehntelang vor, zumal Reflexion über die Kriegsvergangenheit entweder gar nicht erst aufkommen oder die Erinnerung daran so abgewandelt werden sollte, dass sie nicht schmerzte.

In Deutschland, genauer: in Westdeutschland verschwanden die Verbrechen an den Juden und anderen Verfolgtengruppen sowie die Frage nach der Verantwortung dafür nach Kriegsende hinter nebulösen Begriffen nationaler Sinnsuche und moralisierender Transzendierung. Derlei Nationalapologetik zeugte von den politischen und gesellschaftlichen Bedürfnissen der Nachkriegsjahre. Der Massenmord wurde dabei kurzerhand in die christliche Metaphorik eingebunden. Die in den fünfziger Jahren gängige Bezeichnung für die Verbrechen an den Juden stammte überdies noch aus der Verwaltungssprache des Dritten Reiches, was Ausdruck, aber auch Symptom der Schwierigkeiten war, das Geschehene überhaupt begrifflich zu fassen. Die Rede war in Westdeutschland (stets in Anführungszeichen gesetzt) noch immer von der »Endlösung der Judenfrage«. In den sechziger Jahren war bald »Auschwitz« als allgemeiner Begriff für den Judenmord gebräuchlich.[10] Nach und nach wurde der Name des Lagers zum Synonym für sämtliche Verbrechen des Dritten Reiches.

Das Wort »Holocaust«, der aus der griechischen Übersetzung der hebräischen Bibel stammende Terminus für das vollständig zu verbrennende Opfertier, besaß ursprünglich ausschließlich religiöse Bedeutung und meinte den Dienst an Gott. Im Zuge der Säkularisierung des Wortes wandelte sich aber auch sein Sinngehalt. Ende des 19. Jahrhunderts war damit im anglo-amerikanischen (nicht im deutschen) Sprachgebrauch

---

8   Vgl. Primo Levi: Ist das ein Mensch? Die Atempause, München 2011.
9   Henri Rousso: Le Syndrome de Vichy: De 1944 à nos jours, Paris 1990.
10 Vgl. Norbert Frei: Auschwitz und Holocaust. Begriff und Historiographie, in: Holocaust – Grenzen des Verstehens. Eine Debatte über die Besetzung der Geschichte, hg. von Hanno Loewy, Reinbek 1992, S. 101-109. Ders.: Auschwitz and the Germans: History, Knowledge and Memory, in: Nazism, War and Genocide. Essays in Honour of Jeremy Noakes, hg. von Neil Gregor, Exeter 2008, S. 147-165, 208-211.

die vollständige Zerstörung (von Sachen), bald aber die Massenvernichtung von Menschen gemeint. Angewendet wurde der Terminus in der britischen Presse beispielsweise auf den osmanischen Völkermord an den Armeniern 1915. Nach dem Zweiten Weltkrieg bot er sich als Bezeichnung für den Massenmord an den europäischen Juden an, da er schon zuvor Geschehnisse bezeichnet hatte, die nun – nach der Verabschiedung der UNO-Konvention im Dezember 1948 – im juristischen Sinne als Genozid beziehungsweise Völkermord galten.[11] Im Deutschen wurde »Holocaust« vor dem 20. Jahrhundert indes kaum verwendet. In der englischsprachigen Presse stand der Begriff hingegen zunehmend für (von Menschen zu verantwortende) Katastrophen. Nach 1945 wurde oftmals der Krieg selbst, ganz im Sinne einer menschengemachten Katastrophe, ein »Holocaust« genannt. Die Bedeutungsverschiebung hin zur Bezeichnung für den nationalsozialistischen Judenmord begann aber erst allmählich. Vor allem vollzog sie sich im neu gegründeten Staat Israel. Die 1953 eingerichtete Gedenkstätte Yad Vashem beispielsweise gebrauchte den Begriff (mit groß geschriebenem H) in englischen Übersetzungen für das hebräische Wort »shoah«, das Katastrophe, Verderben und Vernichtung meint.[12]

Ein Wandel im öffentlichen Umgang mit dem Judenmord setzte im Laufe der späten fünfziger und frühen sechziger Jahre ein, in Deutschland ebenso wie international.[13] Nun wurden die Taten an den europäischen Juden allmählich als eigener Verbrechenskomplex verstanden. Auslöser dafür waren mehrere Gerichtsprozesse: Vor dem Schwurgericht Ulm standen 1958 Mitglieder des SS-Einsatzkommandos Tilsit, die zwischen Juni und September 1941 Tausende von Juden, darunter auch Frauen und Kinder im Grenzgebiet zwischen dem Deutschen Reich und Litauen erschossen hatten. Zeitungen berichteten ausführlich über den Prozessverlauf und weckten das Interesse der westdeutschen Öffentlichkeit, denn es zeigte sich, dass ein Großteil der Verbrechen noch gar nicht untersucht, ja noch nicht einmal bekannt geworden war. Adolf Eichmann, im Reichssicherheitshauptamt dafür verantwortlich, dass Juden aus allen deutsch besetzten und mit Deutschland kooperierenden

11 Vgl. Anson Rabinbach: Begriffe aus dem Kalten Krieg. Totalitarismus, Antifaschismus, Genozid, Göttingen 2009.

12 Vgl. Adrian Dauth: Holocaust, in: Enzyklopädie jüdischer Geschichte und Kultur, hg. von Dan Diner, Band 3, Stuttgart/Weimar 2012, S. 94-99.

13 Zur Geschichte der Holocaust-Historiographie vgl. Ulrich Herbert: Holocaust-Forschung in Deutschland: Geschichte und Perspektiven einer schwierigen Disziplin, in: Der Holocaust. Ergebnisse und neue Fragen der Forschung, hg. von Frank Bajohr und Andrea Löw, Frankfurt am Main 2015, S. 31-79. Dan Stone (Hg.): The Historiography of the Holocaust, New York 2004.

Ländern Europas in die nationalsozialistischen Vernichtungslager deportiert und dort ermordet wurden, stand 1961 in Jerusalem vor Gericht. Fernsehbilder vom Prozess gingen um die Welt. Seit dem Nürnberger Kriegsverbrechertribunal hatte kein anderes Ereignis die Aufmerksamkeit der Weltöffentlichkeit derart auf die Verbrechen des Dritten Reiches und die Verantwortung der Täter dafür gelenkt. In Frankfurt am Main fand zwischen 1963 und 1965 ein Verfahren gegen Angehörige der Wachmannschaften des Lagers Auschwitz statt. Dass es zustande kam, war maßgeblich dem Generalstaatsanwalt in Hessen, Fritz Bauer, zu verdanken, dem es ein Anliegen war, möglichst viele Überlebende der Terrorstätte vor Gericht als Zeugen zu Wort kommen zu lassen. Einmal mehr war das mediale Interesse groß; auch viele Schulklassen wohnten dem Prozess bei.

Dass »Holocaust« zur global verwendeten Bezeichnung für den Massenmord an den europäischen Juden wurde, lag schließlich an einem Medienereignis, das die Welt 1978/79 aufrüttelte. »Holocaust« lautete der Titel einer in vielen Ländern ausgestrahlten amerikanischen Fernsehserie, die vom Schicksal einer deutsch-jüdischen Familie im Dritten Reich erzählt. Die vier Teile erreichten erstaunlich hohe Einschaltquoten, zumal in der Bundesrepublik Deutschland, wo sie ungefähr 20 Millionen Zuschauer sahen, etwa die Hälfte aller Erwachsenen. Die Serie war so angelegt, dass sie zur emotionalen Identifikation mit den jüdischen Verfolgten veranlasste. Ihre Wirkung ließ denn auch nicht lange auf sich warten.[14] Das Leid der Juden erhielt im öffentlichen Bewusstsein nun besonderen Stellenwert (während dasjenige der Sinti und Roma, der geistig Behinderten, Homosexuellen und anderen Verfolgtengruppen im Film nicht zur Sprache kommt und öffentlich auch noch länger unbeachtet blieb). Vom »Holocaust« zu reden, wurde in der Bundesrepublik seit der Ausstrahlung der TV-Serie rasch üblich. In der deutschen Geschichtswissenschaft kam die »Holocaustforschung« auf. Und die Gesellschaft für deutsche Sprache kürte den Begriff »Holocaust« noch 1979 zum Wort des Jahres.

14 Vgl. Matthias Weiß: Sinnliche Erinnerung. Die Filme »Holocaust« und »Schindlers Liste« in der bundesrepublikanischen Vergegenwärtigung der NS-Zeit, Beschweigen und Bekennen. Die deutsche Nachkriegsgesellschaft und der Holocaust, hg. von Norbert Frei und Sybille Steinbacher, Göttingen 2001, S. 71-102. Peter Märtesheimer (Hg.): Im Kreuzfeuer. Der Fernsehfilm Holocaust. Eine Nation ist betroffen, Frankfurt am Main 1979.

Der Zivilisationsbruch als Legitimationsressource

Dan Diner nennt den Holocaust einen »Zivilisationsbruch« und bringt damit wie kein anderer Forscher auf den Punkt, welcher Art die politische und gesellschaftliche Dimension der Verbrechen ist: Der Massenmord an den europäischen Juden hat menschheitsgeschichtliche Relevanz. Die Sichtweise der Verfolgten, auch dies betont der in Deutschland und Israel lehrende Historiker, besitzt universelle Bedeutung. In der Historiographie schlug sich Diners Position lange nicht nieder. Bis weit in die achtziger Jahre befasste sich die Forschung vielmehr mit den administrativen Entscheidungsprozessen in der sogenannten Judenpolitik des Dritten Reiches, der arbeitsteilig angelegten Organisation der Vernichtung, überhaupt ihrer planerisch-rationalen Durchführung und der Rolle Hitlers dabei. Mit dem Begriff vom »Zivilisationsbruch« und dem Blick auf die Geschichte des kollektiven Gedächtnisses sowie auf die Perspektiven der Erinnerung stellt Diner den Mord an den europäischen Juden indes in den Kontext der Geschichte der westlichen Zivilisation. »Indem Menschen der bloßen Vernichtung wegen vernichtet werden konnten, wurden auch im Bewußtsein verankerte Grundfesten unserer Zivilisation tiefgreifend erschüttert – ja gleichsam dementiert.«[15] Von dieser Erkenntnis ausgehend plädiert Diner für eine Geschichtsschreibung, die den Zäsurcharakter des Nationalsozialismus sichtbar macht und die Praxis der Massenvernichtung als »extremes Grenzereignis säkularer Zivilisation« vor Augen führt.[16]

In eine ähnliche Richtung wies zuvor bereits die Deutung von der Singularität des Holocaust, die bis heute allerdings oftmals verkürzt und verzerrt wahrgenommen wird, so dass die irrige Meinung verbreitet ist, kein anderes Gewaltgeschehen in der Geschichte sei mit dem Judenmord vergleichbar und einzig dieses Massenverbrechen sei ein Genozid. Um einer solchen Fehlannahme zu entgehen, ist es wichtig, die Debatte zu historisieren. Denn die Deutung von der Singularität des Holocaust kam schon in der Nachkriegszeit auf, als sich unter den Überlebenden der Verfolgung im Dritten Reich Auseinandersetzungen um die (moralische) Anerkennung ihres Leids entwickelten. Während Widerstandskämpfer und politisch Verfolgte in den ehemals von Deutschland besetzten

---

15 Dan Diner: Einleitung, in: Zivilisationsbruch. Denken nach Auschwitz, hg. von Dan Diner, Frankfurt am Main 1988, S. 8.
16 Ders.: Perspektivenwahl und Geschichtserfahrung. Bedarf es einer besonderen Historik des Nationalsozialismus?, in: Der historische Ort des Nationalsozialismus. Annäherungen, hg. von Walter H. Pehle, Frankfurt am Main 1990, S. 94-113, hier S. 102 u. 108.

Ländern soziales Prestige genossen, waren diejenigen, die aus »rassischen« Gründen verfolgt worden waren, häufig dem Vorwurf ausgesetzt, schuldhaft passiv geblieben zu sein und sich erniedrigt zu haben um zu überleben. Der Vorwurf der Passivität kursierte zumal in Israel, wo in den fünfziger und sechziger Jahren Fragen nach dem jüdischen Widerstand zentrale Bedeutung für die Formierung des gesellschaftlichen Selbstverständnisses besaßen. Elie Wiesel und einige andere ehemals aus »rassischen« Gründen Verfolgte drehten angesichts dieser Situation die Deutung um: Im März 1967 betonten sie im Rahmen einer Tagung in New York zum Thema »Jüdische Werte in der Zukunft nach dem Holocaust« die einzigartige Erfahrung der »rassisch« Verfolgten.[17] Die Rede von der Einzigartigkeit verweist dabei auf das Bedürfnis nach Überhöhung und Transzendierung der eigenen Verfolgungserfahrung. Die komplexe Debatte hatte einen philosophisch-religiösen Ursprung und war im kleinen akademischen Zirkel angestoßen worden. Im politisch-gesellschaftlichen Kampf um die Anerkennung der Opfergruppen verselbständigte sie sich aber rasch. Damit kam die öffentliche Diskussion über die Singularität des Judenmords auf, die gerade in den USA und Israel höchst emotional geführt wurde. Publikationen erschienen dazu, die weit über akademische Kreise hinausreichten. Jeder Vergleich, so hieß es oftmals, bedeute Relativierung, Verharmlosung und die Einebnung der eigenen spezifischen Verfolgungserfahrung der Juden. Im politischen Zusammenhang zeugt die Auseinandersetzung von handfesten sozialen Konflikten – und von der Konkurrenz der Opfer. Die Behauptung der Einzigartigkeit zielte im Kern auf die soziale Rehabilitierung der Leidtragenden. Das Postulat, dies gilt es zu betonen, entstammte freilich nicht zuletzt der bitteren Erfahrung, die Juden nach Kriegsende in vielen Ländern gemacht hatten.

Dass der systematische Mord an den Juden nicht der erste und nicht der einzige Völkermord im 20. Jahrhundert gewesen ist, wird in der Holocaustforschung nicht bezweifelt. Auch gehen mit historischen Vergleichen nicht Relativierung und Verharmlosung einher. Im deutschen Historikerstreit 1986/87, der sich ganz um die Frage nach der »Singularität von Auschwitz« drehte, waren an den Vergleich allerdings spezifische Interessen und Polemiken geknüpft. In dem Konflikt spielten erstaunlicherweise weder die Opfer noch die Schauplätze der nationalsozialistischen Verbrechen eine Rolle, und der damals noch bestehende eklatante Forschungsmangel auf diesen Feldern wurde nicht einmal

17 Vgl. Jean-Michel Chaumont: Die Konkurrenz der Opfer. Genozid, Identität und Anerkennung, Lüneburg 2001, S. 23-86.

konstatiert. Der Historikerstreit war denn auch im Ergebnis nichts anderes als ein Meinungskampf um die westdeutsche politisch-moralische Identität nach dem Holocaust. Während Vertreter der einen Seite die NS-Verbrechen mit Untaten anderer Regime verglichen und daran geschichtsrevisionistische Deutungen banden, betonten ihre Kritiker auf der anderen Seite die Einzigartigkeit von Auschwitz, um eine Relativierung von Schuld zu vermeiden.[18]

Anstöße zur Intensivierung der Forschung über den Holocaust gab der Historikerstreit nicht. Dieser Impuls ging vielmehr nach dem Ende des Kommunismus von der Öffnung der Archive in Osteuropa Anfang der neunziger Jahre aus. Damit wurde die empirische Rekonstruktion des Massenmords endlich möglich. Forschende aus den USA, Deutschland, Israel, Polen und anderen Ländern richteten fortan ihr Interesse insbesondere auf die Schauplätze des Mordgeschehens im deutsch besetzten Osten. Gefragt wurde nach Tathergängen, administrativen Wegen und Entscheidungsprozessen; auch rückten die Täter und ihre Motive in den Blickpunkt. Die Täterforschung entwickelte sich seit den neunziger Jahren regelrecht zu einer Subdisziplin der Holocaustforschung.[19] Dies war zudem die Zeit der gesteigerten internationalen medialen Aufmerksamkeit für das Thema. Mit Steven Spielbergs Film »Schindlers Liste« avancierte der Holocaust 1993 zu einem Massenereignis der Populärkultur, begleitet von hitzigen Diskussionen über die Darstellung und die Darstellbarkeit des Judenmords. Im Kontext der zunehmenden öffentlichen Präsenz des Themas geriet nun auch die Frage der Entschädigung der verfolgten und enteigneten Juden, die jahrzehntelang nicht geklärt worden war, ins Zentrum öffentlicher Diskussionen, insbesondere in den USA. Dies zwang deutsche Unternehmen und Konzerne, sich mit der Frage zu beschäftigen, ob und auf welche Weise sie im Zweiten Weltkrieg Zwangsarbeiter ausgebeutet hatten, auch nicht-jüdische. Die Geld-

---

18 Vgl. Ulrich Herbert: Der Historikerstreit. Politische, wissenschaftliche, biographische Aspekte, in: Zeitgeschichte als Streitgeschichte. Große Kontroversen seit 1945, hg. von Martin Sabrow, Ralph Jessen und Klaus Große Kracht, München 2003, S. 94-113. Klaus Große Kracht, Die zankende Zunft. Historische Kontroversen in Deutschland nach 1945, Göttingen 2005, S. 91-114.

19 Vgl. Frank Bajohr: Neuere Täterforschung, Version 1.0, in: Docupedia-Zeitgeschichte, URL: http://www.google.de/url?url=http://docupedia.de/zg/Neuere_Taeterforschung &rct=j&frm=1&q=&esrc=s&sa=U&ei=1VfrU4CgLK3P4QSPrYEo&ved=0CBQQFjAA&usg=AFQjCNH7VNmjdprrIwQDonye7Z9kr9LewA [Zugriff am 30.7.2016]. Ders.: Täterforschung. Ertrag, Probleme und Perspektiven eines Forschungsansatzes, in: Der Holocaust. Ergebnisse und neue Fragen der Forschung, hg. von Frank Bajohr und Andrea Löw, Frankfurt am Main 2015, S. 167-185.

geschäfte von Schweizer Banken kamen ebenfalls ans Licht und damit auch der Umstand, dass andere Staaten, selbst neutrale, eine Rolle bei der Verfolgung der europäischen Juden gespielt hatten. In vielen Ländern – im Westen wie im Osten Europas – setzte nun die Diskussion über die eigene Vergangenheit unter deutscher Besatzung und das Verhalten bei der Ausgrenzung und Ermordung der einheimischen Juden ein. In Deutschland wurde Auschwitz, genauer: die Parole »Nie wieder Auschwitz!« 1999 zum Argument, um angesichts der von Serben begangenen Verbrechen in Bosnien und im Kosovo eine militärische Intervention der NATO zu rechtfertigen. Mit dem Verweis auf Auschwitz wurde dabei ein Kriegseinsatz legitimiert. Eine Entscheidung, die überaus umstritten war, denn zum ersten Mal seit dem Zweiten Weltkrieg schickte Deutschland wieder Soldaten in einen Krieg.

Kritische Beobachter der Entwicklung konstatierten in den Jahren nach der Jahrtausendwende, wie sehr gerade in Deutschland, Israel und den USA eine »Kosmopolitisierung« der Erinnerung an den Holocaust eingesetzt hatte; auch von »Universalisierung« und »Transnationalisierung« war die Rede.[20] Der Massenmord werde aus seinen zeitlichen und geographischen Bezügen gelöst, stellten sie fest, und die Juden würden zum Sinnbild der Opfer moderner Gewalt stilisiert, mit deren Erfahrung sich in der Gegenwart diverse gesellschaftliche Gruppen identifizieren können, die sich auf den Holocaust berufen um politischen Forderungen Nachdruck zu verleihen – selbst Forderungen nach einem Kriegseinsatz. Die instrumentelle Nutzung des Holocaust, gerade auch von Seiten der Politik, die die aufkommende »Erinnerungskultur« zunehmend als Legitimationsressource entdeckte, prägt bis heute die öffentliche Wahrnehmung des historischen Ereignisses. Dabei geraten die konkreten Taten nicht selten aus dem Blick und die deutsche Verantwortung für den systematischen Massenmord, außerdem für den Vernichtungskrieg gegen die Sowjetunion und die Gewaltherrschaft in Osteuropa tritt oftmals merklich in den Hintergrund.

---

20 Besonders beachtet wurde in diesem Zusammenhang das Buch der beiden Soziologen Daniel Levy und Nathan Sznaider: Erinnerungen im globalen Zeitalter. Der Holocaust, Frankfurt am Main 2001; sie verwenden den Begriff »Kosmopolitisierung«. Ähnlich argumentierte zuvor schon Peter Novick: The Holocaust in American Life, Boston/New York 1999; Novick spricht von »Amerikanisierung«. Vgl. dazu Universalisierung des Holocaust? Erinnerungskultur und Geschichtspolitik in internationaler Perspektive, hg. von Jan Eckel und Claudia Moisel, Göttingen 2008.

Gezielter Vernichtungswille

Die Holocaustforschung entfaltete und intensivierte sich seit den neunziger Jahren. Welche Rolle die Ideologie im Vernichtungsprozess spielte, ist eine von den Wissenschaftlern dabei bis heute hitzig diskutierte Frage. Aus der Tradition der Judenfeindschaft erklärt sich zwar, warum sich die Aggression ausgerechnet gegen Juden richtete. Aber die Massenvernichtung ging nicht automatisch aus dem Antisemitismus hervor, jener Ideologie, die die Weltläufe auf sogenannte jüdische Machenschaften zurückführt. Antisemitismus, der Begriff wurde 1879 von dem deutschen Journalisten Wilhelm Marr geprägt, setzte sich Ende des 19. Jahrhunderts rasch als politisches Schlagwort durch. Mit dem Suffix »-ismus« ausgestattet, vermittelte es den Anspruch auf objektive, ja wissenschaftliche Geltung. In den Überzeugungen der Antisemiten kam insbesondere die Abwehr gegen die unverstandenen Entwicklungen der Moderne, genauer: gegen den beschleunigten gesellschaftlichen Wandel zum Ausdruck, der mit der Industrialisierung einherging und sich beispielsweise umgehend in zunehmender Kommerzialisierung und Urbanisierung niederschlug. Die Juden wurden mit der Moderne und ihren Begleiterscheinungen gleichgesetzt und daher für den Niedergang traditioneller Lebensformen verantwortlich gemacht. Sie erschienen geradezu als Agenten der Moderne. Liberalismus und Freihandel galten im Kontext der Gründerkrise nach 1873, der ersten großen Krise des Kapitalismus, als ihr Machwerk. Die »zersetzende« Kraft ihrer »rassischen« Eigenschaften, von deren Existenz Antisemiten überzeugt waren, machten Juden folglich zum Feind aller Kulturvölker. Ihre Entfernung wurde lautstark gefordert.

Der Antisemitismus, der anders als die traditionelle religiös grundierte Judenfeindschaft ein säkulares Phänomen ist und oft mit Weltverschwörungstheorien einherging,[21] richtete sich mit Wucht gegen die Emanzipation der Juden, also ihre rechtliche Gleichberechtigung, die im Laufe der zweiten Hälfte des 19. Jahrhunderts in vielen Ländern Realität geworden war. Verbunden damit war der berufliche und soziale Aufstieg vieler Juden, der ihnen Erfolg gerade in Branchen bescherte, die die Industrialisierung hervorgebracht hatte, wie beispielsweise im Bank- und Kreditwesen und im Unternehmertum. Von Deutschland aus verbreitete sich der Begriff »Antisemitismus« in vielen anderen Staaten, gerade auch in Frankreich. Überhaupt war die antijüdische Stimmung in Frankreich

---

21 Vgl. Dan Diner: Verschwörung, in: Enzyklopädie jüdischer Geschichte und Kultur, hg. von Dan Diner, Band 6, Stuttgart /Weimar 2015, S. 272-277.

zu Beginn des 20. Jahrhunderts zuweilen noch stärker ausgeprägt als in Deutschland, ebenso in Russland, wo Pogrome zu dieser Zeit längst an der Tagesordnung waren.

Dass Deutschland die Judenvernichtung ins Werk setzte, ist mit der modernen Ideologie des Antisemitismus am Ende folglich nicht hinreichend zu erklären. Eine wichtige Rolle spielte dafür die sogenannte Euthanasie, die systematische Ermordung von geistig und körperlich Behinderten, die die Nationalsozialisten von 1939 an im Rahmen der »Rassenhygiene« systematisch ins Werk setzten. Die Euthanasie ebnete den Übergang in die Vernichtungspraxis.[22] Dies ist eines der zentralen Ergebnisse der seit den neunziger Jahren intensivierten Holocaustforschung.[23] Verbindungen zum Judenmord bestanden hier auch in personeller Hinsicht, denn das Personal der sogenannten Euthanasieanstalten erhielt nach deren Auflösung Aufgaben in Belzec, Sobibor und Treblinka, den Lagern der Aktion Reinhard, die 1941/42 im Generalgouvernement, dem Teil des eroberten Polen, der nicht ins Deutsche Reich eingegliedert worden war, allein zum Zweck der Judenvernichtung errichtet worden waren. Die Euthanasie-»Experten« besaßen die Erfahrung und das Wissen, um die Vernichtungslager zu betreiben.[24] Aber auch die als Wissenschaft verbrämte Rassenlehre wie überhaupt der Geist der sozial- und rassenhygienischen Wissenschaftsbestände, deren Ausfluss die sogenannte Euthanasie war, erklärt die Judenvernichtung am Ende nicht. Denn ohne die Wucht des ideologischen Antriebs, über dessen Wirkungsweise noch wenig bekannt ist, ist das Geschehen vermutlich nicht zu verstehen. Der amerikanisch-israelische Historiker Saul Friedländer, Verfasser des großen Werkes »Das Dritte Reich und die Juden«, hat dafür den Begriff »Erlösungsantisemitismus« geprägt.[25] Gemeint ist damit die Verschmelzung des Rassenantisemitismus mit einer religiösen beziehungsweise pseudoreligiösen Erlösungs- und Untergangsideologie. Der Erlösungsantisemitismus ist nach Friedländer die radikalste Form des Judenhasses. Daraus entstand ein allumfassendes Glaubenssystem, in dem der Kampf gegen die Juden apokalyptische Dimension erhielt. Die Erlösung des

22 Vgl. Henry Friedlander: The Origins of Nazi Genocide. From Euthanasia to the Final Solution, Chapel Hill 1995.

23 Vgl. Der Holocaust. Ergebnisse und neue Fragen der Forschung, hg. von Frank Bajohr und Andrea Löw, Frankfurt am Main 2015.

24 Vgl. Sara Berger: Experten der Vernichtung. Das T4-Reinhardt-Netzwerk in den Lagern Belzec, Sobibor und Treblinka, Hamburg 2013.

25 Vgl. Saul Friedländer: Das Dritte Reich und die Juden. Verfolgung und Vernichtung 1933-1945. Gesamtausgabe der beiden Bände. Bundeszentrale für politische Bildung, Bonn 2006. Ders.: Den Holocaust beschreiben. Auf dem Weg zu einer integrierten Geschichte, Göttingen 2007.

Volkes, der »Rasse« und der »arischen« Menschheit war mithin nur durch die Ausmerzung der Juden zu erlangen. Die dämonische Macht, die es zu bekämpfen galt, so Friedländer, war im Nationalsozialismus »der Jude«. Ein Sieg der Juden galt nach derartigen Vorstellungen zwar als denkbar – bedeutete aber im Ergebnis das Ende der »arischen« Menschheit. Friedländer lenkt den Blick nicht nur auf die gewaltige Kraft der antisemitischen Ideologie, sondern auch auf die Opfer der Verfolgung und ihre Wahrnehmung des Geschehens. Damit setzt er neue Standards in der Holocaustforschung, die gegenwärtig auch nach weiteren Opfern der Rassenpolitik zumal im deutsch besetzten Osteuropa und nach der Rolle all derjenigen fragt, die auf vielfältige Weise vom Massenmord an den Juden profitierten. Als »Bystander« bezeichnete Raul Hilberg die Profiteure, ein Begriff, der im Deutschen (fälschlich) mit »Zuschauer« übersetzt wird. Hilberg, Jude aus Wien, gelang mit seinen Eltern nach dem »Anschluss« Österreichs die Flucht; in den sechziger Jahren war er der Pionier der empirischen Holocaustforschung in den USA.[26]

Was die zeitliche und organisatorische Dynamik des Mordgeschehens angeht, so ist mittlerweile evident, dass die systematische Vernichtung begann, als die ursprünglich auf Vertreibung ausgerichtete antijüdische Politik der Nationalsozialisten aus verschiedenen Gründen fehlschlug. Logistische Problemlagen im eroberten Osten, aber auch die sich wandelnde militärische Kriegslage spielten dafür eine wesentliche Rolle. Juden wurden schon seit dem Überfall auf Polen im September 1939 ermordet. Dass aber systematischer Mord zur Denkmöglichkeit und Massenvernichtung zum Programm wurde, hing eng mit dem von Beginn an als Vernichtungskrieg konzipierten Feldzug gegen die Sowjetunion im Juni 1941 zusammen. Sofort begannen die Einsatzkommandos der SS und des Sicherheitsdienstes hinter der Front mit Massenerschießungen von sowjetischen Juden. Zunächst ermordeten sie jüdische Männer, etwa ab Mitte August auch jüdische Frauen und Kinder. Wegweisende Entscheidungen, die in die organisierte Massenvernichtung führten, fielen aller Wahrscheinlichkeit nach im Spätsommer und Herbst 1941.[27] Ausschlaggebende Bedeutung dafür kam in planerischer und organisatorischer Hinsicht vermutlich dem Zusammenspiel zwischen Zentrum und Peripherie zu. Gemeint ist damit die Kombination von Eigeninitiativen regionaler Besatzungsfunktionäre an der Peripherie des Deutschen Reiches, die ihre Territorien so rasch wie möglich »judenrein« machen

---

26 Vgl. Raul Hilberg: Täter, Opfer, Zuschauer. Die Vernichtung der Juden 1933-1945, Frankfurt am Main 1996 (amerikanische Erstveröffentlichung 1992).

27 Vgl. Christopher Browning: Die Entfesselung der »Endlösung«. Nationalsozialistische Judenpolitik 1939-1942, München 2003.

wollten, mit den Anweisungen der NS-Spitze in Berlin. Genaues darüber lässt sich aber noch nicht sagen, auch nicht darüber, wann, auf wessen Initiative und unter welchen Umständen das Konzentrationslager Auschwitz zum Vernichtungslager umfunktioniert wurde, genauer gesagt: das unweit entfernt davon gelegene Lager Birkenau, das ursprünglich als Kriegsgefangenenlager für sowjetische Soldaten konzipiert worden war. Nach der Schließung und Schleifung der Lager der Aktion Reinhardt, wo vornehmlich polnische Juden umgebracht worden waren, avancierte Auschwitz-Birkenau 1943 zum Zentrum der Judenvernichtung im deutschen Machtbereich. Juden aus ganz Europa wurden hier ermordet.

Nachrichten über den Judenmord gerieten insbesondere durch den polnischen Untergrund schon bald an die Alliierten; Pressemeldungen erschienen in den USA und anderswo. Spätestens seit dem sogenannten Riegner-Telegramm im August 1942, einer Nachricht über die Vorgänge in Auschwitz-Birkenau, die Gerhart Riegner, Büroleiter des Jüdischen Weltkongresses in Genf, nach London und Washington geschickt hatte, wusste die Anti-Hitler-Koalition, dass der Massenmord an den Juden im Gange war. Konsequenzen zogen die Alliierten daraus allerdings nicht. Vielmehr setzte der NS-Staat in die Tat um, was die Teilnehmer der Wannsee-Konferenz am 20. Januar 1942 besprochen hatten. Zweck des von Reinhard Heydrich, dem Chef des Reichssicherheitshauptamts, geleiteten Treffens von Vertretern der Reichsregierung und der SS-Behörden war es, die Massaker an den Juden im deutschen Machtbereich, die längst begonnen hatten, im Einzelnen zu organisieren und die künftige Zusammenarbeit aller daran beteiligten Instanzen zu koordinieren.[28] Allein in Auschwitz ermordete das NS-Regime bis Kriegsende etwa 1,1 Millionen Menschen, darunter mindestens 900 000 Juden. Die Zahlen lassen sich anhand von Deportationslisten, Zugfahrplänen und Mitgliedlisten jüdischer Gemeinden belegen.[29] Insgesamt fielen der deutschen Mordpolitik mindestens 5,6 Millionen, womöglich 6,3 Millionen Juden zum Opfer.

Was den Holocaust kennzeichnete, war ein gezielter, historisch einzigartiger Vernichtungswille. Dessen Intensität ist kaum zu überschätzen, was der Umstand eindrücklich vor Augen führt, dass selbst als die militärische Niederlage des Deutschen Reichs längst feststand, noch Juden trotz aller organisatorischen Widrigkeiten aus allen Regionen des be-

---

28 Vgl. Mark Roseman: Die Wannsee-Konferenz. Wie die NS-Bürokratie den Holocaust organisierte, München/Berlin 2002.

29 Vgl. Sybille Steinbacher: Auschwitz. Geschichte und Nachgeschichte, 3. Aufl., München 2015, S. 104-107.

setzten Europa nach Auschwitz-Birkenau deportiert und dort ermordet wurden, beispielsweise auch Juden von den griechischen Inseln.

Dass der Holocaust sich vom allgemeinen deutschen Besatzungsterror deutlich unterschied und vor allem eines war: ein absolutes Vernichtungsprogramm, konstatierte zeitgenössisch der sowjetische Schriftsteller Wassili Grossman, der als Kriegsreporter 1943 in die Ukraine kam. Dort sah er Verheerendes, denn die gesamte Bevölkerung, Juden wie Nicht-Juden, war einer grausamen und extrem gewalttätigen Besatzungsherrschaft ausgesetzt. Was ihn jedoch besonders erschütterte, war der Umstand, dass überall, wo einmal lebendige jüdische Gemeinden existiert hatten, nur noch Schweigen, nichts als Stille wahrzunehmen war. Seine Reportage, der er den Titel »Ukraine ohne Juden« gab, ist die beklemmend präzise Darstellung der totalen Vernichtung der Juden im Kontext einer schrankenlosen Besatzungspolitik: »In den besetzten Gebieten strafen und morden die Deutschen schon für das kleinste Vergehen – für die Aufbewahrung eines Dolches oder eines zu nichts mehr zu gebrauchenden Revolvers, mit dem die Kinder spielen, für ein vorlautes Wort, das dem Mund entschlüpft, für den Versuch, das eigene, von den Faschisten angezündete Haus zu löschen, für die Weigerung, nach Deutschland zur Zwangsarbeit zu fahren, für einen Schluck Wasser, den man einem Partisanen gegeben hat – für all das verlieren Tausende von Geiseln ihr Leben; erschossen wird jeder Passant, der sich nicht vor einem deutschen Offizier verbeugt. Aber die Juden vernichteten die Deutschen allein deshalb, weil sie Juden waren. Für die Deutschen gibt es keine Juden, die das Recht hätten, auf Erden zu existieren. Jude zu sein ist das allergrößte Verbrechen, und dafür wird man umgebracht. Also haben die Deutschen alle Juden in der Ukraine ermordet. Und so haben sie die Juden in vielen Ländern Europas ermordet.«[30]

In seiner eindrucksvollen Schilderung erfasst Grossman die Komplexität der historischen Tatbestände und zeigt: Der Holocaust lässt sich nicht auf einfache Begriffe und schon gar nicht auf schlichte moralische Botschaften bringen.

Die Imagination, wonach Europa als Verkörperung von Demokratie, Zivilisation, Recht und Fortschritt zu verstehen sei und dafür des Verweises auf den Holocaust bedarf, von dem es sich deutlich abzusetzen gilt, wurde auf dem *International Forum on the Holocaust* in

---

30 Wassili Grossman: Ukraine ohne Juden. Aus dem Russischen übertragen und eingeleitet von Jürgen Zarusky, in: Besatzung, Kollaboration, Holocaust. Neue Studien zur Verfolgung und Ermordung der europäischen Juden, hg. von Johannes Hürter und Jürgen Zarusky, München 2008, S. 189-200, hier S. 199. Für den Hinweis auf Wassili Grossman danke ich Jürgen Zarusky.

Stockholm gewissermaßen festgeschrieben und prägt das beginnende
21. Jahrhundert. Insofern ist der Holocaust buchstäblich zur Maßeinheit des vergangenen Säkulums geworden: Je deutlicher das Bekenntnis
zum Guten ausfällt, desto enger gerät sozusagen die Zugehörigkeit zu
Europa. Damit einher ging in den letzten beiden Jahrzehnten der rasante Aufstieg der sogenannten Erinnerungskultur. Nicht selten freilich
birgt das Erinnern Problematisches, da es zu Ritualen erstarren und im
Ergebnis das schiere Gegenteil von historisch-kritischem Geschichtsbewusstsein meinen kann. Und aus dem Blick gerät nicht selten, was Dan
Diner einforderte, als er vom »Zivilisationsbruch« sprach: der Umstand
nämlich, dass der systematische Massenmord an den Juden Europas ein
Einschnitt in der Geschichte der gesamten Menschheit war, nicht weniger bedeutsam als beispielsweise die Französische Revolution. Darum
gilt es, sich eines ins Bewusstsein zu rufen: Nicht, indem der Holocaust
als Inbegriff des Bösen gewissermaßen aus der Geschichte katapultiert
wird, erschließt sich, was den Massenmord ausmachte, sondern indem
immer wieder von neuem Antworten auf die Frage gesucht werden, wie
der gezielte Vernichtungswille zu erklären und wie zu verstehen ist, dass
die Ausrottung der europäischen Juden politisch und moralisch mitten
in Europa möglich wurde und welches Leid den Verfolgten sowie ihren
Angehörigen daraus erwachsen ist.

Auswahlbibliographie

Aly, Götz und Heim, Susanne: Vordenker der Vernichtung: Auschwitz und die
    deutschen Pläne für eine neue europäische Ordnung, Frankfurt am Main 2013.
Bajohr, Frank und Löw, Andrea (Hg.): Der Holocaust. Ergebnisse und neue Fragen
    der Forschung, Frankfurt am Main 2015.
Ders. und Pohl, Dieter: Der Holocaust als offenes Geheimnis. Die Deutschen, die
    NS-Führung und die Alliierten, München 2006.
Bartov, Omer (Hg.): The Holocaust. Origins, Implementation, Aftermath, London
    2000.
Berger, Sara: Experten der Vernichtung. Das T4-Reinhardt-Netzwerk in den Lagern
    Belzec, Sobibor und Treblinka, Hamburg 2013.
Browning, Christopher: Die Entfesselung der »Endlösung«. Nationalsozialistische
    Judenpolitik 1939-1942, München 2003.
Ders.: Ganz normale Männer. Das Reserve-Polizeibataillon 101 und die Endlösung
    in Polen, Reinbek 1993.
Dieckmann, Christoph: Deutsche Besatzungspolitik in Litauen 1941-1944, 2 Bände,
    Göttingen 2011.

Diner, Dan (Hg.): Enzyklopädie jüdischer Geschichte und Kultur, 6 Bände, Stuttgart/Weimar 2011-2015.

Ders. (Hg.): Zivilisationsbruch. Denken nach Auschwitz, Frankfurt am Main 1988.

Eckel, Jan und Moisel, Claudia (Hg.): Universalisierung des Holocaust? Erinnerungskultur und Geschichtspolitik in internationaler Perspektive, Göttingen 2008.

Frei, Norbert und Kansteiner, Wulf (Hg.): Den Holocaust erzählen. Historiographie zwischen wissenschaftlicher Empirie und narrativer Kreativität, Göttingen 2013.

Friedländer, Saul: Das Dritte Reich und die Juden. Verfolgung und Vernichtung 1933-1945. Gesamtausgabe der beiden Bände. Bundeszentrale für politische Bildung, Bonn 2006.

Ders.: Den Holocaust beschreiben. Auf dem Weg zu einer integrierten Geschichte, Göttingen 2007.

Gottwaldt, Alfred und Schulle, Diana: Die »Judendeportationen« aus dem Deutschen Reich, Wiesbaden 2005.

Herbert, Ulrich (Hg.): Nationalsozialistische Vernichtungspolitik 1939-1945. Neue Forschungen und Kontroversen, Frankfurt am Main 1998.

Hilberg, Raul: Die Vernichtung der europäischen Juden. 3 Bände, Frankfurt am Main 1990.

Hürter Johannes und Zarusky, Jürgen (Hg.): Besatzung, Kollaboration, Holocaust. Neue Studien zur Verfolgung und Ermordung der europäischen Juden, München 2008.

Knigge, Volkhard: Erinnerung oder Geschichtsbewusstsein? Warum Erinnerung allein in eine Sackgasse für historisch-politische Bildung führen muss, in: Kommunismusforschung und Erinnerungskulturen in Ostmittel- und Westeuropa, hg. von Volkhard Knigge, Köln u.a. 2013, S. 177-192.

Levy, Daniel und Sznaider, Nathan: Erinnerungen im globalen Zeitalter: Der Holocaust, Frankfurt am Main 2001.

Longerich, Peter: Politik der Vernichtung. Eine Gesamtdarstellung der nationalsozialistischen Judenverfolgung, München 1998.

Novick, Peter: The Holocaust in American Life, Boston/New York 1999.

Pohl, Dieter: Verfolgung und Massenmord in der NS-Zeit 1933-1945, Darmstadt 2003.

Ders.: Holocaust. Die Ursachen – das Geschehen – die Folgen, Freiburg im Breisgau 2000.

Roseman, Mark: Die Wannsee-Konferenz. Wie die NS-Bürokratie den Holocaust organisierte, München/Berlin 2002.

Steinbacher, Sybille: »Musterstadt Auschwitz«. Germanisierungspolitik und Judenmord in Ostoberschlesien, München 2000.

Dies.: Auschwitz. Geschichte und Nachgeschichte, München ³2015.

Dies. (Hg.): Holocaust und Völkermorde. Die Reichweite des Vergleichs, Frankfurt am Main 2012.

Welzer, Harald: Täter. Wie aus ganz normalen Menschen Massenmörder werden, Frankfurt am Main 2005.

Vieldeutige Signatur

Menschenrechte in der Politik des 20. Jahrhunderts

JAN ECKEL

In der historischen Repräsentation, der wissenschaftlichen wie der populären, ist das Bild des 20. Jahrhunderts als einer Zeit der exzessiven Gewalt tief verwurzelt. Zurecht, wie man unweigerlich hinzufügen muss. Grausame Repression und massenhaftes Töten bilden die hervorstechendsten Kennzeichen eines Säkulums, in dem zwei Weltkriege und zahlreiche weitere militärische Konflikte ausgetragen, der Massenmord an den europäischen Juden und die Genozide in Armenien, Kambodscha und Ruanda verübt wurden, das ein Übermaß diktatorischer Unterdrückung hervorbrachte, und in dem zahllose Menschen aufgrund ihrer Religion, ihrer ethnischen Zugehörigkeit, ihres Geschlechts verfolgt wurden. Gleichsam folgerichtig bestimmen diese Züge die Erinnerung bis heute. Alle geschichtswissenschaftlichen Deutungen des Zeitraums haben sie zu einem entscheidenden Angelpunkt gemacht.

Das 20. Jahrhundert war aber auch die Epoche, in der Menschenrechte, beginnend mit der Allgemeinen Menschenrechtserklärung der Vereinten Nationen von 1948, als eine internationale Norm festgeschrieben wurden. Es entstand ein immer dichteres Geflecht von Institutionen, die beobachteten, ob Staaten diese Norm einhielten, und auf Verstöße aufmerksam machten. Zahllose Menschen unternahmen, oft als Mitglieder einer der vielen Nichtregierungsorganisationen, erhebliche Anstrengungen, um staatlichen Verbrechen im Namen der Menschenrechte entgegenzutreten, leidenden »Anderen« zu helfen, eine bessere, sicherere Welt zu schaffen.

Der Zusammenhang, in dem diese beiden Ausformungen der säkularen Geschichte, die Gewalteruptionen einerseits und die Menschenrechtspolitik andererseits, standen, ist indes verschlungener, als es auf den ersten Blick erscheinen könnte.[1] Internationale Menschenrechtsnormen stellten nicht die moralische Lehre dar, die eine einmütige internationale Gemeinschaft nach 1945 aus den vorangegangenen Kriegen und Genoziden zog. Sie waren, wie noch zu zeigen sein wird, umstritten und hatten zunächst einen spezifischen sicherheitspolitischen Sinn. Auch in späteren Jahren waren menschenrechtliche Initiativen nie die gleich-

---

1 Vgl. etwa Paul Gordon Lauren: The Evolution of International Human Rights, Philadelphia 2003.

sam automatische Antwort auf staatliche Verbrechen. Die verheerende Schreckensherrschaft der Roten Khmer in Kambodscha löste überhaupt keine lautstarken transnationalen Kampagnen aus – und das war beileibe kein Einzelfall. Ob sich entschlossene Hilfsbemühungen entfalteten oder nicht, hing stets von vielen Voraussetzungen ab: davon, dass ausreichend Informationen vorlagen, dass sich Aufmerksamkeit erzeugen und Gewalttaten auf eine Weise deuten ließen, derzufolge ein Eingreifen nötig und sinnvoll erschien, dass politische Unterstützung mobilisiert und politische Widerstände überwunden werden konnten. Und selbst wenn sich schließlich Politiker und Aktivisten auf Menschenrechte beriefen, um andere zu schützen, in der Sowjetunion oder Südafrika, Algerien oder Argentinien, so waren altruistische Vorstellungen selten der einzige Beweggrund; hinzu traten strategisches Kalkül, politische Handlungszwänge oder selbstbezogene Erwartungen an einen politischen oder moralischen Lohn.

Will man den Ort bestimmen, welcher der Menschenrechtspolitik im 20. Jahrhundert zukommt, will man also die Motivationen, die Bedeutungsschichten und die Reichweite dieser Politik historisch erfassen und einordnen, so gilt es derartige Gemengelagen und Widersprüche zu berücksichtigen. Vorab lässt sich nur festhalten, dass einfache Formeln und einlinige Deutungsansätze wenig zu erklären vermögen. Menschenrechte – das möchte der folgende Aufsatz zeigen – waren auf vielfältige und vieldeutige Weise in die Geschichte des 20. Jahrhunderts verwoben, in seine Konflikte und Krisen, in die Verbrechensgeschichte wie auch in die Weltverbesserungshoffnungen dieses Zeitraums.

Genese aus dem Geist der Sicherheit

Ihre eigentliche Ankunft in der internationalen Politik erlebten die Menschenrechte in den vierziger Jahren. Denn nun entwickelte sich das Nachdenken über internationale Menschenrechtsnormen zum vernehmbaren Strang einer lebhaften, grenzüberschreitenden Diskussion darüber, wie sich eine möglichst tragfähige internationale Ordnung errichten lasse. Gleichzeitig begann sich mindestens in Ansätzen zu zeigen, dass die Klage über Menschenrechtsverletzungen als eine transnationale Protestsprache fungieren konnte. Vor allem schließlich einigten sich die Mitgliedstaaten der gegen Kriegsende gegründeten Vereinten Nationen wie auch die des 1949 ebenfalls neu geschaffenen Europarats darauf, den Menschenrechtsschutz als Aufgabe der inter-gouvernementalen Zusammenarbeit festzuschreiben. All dies trug dazu bei, dass sich schon bald

unverkennbare Züge eines internationalen, menschenrechtlichen Politik-
feldes herausbildeten, und darin lag eine bedeutsame Weichenstellung.
Historikerinnen und Historiker haben sehr unterschiedliche Vorschläge
gemacht, wann man den Beginn der Menschenrechtsgeschichte ansetzen
sollte – mit dem Entstehen der alten Religionen, der Französischen Revolution, dem Abolitionismus des 19. Jahrhunderts oder der Menschen-
rechtskonjunktur der siebziger Jahre des 20. Jahrhunderts. Doch ganz
gleich, welche Position man in der Frage der Ursprünge bezieht: Mit
den menschenrechtspolitischen Entwicklungen am Ende des Zweiten
Weltkriegs und in den Jahren danach entstand in jedem Fall eine historisch bemerkenswert neuartige Konstellation in den internationalen
Beziehungen.

In den USA und in Europa hatte sich der Diskurs in den frühen vierziger Jahren zu verdichten begonnen. Verschiedene politische und Exper-
tengruppen griffen den Menschenrechtsgedanken auf und bezogen ihn
in ihre Überlegungen darüber ein, wie sich die politische Zukunft nach
einem Ende des Weltkriegs gestalten lasse. Die Debatte war vielstimmig,
und so unterschieden sich die Entwürfe nicht unbeträchtlich. Jüdische
Organisationen etwa dachten über einen möglichst wirksamen Schutz
jüdischer Glaubensangehöriger nach, wobei ein wichtiger Ansatzpunkt
darin lag, die Defizite des vom Völkerbund überwachten europäischen
Minderheitenschutzsystems der Zwischenkriegsjahre zu überwinden.
Den Schlüssel dazu sahen sie in einer doppelten Universalisierung individueller Rechte: Ein internationales Menschenrechtssystem sollte zum
einen alle Staaten binden (nicht nur einige wenige, wie die Minderhei-
tenschutzverträge) und zum anderen alle Bürger innerhalb dieser Staaten
(statt lediglich der »Minderheiten«). Europäische Widerstandsgruppen
dagegen, gerade auch diejenigen in Deutschland, dachten, sofern sie sich
des Menschenrechtsbegriffs bedienten, zumeist eher in einem national-
staatlichen Rahmen. Sie zielten darauf, die Rechtssicherheit *innerhalb* des
Nationalstaats wiederherzustellen, und sahen konstitutionell garantierte
vorstaatliche Rechte als einen dafür unverzichtbaren Grundstein an.

Der dominierende Gedanke in diesen zukunftsgerichteten Plänen und
Vorstellungen war jedoch noch ein anderer. Er bestand darin, Menschenrechtsschutz als Säule eines effektiven internationalen Sicherheitssystems
zu begreifen. Diesen Ansatz teilten die meisten entscheidenden Akteure
der vierziger Jahre. Er wird etwa in den Entwürfen der amerikanischen
Commission to Study the Organization of Peace fassbar, einer Gruppe
linksliberaler, internationalistisch gesinnter Akademiker, die enge Kon-
takte zu hohen Regierungskreisen unterhielten. Sie plädierten für internationale Menschenrechtsgarantien, weil sie sich davon erhofften, die

Kriegsgefahr, die von radikalen Diktaturen ausgehe, künftig im Keim ersticken zu können. Fanatisierte Bewegungen sollten daran gehindert werden, überhaupt erst eine »totale« Herrschaft zu errichten, die Bevölkerung ihres Landes zu indoktrinieren und zu militarisieren, um dann Kriege gegen die Nachbarn vom Zaun zu brechen. Die Denkmodelle der amerikanischen Commission to Study the Organization of Peace, die für viele andere Gruppen stellvertretend waren, verweisen somit darauf, wie stark das Aufkommen des Menschenrechtsgedankens an eine bestimmte Deutung der Ereignisse der dreißiger und frühen vierziger Jahre gebunden war. Im Zentrum stand die Erfahrung, dass ein neuer Typus von Diktatur entstanden war, dessen aggressives Ausgreifen die internationale Ordnung zerstört hatte. Dabei stellten die Menschenrechtsverfechter einen Konnex von innerer Unterdrückung und äußerer Kriegsbereitschaft her, bei dem die Repressionen im Inneren tendenziell als instrumentelle Vorstufe zu einer aggressiven Expansionspolitik erschienen. Der argumentative Akzent solcher menschenrechtlichen Vorschläge lag folglich nicht so sehr darauf, das Leid unschuldig Verfolgter im Ausland zu beschwören oder eine neue universelle politische Moralität zu postulieren – selbst wenn solche Gedanken implizit im Hintergrund gestanden haben mögen. Auch damit waren die Ausführungen der Commission to Study the Organization of Peace charakteristisch für den Diskurs der vierziger Jahre.

Überhaupt muss man gegenüber historiographischen Darstellungen, die die visionäre Vordenkerrolle einzelner Protagonisten des neuen Menschenrechtsdiskurses herausstreichen, betonen, dass dieser Diskurs nicht allein und wohl nicht einmal in erster Linie Ausfluss idealistischer, hoffnungsfroher Zukunftsvorstellungen war.[2] Die meisten Internationalisten in Politik und Wissenschaft entwickelten ihre Pläne aus einem nüchternen Bewusstsein für die schiere Notwendigkeit, tragfähigere Sicherheitsstrukturen zu schaffen, und mit dem pragmatischen Ansatz, dass schwache Menschenrechtsnormen immer noch besser seien, als gar keine. Zudem lag die wichtigste Weichenstellung der vierziger Jahre, die es überhaupt erst ermöglichte, dass sich ein Politikfeld herausbilden konnte, nicht in bahnbrechenden Denkentwürfen, sondern in einem Institutionalisierungsprozess, der seine eigene Folgelogik entfaltete.

Er lässt sich auf die Vereinbarung der »Großen Drei«, Franklin D. Roosevelt, Winston Churchill und Iosip Stalin, von 1944/45 zurückfüh-

---

2 Vgl. Mary Ann Glendon: A World Made New. Eleanor Roosevelt and the Universal Declaration of Human Rights, New York 2001; Jay Winter und Antoine Prost: René Cassin and Human Rights. From the Great War to the Universal Declaration, Cambridge 2013.

287

ren, die »Förderung der Menschenrechte« als Zweck der neuen Weltorganisation festzuschreiben, die sie nach Kriegsende errichten wollten.
Es war die amerikanische Regierung, die dies durchsetzte, weil sie hoffte,
sich mit diesem Schachzug die innenpolitische Unterstützung der amerikanischen Internationalisten zu sichern. Und durchzusetzen vermochte
sie es nur, weil sie sich mit der britischen und der sowjetischen Regierung
einig war, dass Menschenrechte in der Weltorganisation eine gänzlich
unbedeutende Rolle spielen sollten. Nachdem die Entscheidung einmal
getroffen war, zog sie aber Anschlussverhandlungen nach sich, deren Bedeutung kaum zu überschätzen ist. In den Vereinten Nationen mussten
nunmehr Organe und Zuständigkeiten geschaffen werden. Sie bildeten
fortan entscheidende Ansatzpunkte für all jene – zumal Vertreter von
Nichtregierungsorganisationen und internationale Beamte –, die aufrichtig daran interessiert waren, starke Vorrichtungen zum internationalen Menschenrechtsschutz zu schaffen. Und was die Regierungen der
UN-Mitgliedstaaten betraf, die daran zum Großteil nicht interessiert waren, so mussten sie immerhin reagieren: Da sie der neuen Organisation
angehören wollten, und da diese über einen Menschenrechtsbereich verfügte, sahen sich viele genötigt, menschenrechtspolitische Positionen zu
formulieren. »[W]hether it was wise or not to have these [human rights]
provisions in the Charter given the political situation of the world«, so
brachte ein Memorandum des britischen Foreign Office diesen Mechanismus 1947 auf den Punkt, »they are there and we have got to do
something about it and we have got to realise that, if something is done
about it and done badly, the consequences may be serious«.[3]

Der neue internationale Politikbereich, der auf diese Weise Konturen
anzunehmen begann, war anfänglich zweifellos stark um die Verhandlungen in den Vereinten Nationen zentriert. Das lag auch daran, dass
das europäische Menschenrechtssystem, das sich in den fünfziger Jahren
herauszubilden begann, formal betrachtet zwar als besonders stark erschien – der Europarat hatte eine Menschenrechtskonvention und damit
ein im Gegensatz zur Allgemeinen Menschenrechtserklärung bindendes
Dokument verabschiedet, das sogar die völkerrechtlich geradezu revolutionäre Möglichkeit vorsah, Individualbeschwerden vorzubringen. Zudem schuf er eine Menschenrechtskommission und einen Gerichtshof.
In der Praxis jedoch lagen diese Mechanismen über Jahrzehnte brach und
begannen erst in den achtziger Jahren, in nennenswertem Maße genutzt
zu werden. Doch auch wenn man sich diese Grenzen vor Augen hält,

---

3 National Archives, Kew, FO [Foreign Office] 371/67601, Beckett an Gladwyn Jebb,
16.4.1947.

hatte sich gegenüber der Zeit vor Kriegsende ein bemerkenswerter Wandel vollzogen. Menschenrechte waren, vor allem über das neue Forum der Vereinten Nationen, zu einem festen Bestandteil der Politik vieler Regierungen und international ausgerichteter NGOs geworden. Und damit stand die internationale Menschenrechtspolitik auf einer neuen, ja historisch präzedenzlosen Grundlage.

Ernüchterung und Abkehr

Hatten Menschenrechte also bis Ende der vierziger Jahre, wenn auch gleichsam durch die Hintertür, das internationale Parkett betreten, so vermochten sich diese Ansätze in den folgenden rund zwei Jahrzehnten doch nur wenig zu entfalten. Die Veränderungskraft, die von ihnen für die internationale Politik dieser Zeit ausging, war sehr begrenzt.

Schon bald nachdem die Allgemeine Menschenrechtserklärung verabschiedet worden war, geriet die Menschenrechtsarbeit der Vereinten Nationen ins Stocken. Die Mitgliedstaaten konnten sich nur auf wenige weitere Rechtsdokumente einigen, und Mechanismen, um Menschenrechtsverletzungen zu beobachten und zu ahnden, kamen gar nicht erst zustande. Dass der Aufbruch der mittleren vierziger Jahre so früh schon an sein Ende gelangte, hatte mehrere Gründe. So machten die Supermächte und ihre Verbündeten Menschenrechtsfragen zum Terrain einer gleichsam negativen Weltinnenpolitik. Ob es, wie in einer Kampagne der amerikanischen Regierung, um Zwangsarbeit ging oder, wie bei einer Initiative der sowjetischen Führung, um Gewerkschaftsrechte: Beide Seiten verfolgten mit ihren Vorstößen in den Vereinten Nationen nahezu ausschließlich das Ziel, die Mängel des gegnerischen Systems zu denunzieren, um damit ihr Arsenal an propagandistischen Waffen im »Kalten Krieg« zu erweitern. Mindestens ebenso bedeutsam waren jedoch Widerstände, die nichts mit dem Systemgegensatz zu tun hatten. In der neuen Weltorganisation formierte sich eine Allianz von Staaten, die sich entschlossen dagegen wehrten, dass menschenrechtliche Bestimmungen die staatliche Souveränität effektiv beschneiden könnten – und diese Allianz war lagerübergreifend. Die große Mehrheit der UN-Mitgliedstaaten war sich einig, dass es keine Verfahren zur Durchsetzung internationaler Menschenrechtsnormen geben sollte, die mehr als nur auf dem Papier stünden und tatsächlich etwas bewirken könnten.

In den fünfziger Jahren bildete sich dann eine lose und heterogene Gruppe von Staaten, die des rhetorischen Schlagabtauschs zwischen West und Ost überdrüssig war und die menschenrechtlichen Diskussio-

JAN ECKEL

nen in andere Richtungen lenken wollte. Die Versuche, internationale Normen zu verabschieden, wurden dadurch allerdings nicht einfacher, sondern eher noch komplizierter. Das eklatanteste Beispiel dafür stellte die Konvention über Informationsfreiheit dar, die bald nach der Verabschiedung der Allgemeinen Menschenrechtserklärung auf die Agenda gelangte und als das bis dahin größte und wichtigste Unterfangen der UN-Menschenrechtsarbeit galt. In den Verhandlungen artikulierten lateinamerikanische und arabische Staaten ihre eigenen Vorstellungen von Informationsfreiheit, die sowohl mit denen der westlichen Demokratien als auch mit denen der kommunistischen Staaten Osteuropas kollidierten. Die Diskussionen zogen sich Jahre, sogar Jahrzehnte hin – mit dem Ergebnis, dass sich nicht genügend Einigkeit herstellen ließ, um eine Konvention zu verabschieden, weshalb das Vorhaben schließlich stillschweigend fallen gelassen wurde. In dieser Episode zeigte sich überdies eine politische Dynamik, die auch im Weiteren grundlegend bleiben sollte. Internationale Menschenrechtspolitik hatte einen polyzentrischen Charakter: In jeder Debatte und in jedem Konflikt schalteten sich Akteure aus unterschiedlichen Weltregionen ein, die zumeist divergierende, nicht selten sogar unvereinbare Vorstellungen verfolgten.

In den ersten beiden Jahrzehnten nach dem Ende des Zweiten Weltkriegs war die Geschichte der internationalen Menschenrechtspolitik somit vor allem eine Geschichte der enttäuschten Hoffnungen und der schleichenden Ernüchterung. Das ist keine retrospektive Wertung und bedeutet erst recht keinen abschätzigen Blick auf die Anstrengungen, die viele Menschenrechtsverfechter in diesem Zeitraum unternahmen. Es ist vielmehr der Kern der Erfahrungen, den die Akteure selbst in jenen Jahren machten. Das tritt nirgends plastischer hervor, als im Engagement nicht-staatlicher Organisationen. Die zahlreichen Gruppen, die sich schutzsuchend an die Vereinten Nationen richteten, darunter afroamerikanische Bürgerrechtsorganisationen und antikoloniale Bewegungen, religiöse Minderheiten und politische Dissidenten, mussten feststellen, dass sie keine Hilfe erhielten und ihre Anliegen oft nicht einmal vorbringen konnten. Die UN-Menschenrechtskommission, die für viele die erste Anlaufstelle bildete, hatte »no power to take any action«, wie es in einer Resolution hieß, die die Kommission zu Beginn ihrer Tätigkeit eigens verabschiedet hatte.[4] Viele Aktivisten, die die Weltorganisation anfänglich als ein neuartiges Schutzversprechen begriffen hatten, wandten sich daher bald wieder desillusioniert von ihr ab. Und gerade diejenigen, die sich am meisten dafür eingesetzt hatten, dass das

4 UN Document E/CN.4/14/Rev.2, 6.2.1947.

290

UN-Menschenrechtssystem an Bedeutung und Durchsetzungsfähigkeit gewinnen würde, zogen die kritischsten Bilanzen. Das galt etwa für die International League for the Rights of Man, eine der ganz wenigen NGOs der Nachkriegszeit, die global zu arbeiten versuchten und sich gleichzeitig mit einem breiten Spektrum an Menschenrechtsfragen befassten. Die League setzte sich auf allen Ebenen der Vereinten Nationen nahezu unermüdlich ein. Seit Mitte der fünfziger Jahre kam sie jedoch immer mehr zu dem ebenso klarsichtigen wie deprimierten Schluss, dass das Menschenrechtsexperiment der Weltorganisation gescheitert sei. In ihren Augen hatten sich gehaltvolle Initiativen ein ums andere Mal in den politischen Antagonismen der Mitgliedstaaten verfangen, und es bestand keine Aussicht darauf, den Schutz der Menschenrechte für diejenigen, die seiner bedurften, tatsächlich wirksam werden zu lassen.[5]

Dieses Bild gilt es indes zu differenzieren, sofern man die Rolle betrachtet, die Menschenrechte im Prozess der Dekolonisierung spielten, der nach dem Ende des Zweiten Weltkriegs rasant an Fahrt aufzunehmen begann. Auch die Unabhängigkeitsbewegungen in den Kolonien stießen an die Grenzen der neuen Institutionen, und das mag ein Grund dafür gewesen sein, dass Menschenrechtsforderungen in ihrem politischen Kampf überhaupt nur selten eine tragende Bedeutung erlangten. Das zeigen gerade die Erfahrungen antikolonialer Aktivisten in den UN-Treuhandgebieten. Sie verfügten über besondere Möglichkeiten, auf Menschenrechtsverletzungen aufmerksam zu machen, da ihnen der Treuhandrat ein gesondertes Petitionsrecht eingeräumt hatte und Beobachtermissionen in die betreffenden Gebiete entsandte. Doch erkannten sie sehr bald, dass damit praktisch nichts gewonnen war.[6] Waren die Bilanzen in den Treuhandgebieten entmutigend, so gelang es allerdings den postkolonialen Staaten innerhalb der Vereinten Nationen, ihrem eigenen Verständnis zufolge bedeutsame politische Erfolge zu erzielen. Als sie im Zuge der Unabhängigkeitswelle der sechziger Jahre in der UN-Generalversammlung die Stimmenmehrheit erlangten, begannen sie, die Menschenrechtsagenda der Organisation zu okkupieren und ihre menschenrechtlichen Auffassungen in Form von Erklärungen und Konventionen geltend zu machen, ja universell festzuschreiben. In den

---

5   Vgl. Jan Eckel: Die Ambivalenz des Guten. Menschenrechte in der internationalen Politik seit den 1940ern, Göttingen 2014, S. 222-244.

6   Vgl. Ullrich Lohrmann: Voices from Tanganyika. Great Britain, the United Nations and the Decolonization of a Trust Territory, Berlin 2007; Meredith Terretta: »We Had Been Fooled into Thinking that the UN Watches over the Entire World«. Human Rights, UN Trust Territories, and Africa's Decolonization, in: Human Rights Quarterly 34 (2012), S. 329-360.

Verhandlungen dieser Jahre verliehen sie dem Menschenrechtsgedanken eine prononciert antikoloniale, gegen Rassendiskriminierung und Apartheid gerichtete, auf die wirtschaftliche »Entwicklung« vormals kolonialer Gebiete zielende Prägung. Indem sie die Menschenrechtsbegriffe westlicher Staaten (weniger der osteuropäischen) immer wieder zurückwiesen und ihre eigenen Vorstellungen auch gegen Widerstände durchsetzten, etablierten sie im Forum der Vereinten Nationen eine symbolische Ordnung, die die ›realpolitischen‹ Machtverhältnisse in der Welt geradezu auf den Kopf stellte. In den Augen vieler afrikanischer oder asiatischer Delegierter waren Menschenrechte deshalb eben keine leeren Worte – sondern ein Sprechakt, mit dem sich die nationale Emanzipation flankieren und der politische Gegner beschämen ließ.[7]

Multikausale Verschiebung: Die Bedeutung der siebziger Jahre

Selbst wenn man dies in Rechnung stellt, macht der Blick auf die Entwicklungen von den vierziger bis in die sechziger Jahre doch deutlich, dass sich die Bewegungsdynamik der Menschenrechtsgeschichte kaum als unwiderstehliche Entfaltung einer Idee, als stetes Fortschreiten eines politischen Prozesses beschreiben lässt. Den gut zwei Jahrzehnten nach Kriegsende kommt eine historische Eigenbedeutung zu, die sowohl in den prinzipiellen Durchbrüchen und menschenrechtspolitischen Neuansätzen als auch in deren begrenzten Auswirkungen liegt. Gerade dieses Doppelgesicht machte die Signatur der frühen internationalen Menschenrechtspolitik aus.

Mithin begann die Menschenrechtsgeschichte zweifellos nicht erst in den siebziger Jahren, wie Samuel Moyn in seinem viel rezipierten Buch »The Last Utopia« argumentiert hat. Doch stellten wiederum die Ansätze der vierziger Jahre auch nicht, wie etwa Jay Winter postuliert, die Grundlegung, die notwendige Voraussetzung der menschenrechtspolitischen Konjunktur dar, die sich in den siebziger Jahren vollziehen sollte.[8] Das galt allenfalls in dem doch eher äußerlichen Sinn, dass nach Kriegsende Institutionen und Dokumente geschaffen wurden, die auch später noch Bestand hatten. Die Motivationen, Formen und Effekte des neuen Schwungs an menschenrechtlichen Aufbrüchen lassen sich dadurch al-

---

7 Vgl. etwa Ndabaningi Sithole: African Nationalism after World War II, 1968, in: Readings in African Political Thought, hg. von Gideon-Cyrus M. Mutiso und S. W. Rohio, Nairobi u. a. 1975, S. 187-197.

8 Samuel Moyn: The Last Utopia. Human Rights in History, Cambridge 2010; Winter und Prost (Anm. 2).

lerdings nicht erklären. Die Geschichte der Menschenrechtspolitik verlief auf eine bestimmte Weise diskontinuierlich: insofern nämlich, als für die globalen Schubphasen, die sich beobachten lassen – in den vierziger, den siebziger und noch einmal in den neunziger Jahren – kurzfristige Vorgeschichten, aktuelle Rahmenbedingungen, situative Anlässe ausschlaggebender waren als jahrzehnte- oder gar jahrhundertealte Traditionen; und insofern, als sich das internationale Menschenrechtsengagement in diesen Phasen jeweils signifikant unterschiedlich ausformte.

Dass die internationale Menschenrechtspolitik in den späten sechziger und den siebziger Jahren ein neues Gewicht erlangte, zeigt sich schon, wenn man nur einige der wichtigsten Neuentwicklungen betrachtet. So begannen zahlreiche westliche Regierungen, den weltweiten Schutz von Menschenrechten zu einem integralen Ziel ihrer Außenpolitik zu erheben; Menschenrechte bildeten auf diese Weise nicht länger ein Sonderthema, mit dem sich die Staaten im Rahmen einiger internationaler Organisationen befassten, sondern sollten fortan grundsätzlich in allen bilateralen Beziehungen mitbedacht werden. Überdies entwickelten Nichtregierungsorganisationen mit dem Aufstieg von Amnesty International und später Human Rights Watch eine neuartige öffentliche Sichtbarkeit und politische Schlagkraft. Eng mit ihren Aktivitäten verbunden, entstand in westlichen Ländern erstmals eine regelrechte Menschenrechtsbewegung. Doch blieben die neuen Impulse keineswegs auf den Westen beschränkt. Über die Konferenz für Sicherheit und Zusammenarbeit in Europa (KSZE) erlangten Menschenrechte auch in Osteuropa eine veränderte Bedeutung. Afrikanische und asiatische Staaten begannen, ein Menschenrecht auf »Entwicklung« einzufordern, um damit die Notwendigkeit grundlegender Reformen der Weltwirtschaftsordnung zu begründen. Damit reagierten sie auf die spezifischen politökonomischen Bedürfnislagen, die in der postkolonialen Ära sichtbar geworden waren. Schließlich entspannten sich einige große, aufsehenerregende transnationale Kampagnen gegen repressive Regime etwa in Südamerika oder Südafrika.

Die für viele Zeitgenossen plötzlich zutage tretende Prominenz der Menschenrechte speiste sich also aus einem Zusammenfluss mehrerer neuer Entwicklungen. Diese vollzogen sich an unterschiedlichen Orten und in ganz unterschiedlichen politischen Kontexten. Auf einen einzigen Grund lässt sich der menschenrechtspolitische Aufschwung der siebziger Jahre mithin nicht zurückführen – ihm lag vielmehr eine ebenso facettenreiche wie multikausale Verschiebung zugrunde. Das Beispiel der Außenpolitik westlicher Staaten vermag das zu illustrieren. Es gehörte zu den folgenreichsten Neuansätzen der Dekade, dass eine Reihe westlicher

Regierungen dazu überging, den Menschenrechtsschutz konzeptionell wie auch institutionell fest in ihrer auswärtigen Politik zu verankern. Dazu gehörte an vorderster Stelle die Regierung Jimmy Carters in den USA (1977-80), deren politische Ambitionen für die globale Ausstrahlung des Menschenrechtsgedankens sicherlich am bedeutsamsten waren. Doch hatte zuvor schon die linkskonfessionelle Regierung unter Joop den Uyl in den Niederlanden (1973-77) eine explizite Menschenrechts-Außenpolitik formuliert, und etwa gleichzeitig bemühte sich darum die britische Labour-Regierung unter James Callaghan (1976-79). Alle drei Regierungen reagierten damit auf öffentlichen Druck. In den drei Ländern waren nämlich seit den späten 60er Jahren lautstarke Protestbewegungen entstanden, die eine Außenpolitik als fehlgeleitet verurteilten, die Beziehungen zu anderen Staaten nur an ihrem strategischen oder ökonomischen Wert bemesse und die Art, wie andere Regierungen mit der eigenen Bevölkerung umgingen, völlig unbeachtet lasse.

Doch war dies lediglich ein Motiv hinter den neuen menschenrechtspolitischen Leitlinien. Darüber hinaus machte sich die unter außenpolitischen Experten in diesen Jahren geradezu ubiquitäre Wahrnehmung geltend, dass die »Interdependenz« im Staatensystem dramatisch zugenommen habe. Aus diesem Blickwinkel ließen sich Unrechtsregime auch in entfernten Regionen nicht länger ignorieren, konnten sie doch die internationale Ordnung als Ganze destabilisieren und somit potentiell den Weltfrieden bedrohen. Mit diesem Interdependenzdenken wiederum verband sich die Überzeugung, der ideologische Wettbewerb zwischen westlicher Demokratie und östlichem Kommunismus sei nicht länger die dominierende Konfliktlinie der Weltpolitik. Jimmy Carter sprach kurz nach Amtsantritt in einer seiner am häufigsten zitierten Formeln von der »inordinate fear of communism«, von der es sich zu befreien gelte.[9] Darin lag sicherlich einer der bemerkenswertesten Umbrüche dieser Jahre, schien hier doch immerhin die Möglichkeit auf, dass sich die westliche Supermacht von lange gehegten außenpolitischen Glaubenssätzen abkehren könnte. Schließlich begriffen die Regierungen in den USA, Großbritannien und den Niederlanden ihre menschenrechtspolitischen Bekenntnisse auch als Teil einer moralischen Erneuerung ihrer Außenpolitik: Der Glaube, dass auswärtiges Handeln das menschliche Wohl im Blick haben müsse, dass es einer idealistischen Grundierung bedürfe, zeichnete sich in den konzeptionellen Überlegungen deutlich ab.

---

9 Jimmy Carter: Address at Commencement Exercises at University of Notre Dame, 22.5.1977, in: Public Papers of the Presidents, Jimmy Carter, Bd. 1977, I, Washington 1977, S. 954-962, hier S. 956.

Viele der Beweggründe, aus denen es westlichen Regierungen geboten erschien, sich um einen internationalen Menschenrechtsschutz zu bemühen, bestimmten auch den Denkhorizont nicht-staatlicher Akteure. Ein ausgeprägtes Verflechtungsbewusstsein, der Wunsch, die manichäische Weltsicht des Kalten Kriegs zu überwinden, eine gesteigerte Sensibilität für »fernes Leid«, das Bedürfnis, Politik moralisch zu grundieren – all dies waren wichtige Triebkräfte des zivilen Menschenrechtsengagements. Zusätzlich wird im Handeln der Menschenrechtsbewegung ein Unterstrom politischer Desillusionierung fassbar: Viele Aktivistinnen und Aktivisten wandten sich dem Menschenrechtsgedanken zu, nachdem weitreichende Ambitionen der Gesellschaftsveränderung, wie sie in den sechziger Jahren in Blüte gestanden hatten, fehlgeschlagen waren. In dem weltweiten Einsatz für Verfolgte und Unterdrückte erkannten sie die Möglichkeit, konkrete, elementare, erfahrbare politische Veränderungen zu bewirken – wenn auch mit vergleichsweise geringer Reichweite. Menschenrechtspolitik stellte aus dieser Sicht ein minimalistisches Programm dar, ein Projekt der Weltverbesserung im Kleinen. Eng damit verbunden war die verbreitete Vorstellung, der Kampf für Menschenrechte sei ein unpolitisches Unterfangen. Analytisch betrachtet handelten Menschenrechtsaktivisten zweifellos in hohem Maße politisch; doch verfolgten sie damit subjektiv den Anspruch, die Trennlinien zwischen den politischen Lagern zu überwinden, den alltäglichen politischen Prozess zu transzendieren, ja Politik schlechthin mit einer höheren moralischen Dignität zu versehen. Diese beiden Bedeutungsschichten, die im zivilen Menschenrechtsengagement zum Vorschein kamen, waren dabei in eigentümlicher Weise systemübergreifend. Die Vorstellung, dass es Menschenrechtspolitik erlaube, an der Umgestaltung konkreter Lebensverhältnisse zu arbeiten und damit einen überpolitischen Standpunkt zu gewinnen, machte sowohl für Amnesty International als auch für osteuropäische Dissidenten einen großen Teil der Attraktivität der neuen Politikform aus, wie unterschiedlich auch die Rahmenbedingungen waren, unter denen sie agierten.

Ambivalente Praxis

Ebenso vielgesichtig wie die Genese dieses neuen Schubs internationaler Menschenrechtspolitik war auch ihre Praxis. Was sich schon seit den vierziger Jahren angedeutet hatte, offenbarte sich in den deutlich weiterreichenden Ausdrucks- und Handlungsformen der siebziger und achtziger Jahre nur um so stärker: dass Menschenrechtspolitik eine höchst ambivalente Politikform darstellte, die von inneren Spannungen durchzogen, zuweilen sogar in sich widersprüchlich war, die neue Dilemmata produzierte und sogar kontraproduktive Folgen haben konnte. In der Domäne der staatlichen Außenpolitik mag dieser Befund weniger überraschen. Doch kennzeichnete er auch den Aktivismus von Amnesty International. Bereits 1961 gegründet, aber zunächst jahrelang marginal, wuchs die von London aus geführte Organisation seit Anfang der siebziger Jahre in rasantem Tempo zu der NGO heran, als die sie auch heute noch bekannt ist. Amnesty verwandelte sich in ein äußerst professionell betriebenes, in vielen Ländern hoch angesehenes, von einer engagierten Massenmitgliederschaft getragenes Politunternehmen. Sein Einsatz war zuvorderst von dem Gedanken beseelt, leidenden Anderen beizustehen. Doch wies er gleichzeitig einen ausgeprägten Selbstbezug auf. Halfen die Aktivistinnen und Aktivisten Menschen in Not, so wollten sie sich dadurch auch selbst symbolisch reinhalten, ja läutern: »[T]he payoff«, so drückte es ein amerikanischer Aktivist 1983 aus, »comes with each small concession for the prisoner and the fact that I,«, as an individual in Stamford, Connecticut, can reach out and affect the present and future of someone far away who has no one to help him«.[10]

Ferner propagierte Amnesty den Gedanken der Universalität: Es wollte Menschenrechte in allen Weltgegenden und unabhängig vom politischen System eines Staates schützen, Menschen jeglicher Herkunft und politischer Orientierung sollten sich seiner Sache verschreiben können. Dabei hatte die Organisation jedoch eine markante kulturelle Schlagseite im Westen. Bis zum Ende des Systemwettbewerbs vermochte Amnesty trotz erheblicher Anstrengungen niemals über den nordamerikanisch-westeuropäischen Raum hinaus Fuß zu fassen; wohl etwa drei Viertel der Mitglieder lebten in vier bis fünf westlichen Ländern. Und auch Amnestys Politikkonzeption war ambivalent: Sie war emanzipierend, mitfühlend, aufrichtig, doch auch vage, reduktionistisch, mystifizierend. In vielen ihrer Berichte und Stellungnahmen behauptete die Organisation, Menschenrechtsverletzungen, zumal Folter oder das »Verschwindenlassen«, hätten gerade jüngst dramatisch zugenommen, ohne dies zu belegen oder zu beziffern – was wohl auch gar nicht möglich gewesen wäre. Staatliche Verbrechen erschienen in Amnestys Publikationen oftmals entkontextualisiert. Politische oder sozioökonomische Ursachen von Gewalt wurden nicht benannt, ob und wie sich Opfer vor ihrer Misshandlung politisch betätigt hatten, blieb ausgespart, obwohl dies doch für das Verständnis

---

10 Vgl. Allia Zobel: The »Conscience of the World«, in: Stamford Weekly Mail, 24.3.1983.

von Verfolgungslogiken einen Unterschied machen musste. Regierungen wurden tendenziell gleichgesetzt, sofern sie sich ähnlicher Repressionsformen bedienten; so konnte in Folterberichten Uganda neben der Bundesrepublik stehen, auch wenn sich analytisch betrachtet Quantität und Qualität der Repressionen doch nicht unbeträchtlich unterschieden.

Schließlich konnten sich die institutionellen Mechanismen, die Amnesty geschaffen hatte und die es zu einer ebenso effizienten wie für viele Menschen glaubwürdigen Organisation machten, verselbständigen und den Aktivismus in ungewollte Richtungen lenken. So stieg in den siebziger Jahren die Zahl lokaler Mitgliedergruppen rasant an, denen man politische Häftlinge zuteilen musste, für die sie sich einsetzen konnten – die »adoptierten Gewissensgefangenen«. Das führte dazu, dass sich das Internationale Sekretariat unwillkürlich auf solche Länder konzentrierte, über die sich vergleichsweise leicht Informationen gewinnen ließen. Nach Lage der Dinge erhielten daher in den siebziger Jahren lateinamerikanische Militärdiktaturen erheblich größere Aufmerksamkeit als repressive Regime in Osteuropa, Afrika und Asien.

Gehörten Ambivalenzen, innere Widersprüche und die Kehrseiten guter Intentionen zu den Grundzügen der menschenrechtspolitischen Formation, die in den siebziger Jahren entstand, so stieß sie auch nach wie vor an Grenzen und blieb in ihrer Reichweite vielfach beschränkt. Selbst in Fällen, in denen sich starke Akteurskoalitionen bildeten, die repressiven Regimen entschlossen entgegentraten, ließen sich schwere Staatsverbrechen zumeist nicht wesentlich eindämmen. Das vielleicht schlagendste Beispiel dafür lieferte die chilenische Militärdiktatur unter Augusto Pinochet. Beginnend mit dem Putsch vom September 1973 riefen die Repressionen des Militärs weltweit scharfe Kritik hervor. Zwar zogen nicht alle, die in den folgenden Jahren im Ausland gegen die Menschenrechtsverletzungen in Chile protestierten, politisch an einem Strang. Das Spektrum der Diktaturgegner war äußerst heterogen – allein die westliche »Solidaritäts«-Bewegung umfasste linke Gruppen unterschiedlicher Ausrichtung, christliche Aktivisten und vermeintlich »unpolitische« Menschenrechtsverfechter; zudem richteten sich westliche sozialdemokratische Regierungen ebenso gegen die chilenische Junta wie kommunistische Staatsführungen in Osteuropa oder die Bewegung der Blockfreien. Nichtsdestoweniger entstand auf diese Weise eine für die Junta um Pinochet äußerst ungünstige internationale Gesamtkonstellation, die die chilenische Militärdiktatur in eines der weltweit am stärksten geächteten Regime der zweiten Jahrhunderthälfte verwandelte.

Die konkreten Folgen, die dies für die Politik der chilenischen Militärs zeitigte, blieben jedoch aufs Ganze betrachtet gering. Zwar vermochten die Menschenrechtsverfechter im Ausland einen phasenweise erheblichen Druck auf die Machthaber aufzubauen, der diese alarmiert darüber nachdenken ließ, wie sie das internationale Image Chiles verbessern könnten. Doch zu mehr als politischen Scheinkonzessionen waren sie zu keinem Zeitpunkt bereit. So beschlossen sie etwa, Häftlinge zu entlassen, aber erst nachdem die Sicherheitsdienste genau geprüft hatten, dass sich keine wichtigen politischen Gegner darunter befanden. Als am Anfang der achtziger Jahre in Chile zum ersten Mal seit dem Putsch von 1973 offene Unruhen ausbrachen, ließ sie das Regime gewaltsam niederschlagen – ohne Rücksicht auf die Konsequenzen, die dies im Ausland nach sich ziehen würde. Auch die Wirkungen des KSZE-Prozesses in Osteuropa waren lange Zeit begrenzt. Bei näherem Hinsehen spricht wenig für die Deutung einiger Historiker, die diesen Prozess als einen entscheidenden subversiven Mechanismus gedeutet haben, welcher gleichsam folgerichtig in den Zusammenbruch der kommunistischen Herrschaft am Ende der achtziger Jahre gemündet sei.[11] Indem die osteuropäischen Regierungen 1975 in Helsinki eine Akte unterzeichneten, die Menschenrechte zu einem verbindlichen Prinzip der internationalen Beziehungen erklärte und eine Reihe sogenannter humanitärer Erleichterungen im zwischenstaatlichen Verkehr über den »Eisernen Vorhang« hinweg vorsah, gaben sie osteuropäischen Dissidentengruppen zweifellos ungewollten Auftrieb. Viele dieser Gruppen hatten schon zuvor begonnen, um gesellschaftliche Freiräume im bleiernen Diktaturalltag zu kämpfen. Doch eröffneten die Vereinbarungen von Helsinki einen zusätzlichen Kanal, um Forderungen an die kommunistischen Regime zu stellen und internationalen Druck auf sie zu erzeugen. Die KSZE-Schlussakte avancierte zu einem wichtigen argumentativen Referenzpunkt, die Folgekonferenzen der späten siebziger und achtziger Jahre eröffneten Dissidenten die Möglichkeit, mit westlichen Diplomaten und Medienvertretern in Kontakt zu treten, und nicht zuletzt richteten nun Politiker und Aktivisten im Westen ihre Aufmerksamkeit in wesentlich höherem Maße auf die Verhältnisse innerhalb der osteuropäischen Staaten. Das alles brachte die politischen Verhältnisse in Bewegung. Dabei waren sich die kommunistischen Machthaber durchaus bewusst gewesen, dass die Zugeständnisse auf der KSZE die innere Stabilität ihrer Herrschaft gefährden könnten. Dies nahmen sie jedoch in Kauf, weil sie den politischen Gewinn, nämlich die multilaterale Anerkennung der Nachkriegsgrenzen, für bedeutender hielten. Außerdem

---

11 Vgl. Daniel C. Thomas: The Helsinki Effect. International Norms, Human Rights, and the Demise of Communism, Princeton/Oxford 2001.

glaubten sie, mit den Oppositionellen im eigenen Lande ohne größere Mühe fertig zu werden. Und damit hatten sie einstweilen recht: In den meisten Ländern nämlich und vor allem in der Sowjetunion selbst, gelang es den Behörden bis Anfang der achtziger Jahre, die Dissidentenbewegungen weitgehend zu zerschlagen. Um diese Zeit hielten es alle Beteiligten für evident, dass der KSZE-Prozess keine Veränderungskraft bewiesen habe.

Dass die kommunistische Herrschaft in Osteuropa knapp zehn Jahre später dann doch implodierte, lässt sich nicht so einfach dem KSZE-Prozess zurechnen. Den Ausschlag gaben Entwicklungen, die nicht kausal mit ihm verknüpft waren. Dazu zählte an allererster Stelle der politische Reformwille Gorbatschows und seiner Berater, der sich zum Teil wiederum aus dem unaufhaltsamen wirtschaftlichen Niedergang speiste, der die Planwirtschaft sowjetischer Prägung seit den siebziger Jahren erfasst hatte. Diesem Reformwillen entsprangen dann politische und wirtschaftliche Veränderungen, die sich bald nicht mehr kontrollieren ließen und das System schließlich sprengten. Wie noch zu schildern sein wird, gewannen Menschenrechtsforderungen in dieser Situation eine nicht länger zu vernachlässigende Bedeutung. Und tatsächlich spielten manche Dissidenten der siebziger Jahre in diesem Geschehen noch einmal eine gewichtige Rolle – in der Tschechoslowakei mehr, wo die Mitglieder der Charta 77 die Transition an herausgehobener Stelle vorantrieben, in der Sowjetunion weniger, wo die älteren Oppositionellen, die zum Teil erst infolge von Gorbatschows Kurswechsel aus der Haft entlassen worden waren, nicht derart prominent in Erscheinung traten, etwas weniger. Überwiegend jedoch handelte es sich bei den Demokratiebewegungen dieser Jahre überall um eine neue Generation von Aktivisten.

Subtile Wirkungen

Und doch wäre es falsch, die internationale Menschenrechtspolitik, wie sie sich seit den siebziger Jahren herausbildete, als zwar populär, aber wirkungslos zu verstehen, als ein weitgehend ohnmächtiges Symbolhandeln, dessen moralpolitischer Gewinn für diejenigen, die es betrieben, größer war als für die, denen damit geholfen werden sollte. Menschenrechtliche Initiativen trugen im Gegenteil dazu bei, dass sich die internationale Politik auf grundlegende und langfristige Art verwandelte. Doch sollte man ihr Wirkungsvermögen weniger in spektakulären Überraschungsmomenten, in nicht-intendierten Unterminierungsleistungen oder in ungeahnten Bumerangeffekten suchen. Viel wesentlicher waren die strukturellen, wenngleich oft subtilen Transformationen, zu denen sie Anlass gaben.

So halfen die Akteure der siebziger und achtziger Jahre, einen Prozess in Gang zu setzen, den man mit einem sperrigen, aber treffenden Begriff als menschenrechtspolitische Fundamentalsensibilisierung bezeichnen könnte. In diesem Zeitraum wurden Menschenrechtsfragen zu einer eigenständigen, vergleichsweise hoch rangierenden Dimension staatlicher Außenpolitik, zum Gegenstand einer distinkten Form des zivilgesellschaftlichen Aktivismus und nicht zuletzt zu einer Kategorie sui generis der Medienberichterstattung. Damit rückten sie nun dauerhaft auf die internationale politische Agenda, ja bisweilen sogar erstmals ins Zentrum der internationalen Politik – die weltweit enorme Resonanz, die die Menschenrechtsverletzungen in Chile, Südafrika oder der Sowjetunion fanden, liefert dafür einen eindrücklichen Beleg. Mit alledem trugen Menschenrechtsverfechter ferner dazu bei, einen öffentlichen Raum zu schaffen, in dem staatliche Verbrechen international wesentlich eingehender beobachtet und ausgiebiger diskutiert wurden, als es jemals zuvor in der Geschichte des modernen Staatensystems der Fall gewesen war.

Diese Prozesse hatten ihren Ursprung in den siebziger Jahren, doch sie bestätigten und vertieften sich gerade in der folgenden Dekade. Vielen Entwicklungen, die sich in den achtziger Jahren vollzogen, kommt für die Menschenrechtsgeschichte des 20. Jahrhunderts eine entscheidende Bedeutung zu, die die historische Forschung bislang noch gar nicht richtig entdeckt hat. Nunmehr gelangten die NGOs der jüngeren Generation wie Amnesty International und das neu gegründete Human Rights Watch auf den Zenit ihrer Effektivität und erreichten ihre maximale gesellschaftliche Durchdringungstiefe. Das wurde nirgends deutlicher als in der von Amnesty forcierten Öffnung des Menschenrechtsengagements zur Popkultur, die in diesen Jahren eine qualitativ neue Dimension erreichte; die sechswöchige, mit zahlreichen Megastars besetzte Popkonzerttournee, die die Organisation 1988 in insgesamt fünfzehn Ländern veranstaltete, besuchte eine Million Musikfans, und bis zu einer Milliarde Menschen sah eine der Fernsehübertragungen. Zudem verwandelte sich in westlichen Staaten das Bekenntnis zu Menschenrechten erst gegen Ende dieses Jahrzehnts in einen prinzipiell nicht mehr angefochtenen, lagerübergreifenden politischen Konsens. Das zeigte sich in den USA, den Niederlanden oder der Bundesrepublik in dem Moment, als konservative Parteien an die Macht gelangten, die die von linken Regierungen installierte Menschenrechts-Außenpolitik zuvor scharf kritisiert hatten, nun aber an deren Leitgedanken festhielten.

Dabei hatten sie zum Teil, wie die Reagan-Regierung, nach dem Macht-wechsel versucht, den menschenrechtspolitischen Ansatz über Bord zu werfen, sich dann aber eines Besseren besonnen; zum Teil gingen sie in der Profilierung ihrer Menschenrechtskonzeptionen sogar weiter als ihre Vorgängerregierungen, wie es sich in der Bundesrepublik in den Regie-rungsjahren Helmut Kohls beobachten ließ. Schließlich entwickelte sich das menschenrechtliche Politikfeld in diesen Jahren zu einem immer weiter gefächerten, immer komplexeren Gebilde, was sich an dem anhal-tenden Wachstum der schieren Zahl von Institutionen, politischen Pro-grammen, internationalen Vereinbarungen und Experten ermessen ließ.

In diesen Verschiebungen lagen wichtige Voraussetzungen dafür, dass die internationale Menschenrechtspolitik am Ende der achtziger Jahre die vergleichsweise größte regimeverändernde Wirkung erreichen konnte, die sie bis dahin erzielt hatte. Denn unter den gewandelten Rah-menbedingungen dieser Phase trugen menschenrechtliche Vorstellungen einen nicht unerheblichen Teil zum Ende der Herrschaft sowohl der chilenischen Militärdiktatur als auch der kommunistischen Führungen in Osteuropa bei. Da nun auch die konservativen Regierungen westlicher Länder von Pinochet forderten, zu Rechtsstaatlichkeit und Demokratie zurückzukehren, verschlechterte sich die internationale Stellung Chiles entscheidend. Gleichzeitig war im Land eine neue, politisch tragfähige Oppositionsbewegung entstanden, nachdem die vormals ideologisch zerstrittenen Gruppen in den gemeinsamen Menschenrechtsforderun-gen eine wichtige Zone des Konsenses entdeckt hatten. Und auch in der Sowjetunion wuchs Menschenrechten, nachdem Gorbatschow den politischen Transformationsprozess einmal eingeleitet hatte, plötzlich eine bedeutsame flankierende Rolle zu. Hier kamen die Wirkungen ebenfalls sowohl von außen als auch von innen. Dass westliche Regie-rungen, und vor allem die amerikanische unter Ronald Reagan, kon-sequent auf menschenrechtliche Verbesserungen bestanden, setzte die sowjetische Führung um Gorbatschow subjektiv unter Zugzwang. Dafür erwiesen sich nun auch die KSZE-Konferenzen als ein wichtiges Forum. Zudem eigneten sich die osteuropäischen Demokratiebewegungen den Menschenrechtsgedanken an und erhoben ihn zu einem wesentlichen Element ihrer Reformagenda. Die Untergangsdynamik, von der die kommunistische Supermacht geradezu rasant erfasst wurde, beförderte dies vielleicht nicht in nennenswertem Maße. Doch bildeten menschen-rechtliche Vorstellungen in den letzten Jahren der Sowjetunion sowie in den Jahren der demokratischen Transition für viele politische Aktivisten einen herausgehobenen politischen Fluchtpunkt.

JAN ECKEL

Keine große Erzählung

Überblickt man die Geschichte der internationalen Menschenrechts-politik seit den vierziger Jahren abschließend noch einmal im Zusammenhang, so enthüllt sie sich als ein vielfältig determiniertes Ensemble von Prozessen. Diese waren ihrer Form nach polyzentrisch, da in jeder Phase und jedem Konflikt Akteure an unterschiedlichen Orten das menschenrechtspolitische Geschehen formten. Sie entfalteten sich in Schüben. In ihrem Zentrum stand eine denkbar deutungsoffene Idee, die auf stark abweichende, oft kontroverse Weise angeeignet werden konnte. Und diese Idee schlug sich in einer ambivalenten Praxis nieder, von der oftmals schwierig fassbare, wenngleich folgenreiche Effekte ausgingen.

Die Geschichte einer solchen Politikformation erscheint schlecht geeignet, den Stoff für eine große Gegenerzählung abzugeben, mit der man die Destruktivkräfte des Jahrhunderts kontrastieren könnte wie das Böse mit dem Guten. Die verborgene Geschichte einer alternativen Weltordnung ans Tageslicht zu bringen, vermag der historische Rückblick nicht. Für all das war die internationale Menschenrechtspolitik, als ein Ganzes betrachtet, zu stark in sich gebrochen, zu widersprüchlich und oftmals eben auch zu erfolglos. Die Welt vom Übel zu befreien, gelang ihr ohnehin nicht, und das war, wie gezeigt, ja auch niemals der Anspruch ihrer Proponenten. Die Chance jedoch, dass staatliche Gewaltakte an die Öffentlichkeit gelangten; dass sie als illegitim, als Verbrechen verstanden wurden; dass sie Helfer auf den Plan riefen, die sich vielfältiger Mittel bedienten, um dagegen einzuschreiten – diese Chance nahm im Lauf der zweiten Jahrhunderthälfte zu. Das schlägt zu Buche – ob man es nun mit Blick auf die Leidensgeschichte des Säkulums für viel oder für wenig hält.

Die Entwicklungen seit dem Ende des Systemkonflikts erscheinen in vielen Bereichen wie ein weiterer Beleg für diese Deutung – soviel sei abschließend noch skizziert. Die frühen und mittleren neunziger Jahre dürften den Moment dargestellt haben, an dem Menschenrechte ihre absolut gesehen größte öffentliche Prominenz erlangten. Symbolisch dafür stand die Wiener Menschenrechtskonferenz von 1993, auf der sich 171 Staaten – fast alle, die es gab – zur universellen Geltung der Menschenrechte bekannten. Nahezu gleichzeitig jedoch vollzogen sich im zerfallenden Jugoslawien und in Ruanda massenhafte Morde, die die internationale Gemeinschaft erst spät oder gar nicht aufzuhalten versuchte. Zudem erreichte die Absage an den Menschenrechtsgedanken mit der neuen Kritik, die China und einige südostasiatische Staaten an ihm formulierten, einen neuen Höhepunkt rhetorischer Schärfe. Und auch die

302

Geschichte der humanitären Interventionen, die die Vereinten Nationen Anfang der neunziger Jahre wiederbelebten, war von prekären und oft richtungslos erscheinenden Wechselbewegungen geprägt. Sie führen bis in unsere Tage. Nach den Massenmorden in Ruanda 1994 und in Srebrenica 1995 erschienen humanitäre Interventionen vielen Kommentatoren als das wichtigste Instrument einer neuen Weltgerechtigkeit; nach dem Irak-Krieg von 2003 und dem langwierigen, aber erfolglosen NATO-Einsatz in Afghanistan hingegen gerieten sie weithin in Misskredit, weil sie mehr Gewalt zu erzeugen als zu verhindern schienen.

Mit Blick auf die aktuelle Terrorherrschaft des Islamischen Staats hat sich das politische Klima erneut gewandelt. Gleichwohl ist von dem zuversichtlichen Glauben, mit militärischen Mitteln eine relativ leichte Wende zum Besseren herbeiführen zu können, der am stärksten die NATO-Intervention im Kosovo 1999, aber auch noch den Einsatz in Libyen 2011 prägte, kaum mehr etwas geblieben. Bezeichnenderweise haben westliche Regierungen jüngst, um Militärschläge im Irak oder Syrien zu rechtfertigen, viel stärker auf sicherheitspolitische Argumente zurückgegriffen als auf moralische oder humanitäre – was mehr an den Diskurs der vierziger Jahre erinnert als an den der siebziger oder neunziger.

Dieses Beispiel zeigt schließlich auch, wie die Geschichte seit dem Zweiten Weltkrieg insgesamt, dass internationale Menschenrechtspolitik ein historisches Produkt darstellt, das sich wandelt; und wie offen daher die Frage ist, wohin die Reise in der Zukunft geht. Dieser Schluss entspringt nicht lediglich der notorischen Zurückhaltung des Historikers, der sich gleichsam berufsmäßig davor scheut, Prognosen abzugeben. Dieser Schluss ist auch eine notwendige Dosis historischen Relativismus' in einer anhaltenden Diskussion über Werte, die viele für ewig und unantastbar halten.

Auswahlbibliographie

Eckel, Jan: Die Ambivalenz des Guten. Menschenrechte in der internationalen Politik seit den 1940ern, Göttingen 2014.

Eckel, Jan und Moyn, Samuel (Hg.): Moral für die Welt? Menschenrechtspolitik in den 1970er Jahren, Göttingen 2012.

Hoffmann, Stefan-Ludwig (Hg.): Moralpolitik. Geschichte der Menschenrechte im 20. Jahrhundert, Göttingen 2010.

Iriye, Akira, Goedde, Petra und Hitchcock, William I. (Hg.): The Human Rights Revolution. An International History, New York 2012.

Moyn, Samuel: The Last Utopia. Human Rights in History, Cambridge 2010.

Keys, Barbara J.: Reclaiming American Virtue. The Human Rights Revolution of the 1970s, Cambridge 2014.

Klose, Fabian: Menschenrechte im Schatten kolonialer Gewalt. Die Dekolonisierungskriege in Kenia und Algerien 1945-1962, München 2009.

Peter, Matthias und Wentker, Hermann (Hg.): Die KSZE im Ost-West-Konflikt. Internationale Politik und gesellschaftliche Transformation 1975-1990, München 2012.

Rock, Philipp: Macht, Märkte und Moral. Zur Rolle der Menschenrechte in der Außenpolitik der Bundesrepublik Deutschland in den sechziger und siebziger Jahren, Frankfurt am Main u. a. 2010

Snyder, Sarah: International Human Rights Activism and the End of the Cold War. A Transnational History of the Helsinki Network, Cambridge 2011.

Winter, Jay und Prost, Antoine: René Cassin and Human Rights. From the Great War to the Universal Declaration, Cambridge 2013.

Zeit-Verhältnisse

Das Gedächtnis des 20. Jahrhunderts

MARTIN SABROW

Den Charakter der Jahre zwischen 1900 und 2000 prägte nicht nur ihr Weg nach vorn, sondern auch ihr Blick zurück. Die Suche nach übergreifenden Entwicklungstrends dieses Zeitalters wäre unvollständig, wenn sie neben seiner Stellung zu Gegenwart und Zukunft nicht auch ihr Bild der Welt von Gestern einschlösse, wenn sie nicht nach den Wahrnehmungshorizonten fragen würde, in denen die Zeitgenossen sich Rechenschaft über die Vorzeit ablegten. Wie sich eine Gegenwart auf ihre Vergangenheit bezieht, unterliegt keinen geringeren Veränderungen als ihr Umgang mit den Herausforderungen der Zukunft. Auch die deutsche Gesellschaft des 20. Jahrhunderts verfügte über charakteristische Anschauungen und Denkmuster, in denen sie sich ihrer Gewordenheit vergewisserte. Aber im Unterschied zu anderen Zeitaltern unterlag die Vergangenheit in der Abfolge der Herrschaftsformen und Ordnungssysteme zwischen 1900 und 2000 einer unaufhörlichen Neugestaltung, die sich in ihrer Tiefe und Radikalität von allen früheren Zeitaltern unterscheidet. Pointiert gesagt: Die Veränderlichkeit der Vergangenheit ist eine der charakteristischsten Signaturen des 20. Jahrhunderts. Wie beweglich sich in ihm die Beziehung von Heute und Gestern in den Augen der Zeitgenossen gestaltete, soll im Folgenden skizzenhaft beleuchtet werden.

Der Niedergang des historischen Fortschrittsdenkens um 1900

Tatsächlich war die Vergangenheit bereits um die Jahrhundertwende und weit vor der Auflösung der tradierten politischen und sozialen Ordnungen in Bewegung geraten. Friedrich Nietzsche zuerst hatte in seinem von ihm unter »Unzeitgemäße Betrachtungen« subsumierten Aufsatz »Vom Nutzen und Nachteil der Historie für das Leben« 1874 die kulturkritische These entwickelt, »dass ein Übermaß der Historie dem Lebendigen schade«, und die ›historische Krankheit‹ einer die Gegenwart überwölbenden und sie entkräftenden Vergangenheit mit den Heilmitteln des Unhistorischen (also des Vergessens) – und des Überhistorischen (also des Erhabenen) zu bekämpfen empfohlen.[1] Bevor

---

1 Friedrich Nietzsche: Unzeitgemäße Betrachtungen, Zweites Stück: Vom Nutzen

noch mit Ernst Troeltsch von der »Krise des Historismus« die Rede war, hatte eine schleichende Umwälzung des Geschichtsbewusstseins eingesetzt, die alle gesellschaftlichen Bereiche der Beziehung von Heute und Gestern umfasste. Sie trat in Architektur und Städtebau ebenso zutage wie im Denkmalschutz und in der Geschichtsschreibung. Inspiriert vom Aufschwung der Kulturgeschichtsschreibung, erweiterte sich die zuvor auf Objekte von höchstem historischem und ästhetischem Rang beschränkte Vorstellung der erhaltenswerten Vergangenheit auf die Zeugen der vorindustriellen Gesellschaft überhaupt.[2] Damit einher ging die entstehende Heimatbewegung, die die im 19. Jahrhundert allenthalben entstandenen Geschichtsvereine an Zulauf rasch überholte. Sie kündete vom Willen, »die fortwährende Lebendigkeit der heimatlichen Gemeinschaft zu dokumentieren«,[3] und machte so einen Paradigmenwechsel der Jahrhundertwende sichtbar, der den Blick auf das Gestern insgesamt betraf. Er bestand in der allmählichen, wenn auch keineswegs einheitlichen Zurückdrängung einer historistischen Vergangenheitsanschauung, die bei überwiegend staats- und ideengeschichtlicher Fixierung von der individuellen Verschiedenheit der geschichtlichen Phänomene ausgegangen war, die es in ihrer Entwicklung zu erklären gelte, und in ihrem Objektivitätsideal jeder tagespolitischen Nutzung ablehnend gegenüberstand.

Dieses Rationalitätsideal der historistischen Schule wurde seit dem Ende des 19. Jahrhunderts immer stärker durch einen Denkstil herausgefordert, der für sich in Anspruch nahm, nicht mehr auf »fragwürdige Objektivität« zu zielen, sondern die »Gesamtintuition« im Sinne einer »einheitlichen Schau des Ganzen« pries.[4] Wohl behauptete die akademische Geschichtswissenschaft ihre fachlichen Standards und diskreditierte in der berühmten Lamprecht-Below-Kontroverse den umfassenden Deutungsanspruch einer weniger empiristisch als vielmehr intuitiv geprägten Geschichtssicht und mit ihr den Angriff der Kulturgeschichte auf die etatistische Politikgeschichte insgesamt nachhaltig. Aber im populären Geschichtsbewusstsein fand ganz im Gegenteil das von Nietz-

und Nachteil der Historie für das Leben, in: ders., Werke, hg. v. Alfred Baeumler, Erster Band, Leipzig 1930, S. 95-195, hier S. 111.

2   Winfried Speitkamp: Eigentum, Heimatschutz und Denkmalpflege in Deutschland seit dem ausgehenden 19. Jahrhundert, in: Eigentum im internationalen Vergleich (18.–20. Jahrhundert), hg. von Hannes Siegrist und David Sugarman, Göttingen 1999, S. 209-224, hier S. 212.

3   Ebd., S. 213.

4   Erich von Kahler: Der Beruf der Wissenschaft, Berlin 1920, S. 40 und 14. Vgl. Wolfgang Hardtwig: Die Krise des Geschichtsbewußtseins in Kaiserreich und Weimarer Republik und der Aufstieg des Nationalsozialismus, in: Jahrbuch des Historischen Kollegs 2001, S. 47-75, hier S. 52.

sche vorgedachte Ideal einer »historische[n] Bildung« breiten Anklang, die »vielmehr nur im Gefolge einer mächtigen neuen Lebensströmung, einer werdenden Kultur zum Beispiel, etwas Heilsames und Zukunft-Verheißendes« besitze. Geschichte war in diesem Denken nur mehr dann als Schlüssel zum Weltverständnis von Wert, »wenn sie von einer höheren Kraft beherrscht und geführt wird und nicht selber herrscht und führt«.[5] Entsprechend nahm die populäre Geschichtsliteratur im Wilhelminischen Kaiserreich breiten Aufschwung und ebenso die Verbreitung von großen Synthesen, die die Weltgeschichte einer aus wenigen Prinzipien gebildeten Gesamtschau unterwarfen.

Das neue, stärker an Helden und Mythen als an Empirie und Objektivität ausgerichtete Geschichtsdenken war zugleich national gesinnt, und es beflügelte den »Denkmalsboom« des Kaiserreichs durch eine wachsende Aufmerksamkeit für den Volkshelden, der mehr und mehr an die Seite des tradierten Staatshelden monarchischer Provenienz trat: Bismarck-Türme und -Säulen, aber auch Turnvater-Jahn-Denkmäler ergänzten in einer neuerlichen Denkmalswelle den Pantheon nationaler Helden, der vordem vor allem vom fürstlichen Staats- und Schlachtenlenker einerseits, den Krieger- und Siegesdenkmälern der Reichseinigungskriege andererseits, bevölkert worden war.[6] Für die Berliner Villenkolonie Grunewald schuf der Bildhauer Max Klein 1897 sogar eine Figur des Reichskanzlers in Zivil mit Schlapphut und Dogge, und auch ein Leipziger Denkmal präsentierte Bismarck hundeführend im Zivilmantel – die wachsende Geschichtsbewegung stellte dem Wilhelm-Mythos »von oben« einen Bismarck-Mythos »von unten« an die Seite und zunehmend auch entgegen. Zu einer demonstrativen Zeitenwende geriet 1913 die Einweihung des Leipziger Völkerschlachtdenkmals zur Erinnerung an den siegreichen Kampf gegen Napoleon, an der sich hunderttausende Bürger als Gäste und Mitwirkende beteiligten, während die eingeladenen Repräsentanten der Monarchie mit Wilhelm II. an der Spitze in so demonstrativer Kühle begrüßt wurden, dass die Enthüllungsfeier fast zum Skandal geriet.[7]

5 Nietzsche (Anm. 1), S. 111.
6 Wolfgang Hardtwig: Der Bismarck-Mythos. Gestalt und Funktionen zwischen politischer Öffentlichkeit und Wissenschaft, in: Politische Kulturgeschichte der Zwischenkriegszeit 1918-1939, hg. von Wolfgang Hardtwig, Göttingen 2005, S. 61-90; Wilfried Speitkamp: Kollektives Gedächtnis und politische Denkmäler, in: Deutsche Erinnerungslandschaften Rudelsburg-Saaleck, Kyffhäuser. Protokollband der wissenschaftlichen Tagungen 14.-16. Juni 2002 in Bad Kösen und 13.-15. Juni 2003 in Bad Frankenhausen, Halle 2004, S. 139-152.
7 Volker Rodekamp: Die Jubiläen der Völkerschlacht von Leipzig 1913 und 2013, in: Historische Jubiläen, hg. von Martin Sabrow, Leipzig 2015, S. 57-70.

Ähnliche Tendenzverschiebungen weg von der Demonstration kalter Größe hin zur Bekundung gefühlter Volksnähe zeigten sich auch anderswo. In der Baukunst ließ der wachsende Widerstand gegen die Beliebigkeit historischer Anleihen in den Neo-Stilen der Fassadenbaukunst eine Reformarchitektur entstehen, die auf einfache Formen und regionale Traditionen setzte und dem kalten Schwulst wilhelminischer Großbauten das Credo der Einfachheit und Sachlichkeit entgegensetzte. Die Bauten des Historismus galten in dieser die politischen Zäsuren von 1918 und 1933 überdauernden Sicht nur mehr als »Verhunzungen der alten charakteristischen und künstlerischen Stadtgebilde«, die »von allen einsichtigen und künstlerisch verständigen Menschen tief beklagt werden und im Vergleich mit den alten Städtebildern einen kulturellen Niedergang darstellen«.[8] Selbst in der repräsentativen Herrschaftsarchitektur setzte sich dieser Trend durch, der die malerische Schönheit an die Stelle imitativer Historizität setzte: Als gewollte Kontrapunkte etwa zum ausladenden Neobarock von Dom und Kaiser-Wilhelm-Gedächtnis-Kirche in Berlin, aber auch als deutliche Gegenbilder zu der 1901 bis 1908 in freier Phantasie nachgebauten Hochkönigsburg im Elsass errichtete Paul Schultze-Naumburg mit Cecilienhof in Potsdam am Ende der wilhelminischen Friedensepoche den letzten Schlossbau der Hohenzollern ganz im englischen Landhausstil, und im selben Denkstil hatte einige Jahre zuvor sich wegen seiner jüdischen Herkunft als sozialer Außenseiter empfindende Unternehmer Walther Rathenau Schloss Freienwalde im Osten Berlins aus dem Besitz der preußischen Krone erworben, um es mit puristischer Sorgfalt im anmutig-zurückhaltenden Frühklassizismus seiner Erbauungszeit zu restaurieren und einzurichten, der noch nichts von der bombastischen Dekorgewalt des Neohistorismus ahnen ließ.

Hinter diesen Veränderungen stand eine tektonische Verschiebung der von François Hartog als »régimes d'historicité« gefaßten Relation von Vergangenheit, Gegenwart und Zukunft, die mit der übergreifenden Krise des Fortschrittsdenkens seit dem ausgehenden 19. Jahrhundert einherging und über die bekannten politischen und herrschaftsgeschichtlichen Zäsuren des frühen 20. Jahrhunderts hinausgreift. Von den 1880er bis zu den 1930er Jahren spannt sich, so der überzeugende Deutungsansatz Anselm Doering-Manteuffels, ein »Zeitbogen«, der »den liberalen Fortschrittsgedanken zugunsten eines Ausstiegs aus der Geschichte

---

8 So der österreichische Kunstschriftsteller August Lux 1908. Zit. n. Wolfgang Sonne: Stadterhaltung und Stadtgestaltung. Schönheit als Aufgabe der städtebaulichen Denkmalpflege, in: Werte. Begründungen der Denkmalpflege in Geschichte und Gegenwart, hg. von Hans-Rudolf Meier, Ingrid Scheurmann und Wolfgang Sonne: Berlin 2013, S. 158-179, hier S. 161.

[...] suspendiert«.[9] Die antihistoristische Bewegung verabschiedete sich vom Glauben an eine historische Aufwärtsentwicklung zugunsten einer charakteristischen Endzeiterwartung, die Oswald Spengler 1922 in die griffige Formel vom »Untergang des Abendlandes« goss. Deren populäre Attraktivität hatte auf dem Gebiet der historischen Belletristik schon Felix Dahns Epos über den Zerfall des Gotenreichs »Ein Kampf um Rom« von 1876 erkennen lassen, und er wurde in dem den »Geist des Ganzen« beschwörenden Manifest der Antimoderne fassbar, das Julius Langbehn unter dem Titel »Rembrandt als Erzieher« 1890 veröffentlichte und das es bis 1922 auf fünfzig Auflagen brachte.[10]

Das im 19. Jahrhundert vorherrschende lineare Zeitmodell, das Geschichte als wenngleich immer wieder auch retardierende oder katastrophisch unterbrochene Höherentwicklung begriff, büßte zwischen 1880 und 1930 seine im Halbjahrhundert zuvor weitgehend unangefochtene klassenübergreifende Geltung mehr und mehr ein. Unangetastet blieb es vor allem in der sozialistischen Arbeiterbewegung, während in der Mitte der Gesellschaft ein zyklisches Zeitverständnis an Popularität gewann, das Geschichte als eine unvermeidbare Folge von Auf- und Abstiegen begriff. In der »Krise des historistischen Zeitparadigmas« und im »Aufbrechen des geschichtlichen Entwicklungskontinuums«, wie Wolfgang Hardtwig diesen Wandel der herrschenden »Zeit-Verhältnisse« genannt hat,[11] fanden andersartige Zeitvorstellungen immer stärkeren Anklang. Die Entmächtigung der historischen Linearität gab den Blick frei für das Konzept der historischen Ungleichzeitigkeit und ebenso für das Empfinden des Zeitstillstands, wie ihn Hans Castorp im alles verschluckenden Schnee von Thomas Manns »Zauberberg« erlebte. Vor allem aber gab das Auslaufen des historischen Fortschrittsdenkens der Vorstellung Raum, am Ende einer historischen Epoche zu stehen, die unaufhaltsam auf ihren Zerfall zusteuere. Dieses Ende kam für die Zeitgenossen des frühen 20. Jahrhunderts mit dem Ersten Weltkrieg, der von den einen als endliche Befreiung aus lähmendem Stillstand und von den anderen als unausweichliches Verhängnis begriffen wurde.

---

9 Anselm Doering-Manteuffel: »Ein an die Wand genageltes Symbol«. Ein Gespräch über Zäsuren, Zeitbögen, die Krise des Fortschritts und den Neoliberalismus, in: INDES. Zs. für Politik und Gesellschaft 5 (2016), H. 1, S. 7-20, hier S. 13; S. auch: ders., Die deutsche Geschichte in den Zeitbögen des 20. Jahrhunderts, in: Vierteljahrshefte für Zeitgeschichte 62 (2014), H. 3, S. 321-348.

10 Hardtwig (Anm. 4), S. 49.

11 Ebd., S. 60 u. 62.

Die zerklüftete Erinnerungslandschaft der Weimarer Republik

Als der vorausgeahnte Niedergang mit der im November 1918 besiegelten Kriegsniederlage tatsächlich eintrat, schien das geschichtliche Niedergangsdenken seine Bestätigung durch die Wirklichkeit selbst erfahren zu haben. Nur die radikale Linke forderte nach der rasch verebbten Novemberrevolution eine republikanische Säuberung des kollektiven Gedächtnisses von den Relikten der gestürzten Monarchie. Aber die während der bürgerkriegsähnlichen Auseinandersetzungen in der frühen Weimarer Republik hier und da aufflackernde Empörung gegen monarchische Symbole und Hoflieferantenschilder versandete rasch wieder angesichts eines Zeitgeistes, der den Zeugnissen der besseren Vergangenheit mehr Wert beimaß als den Versprechungen einer besseren Zukunft. Für die breite Mehrheit der deutschen Gesellschaft verklärte sich die Zeit vor 1914 zu einem verlorenen Paradies, das im Traditionshaushalt der Zwischenkriegszeit ebenso sorgsam gepflegt wie die vermeintlich Schuldigen an der Vertreibung aus ihm verfolgt wurde.

Dieses Denkmuster verband nach 1918 in eigentümlicher Gemeinschaft Anhänger und Gegner der jungen Republik. Im Rückblick wollte etwa der Industrielle und Intellektuelle Walther Rathenau schon zu Beginn des 20. Jahrhunderts als Verantwortlichen für den Richtungswechsel vom Aufstieg zum Verfall den Kaiser selbst ausgemacht haben, dem er im Februar 1900 über die wirtschaftliche und militärische Bedeutung der Elektrochemie vorgetragen hatte:

»Ein Freund fragte nach dem Eindruck der Erscheinung und des Gesprächs. Ich sagte: ein Bezauberer und ein Gezeichneter. Eine zerrissene Natur, die den Riß nicht spürt; er geht dem Verhängnis entgegen. Der Mann, dem ich dies in der höchsten Blüte der wilhelminischen Ära sagte, ein Kenner der Menschen, erstaunte nicht und hat in der langen Glanzzeit bis zum Kriege mir das Wort nicht vorgehalten. Als der Krieg begann, begegneten wir uns, beide vom schlimmen Ausgang überzeugt. Abermals widersprach er mir nicht, als ich sagte: ›Nie wird der Augenblick kommen, wo der Kaiser, als Sieger der Welt, mit seinen Paladinen auf weißen Rossen durchs Brandenburger Tor zieht. An diesem Tage hätte die Weltgeschichte ihren Sinn verloren. Nein! Nicht einer der Großen, die in diesen Krieg ziehen, wird diesen Krieg überdauern.‹«[12]

---

12 Walther Rathenau: Der Kaiser, in: ders.: Schriften aus Kriegs- und Nachkriegszeit, S. 283-338, hier S. 305.

Im antirepublikanischen Geschichtsdenken hingegen wurde dieser Satz zu einem kraftvollen Treibstoff der Dolchstoßlegende, mit der die geschlagene Nation ihre Kriegsniederlage zu bewältigen suchte. Im November 1919 berief Erich Ludendorff sich vor dem Untersuchungsausschuss des Reichstages zur Klärung der Kriegsschuld auf Rathenaus Worte, um die Kriegsniederlage durch Verrat zu begründen:

»Zu meinem Bedauern bin ich auch gezwungen, noch eine zweite Äußerung zu tun. Ich muß einen Ausspruch Walther Rathenaus wiedergeben, in dem er etwa sagt, an dem Tage, wo der Kaiser als Sieger mit seinen Paladinen auf weißen Rossen durch das Brandenburger Tor einziehen würde, hätte die Weltgeschichte ihren Sinn verloren. Es waren also Strömungen im Volke vorhanden, die nicht die Ansicht der Obersten Heeresleitung vertraten, daß wir auf den Sieg kämpfen müßten, und diesen Strömungen mußten wir Rechnung tragen.«[13]

Die Legende vom Dolchstoß, den die durch die Wühlarbeit der Umsturzparteien verbreitete Kriegsmüdigkeit der kämpfenden Truppe versetzt habe, war allerdings älter als Hindenburgs so berühmte wie verhängnisvolle Aussage vor dem Reichstagsausschuss im November 1919, in der der vernommene Heerführer sich auf das angebliche Zeugnis eines englischen Generals berief, dass die deutsche Armee »von hinten erdolcht worden« sei.[14] Schon am 26. Oktober 1918 fanden sich in der Presse Klagen über die »zusammengebrochene Heimatfront«, und selbst Friedrich Ebert feierte am 10. Dezember 1918 die heimkehrenden Truppen als ›im Felde unbesiegt‹. Doch erst im Verlaufe des Jahres 1919 und mit der Enttäuschung über den versagten »Wilson-Frieden« entfaltete diese Behauptung ihre ganze zerstörerische Kraft, als sie auf ein durch die Welle von rechts dramatisch verändertes Meinungsklima traf. Die Dolchstoßlegende wurde zum historischen Mythos, der ein geschlossenes Deutungsmodell für die unverarbeitete Niederlage bereithielt und die Verantwortung für den deutschen Sturz in die Ohnmacht den »Novemberverbrechern« und »Umsturzparteien« der Linken und der Mitte auflud.

Der Wert der Vergangenheit bemaß sich im nationalen Denken der Weimarer Zeit nach ihrer Wirkungsmacht als Mythos nach innen und als geschichtspolitische Waffe nach außen. Zur Widerlegung der mit dem Versailler Vertrag kodifizierten Kriegsschuldbehauptung der Alli-

---

13 Zit. n. Harry Graf Kessler: Walther Rathenau. Sein Leben und sein Werk, Wiesbaden o. J. (1962), S. 287.

14 Hindenburgs Aussage vor dem Untersuchungsausschuß des Reichstages. 18. 11. 1919, Vossische Zeitung, 18. 11. 1919, Abend-Ausgabe.

ierten entstand auf Betreiben der Reichsregierung das Reichsarchiv, das rasch zu einer nachgeordneten Einrichtung des Wehrministeriums wurde und eine faktische Fortsetzung der Kriegsgeschichtlichen Abteilung des Großen Generalstabs bildete. Auch der sozialdemokratische Wehrminister Gustav Noske soll nach einer allerdings zweifelhaften Quelle diese Indienstnahme der Weltkriegsforschung die nationale Wiederaufrichtung für geboten gehalten haben: »Das deutsche Volk ist heute national so verlumpt, daß alles geschehen muß, um es vor allem national wiederaufzurichten. Durch nichts kann dies wirksamer erreicht werden, als durch die Belebung der stolzen soldatischen Erinnerungen aus dem Weltkriege.«[15]

Wenngleich sich die akademische Geschichtswissenschaft von solch ungenierter Indienstnahme freizuhalten bemühte, beteiligte sie sich doch mit ihren Kräften an der Revision von Versailles. Führende Fachhistoriker lieferten die historische Munition gegen die »Kriegsschuldlüge« und für die Dolchstoßlegende, die die deutsche Geschichtswissenschaft nach 1918 mit allen ihren Kräften zu untermauern versuchte. Hinter diesen Auseinandersetzungen aber verbarg sich ein historisches Denkmodell, das Kriegsniederlage, Novemberrevolution und Republikgründung zuallererst verfallsgeschichtlich einordnete. Nicht nur Monarchisten fanden sich in dem 1921 von Erich Marcks vorgetragenen Satz wieder: »[...] die Vergangenheit ist unser sicherer Besitz. Wir wollen und wir werden sie uns nicht rauben lassen.«[16] Auch ein »Vernunftrepublikaner« unter den Historikern wie Friedrich Meinecke wollte schon im Oktober 1918 – vier Jahre vor Oswald Spengler – »das Wort vom drohenden ›Untergang des Abendlandes‹« in den Mund genommen haben und erinnerte sich noch zwanzig Jahre später des ihn beherrschenden Verlustgedankens, der ihn am Vorabend der Republikproklamation in Berlin bei einem Beethoven-Konzert bedrängt habe: »Meine Empfindung aber war: Wir haben die letzten Klänge einer untergehenden schöneren Welt eben gehört.«[17] So galt auch für Meinecke, was der politisch rechtsstehende, aber wegen seines jüdischen Großvaters rassisch verfolgte Historiker Hans Herzfeld nach dem Zweiten Weltkrieg seiner eigenen »Generation deutscher Geschichtsschreibung« insgesamt attestierte: »Sie wollte Geschichtsschreibung sein, die die Instanz der Vergangenheit gegen

15 Zit. n. Markus Pöhlmann: Kriegsgeschichte und Geschichtspolitik: Der Erste Weltkrieg. Die amtliche deutsche Militärgeschichtsschreibung 1914-1956, Paderborn u. a. 2004, S. 75.
16 Zit. n. ebd., S. 101.
17 Friedrich Meinecke: Strassburg/Freiburg/Berlin 1901-1919, Stuttgart 1949, S. 257.

eine bedrohliche Gegenwart und eine düster genug sich abzeichnende Zukunft aufrief.«[18]

Unter diesen Vorzeichen bildete sich in der ersten deutschen Nachkriegszeit keine parteiübergreifende Gedenk- und Trauergemeinschaft aus, sondern eine zerklüftete Erinnerungslandschaft, die von der völligen Verdrängung der Kriegs- und Leiderfahrung bis zur aggressiven geschichtspolitischen Mobilisierung, von der pazifistischen Verfemung bis zur bellizistischen Mythisierung des Kriegserlebnisses reichte. Dabei dominierte in den ersten Nachkriegsjahren ein eigentümliches Desinteresse an authentischen Schilderungen. Die Konjunktur der Fronterinnerungen setzte erst zum zehnten Jahrestag 1924 ein, der eine Zäsur im Umgang mit dem Weltkrieg markierte. Reichspräsident und Reichskanzler nutzten das Jubiläum für einen Aufruf, endlich die Kriegstoten durch ein reichsweites Erinnerungszeichen zu ehren. Dazu kam es allerdings nicht. Nach der feierlichen Grundsteinlegung für ein Ehrenmal am Ort der Schlacht von Tannenberg in Ostpreußen am 31. August 1924 konkurrierten jahrelang weitere nationale Gedenkplanungen etwa im Westen für eine Toteninsel bei Lorch im Rhein und in der Mitte Deutschlands für einen Heiligen Hain bei Bad Berka in Thüringen. Es blieb am Ende Hitler vorbehalten, die 1927 von Hindenburg eingeweihte Denkmalsanlage von Tannenberg 1935 zum Reichsehrenmal zu erheben, nachdem in der Spätphase der Weimarer Republik die preußische Regierung im Alleingang die Neue Wache in Berlin zum Ehrenmal für die Gefallenen des Weltkriegs erklärt hatte.

Die gespaltene Erinnerung an die Frühgeschichte des 20. Jahrhunderts illustriert in prägnanter Weise der Skandal, den der Vorschlag des Heidelberger Hochschullehrers Emil Julius Gumbel nach sich zog, ein in Heidelberg geplantes Kriegerdenkmal zum Gedenken an den mörderischen Hunger während des Krieges mit einem Symbol des zivilen Leidens statt des militärischen Triumphes zu krönen. Gumbel bezahlte seine auf grelle Empörung stoßende Ansicht, für ein Kriegsdenkmal sei »eine leicht bekleidete Jungfrau mit der Siegespalme in der Hand« weniger angemessen als »eine einzige große Kohlrübe«, bereits 1932 mit dem Entzug der Lehrerlaubnis. Auf eine tief gespaltene Aufnahme traf auch Erich Maria Remarques 1928 zuerst in Fortsetzungen in der *Vossischen Zeitung* veröffentlichter Kriegsroman »Im Westen nichts Neues«, der mit seinen zentralen Botschaften von der Sinnlosigkeit des Krieges, dem Elend des Kriegsalltags und der Unvermeidlichkeit der Niederlage ein Bestseller

18   Hans Herzfeld: Staat und Nation in der deutschen Geschichtsschreibung der Weimarer Zeit, in: ders.: Ausgewählte Aufsätze, Berlin (W) 1962, S. 49-67, hier S. 67.

mit über 900.000 Verkaufsexemplaren allein im ersten Jahr und Übersetzungen in alle Weltsprachen wurde und zugleich erbitterte Gegenwehr hervorrief. Wie sich die Waage in der deutschen Öffentlichkeit neigte, zeigte das Aufführungsschicksal der Verfilmung von »Im Westen nichts Neues«, dessen zeitweilige Absetzung die erstarkende Nazibewegung in Berlin schon im Dezember 1930 erzwingen konnte.

Die Republik selbst vermochte weder eine demokratische Meistererzählung noch zugkräftige Erinnerungszeichen einer politischen Tradition auszubilden. Erst in der Empörung über die Welle rechtsgerichteter Attentate wurde das Deutschlandlied 1922 zur Nationalhymne erklärt, und der Versuch, einen von allen Seiten akzeptierten Nationalfeiertag zu finden, rieb sich ergebnislos am Widerstreit der Positionen auf, die wahlweise den 18. Januar als Reichsgründungstag, den 1. Mai als Tag der Arbeit, den 11. August als Verfassungstag oder den 9. November als Revolutionstag in Anschlag brachten.[19] Überwiegend auf Initiative des Reichsbanners Schwarz-Rot-Gold entstanden in den Weimarer Jahren auf lokaler Basis vereinzelt Denkmäler für die direkt oder indirekt dem politischen Kampf zum Opfer gefallenen Republikrepräsentanten Friedrich Ebert, Matthias Erzberger und Walther Rathenau; aber die Reichsregierung schaffte es bis zum Ende der ersten deutschen Demokratie nicht einmal, die einzelnen Tatorte mit repräsentativen Denkmalen in den gesellschaftlich verankerten Erinnerungshaushalt zu überführen, an denen in der Frühphase der Weimarer Republik der politische Mord gewütet hatte. Allein der Versuch, die durch Berlin-Grunewald führende Koenigsallee, auf der Reichsaußenminister Walther Rathenau einem Attentat zum Opfer gefallen war, zu seinen Ehren umzubenennen, scheiterte an einem bürgerlichen Unwillen, der den Straßennamen entgegen den Tatsachen nicht mit dem Bankier Felix Koenigs verband, sondern fälschlich für eine vor jedem Angriff zu schützende Ehrung des preußischen Königshauses hielt.

Das Gedächtnis des 20. Jahrhunderts blieb über den Ersten Weltkrieg hinaus heroisch verfasst; es ehrte den Helden und sein *sacrificium*, nicht die schuldlos leidende *victima*. Allein die Linke lehnte nach 1918 eine Denkmalsprache ab, die den Krieg verherrlichte und das Opfer als freiwilligen Beitrag für das Vaterland heroisierte. Sie entwickelte eine eigene avantgardistische Formensprache, die oft mehr die Trauer als das Heldentum betonte. In dieser erinnerungspolitischen Haltung stand in beson-

19 Winfried Speitkamp: Vom Ersten Weltkrieg zum Nationalsozialismus, in: Die Deutschen im 20. Jahrhundert, hg. von Edgar Wolfrum, Darmstadt 2004, S. 195-229.

derem Maße die Gedenkstätte der Sozialisten in Berlin-Friedrichsfelde, für die Ludwig Mies van der Rohe 1926 ein kubistisches Revolutionsdenkmal schuf. Insgesamt aber konnte sich die viktimistische, mehr den Schmerz als den Stolz betonende Totenehrung in den auf die Revision der Kriegsniederlage orientierten Jahren der Weimarer Republik nicht durchsetzen. Die »Kultur der Niederlage« blieb eine Erinnerung »ohne Konsenspotential«.[20] Nach 1933 verschwanden mit van der Rohes Revolutionsdenkmal auch die vereinzelt im Reich entstandenen pazifistischen Denkmale etwa von Käthe Kollwitz oder Ernst Barlach, die mit dem Motiv des Knochenmanns oder der Pietà die Trauer um die Opfer statt des Stolzes auf die Helden hervorhoben.

In der »national gesinnten« Denkmalskultur hingegen stieg der Soldat auf den Sockel, und er wurde nicht wie etwa in Frankreich oder England als heimkehrender Bürger dargestellt, der seine militärische Pflicht erfüllt hat, sondern als Krieger, der das heroische Soldatentum verkörpert. Sichtbar diente der Denkmalskult der inneren Mobilmachung im deutschen Nachkrieg, und er zielte auf eine Sinngebung, in der die gebrachten Opfer nicht als vergebens verstanden wurden, sondern als Auftrag an die Nachfahren, es den Heldentaten der Altvorderen nachzutun: »Unseren Gefallenen – Sie werden auferstehen« und »Den Gefallenen zum Gedächtnis / Den Lebenden zur Erinnerung / Den Kommenden zur Nacheiferung / Sie starben den Tod fürs Vaterland« lauteten Denkmalinschriften der Nachkriegszeit.[21] Diese gemeinsame Sprache des Historischen konnte gleichwohl zu unterschiedlichen Auslegungen desselben Geschehens führen: Der Langemarck-Mythos beschwor die Erinnerung an die »jungen Regimenter«, die an der flandrischen Front »unter dem Gesange ›Deutschland, Deutschland über alles‹ gegen die erste Linie der feindlichen Stellung« siegreich anrannten, wie der Heeresbericht vom 11. November 1914 festhielt, ohne die furchtbaren Verlustzahlen und die Bedeutungslosigkeit des erzielten Erfolges zu nennen, und appellierte so an die Opferbereitschaft der nachwachsenden Generation. Aber der gemeinsame Gestus der heroisierenden und mythisierenden Erinnerung erlaubte genauso, den gemeinsamen Erinnerungsort nicht als Zukunfts-

20 Wolfgang Schivelbusch: Die Kultur der Niederlage. Der amerikanische Süden 1865, Frankreich 1871, Deutschland 1918, Berlin 2001; Gerd Krumeich: Langemarck, in: Deutsche Erinnerungsorte, Bd. 3, hg. von Etienne François und Hagen Schulze, München 2001, S. 292-309, hier S. 293.

21 Andreas Keller: Brandenburgische Inschriften und ihre zeitgreifende Verfügungsgewalt zwischen lokalem Standort und nationaler Geschichte, in: Kriegerdenkmale in Brandenburg. Von den Befreiungskriegen 1813/15 bis in die Gegenwart, hg. von Dieter Hübener, Kristina Hübener und Julius H. Schoeps, Berlin 2003, S. 85-114.

verpflichtung zu lesen, sondern als Symbol »bitterer Scham« und »sinnlosen Opfersturm[s]«[22] oder gar als Kultort einer behäbig gewordenen Erinnerungsgemeinschaft, von der sich die unbekümmerte Tatbereitschaft einer nationalrevolutionären Kriegsjugendgeneration entschieden absetzen müsse.[23]

Erweckungsglaube und Ewigkeitskult des »Dritten Reichs«

In dieser Verbindung von Heroismus und Anastasis, von Heldenverehrung und Auferstehungshoffnung zeichnete sich eine neuerliche Verschiebung des Jahrhundertgedächtnisses ab, die schon in der Erfahrung der Niederlage von 1918 einsetzte und in der Nachkriegsgesellschaft immer weiter steigenden Anklang fand, noch bevor sie mit der Zäsur des Januar 1933 Alleingeltung erlangen sollte. So wie sich nach 1918 die Potsdamer Garnisonkirche oder das Leipziger Völkerschlachtdenkmal zu symbolischen Orten verlorener deutscher Größe entwickelten,[24] verschob sich in den Nachkriegsjahren die kulturpessimistische Endzeiterwartung, die die Zukunft als Niedergang antizipierte, hin zu einer auf Seiten der Rechten nachgerade messianischen Erweckungshoffnung, die sich von der kommenden Zeit die Rückbesinnung auf die vergangene erhoffte.

Die nationalsozialistische Zeitenwende 1933 bedeutete im Selbstverständnis ihrer Protagonisten denn auch zuallererst eine Rückkehr zum Alten auf dem Wege der Erneuerung, also die Wiederherstellung eines früheren besseren Zustandes, und in ihr klang eine Zukunft an, die Rückbesinnung auf die Vergangenheit bedeutete. Hitler selbst feierte die Machtergreifung bevorzugt als *Renovatio*, als Restauration vergangener Zustände, die in immer neuen Wendungen als »Wiederauferstehung« und »Wiederaufstieg«, als »Wiedererweckung« und »Wiederaufrichtung« des Deutschen Reiches angerufen wurde. Zukunft als Anknüpfung an

---

22 Zit. n. Krumeich (Anm. 20), S. 306. Der vor dem Münchner Volksgericht wegen des Novemberputsches 1923 angeklagte Adolf Hitler bezeichnete die bei Langemarck Gefallenen sogar als »Opfer eines Verbrechens«; Ebd., S. 308.

23 Tilmann Siebeneichner: Von Langemarck zur ›Nacht der langen Messer‹. Zum Generationenkonflikt im Generationenkonflikt der Weimarer Republik, in: Generation und Raum. Zur symbolischen Ortsbezogenheit generationeller Dynamiken, hg. von Sönke Grothusen, Vânia Morais und Hagen Stöckmann, Göttingen 2014, S. 49-71.

24 Martin Sabrow: Der »Tag von Potsdam«. Zur doppelten Karriere eines politischen Mythos, in: Der Tag von Potsdam. Der 21. März 1933 und die Errichtung der nationalsozialistischen Diktatur, hg. von Christoph Kopke und Werner Treß, Berlin/Boston 2013, S. 47-86; Rodekamp (Anm. 7), S. 64.

eine glänzende Vergangenheit bezog sich in diesem Verständnis zunächst auf die Weimarer Republik, der »Systemzeit« und ihren »Erscheinungen des Zerfalls«. Immer wieder betonte der nach der Macht greifende Hitler, dass die »Wiedergeburt des politischen Machtgedankens und Selbsterhaltungstriebes unseres Volkes«[25] vor allem die Auslöschung der Schmach von Versailles bedeute. Eben diesem geschichtspolitischen Drehbuch folgte dann später die Inszenierung der französischen Kapitulation im Juni 1940, zu der der Diktator seinen geschlagenen Gegner in denselben Salonwagen in Compiègne zwang, in dem Matthias Erzberger am 11. November 1918 die deutsche Kapitulationsurkunde unterzeichnet hatte. In Hitlers eigenem Geschichtsverständnis bedeutete auch schon vor 1933 die angestrebte *renovatio imperii* mehr, nämlich die Korrektur einer säkularen Fehlentwicklung in Gestalt der bürgerlichen Epoche und die Abkehr von dem Jahrtausend-Irrweg des Christentums. Hitlers Idealzeit war die Antike, und sein in »Mein Kampf« geäußerter Wahn, dass das deutsche Volk nur durch seinen »Überindividualismus [...] um die Weltherrschaft gebracht« wurde, aber unter besseren Voraussetzungen zur »Herrin des Erdballs« berufen sei,[26] knüpfte unmittelbar an das Vorbild des Römischen Weltreichs an.

Unter diesen Vorzeichen wurde im »Dritten Reich« die Monumentalisierung und Heroisierung der Vergangenheit mit aller Entschlossenheit weiter vorangetrieben. 1934 legte Walter Frank, der spätere Präsident des neu gegründeten »Reichsinstituts für Geschichte des neuen Deutschlands«, seinen Hörern 1934 in einem Vortrag die Frage vor: »Ist es heute [...] möglich, und inwieweit ist es möglich, über Geschichte des Nationalsozialismus zu sprechen?« Die bejahende Antwort fand er in einer Verbindung von »Kampf und Wahrheit«, die er zum Ausdruck eines »leidenschaftlichen Verstehen[s] dieser Geschichte« erhob, das den geschichtsmächtigen Willen des revolutionären Führers Hitler in ein »Bündnis von Tradition und Schöpfung« einbettete.[27]

Ein Jahr später wurde das Denkmal für die Schlacht bei Tannenberg als Reichsehrenmal pompös eingeweiht. Hitler selbst, der ungewöhnlich hoch dekorierte Weltkriegsgefreite, stellte sich von der Kleidung in die schlichte Uniform des einfachen Soldaten bis zur propagandistischen Gegenüberstellung von Marschall und Gefreitem etwa am »Tag von Potsdam« als Exponent einer Bewegung, die die »Ehre des Frontsoldaten« wiederherstellen wollte. Mit der politischen Gleichschal-

---

25 Adolf Hitler: Mein Kampf, München 1942, S. 716.
26 Ebd., S. 437 f.
27 Walter Frank: Zur Geschichte des Nationalsozialismus, Hamburg 1942, S. 7 f. u.
    32.

tung verband sich auch eine Vereinheitlichung der Kriegserinnerung, die dezidiert die bisherige Fragmentierung der »Systemzeit« und ihres Parteiengezänks in eine gemeinsame kulturelle Erinnerung überführte und dies als Überwindung schlechter Individualität feierte. Die wenigen Weimarer Kriegsdenkmäler, die mehr vom Leiden als vom Kämpfen zeugten, verschwanden aus dem Weichbild, und 1935 ordnete Goebbels an, von den verbliebenen Ehreninschriften die Namen jüdischer Soldaten zu entfernen.[28]

Doch blieb es nicht bei geschichtspolitischer Säuberung und auch nicht bei der ideologischen Umprägung der Vergangenheit im Dienste einer biologistischen Weltsicht, die den Heimatschutzgedanken propagierte und das Germanentum feierte. Der NS-Führung schwebte schon mit der Machtergreifung die Etablierung einer gleichsam »ewigen« Herrschaft vor,[29] und in der Idee des »Tausendjährigen Reiches« verbarg sich eine Versöhnung von Vergangenheit und Zukunft in Gestalt der Eternalisierung, die noch die letzten Äußerungen des militärisch geschlagenen Diktators in seinem im Bunker der Neuen Reichskanzlei diktierten »Politischen Testament« durchzieht: »Ich habe zuviele Angebote [...] gemacht, die die Nachwelt nicht auf alle Ewigkeiten wegzuleugnen vermag«, heißt es in ihm und:

»Es werden Jahrhunderte vergehen, aber aus den Ruinen unserer Städte und Kunstdenkmäler wird sich der Hass gegen das letzten Endes verantwortliche Volk immer wieder erneuern [...]. Aus dem Opfer unserer Soldaten und aus meiner eigenen Verbundenheit mit ihnen bis in den Tod wird in der deutschen Geschichte so oder so einmal wieder der Same aufgehen zur strahlenden Wiedergeburt der nationalsozialistischen Bewegung und damit Verwirklichung einer wahren Volksgemeinschaft.«[30]

Dieselbe Neuordnung von Zeit und Zeitlichkeit spiegelte sich in der Ruinen- und Ewigkeitsarchitektur des Nationalsozialismus und seinen granitenen Bauten für vier Jahrhunderte, die noch als Ruinen von der Bedeutung des »Tausendjährigen Reiches« zeugen sollten. Demselben Ewigkeitskult waren die sakralen Feiern am Münchner Königsplatz verhaftet, auf denen die »Gefallenen der Bewegung« 1935 mit einem »Letzten Appell« zur »Ewigen Wache« umgebettet wurden. Ihre ideo-

28 Speitkamp (Anm. 5), S. 145.
29 Sabine Behrenbeck: Der Kult der toten Helden. Nationalsozialistische Mythen, Riten und Symbole 1923 bis 1945, Köln 2011, S. 199.
30 Werner Maser: Hitlers Briefe und Notizen. Sein Weltbild in handschriftlichen Dokumenten, Düsseldorf 1973, S. 199 ff.

logische Indienstnahme folgte einem zeitkulturellen Muster der Amalgamierung von Bewegung und Stillstand, das der Parteischatzmeister Franz Xaver Schwarz Tage zuvor zur Feier des Richtfestes für die neuen Parteibauten am Königsplatz ausbuchstabiert hatte:

> »Nach dem ewigen Gesetz, daß sich alles bewegt und fortentwickelt, sehen Sie nun vor sich die neugeschaffenen Parteibauten. Sie werden sich ihrem Zauber nicht entziehen können. [...] Sie sind unvergleichliche Baudenkmäler, die Jahrhunderte für den durch den Nationalsozialismus erweckten neuen Lebenswillen der deutschen Nation zeugen. [...] Der nationalsozialistische Geist ist es, der die Bewegung bis hier führte, und der gleiche Geist soll es sein, der von hier aus ewig weiter wirken soll.«[31]

Zukunftsgewinn durch Vergangenheitsdistanzierung nach 1945

Die nationalsozialistische Ewigkeit währte kaum mehr als ein Jahrzehnt, und das von ihm propagierte Geschichtsdenken ging mit dem »Dritten Reich« unter. An seine Stelle trat zunächst betäubte Leere. Der Zusammenbruch der Wirtschaft, die Auflösung der staatlichen Strukturen und die Millionen durch Deutschland irrenden *Displaced Persons* ließen nach dem Untergang des NS-Staates wenig Raum über die unmittelbare Existenzsicherung hinaus. »Ein ›Aufarbeiten der Geschichte‹, mit leerem Magen und in Trümmern konnte schwerlich stattfinden«, schrieb Annemarie Renger später. Wo sich in den ersten Nachkriegsmonaten und -jahren der Blick auf die nahe Vergangenheit richtete, lenkte ihn das Denkmuster einer ohnmächtigen Selbstviktimisierung, die sich auch die historische Fachwissenschaft zu eigen machte. Das Bild der »deutschen Katastrophe« (Friedrich Meinecke), das sie Studenten und Lesern nahezubringen versuchte, trug die Züge eines Unbegreiflichen, dem man zum Opfer gefallen sei und das sich nur in mythischen Wendungen vergegenwärtige lasse: »Wir sind allesamt im Dickicht. In einem dunklen Wald sind wir vom Weg abgekommen«, lauteten die Eröffnungsworte des Tübinger Historikers Rudolf Stadelmann zu seiner Vorlesung im Wintersemester 1945/46, und ähnlich sprach Siegfried A. Kaehler vom »dunklen Rätsel deutscher Geschichte«, während es Johannes Haller erschien, »als wären wir einem bösen Zauber erlegen«.[32]

---

31 Völkischer Beobachter, 4.11.1935, Münchner Ausgabe.
32 Zit. n. Winfried Schulze: Deutsche Geschichtswissenschaft nach 1945, München 1989, S. 16 f.

Während die Auseinandersetzung mit der deutschen Geschichte der ersten Jahrhunderthälfte in Ostdeutschland von 1945 bis 1989 durch eine heroisierende und bald in Ritualisierung erstarrende Antifaschismus-Doktrin dominiert wurde, herrschte im Westen von der Besatzungszeit bis in die 1960er Jahre ein auf Vergangenheitsdistanzierung ausgerichteter Habitus der Entlastung und Selbstversöhnung vor, der die eigene Teilhabe bis hin zur Täterschaft hinter der Selbstwahrnehmung als Opfer brauner Verführung, anglo-amerikanischer Bombardierung und sowjetischer Siegerwillkür zurücktreten ließ. Weit weniger als nach dem Ersten Weltkrieg bildeten – mit der Ausnahme Stalingrads – nicht die militärischen Kriegshandlungen selbst zentrale Topoi der westdeutschen Erinnerung, sondern vielmehr deren Auswirkungen. Im Vordergrund standen das Grauen des Bombenkriegs und die Zerstörung der Städte, die Umstände von Flucht und Vertreibung aus den Ostgebieten und das Schicksal der Soldaten in der Kriegsgefangenschaft. Auf die hieraus entwickelte Memorialfigur der Selbstviktimisierung konnte nach 1945 die entlastende Erinnerung der »Kollektivunschuld« (Edgar Wolfrum) aufbauen. Das Ende des Weltkriegs wurde in den westlichen Zonen und in der Bundesrepublik von einer überwältigenden Mehrheit als »düsterer Tag der tiefsten Erniedrigung« wahrgenommen[33] und zu dem 1950 eingerichteten jährlichen Volkstrauertag besonders mit religiöser Sinngebung gefüllt, die den Rahmen des Gedenkens an ein »beispiellos grausames Dahinsterben von Millionen Menschen« abgab.[34]

In den Westzonen und der frühen Bundesrepublik wurde die Abwehr der von den westlichen Besatzungsmächten in Gang gesetzten und schnell als oktroyiert empfundenen Reinigung so zum Ausgangspunkt einer Vergangenheitsdistanzierung, die die Monstrosität des nationalsozialistischen Regimes und seiner Verbrechen weitgehend aus dem Blickfeld geraten ließ. Die mit Hilfe von Fragebogen und Spruchkammerverfahren betriebene Entnazifizierungspolitik der West-Alliierten stieß nicht nur bei den Betroffenen auf Widerstand; sie löste eine Solidarisierungs- und Entlastungsbewegung gegen die vermeintliche Kollektivschuldzumessung aus, die bis an das Ende der fünfziger Jahre anhielt und den westdeutschen Umgang mit dem Nationalsozialismus nachhaltig beeinflusste. Dass prominente NS-Größen zur Rechenschaft

---

33 Zit. nach: Wolfrum (Anm. 21), S. 372.
34 Rede des Vorsitzenden des Deutschen Bundestags Hermann Ehlers zum Volkstrauertag 1951, in: Wir gedenken. Eine Auswahl von Gedenkreden, die aus Anlaß der Zentralen Gedenkstunde des Volksbundes Deutsche Kriegsgräberfürsorge gehalten wurden, hg. vom Volksbund Deutsche Kriegsgräberfürsorge, Ulm 1987, S. 11.

gezogen wurden, traf auf allgemeine Zustimmung; im Übrigen aber regierte eine nicht zuletzt von der evangelischen wie der katholischen Kirche massiv unterstützte »Persilschein«-Mentalität, die auch den am stärksten Verstrickten das Entlastungszeugnis nicht versagen wollte und der Entnazifizierungspraxis in der Forschungsliteratur das Etikett einer »Mitläuferfabrik« eintrug.[35]

Entsprechend büßte der fachliche Blick auf die Vergangenheit in der Nachkriegszeit eklatant an gesellschaftlicher Orientierungskraft ein. Geschichtsunterricht und Geschichtswissenschaft durchlitten in der Zeit des Wirtschaftswunders eine förmliche Sinnkrise. 1959 beklagte Alfred Heuss den »Verlust der Geschichte«, die es nur noch als Fachwissenschaft gebe, nicht aber mehr als lebendige Erinnerung.[36] Der Holocaust drang in der frühen Bundesrepublik noch kaum in das Bewusstsein der Deutschen vor und wurde erst 12 Jahre nach Kriegsende mit »Nacht und Nebel«, dem dreißigminütigen Dokumentarfilm über Auschwitz von Alain Resnais, zum ersten Mal Thema einer Fernsehsendung. Nicht er bildete das zentrale Negativereignis der NS-Zeit im Bewusstsein der Zeitgenossen, sondern der Zweite Weltkrieg und hier besonders die von der Roten Armee Zug um Zug zurückgedrängte Wehrmacht und das mit dem Krieg einhergehende Leid der Zivilbevölkerung, das durch Massenvertreibung, Bombenkrieg und Niederlage geprägt war. Selbst das erschütternde Buch von Eugen Kogon über den »SS-Staat« schilderte entsprechend dem Erleben des Verfassers das System der Konzentrationslager, nicht jedoch der Vernichtungslager und ließ so das Schicksal der ermordeten Judenheit gegenüber dem der vergleichsweise kleinen Gruppe der politischen KZ-Häftlinge in den Hintergrund treten.[37] Weniger das fabrikmäßige Massenmorden in Auschwitz-Birkenau als vielmehr der vermeintlich ungerechte Friedensvertrag von Versailles bildete in der Nachkriegszeit den Fluchtpunkt des Blicks auf die Katastrophengeschichte des 20. Jahrhunderts – und diente als Argument für eine angebliche alliierte Mitverantwortung für den Aufstieg Hitlers. Noch zum 50. Jahrestag des Ersten Weltkriegsbeginns stand nicht das konkrete Kriegserleben im Zentrum der öffentlichen Beschäftigung, sondern im Gefolge der Fischer-Kontroverse die diplomatische Entwicklung hin zum Kriegsausbruch. Für eine heroisierende Erinnerung war

35 Lutz Niethammer: Die Mitläuferfabrik. Die Entnazifizierung am Beispiel Bayerns, Bonn 1982.
36 Alfred Heuß: Verlust der Geschichte, in: ders.: Gesammelte Schriften in 3 Bänden, Bd. 3, Stuttgart 1995, S. 2158-2236.
37 Eugen Kogon: Der SS-Staat. Das System der deutschen Konzentrationslager, zuerst München 1946.

im Vergangenheitshaushalt der Deutschen kein Platz mehr. Doch noch wurde sie nicht durch ein viktimistisches Narrativ ersetzt, sondern hinterließ eine erinnerungskulturelle Leerstelle. So bewegte sich das öffentliche Kriegsgedenken 1964 gänzlich im staatlichen Handlungsrahmen und Bundeskanzler Erhard goss folgerichtig seinen Rückblick auf das zurückliegende Halbjahrhundert in »fünf Grundsätze [...] für eine Friedenspolitik«, die Misstrauen und übersteigertes Machtbewusstsein als Ursachen des Kriegsausbruchs identifizierten.[38] Dass der deutsche Kanzler selbst als Frontsoldat an der Ost- wie an der Westfront eingesetzt und im September 1918 bei Ypern schwer verwundet worden war, kam in der Presse nur versteckt zu Sprache: »Zum 50. Jahrestag des Ausbruchs des Ersten Weltkrieges hat Bundeskanzler Ludwig Erhard, selber Teilnehmer jenes Krieges, ein Friedensprogramm entwickelt.«[39]

Die Erinnerung an den Ersten Weltkrieg blieb in der frühen Bundesrepublik so abstrakt wie die an die nationalsozialistische Vernichtungspolitik, um die zukunftsgerichtete Versöhnungsbotschaft nicht zu gefährden. Im Bericht der Tageszeitung »Die Welt« zum 50. Jahrestag des Kriegsausbruchs 1914 stand die »Versöhnung über Gräbern« von Verdun im Jugendlager mit »Trikolore und Bundesflagge« im Vordergrund:

> »Sie [die ersten Jugendlager] sind inzwischen zu einer Institution geworden, die einen völkerverbindenden Akzent setzt – einen Akzent besonderer Art, der umso eindrucksvoller ist, als ihm die deklamatorische Absicht der organisierten Bewegung fehlt. Besser als Worte wird immer die praktische Tat der Versöhnung dienen. Konsequent ermahnen die Verantwortlichen des Volksbundes die Freiwilligen zu taktvoller Zurückhaltung gegenüber der französischen Bevölkerung. Sie warnen mit Recht vor zudringlicher Anbiederung und vorlautem Versöhnungseifer. [...] Es ist eine Sache des Gefühls, den rechten Ton zu treffen. Aber Haltung und Beispiel dieser Jugend sind so, daß es in vielen Fällen die Franzosen sind, die den ersten Schritt tun und den Kontakt suchen. Besonders die ältere Generation, die noch den ersten Krieg in Erinnerung hat, und die Jugend Frankreichs haben die nationalistische Vergangenheit weit hinter sich gelassen.«

Nicht Erinnern, sondern Vergessen führte im Denken dieser Zeit zur Versöhnung, und die Teilnehmer an den Jugendlagern auf Schlachtfeldern des Ersten Weltkriegs kehrten nach dem Eindruck der Zeitung 1964

---

38 Erhard will Entspannung mit Moskau. Fünf Grundsätze des Kanzlers für eine Friedenspolitik, in: Die Welt, 1.8.1964.
39 Ebd.

»tief beeindruckt, dauerhaft überzeugt von der Sinnlosigkeit des Krieges und durch die Begegnung mit ihm staatsbürgerlich geformt in die Heimat zurück. Das ist, so scheint uns, eine Bilanz, die sich sehen lassen kann. Es sind nicht nur die bösen Disteln der Erinnerung, die im verbrannten Boden von Verdun Wurzeln schlagen. Die mißhandelte Erde [...] setzt den ersten Humus einer menschlichen Gesittung an, der zartere Pflanzen – die der Versöhnung und der Duldsamkeit – nährt.«[40]

Das sich unter diesen Bedingungen bildende Geschichtsbewusstsein war nicht so sehr durch mentale Verdrängung und gezieltes Verschweigen geprägt, wie rückblickend bis heute verbreitet vermutet wird, als vielmehr durch Abstrahierung und Entwirklichung der im Nachkriegsdenken durchaus ständig präsenten Katastrophenvergangenheit. Das »Tagebuch der Anne Frank«, Ernst von Salomons »Der Fragebogen« oder Hans-Hellmut Kirsts »08/15«-Trilogie avancierten in den fünfziger Jahren zu Bestsellern, und die 1960 erstausgestrahlte Fernsehserie »Das Dritte Reich« erreichte in ihren vierzehn Teilen im Schnitt knapp sechzig Prozent der allerdings noch nicht sehr großen Gemeinde der deutschen Fernsehzuschauer.[41] Der historische Nachkriegsdiskurs der Bundesrepublik suchte der Vergangenheit durch einen Modus der Distanzierung Herr zu werden, der die Verstrickung der Deutschen in die Katastrophengeschichte des 20. Jahrhunderts mental in die Ferne schob und die Zukunft durch Befreiung von der Vergangenheit zu gewinnen hoffte. Exemplarisch lässt sich diese Haltung der Nachkriegsdeutschen am geschichtspolitischen Umgang mit dem Ende des Zweiten Weltkriegs verdeutlichen, dessen Ambivalenz der spätere erste Bundespräsident Theodor Heuss schon am 8. Mai 1949 markierte, als er die Deutschen für »erlöst und vernichtet in einem« erklärte. Als der Parlamentarische Rat am späten Abend dieses Tages das Grundgesetz beschlossen wissen wollte, tat er es nicht, um an den 8. Mai 1945 zu erinnern, wie es vierzig Jahre später Richard von Weizsäcker in seiner berühmten Rede tun sollte, sondern um ihn zu überformen und um gleichsam das Böse durch das Gute auszulöschen. »Es ist wohl in Wahrheit«, beendete Adenauer die Sitzung nach der turbulenten Abstimmung »für uns Deutsche der erste frohe Tag seit dem Jahre 1933. Wir wollen von da an rechnen und nicht erst von dem

40 Heinz Barth: Fünf Jahrzehnte danach. Die Disteln des Douaumont. Junge Menschen pflegen Kriegsgräber, in: Die Welt, 1. 8. 1964.
41 Chronik der ARD. Große TV-Dokumentation über »Das Dritte Reich«, URL: http://web.ard.de/ard-chronik/index/6186?year=1960&lra%5B%5D=27 [Zugriff am 15. 11. 2016].

Zusammenbruch an, so schwer die Jahre des Zusammenbruchs auch waren.«[42] Auch zwanzig Jahre später betrachtete Bundeskanzler Ludwig Erhard den 8. Mai in einer Gedenkansprache zum 20. Jahrestag des Kriegsendes 1965 lediglich als einen Tag, »so grau und trostlos wie so viele vor oder auch nach ihm«;[43] und nicht anders setzte Willy Brandt den zur selben Zeit in der DDR inszenierten Befreiungsfeiern ein entschiedenes Verzichtbekenntnis auf die Jubiläen des Negativgedächtnisses entgegen: »Zwanzig Jahre sind genug – genug der Spaltung, genug der Resignation und genug des bloßen Zurückschauens.«[44]

Der Aufstieg der Erinnerung am Ende des 20. Jahrhunderts

Doch parallel zu dieser Entwicklung geriet der historische Entlastungsdiskurs schon in den späten 1950er Jahren unter zunehmenden Legitimationsdruck. Im Gefolge der NS-Prozesse von Ulm und Frankfurt am Main und des politisch-kulturellen Generationswechsels der 1960er Jahre wurde er unter dem Schlagwort der »unbewältigten Vergangenheit« allmählich durch eine Kriegserinnerung abgelöst, die dem behaupteten »Beschweigen«[45] den Willen zur ernsthaften Auseinandersetzung mit der beschämenden Vergangenheit entgegensetzte. Die Vergangenheit dürfe nicht vergessen, sie müsse vielmehr bewältigt werden, postulierte der Göttinger Historiker Hermann Heimpel in durchaus selbstkritischer Absicht.[46] Er gab damit einer seit den späten 1950er Jahren immer domi-

42 8. Mai 1949: Ansprache des Präsidenten des Parlamentarischen Rates nach der Schlussabstimmung über das Grundgesetz, URL: http://www.konrad-adenauer. de/dokumente/reden/ansprache-parlamentarischer-rat [Zugriff am 14.11.2016].

43 Zit. n. Rupert Seuthe: »Geistig-moralische Wende«? Der politische Umgang mit der NS-Vergangenheit in der Ära Kohl am Beispiel von Gedenktagen, Museums- und Denkmalprojekten, Frankfurt am Main 2001, S. 38; Winfried Müller: Kontinuität nach der Katastrophe? Historische Jubiläen in Deutschland nach 1945 zwischen Affirmation und Trauer, in: Religiöse Prägung und politische Ordnung in der Neuzeit. Festschrift für Winfried Becker zum 65. Geburtstag, hg. von Bernhard Löffler und Karsten Ruppert, Köln/Weimar/Wien 2006, S. 551-566, hier S. 562.

44 Zit. n. Edgar Wolfrum: Die Suche nach dem »Ende der Nachkriegszeit«. Krieg und NS-Diktatur in öffentlichen Geschichtsbildern der »alten« Bundesrepublik, in: Erinnerungskulturen. Deutschland, Italien und Japan seit 1945, hg. von Christoph Cornelißen, Lutz Klinkhammer und Wolfgang Schwentker, Frankfurt am Main 2003, S. 183-197, hier S. 185.

45 Vgl. Michael Schornstheimer: Die leuchtenden Augen der Frontsoldaten. Nationalsozialismus und Krieg in den Illustriertenromanen der fünfziger Jahre, Berlin 1995.

46 Peter Dudek: Vergangenheitsbewältigung. Zur Problematik eines umstrittenen Begriffs, in: APuZ (1992), H 1-2, 1992, S. 44 ff.

nanter werdenden Figuration des Jahrhundertgedächtnisses Ausdruck, die durch den Skandal um bundesweite Synagogenschmierereien einen von Heinz Bude als Übergang von der Scham- zur Schuldkultur bezeichneten Paradigmenwechsel einleitete, der die Zeit der Stille beendete. Diese neue Etappe der Auseinandersetzung mit der Vergangenheit des 20. Jahrhunderts lässt sich mit Hans Ulrich Thamer als Zeit der Tribunalisierung bezeichnen[47] – flankiert von literarischen Thematisierungen wie Rolf Hochhuths »Stellvertreter« und Heinar Kipphardts »Bruder Eichmann«, hoben die Einrichtung der Ludwigsburger Zentralstelle zur Verfolgung nationalsozialistischer Gewaltverbrechen 1958, der Ulmer Einsatzgruppenprozeß 1958, der Eichmann-Prozeß in Jerusalem 1961 und vor allem der Frankfurter Auschwitzprozeß 1963 die Auseinandersetzung mit der Vergangenheit immer stärker in die Öffentlichkeit.[48]

Der stark generationell überformte Aufstieg des Bewältigungsparadigmas vollzog sich vor dem Hintergrund der Debatte über den deutschen »Sonderweg«, die zu Beginn der 1960er Jahre zuerst in der sogenannten Fischer-Kontroverse um die deutsche Kriegsschuld von 1914 auch fachwissenschaftlichen Raum gewann. Es lenkte die Aufmerksamkeit auf politische, mentale und soziostrukturelle Traditionslinien vom 19. Jahrhundert bis zur NS-Zeit und darüber hinaus und insbesondere auf die vermutete und tatsächliche Kontinuität nationalsozialistischer Eliten, Strukturen und Einstellungen in der Bundesrepublik. Die Enttabuisierung des Nationalsozialismus vollzog sich auf der Grundlage eines skandalisierenden Entlarvungsduktus, den sich im Übrigen ebenso die Ost-Berliner SED-Führung mit ihren auch auf gefälschte Dokumente gestützten Braunbuchkampagnen gegen Hans Globke, Theodor Oberländer, Heinrich Lübke und andere zunutze machen konnte. Die nicht zuletzt als Anklage der Söhne gegen die Väter aufgeladene Debatte um den historischen Ort des Nationalsozialismus führte die Bundesrepublik damit in eine permanente legitimatorische Herausforderung, die sich

---

47 Hans-Ulrich Thamer: Die westdeutsche Erinnerung an die NS-Diktatur in der Nachkriegszeit, in: Woran erinnern? Der Kommunismus in der deutschen Erinnerungskultur, hg. von Peter März und Hans-Joachim Veen, Köln/Weimar/Wien 2006, S. 51-70, hier S. 66.

48 In der Spandauer Haft schrieb Speer unter dem 12. Januar 1965: »Gleichzeitig sind die Zeitungen voll von Berichten über den Auschwitz-Prozeß, und ich habe den Eindruck, als stehe die Vergangenheit, die schon so ins Vergessen abgesunken schien, noch einmal auf. Plötzlich empfinde ich so etwas wie Angst vor der Welt da draußen, die ich nicht mehr kenne und die mit so viel neuer Leidenschaft hervorzuziehen beginnt, was für mich doch seit Nürnberg und der bewußt übernommenen Sühne langsam blasser wird.« Albert Speer: Spandauer Tagebücher, Frankfurt am Main u. a. 1975, S. 627.

in der Affäre um den baden-württembergischen Ministerpräsidenten und einstigen Marinerichter Hans Filbinger oder den Umständen der »Kalten Amnestie« oder der kontroversen Resonanz auf Beate Klarsfelds Ohrfeige für Bundeskanzler Kiesinger oder Hans Matthöfers Anspielung auf die braunen Wurzeln der CDU zu förmlichen Identitätskrisen des Gemeinwesens auswuchsen.

Diese Phase einer konflikthaften und strukturfixierten Abarbeitung an der Vergangenheitslast begann in den 1980er Jahren und noch vor dem Ende der anderen Diktatur auf deutschem Boden auszulaufen. Wenn es einen Moment gibt, an dem das Credo der Bewältigung in aller Öffentlichkeit vom Glauben an die Aufarbeitung abgelöst wurde, war es vielleicht der gespenstische Vorgang im Deutschen Bundestag am 9. November 1988, als Bundestagspräsidenten Philipp Jenninger in seiner Ansprache zum 50. Jahrestag des Judenpogroms von 1938 noch die empfundene Normalität des Nationalsozialismus zu ergründen suchte, während neben ihm die als Jüdin verfolgte Schauspielerin Ida Ehre, die eben noch ergreifend Paul Celans Todesfuge vorgetragen hatte, in plötzlicher Bewegung die Hände vor den Kopf schlug. Spätestens von diesem Moment an war die Empathie der Erinnerung in das Geschichtsbewusstsein erst der westdeutschen und dann der vereinigten Bundesrepublik zurückgekehrt, die den wichtigsten Unterschied zwischen der Bewältigungs- und der Aufarbeitungsepoche markiert und bis heute für eine innerfachliche Polarisierung in der Zeitgeschichte sorgt.[49]

Der mit dem Aufstieg des Zeitzeugen zu einer Zentralfigur der Verständigung über die Vergangenheit verbundene Paradigmenwechsel vom Vergessen zum Erinnern repräsentiert heute einen gesellschaftlichen Konsens, den zu verletzen zur sozialen Ächtung führen kann und der in seiner Geltungskraft die aus der Antike ererbte Tradition der *Oblivio* als moralischer und rechtlicher Voraussetzung sozialer Versöhnung in denkbar radikaler Weise abgelöst hat:[50] Gegen das Versöhnungspotential des Vergessens setzt die Pathosformel der Aufarbeitung das Lernpotential des Erinnerns, das allein vor der Wiederholung historischer Fehler und Irrtümer schützen könne. Mit der Rückwendung zur Vergangenheit

---

49 »Erinnern und Erinnerungen [...] zielen nicht automatisch auf historische Aufklärung, und auch die Addition von Erinnerungen bedeuten nicht zwangsläufig historisches Begreifen«, pointierte Volkhard Knigge seine Kritik am »Gedenkwesen« der »Generation Aufarbeitung«: »Erinnerung als Identität und Gemeinschaft stiftendes Erzählen von Vergangenheit jenseits methodisch reflektierten, begrifflich durchdachten Durcharbeitens.« Volkhard Knigge: Zur Zukunft der Erinnerung, in: APuZ (2010), H. 25-26, S. 10-16, hier S. 12.

50 Hierzu Christian Meier: Das Gebot zu vergessen und die Unabweisbarkeit des Erinnerns. Vom öffentlichen Umgang mit schlimmer Vergangenheit, München 2010.

auf dem Weg der Erinnerung verband sich ein tiefgreifender mentaler Wandel, der sich schlagwortartig als Übergang von der Heroisierung zur Viktimisierung bezeichnen lässt. Nicht der Held steht mehr im Mittelpunkt der heutigen Geschichtskultur im Zeitalter der Aufarbeitung, sondern das Opfer; nicht die Heldentaten von Arminius im Teutoburger Wald über Luther in Worms zu Bismarck in Versailles, sondern die historischen Verletzungen, die Menschen erlitten und die Menschen verursacht haben. Die Gedenkstätten der Gegenwart sind nicht mehr der Kyffhäuser, das Deutsche Eck oder das Denkmal von Tannenberg, sondern Buchenwald und Dachau, die innerdeutschen Grenzanlagen und die Neue Wache in Berlin. Der narrative Wandel von der Heroisierung zur Viktimisierung schuf neue Zuordnungen. Er setzte das Denken in den Kategorien von Tätern und Opfern an die Stelle der Spruchkammerkategorien von Belasteten, Mitläufern und Entlasteten. Welche dramatischen Verschiebungen mit diesem Perspektivenwechsel verbunden sind, erhellt etwa der Fall Albert Speer, mit dem sich früher insbesondere der Widerstand gegen Hitlers Nero-Befehl verband und heute seine Beteiligung an der Massenvernichtung durch Zwangsarbeit. Ähnliches lässt sich für den Konturenwandel sagen, den das Bild des Raketenspezialisten Wernher von Braun in den letzten vierzig Jahren erfahren hat. Auch die Ende der neunziger Jahre entbrannte Debatte über die NS-Verstrickung der deutschen Historikerschaft ist ohne diesen Perspektivenwechsel nicht zu verstehen, und wie sehr sich der Widerstreit von Heroisierung und Viktimisierung in einzelnen Personen spiegeln kann, lehrt die Umwertung des Bildes vom militärischen Widerstand gegen Hitler, das seinen einstigen Monstranzcharakter mittlerweile weitgehend gegen die abwägende Auseinandersetzung mit der oft nicht auflösbaren Verflochtenheit von Widerständigkeit und Verstrickung eingetauscht hat.

Wer aus der Geschichte nicht lernen wolle, sei zu ihrer Wiederholung verdammt, so lautet das Credo des neuen politischen Interesses an der Vergangenheit. Es manifestiert sich in der seit den 1980er Jahren rasant zunehmenden staatlichen Aufmerksamkeit für historische Gedenktage und -orte. 1967 vermochte der West-Berliner Senat die Errichtung eines Dokumentationszentrums im späteren »Haus der Wannseekonferenz« in Berlin noch schlankweg abzulehnen, damit – in den Worten des Regierenden Bürgermeisters von Berlin, Klaus Schütz, – »keine makabre Kultstätte«[51] geschaffen würde. Heute hingegen betreibt die öffent-

---

51 Klaus Schütz: Meine Antwort an Rolf Hochhuth, in: Welt am Sonntag, 05.11.1967, zit. n. Gerd Kühling: Schullandheim oder Forschungsstätte? Die Auseinandset-

liche Hand bedeutende Geschichtsmuseen wie das Deutsche Historische Museum in Berlin oder das Haus der Geschichte in Bonn mit weiteren Standorten in Berlin und Leipzig, deren enormer Besucherzuspruch einen nicht daran denken lassen würde, dass beide Einrichtungen zur Zeit ihrer Gründung in den achtziger Jahren geschichtspolitisch noch hoch umstritten waren.

Die Bundesländer unterhalten institutionell finanzierte und wegen ihrer Zahl und Bedeutung überwiegend unter dem Dach eigener Stiftungen zusammengefasste Gedenkstätten zur Auseinandersetzung mit der zweifachen Diktaturvergangenheit des 20. Jahrhunderts; der Bundestag würdigt nicht nur herausragende historische Daten mit parlamentarischen Feierstunden, sondern nimmt mit einem von ihm gewählten Bundesbeauftragten für die Unterlagen der DDR-Staatssicherheit auch unmittelbaren Einfluss auf die Aufarbeitung der jüngsten deutschen Vergangenheit. In den 1990er Jahren setzte er gleich zweimal eine Enquête-Kommission zur Aufarbeitung von Geschichte und Folgen der SED-Diktatur ein, auf deren Empfehlung hin eine Bundesstiftung gegründet wurde, deren Aufgabe es ist, die gesellschaftliche Auseinandersetzung mit den kommunistischen Diktaturen in Deutschland und Europa zu befördern und zur Überwindung der deutschen Teilung beizutragen.

Mit nicht weniger als acht Nennungen ist das Ziel der Vergangenheitsaufarbeitung in den Koalitionsvertrag der 2013 gebildeten Bundesregierung eingegangen, der unter anderem verlangt, »die Aufarbeitung der NS-Vergangenheit von Ministerien und Bundesbehörden voran[zu] treiben«.[52] Eine von der Bundesbeauftragten für Kultur und Medien in Auftrag gegebene Bestandsaufnahme ergab, dass bis Herbst 2015 bereits siebzehn Bundesministerien und obere Bundesbehörden sowie vier gleichrangige einstige DDR-Behörden auf behördlichen Auftrag hin zum Gegenstand einer Untersuchung ihrer vergangenheitspolitischen Belastung und ihres geschichtspolitischen Umgangs mit der NS-Vergangenheit wurden,[53] und ließ seither im politischen Raum immer wieder energische Forderungen nach weiteren Finanzierungsfonds zur

zung um ein Dokumentationszentrum im Haus der Wannseekonferenz (1966/67), in: Zeithistorische Forschungen 5 (2008), H. 2, S. 211-235, hier S. 225.

52 Deutschlands Zukunft gestalten. Koalitionsvertrag zwischen CDU, CSU und SPD. 18. Legislaturperiode, S. 130, URL: http://www.bundesregierung.de/Content/ DE/_ Anlagen/2013/2013-12-17-koalitionsvertrag.pdf [Zugriff am 23. 2. 2016].

53 Christian Mentel und Niels Weise: Die zentralen deutschen Behörden und der Nationalsozialismus. Stand und Perspektiven der Forschung, hg. von Frank Bösch, Martin Sabrow und Andreas Wirsching, München/Potsdam 2016.

Unterstützung der behördlichen NS-Aufarbeitung wie der intensiveren Auseinandersetzung mit der SED-Herrschaft laut werden.[54]

Jenseits dieser geschichtspolitischen Anstrengungen besteht heute ein parteiübergreifender Konsens darüber, dass dank dieser fortdauernden Auseinandersetzung mit der historischen Schuld zweier Diktaturen die Bundesrepublik in ihrer nationalen Identität stärker über historische als über ethnische Prägungen zu definieren sei. Deren Grundwerte formulierte auf dem Höhepunkt der Flüchtlingskrise des Jahres 2015 ein Berliner Landespolitiker, der selbst aus einer Migrantenfamilie stammt, unter Bezugnahme auf die »aus unserer historischen Erfahrung erwachsene Leitkultur«:

> »Prägend für uns Deutsche ist der – hart erkämpfte – selbstkritische Umgang mit unserer Geschichte. Und dieser Aspekt unserer Leitkultur ist nicht verhandelbar: Wer den Holocaust und die deutsche Verantwortung dafür, dass so etwas nie wieder passiert, nicht versteht, kann nur schwerlich Deutscher sein.«[55]

Die das Bild des 20. Jahrhunderts im kulturellen Gedächtnis der Gegenwart beherrschende Zeitordnung hat die modernisierungseuphorische Vision einer besseren Welt und das konfliktbestimmte Mühen um ihre Realisierung abgelöst durch eine konsensorientierte Politik der Verlängerung der Gegenwart in die Zukunft. Dieses mit François Hartog als kultureller Präsentismus[56] zu beschreibende Zusammenrücken der Zeiten begleitet den Geschichtsboom unserer Tage, der Last und Lust der Geschichte verknüpft. Er ist nicht mehr wie vor 1945 mimetisch auf die Fortführung einer verpflichtenden Tradition bezogen, sondern kathartisch auf den lernfähigen Bruch mit ihr. Er strebt nach einem Vergangenheitserleben, das nicht auf reaktionäre Rückkehr zielt, sondern auf historische Einbettung und befreiende Abkehr zugleich. »Die Überwindung der dunklen Teile unserer Geschichte und unsere kulturellen Errungenschaften machen uns Deutsche stolz«[57] – in dieser Kernformel des Aufarbeitungsdiskurses kommt der säkulare Wandel des Gedächtnisses im 20. Jahrhundert zum Ausdruck: Es zeigt nicht mehr im Sinne des

---

54 Bund will Forschungsverbund SED-Unrecht. 30 Millionen Euro bis 2022: Das neue Netzwerk wird vom BMBF ausgeschrieben, in: Der Tagesspiegel, 14.11.2016.

55 Raed Saleh: Wir brauchen eine neue deutsche Leitkultur. Mit Freundlichkeit allein werden wir unser Land in dieser Zeit der Einwanderung nicht gestalten können. Es braucht dafür mehr als Verfassungspatriotismus. Ein Essay, in: Der Tagesspiegel, 19.10.2015.

56 François Hartog: Régimes d'historicité: présentisme et expérience du temps, Paris 2003.

57 Saleh (Anm. 61).

Historismus nur an, wie es eigentlich gewesen sei, und kündet schon gar nicht mehr von der Verpflichtung einer besseren Vergangenheit, sondern stärkt die Identität der Gegenwartsgesellschaft durch die fortgesetzte Annäherung an die schlechte Vergangenheit des extremen Jahrhunderts zum Zweck ihrer dauerhaften Überwindung.

Auswahlbibliographie:

Behrenbeck, Sabine: Der Kult der toten Helden, Nationalsozialistische Mythen, Riten und Symbole 1923 bis 1945, Köln 1996.

Cornelißen, Christoph, Klinkhammer, Lutz und Schwentker, Wolfgang (Hg.): Erinnerungskulturen. Deutschland, Italien und Japan seit 1945, Frankfurt am Main 2003.

Doering-Manteuffel, Anselm: Die deutsche Geschichte in den Zeitbögen des 20. Jahrhunderts, in: Vierteljahrshefte für Zeitgeschichte 62, 2014, H. 3, S. 321-348.

François, Etienne und Schulze, Hagen (Hg.): Deutsche Erinnerungsorte, 3 Bd., München 2001.

Hardtwig, Wolfgang: Hochkultur des bürgerlichen Zeitalters, Göttingen 2005,

Hardtwig, Wolfgang (Hg.): Politische Kulturgeschichte der Zwischenkriegszeit 1918-1939, Göttingen 2005.

Hartog, François: Régimes d'historicité: présentisme et expérience du temps, Paris 2003.

Kroll, Frank-Lothar: Utopie als Ideologie. Geschichtsdenken und politisches Handeln im Dritten Reich, Paderborn/München 1998.

Pöhlmann, Markus: Kriegsgeschichte und Geschichtspolitik: Der Erste Weltkrieg. Die amtliche deutsche Militärgeschichtsschreibung 1914-1956, Paderborn u. a. 2004.

Sabrow, Martin: Zeitgeschichte schreiben. Von der Verständigung über die Vergangenheit in der Gegenwart, Göttingen 2014.

Sabrow, Martin: Leitbilder der Zeitgeschichte. Wie Nationen ihre Vergangenheit denken, Leipzig 2011.

Schivelbusch, Wolfgang: Die Kultur der Niederlage. Der amerikanische Süden 1865, Frankreich 1871, Deutschland 1918, Berlin 2001.

Schulze, Winfried: Deutsche Geschichtswissenschaft nach 1945, München 1989.

Thamer, Hans-Ulrich: Verführung und Gewalt: Deutschland 1933-1945, Berlin 1986.

Wolfrum, Edgar (Hg.): Die Deutschen im 20. Jahrhundert, Darmstadt 2004.

Verzeichnis der Autorinnen und Autoren

JÖRG BABEROWSKI, Dr. phil., ist Professor für die Geschichte Osteuropas an der Humboldt-Universität zu Berlin. Publikationen u. a.: Verbrannte Erde. Stalins Herrschaft der Gewalt, München 2012; mit Robert Kindler (Hg.), Macht ohne Grenzen. Stalinismus als Gewaltherrschaft, Frankfurt am Main 2014; Räume der Gewalt, Frankfurt am Main 2015.

FRANK BÖSCH, Dr. phil., ist Direktor des Zentrums für Zeithistorische Forschung Potsdam und Professor für deutsche und europäische Geschichte des 20. Jahrhunderts an der Universität Potsdam. Publikationen u. a.: Öffentliche Geheimnisse. Skandale, Politik und Medien in Deutschland und Großbritannien 1880-1914, München 2009; Mass Media and Historical Change. Germany in International Perspective, 1400 to the Present, Oxford/New York 2015; (Hg.), Geteilte Geschichte. Ost- und Westdeutschland 1970-2000, Göttingen 2015.

JAN ECKEL, Dr. phil., ist Professor für Neuere Geschichte mit besonderer Berücksichtigung der Zeitgeschichte an der Universität Tübingen. Publikationen u. a.: Geist der Zeit. Zur Geschichte der deutschen Geisteswissenschaften seit 1870, Göttingen 2008; mit Samuel Moyn (Hg.), Moral für die Welt? Menschenrechtspolitik in den 1970er Jahren, Göttingen 2012; Die Ambivalenz des Guten. Menschenrechte in der internationalen Politik seit den 1940ern, Göttingen 2014.

UTE FREVERT, Dr. phil., ist Professorin und Direktorin des Forschungsbereiches »Geschichte der Gefühle« am Max-Planck-Institut für Bildungsforschung in Berlin. Publikationen u. a.: Gefühlspolitik: Friedrich II. als Herr über die Herzen?, Göttingen 2012; Vertrauensfragen: Eine Obsession der Moderne, München 2013; Vergängliche Gefühle. Göttingen 2013.

RÜDIGER GRAF, Priv.-Doz. Dr. phil., ist Abteilungsleiter am Zentrum für Zeithistorische Forschung Potsdam. Publikationen u. a.: Die Zukunft der Weimarer Republik. Krisen und Zukunftsaneignungen in Deutschland 1918 bis 1933, München 2000; mit Constantin Goschler, Europäische Zeitgeschichte nach 1945, Berlin 2010; Öl und Souveränität. Petroknowledge und Energiepolitik in den USA und Westeuropa in den 1970er Jahren, München 2014.

HEINZ-GERHARD HAUPT, Dr. phil., ist Professor für Europäische Geschichte am Europäischen Hochschulinstitut in Florenz. Publikationen u. a.: Konsum und Handel. Europa im 19. und 20. Jahrhundert, Göttingen 2004; mit Claudius Torp (Hg.), Die Konsumgesellschaft in Deutschland 1890-1990. Ein Handbuch, Frankfurt am Main 2009; mit Wilhelm Heitmeyer, Stefan Malthaner und Andrea Kirschner (Hg.), Control of Violence: Historical and International Perspectives on Violence in Modern Societies, New York 2010.

GABRIELE METZLER, Dr. phil., ist Professorin für die Geschichte Westeuropas und der transatlantischen Beziehungen an der Humboldt-Universität zu Berlin. Publikationen u. a.: Konzeptionen politischen Handelns von Adenauer bis Brandt. Politische Planung in der pluralistischen Gesellschaft, Paderborn 2005; mit Jörg Baberowski (Hg.), Gewalträume. Soziale Ordnungen im Ausnahmezustand, Frankfurt am Main/New York 2012; (Hg.), Das Andere denken. Repräsentationen von Migration in Westeuropa und den USA im 20. Jahrhundert, Frankfurt am Main/New York 2013.

BODO MROZEK, M. A., ist wissenschaftlicher Mitarbeiter am Zentrum für Zeithistorische Forschung Potsdam und Lehrbeauftragter der Freien Universität Berlin sowie der Humboldt-Universität zu Berlin. Publikationen u. a.: mit Jürgen Danyel und Alexa Geisthövel (Hg.), Popgeschichte. Band 1: Konzepte und Methoden, und Band 2: Zeithistorische Fallstudien 1958-1988, beide Bielefeld 2014; Delinquenz und Normalisierung. Von der Jugend- zur Popkultur: eine transnationale Geschichte 1953-1966, Freie Universität Berlin 2016 (Diss., erscheint 2017).

JOCHEN OLTMER, Dr. phil. habil., ist Professor am Institut für Migrationsforschung und Interkulturelle Studien (IMIS) der Universität Osnabrück. Publikationen zuletzt u. a.: (Hg.), Handbuch Staat und Migration seit dem 17. Jahrhundert, Berlin/Boston 2016; Migration vom 19. bis 21. Jahrhundert, 3. Aufl. Berlin/Boston 2016; Globale Migration. Geschichte und Gegenwart, 2. Aufl. München 2016.

LUTZ RAPHAEL, Dr. phil., ist Professor für Neuere und Neueste Geschichte an der Universität Trier. Publikationen u. a.: mit Anselm Doering-Manteuffel, Nach dem Boom. Perspektiven der Zeitgeschichte nach 1970, Göttingen 2008; Imperiale Gewalt und mobilisierte Nation. Europa 1914-1945, München 2011; Theorien und Experimente der Moderne. Europäische Gesellschaften im 20. Jahrhundert, Köln/Weimar/Wien 2012.

MARTIN SABROW, Dr. phil., ist Professor für Neueste und Zeitgeschichte an der Humboldt-Universität zu Berlin und Direktor des Zentrums für Zeithistorische Forschung Potsdam. Publikationen u. a.: Das Diktat des Konsenses. Geschichtswissenschaft in der DDR 1949-1969, München 2001; Zeitgeschichte schreiben. Von der Verständigung über die Vergangenheit in der Gegenwart, Göttingen 2014; Erich Honecker. Das Leben davor. 1912-1945, München 2016.

SYBILLE STEINBACHER, Dr. phil., ist Professorin für Zeitgeschichte an der Universität Wien. Publikationen u. a.: »Musterstadt« Auschwitz. Germanisierungspolitik und Judenmord in Ostoberschlesien, München 2000; Auschwitz. Geschichte und Nachgeschichte, München 2004 (3. Aufl. 2015); Wie der Sex nach Deutschland kam. Der Kampf um Sittlichkeit und Anstand in der frühen Bundesrepublik, München 2011.

WINFRIED SÜß, Priv.-Doz. Dr. phil., ist wissenschaftlicher Mitarbeiter am Zentrum für Zeithistorische Forschung Potsdam. Publikationen u. a.: mit Dietmar Süß (Hg.), Das »Dritte Reich«. Eine Einführung, München 2008; mit Hans Günter Hockerts (Hg.), Soziale Ungleichheit im Sozialstaat. Großbritannien und die Bundesrepublik im Vergleich. München 2010; Von der Reform in die Krise. Der westdeutsche Wohlfahrtsstaat in der Großen Koalition und der sozialliberalen Ära, Göttingen 2017.

PETER ULRICH WEIß, Dr. phil., ist wissenschaftlicher Mitarbeiter an der Humboldt-Universität zu Berlin und am Zentrum für Zeithistorische Forschungen Potsdam. Publikationen u. a.: Kulturarbeit als diplomatischer Zankapfel. Die kulturellen Auslandsbeziehungen im Dreiecksverhältnis der beiden deutschen Staaten und Rumäniens von 1950 bis 1972, München 2010; mit Jutta Braun (Hg.), Agonie und Aufbruch. Das Ende der SED-Herrschaft und die Friedliche Revolution in Brandenburg, Potsdam 2014; mit Jutta Braun, Im Riss zweier Epochen. Potsdam in den 1980er und frühen 1990er Jahren, Berlin 2017.